钢 铁 卫 士

——全国钢铁企业纪检监察系统
庆祝党的二十大胜利召开优秀论文选编

全国钢铁企业纪检监察工作研究会　编

北　京
冶 金 工 业 出 版 社
2022

图书在版编目(CIP)数据

钢铁卫士：全国钢铁企业纪检监察系统庆祝党的二十大胜利召开优秀论文选编/全国钢铁企业纪检监察工作研究会编 .—北京：冶金工业出版社，2022. 10

ISBN 978-7-5024-9296-0

Ⅰ.①钢… Ⅱ.①全… Ⅲ.①钢铁工业—工业企业—纪律检查—工作—中国—文集 Ⅳ.①F426. 31-53 ②D630. 9-53

中国版本图书馆 CIP 数据核字(2022)第 182788 号

钢铁卫士

出版发行	冶金工业出版社	**电　　话**	(010)64027926
地　　址	北京市东城区嵩祝院北巷 39 号	**邮　　编**	100009
网　　址	www. mip1953. com	**电子信箱**	service@ mip1953. com

责任编辑　杜婷婷　美术编辑　吕欣童　版式设计　郑小利
责任校对　李　娜　责任印制　禹　蕊

北京虎彩文化传播有限公司印刷

2022 年 10 月第 1 版，2022 年 10 月第 1 次印刷

787mm×1092mm　1/16；20. 5 印张；495 千字；314 页

定价 139. 00 元

投稿电话　(010)64027932　投稿信箱　tougao@cnmip. com. cn
营销中心电话　(010)64044283
冶金工业出版社天猫旗舰店　yjgycbs. tmall. com
(本书如有印装质量问题，本社营销中心负责退换)

编 委 会

为钢铁行业安全高质量发展提供纪律支持和廉洁保障[①]

（代序）

截至2022年，全国钢铁企业纪检监察工作研究会（以下简称研究会）已经走过了极不平凡的19个年头。在中国钢铁工业协会（以下简称钢协）纪委的有力支持和指导下，在全体钢铁会员企业的共同参与和努力下，2021年6月10—11日，在伟大的中国共产党成立100周年前夕，在国家“十四五”规划、钢铁行业高质量发展规划全面落地实施的关键时刻，在全党、全行业深入开展党史学习教育的重要节点，研究会在山东日照成功召开了继往开来、承前启后的第十七次年会，钢铁行业纪检监察队伍以自己特有的方式隆重庆祝中国共产党百年华诞。这次年会，表决通过了研究会领导机构、《工作条例》（以下简称《条例》），至此，研究会进入了法治化、规范化、科学化新阶段。一年多以来，研究会全面贯彻落实习近平总书记关于党风廉政建设和反腐败斗争系列重要讲话精神，高举习近平新时代中国特色社会主义思想伟大旗帜，全面落实中央纪委五次、六次全会精神，秉承服务宗旨，落实《条例》，服务中心，锐意进取，研究会各项工作取得新的更大成绩。

一是召开了会长办公会。研究会始终服从和服务钢铁行业高质量发展这个中心和大局，为了引领会员企业纪检监察机关更好地贯彻落实党的十九届六中全会精神，从百年辉煌党史中汲取智慧和力量，持续推进纪检监察工作高质量发展，于2021年12月23日，以视频方式召开了研究会成立以来的首次会长办公会。会议表决同意增补3位副会长、2位副秘书长，与会领导集思广益、充分讨论，研究确定了研究会2022年工作重点，为引领钢铁会员企业以习近平新时代中国特色社会主义思想为统领，一体推进纪检监察理论创新、实践创新、制度创新、文化创新，以优异成绩迎接党的二十大胜利召开明确了努力方向。

二是举办了纪检监察培训。2022年4月16—17日，研究会携手钢协纪委，

① 受编委会委托，以2022年研究会工作总结为代序。

深化钢铁企业服务，以线上+线下方式，成功举办了“钢铁行业首期纪检监察干部培训班暨钢协系统纪检业务培训班”。培训贯彻落实十九届中央纪委六次全会精神和习近平总书记的重要讲话精神，贯穿“合规创造价值、廉洁守护发展”理念，分别邀请中央党校教授王若磊，中国纪检监察学院教授王希鹏，北京市纪委、市监委副处长张振利，北京科技大学教授宋伟做专题辅导。研究会顺应钢铁企业积极锻造“政治过硬、本领高强”忠诚卫士的强烈需求，通过提素赋能强技，首次成功探索出为会员企业纪检监察工作高质量发展提供有效服务的捷径。

三是开展了会企合作。今年，钢铁行业各级纪检监察组织深入学习领会习近平总书记关于新时代廉洁文化建设的重要论述，全面贯彻落实中共中央《关于加强新时代廉洁文化建设的意见》，各会员企业取得了丰硕成果。为了学习和借鉴会员企业的成功经验，钢协纪委在充分调研的基础上，于党的二十大召开前夕，联合会员企业举办了一期钢协系统廉洁文化培训班。培训班邀请研究会副会长、河钢集团邯钢公司党委副书记、纪委书记马慧海做专题辅导。培训班落实国务院国有资产监督管理委员会巡视钢协有关整改要求，加强会企深度合作、会企互学互鉴，以深入开展钢协系统廉洁文化建设为主题，促进廉洁文化建设融入单位治理，营造钢协系统风清气正政治生态，旨在持续提升钢协系统“不敢腐、不能腐、不想腐”一体推进的能力和水平。马慧海同志借助幻灯片、图片、音视频等多媒体方式详细介绍了河钢集团邯钢公司廉洁文化体系建设的情况，特别是在利用短视频、微电影、书法、美术、摄影、小说、诗歌等多种创新形式进行廉洁文化建设方面取得的丰硕成果。参训人员通过聆听讲解和辅导普遍认为，通过会企合作的方式开展内容实在、针对性强的培训，使大家进一步廓清了：强化警示震慑做到警钟长鸣，做实载体建设，推动廉洁文化有形有效深入开展的理念和路径。钢协代管的主要单位党组织负责人在会上畅谈了学习体会并作了表态发言。钢协纪委、研究会将继续深入探索会企合作的有效模式和载体，不断扩大纪检监察理论成果和实践成效。

四是编辑出版了论文集。为展示新时代钢铁企业纪检监察工作理论研究与工作实践的最新成果，以学习贯彻习近平新时代中国特色社会主义思想，深入研究纪检监察理论，总结钢铁行业纪检监察工作理论创新、实践创新、制度创新、文化创新最新成果，庆祝中国共产党第二十次全国代表大会胜利召开，研究会策划、组稿的全国钢铁企业纪检监察系统庆祝党的二十大胜利召开优秀论文选编——《钢铁卫士》正式出版发行。第十八次年会共征集论文107篇，经各会员单位纪委评审、研究会负责人会议审议、报钢协纪委批准，遴选60篇优秀论文，首次以公开出版物形式出版发行，向党的二十大献上一份厚礼。《钢铁卫士》论文集通篇贯穿习近平新时代中国特色社会主义思想，贯彻全面从严治党战略方针，落实一体推进“不敢腐、不能腐、不想腐”工作要求，紧扣推动钢铁企业高质量发展目标，深入开展理论研究、调查分析和实践探索，集中展示了钢铁企业纪检监察系统最新最优创新成果，为进一步“提升一体推进‘三不腐’能力和水平”，推进党风廉政建设和反腐败工作高质量发展，提供了有益借鉴和鲜活经验。

五是组织了年会。2022年，是中国共产党二十大胜利召开之年，也是钢铁行业纪检监察系统深入学习贯彻二十大精神的第一年，为引领全行业纪检监察组织迅速掀起学习、宣传和贯彻落实二十大精神的新高潮，不断提升钢铁企业纪检监察组织一体推进“三不腐”的能力和水平，由研究会、钢协纪委共同策划主办，中国宝武协办，宝钢股份承办的第十八次年会于11月初在广东湛江隆重召开。此次会议在继承十七次年会内容和形式的基础上勇于创新，将研究会年会质量和效果提高到一个新的水平：一是加大培训力度。年会邀请中央党校、中国纪检监察学院教授作二十大精神专题辅导，继续深化提素赋能强技工作。二是提升会企合作水平。首次邀请钢协机关、代管单位纪检干部参会，进一步开拓纪检监察业务会企合作领域。三是增加经验交流力度。年会首次增加经验交流环节，邀请在促进和推动企业安全高质量发展中，“监督保障执行、促进完善发展”作用突出的企业纪委领导交流经验，进一步强化典型引路、共同进步的功能。研究会借助第十八次年会的契机，大力宣传和贯彻党的二十大精神，为广大会员企业和钢协系统各级纪检监察组织搭建了服务大局、武装头脑、交流经验、提素强技的行业平台，全行业广大纪检监察工作者将乘着党的二十大的东风，更加紧密地团结在以习近平同志为核心的党中央周围，高举习近平新时代中国特色社会主义思想伟大旗帜，奋勇拼搏、锐意进取，为钢铁行业安全高质量发展持续不断地贡献纪检力量。

全国钢铁企业纪检监察工作研究会轮值会长
中国宝武纪委常委，宝钢股份党委常委、纪委书记 陈冬生

目　　录

钢铁企业智能化监督探索与实践

鞍山钢铁集团有限公司纪委

鞍山钢铁集团有限公司（以下简称鞍山钢铁）纪委以习近平新时代中国特色社会主义思想为指导，全面贯彻党的十九大和十九届历次全会精神，立足履行好监督基本职责、第一职责，坚持问题导向，创新监督手段，运用大数据和信息化技术，探索开展钢铁企业智能化监督，有效发挥监督保障执行，促进完善发展作用，进一步规范企业各级领导人员、管理人员权力运行，以高质量监督推动新时代纪检监察工作高质量发展。

一、深刻认识钢铁企业开展智能化监督的重要意义

（一）开展智能化监督是强化对权力运行制约和监督的必然要求

党的十九届四中全会提出“坚持和完善党和国家监督体系，强化对权力运行的制约和监督”，确立了党和国家监督体系在坚持和完善中国特色社会主义制度、推进国家治理体系和治理能力现代化中的重要保障地位。随着中国特色现代国有企业制度的建立完善，必须健全完善与之相匹配的高效协同监督机制，进一步规范企业各级领导人员、管理人员权力运行，着力营造风清气正的良好经营环境，维护国有企业高质量发展，为国有资产保值增值提供保障。

（二）开展智能化监督是企业抵御风险的有效途径

钢铁企业能否在建立中国特色现代国有企业制度、实现高质量发展上迈出实质性步伐，对于建设现代化经济体系、推动我国经济实现高质量发展、促进我国经济由大向强转变具有重要影响。面对宏观经济形势复杂严峻及深化改革任务艰巨繁重的内外部环境，必须坚决有力防范化解各类风险，落实企业预防风险主体责任，完善风险防控工作体系和工作机制，从严从实抓好各类风险防范，建立适应高质量发展管控模式，加强与之相适应的监督管控机制的健全完善，将权力有效关进制度的笼子，确保钢铁企业改革深入推进，有效增强抵御行业风险的能力。

（三）科技的发展为智能化监督提供了有力支撑

党的十八届五中全会将大数据上升为国家战略，吹响了加快发展数字经济、建设数字中国的号角。习近平总书记在十九届中共中央政治局第二次集体学习时的重要讲话中指出，“大数据是信息化发展的新阶段”，并做出了“推动大数据技术产业创新发展、构建

以数据为关键要素的数字经济、运用大数据提升国家治理现代化水平、运用大数据促进保障和改善民生、切实保障国家数据安全”的战略部署，为我国构筑大数据时代国家综合竞争新优势指明了方向。随着科技的快速发展，从移动支付到共享经济，从万物互联到智慧城市，从电子政务到精准监督，大数据开始深刻影响社会生活、经济发展、国家治理的各个领域，科技的飞速发展为应用大数据开展监督提供了有力的技术支撑。

二、目前钢铁企业监督工作中存在的问题

随着企业改革的不断深入，在传统监督工作中的一些问题逐渐凸显出来。一是监督职责存在“错位”现象，各职能部门所辖监督业务交叉、重复、有盲点；二是监督措施存在“滞后”现象，监督范畴满足于事后堵塞漏洞，事前预防和事中监管措施不到位，监督作用及效果不明显；三是监督手段存在“脱节”现象，随着企业现代化程度的不断提高，监督手段缺少信息化管理工具的支撑，监督信息不共享，没有有效地将具有关联性的业务数据集成，导致形成“信息孤岛”，信息屏蔽，多头工作，重复做功，影响监督效率和效果；四是监督效果存在“弱化”现象，监督缺乏有序性和统一性，各监督主体没有形成统一目标，监督制度缺乏系统性和整体性，对监督的闭环管理还相对薄弱。上述问题已成为影响监督工作高质量发展的“绊脚石”，必须做到系统监防、各有侧重，使监督真正嵌入经营管理，才能发挥监督实效。

三、开展钢铁企业智能化监督工作的主要实践做法

大数据和信息化智能化监督，绝不是独立于监督体系之外的监督，而是内嵌并贯通于监督体系中的监督。针对目前存在的主动监督缺乏手段的现状，结合国家大数据发展战略，加快完善数字基础设施，推进数据资源整合和开放共享的总体要求，鞍山钢铁纪委系统梳理关键业务领域风险、大额资金流动等监督管理薄弱环节，在招标、采购、销售、工程、物流、化检验、财务、安全保卫等关键重要领域，以“运用大数据信息化技术推进国家治理现代化，实现企业高质量发展”为指导思想，提升监督管理质效为主要目的，确立智能化监督的总体目标：通过构建大数据监督网络，搭建信息化、智能化监督平台，完善监督系统运行机制，逐步推进监督由流程化向信息化转变，形成“四向到边，纵横成链”的全方位、立体化监督体系，全面监督各类风险和管理异常行为，实现事前、事中、事后的智能化监督、预警和防控，最终形成“集大数据系统分析、异常行为随时报警、发现问题跟踪整改”的智能化监督管理体系（见图1），转变监督相互独立、交叉、重复，监督信息不共享的现状，有效整合优化监督资源、形成监督合力，确保各级组织、职能机构正确履行职责，实现线上监督与线下监督、人工监督与智能监督有机结合。

鞍山钢铁始终坚持问题导向，从问题内容、涉及领域及责任主体入手，对权力运行情况、关键业务领域风险防控、大额资金流动等方面进行数据化分析整合，通过建立1+4+N模式智能化监督管理平台，将企业生产经营中的业务系统信息数据“信息孤岛”贯通融合，构建4个子平台并对平台功能不断扩展深入，从而形成了“数据分析、发现问题、调查核实、推动整改”的运用大数据技术实现智能化监督管理的完整逻辑链条，为开展智能化监督管理工作提供有力数据支持，如图2所示。

（1）整合数据资源，筑牢大数据监督基础。智能化、大数据监督，数据采集是基础，

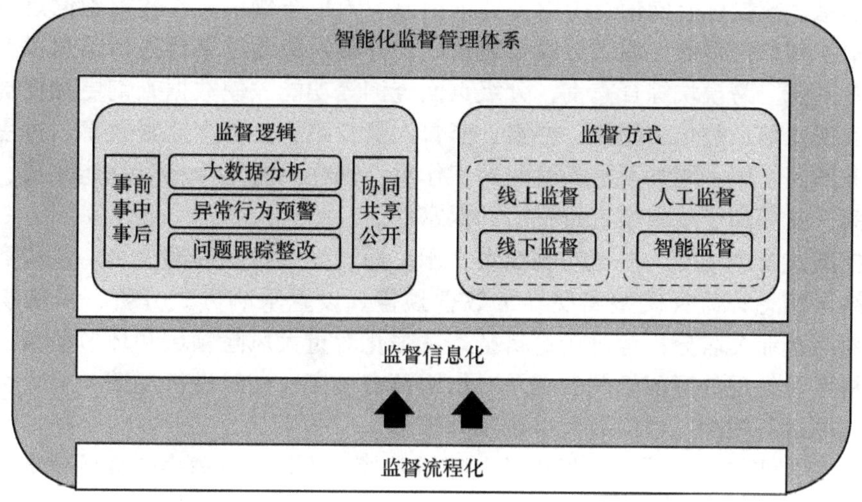

图 1 智能化监督管理体系

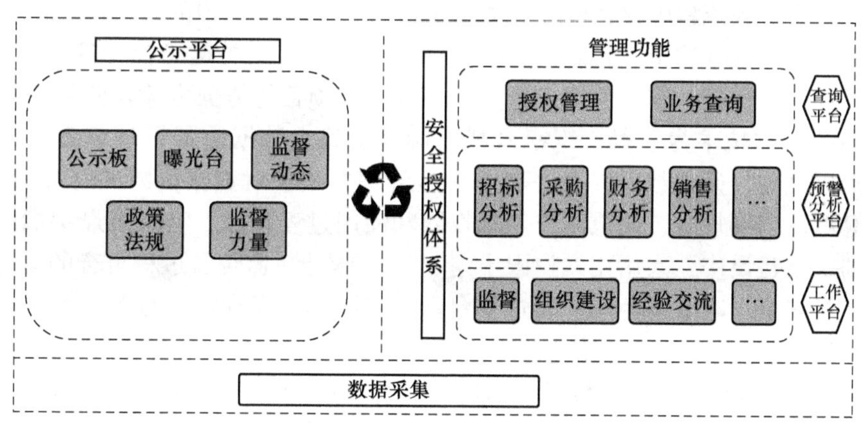

图 2 数据支持

更是关键所在。鞍山钢铁与各单位、职能部门广泛开展业务调研与数据论证，详细梳理各业务领域涉及的数据来源，对企业积累多年的海量的管理、业务系统及行业信息进行数据采集，打通数据之间的壁垒，连通“信息孤岛”，使关键业务领域数据充分融合，应用大数据技术搭建统一的数据备案平台，对数据进行清洗整合及分析，集数据安全、数据采集、数据存储与处理、应用与管理为一体。与此同时，基于模型、算法库，充分应用大数据分析及挖掘工具，实现对复杂业务数据的探索功能。

（2）建立精准化、智能化监督模式。构建公示平台、查询平台、预警分析平台和工作平台 4 个子平台，全面监督各类风险和管理异常行为，实现事前、事中、事后的智能化监督、预警和防控，为企业智能化监督管理注入新鲜血液。

一是坚持以公开促公正、以透明保廉洁。将鞍山钢铁已完成的招标、采购项目进行公示，全面实现招标、采购领域公开化、透明化，使权力运行可查询、可追溯、可纠偏。不断强化监督管理的协助引导推动功能，促进专责监督与民主监督、群众监督的贯通融合。

二是丰富日常监督、问题线索核实手段。将人员档案、供应商信息、工程管理信息、采购方案信息、招投标合同信息、财务凭证信息、入厂车辆信息、化检验信息等内容在数据信息库中单独加密存放，通过分级合理授权，办案人员通过平台进行信息模糊查询、具体查询、跨系统、跨模块综合查询，分级页面查询等功能，使数据查询更加便捷。通过应用平台，实现让信息数据多跑路，办案、监督人员少跑腿，提高监督效率。过去可能需要到多个业务部门、用一周甚至更长时间的工作量，现在只需几个小时就能完成，既节省了人力、时间，又提高了线索核查过程中的保密性。

三是提高监督主动性，拓宽问题线索来源。通过设立投标终端信息、供应商中标率信息、中标结果信息等监督模型实现异常数据预警。设置采购方式分析、采购物资统计分析、供应商与企业关联分析等分析逻辑链条，强化对重大风险领域和环节监督。通过对应用预警分析平台发现的疑似问题数据及时组织调查核实、按时进行反馈，对交由各相关单位办理的问题进行跟踪，督促有关单位及时整改。

(3) 持续对平台功能进行升级迭代与系统集成。发挥数据融会贯通的优势，将数据及业务整合、优化与集成，建立智能化搜索引擎，实现信息查询一步到位，缩短查询信息时间的综合目标。以主动监督促进管理水平提升为目标，将各个监督预警模型数据信息集成展示，全面分析业务流程中存在的各类廉洁风险，对预警信息中的疑似问题的数据进行分类处置。通过分析数据逻辑，打破分管业务单位的界限，给关键指标“穿针引线”，形成了重点物料、备件资材、客商管理、产品销售和工程项目等方面全流程监督预警防控。

(4) 以大数据技术为手段，织密监督之网，明确大数据监督管理职责，严明保密纪律，严格授权管理，确保数据安全。建立平台管理办法，对数据资源的开放和开发应用，数据安全等做出明确规定，规范用户使用权限和使用过程管控。将国内最尖端的信息安全技术运用到平台建设中，采用用户权限申请-管理员审批-监督员过程审查的运行机制，确保数据的绝对安全，有效避免用户通过平台数据获取不正当利益的行为，为平台安全有序运行提供了保障。

(5) 智能化监督与日常监督深度融合。日常监督是纪检系统集中靶向开展监督工作的重要方式，智能化监督与日常监督结合后，有力推动了日常监督的深化。巡察机构依托智能化监督管理平台，开发了巡察大数据应用模块，巡察前能够及时了解被巡察单位所涉及的专项资金、重点人、重点事等相关信息，巡察后将巡察发现的问题数据导入智能化监督管理平台，可以及时跟踪了解问题整改情况、推动被巡察单位有效整改。智能化监督与纪律审查工作有机贯通，在查办案件中与智能化监督管理平台充分融合，将各监督模型作为提高工作效率有效载体，将举报信所反映问题内容、被反映人员信息优先在平台通过招投标信息、合同执行情况、收付款进度、个人工作履历等进行筛查，改变了直接要材料、通过谈话了解的传统模式，进行初步判断反映问题真伪并及时调整工作方向，有利于控制知悉面做好保密工作。

鞍山钢铁纪委持续以创新监督方式为切入点，将大数据的技术和方法深度植入监督管理工作中，不断探索智能化监督应用，用科技的力量提升监督实效，连点成线、连线成面，逐步形成覆盖关键、重要领域的监督网络，让权力运行在阳光下，为钢铁企业创新监督赋能增效。

“五坚持”加强廉洁文化建设

——新时代国有企业加强廉洁文化建设的探索与实践

宝钢股份纪委

党的十八大以来，以习近平同志为核心的党中央高度重视廉洁文化建设，强调反对腐败、建设廉洁政治，是我们党一贯坚持的鲜明政治立场，是党自我革命必须长期抓好的重大政治任务。中共中央办公厅印发了《关于加强新时代廉洁文化建设的意见》作出具体部署。宝钢股份纪委落实中央要求，积极探索实践，形成了新时代“五坚持”加强国企廉洁文化建设的有效做法。

一、新时代国有企业加强廉洁文化建设的重要意义

（一）加强廉洁文化建设是新时代国有企业落实全面从严治党的需要

坚持党的领导、加强党的建设是国有企业的“根”和“魂”。进入新时代，面对新发展阶段的新形势、新任务、新要求，国有企业要坚持落实全面从严治党的要求，一体推进不敢腐、不能腐、不想腐。中共中央《关于加强新时代廉洁文化建设的意见》指出，全面从严治党，既要靠治标，猛药去疴，重典治乱；也要靠治本，正心修身，涵养文化，守住为政之本。加强廉洁文化建设是一体推进“三不腐”的基础性工程，重在充分发挥文化的道德约束力和润心育人作用，从思想上固本培元，增强“不想腐”的自觉，为新时代国有企业推进全面从严治党向纵深发展，提供了重要支撑。

（二）加强廉洁文化建设是国有企业规范健康运营、高质量发展的需要

国有企业是中国特色社会主义的重要物质基础和政治基础。“规范健康运营，推动高质量发展”是国有企业肩负的责任。加强廉洁文化建设，有利于营造崇尚廉洁、诚实守信、依法合规、公开公正的氛围，促使国有企业领导干部和广大职工廉洁从业、勤勉敬业，凝心聚力推进生产经营廉洁风险防控体系建设，规范合规开展生产经营业务，为国有企业健康运营和高质量发展提供坚强保障。

（三）加强廉洁文化建设是国有企业涵养风清气正的政治生态的需要

廉洁文化是党内政治文化的重要组成部分。涵养国有企业风清气正的政治生态，离不开廉洁文化的浸润滋养。加强廉洁文化建设，通过廉洁文化潜移默化、润物无声的教化熏陶，教育引导广大党员干部筑牢思想道德防线，增强拒腐防变能力，始终保持共产党人的

政治本色，有利于不断充盈清风正气，不断培厚国有企业风清气正的政治生态土壤。

二、国有企业廉洁文化建设存在的短板和薄弱环节

宝钢股份纪委对照中共中央《关于加强新时代廉洁文化建设的意见》，全面梳理、系统分析公司近年来开展廉洁文化建设的实际情况，发现存在的短板和薄弱环节。

一是在培养廉洁自律道德操守方面，引导个人自律存在不足。缺少引导个人自律的有效载体和适当方法，导致引导个人自律，培养廉洁自律道德操守方面工作薄弱。

二是在发挥廉洁教育基础作用方面，案件警示教育存在不足。案件通报不够及时，对案件的分析不够深入，针对性预警廉洁风险不足，导致以案促教、纪法教育、警示教育的及时性、针对性、有效性存在不足。

三是在厚植廉洁奉公文化基础方面，传播廉洁文化存在不足。对组织全员参与廉洁文化传播活动，缺乏有效载体，导致廉洁文化传播的广度不够，厚植廉洁文化基础方面存在不足。

四是在弘扬崇廉拒腐社会风尚方面，树立示范榜样存在不足。对优秀员工的廉洁从业事迹宣传不够，榜样示范力不强，弘扬崇廉拒腐社会风尚方面存在不足。

五是在夯实清正廉洁思想根基方面，开展日常教育存在不足。日常教育的系统策划及针对性、有效性不足，特别是用好现有工作载体，有效融入日常工作不够，导致日常教育的效果打折扣，发挥廉洁教育基础作用不够。

三、“五坚持”加强国有企业廉洁文化建设

针对上述五方面问题，宝钢股份纪委学习贯彻中共中央《关于加强新时代廉洁文化建设的意见》，积极探索实践，形成了新时代加强国企廉洁文化建设的有效做法，概括为“五坚持”。

（一）坚持引导个人自律，培养廉洁自律道德操守

中共中央《关于加强新时代廉洁文化建设的意见》指出，要培养廉洁自律道德操守，引导领导干部明大德、守公德、严私德，把家风建设作为领导干部作风建设重要内容。宝钢股份纪委紧盯关键岗位、关键人员，建立廉洁承诺机制。每年年初，各级党委召开党风廉政建设和反腐败工作会议，会上，各级领导班子成员作集体廉洁承诺，签署承诺书；组织党员干部、管理者和有业务处置权人员开展岗位廉洁承诺，签署承诺书。廉洁承诺内容紧贴工作职责，包含岗位廉洁合规开展业务的具体要求，涵盖岗位履职履责、工作作风要求、遵纪守法、家风建设等多方面，具体而有针对性，有效提示岗位职责和廉洁从业重点事项，引导个人廉洁自律。年底，领导干部述职报告中，包含述责、述廉内容，形成承诺、践诺、自检的闭环管理。

（二）坚持强化案件警示，发挥廉洁教育基础作用

中共中央《关于加强新时代廉洁文化建设的意见》指出，要发挥廉洁教育基础作用，强化纪法意识、警示震慑。宝钢股份纪委建立案件通报和警示教育工作机制。在年度公司党风廉政建设和反腐败工作会议、季度纪检工作例会上，及时通报典型案件，并在深入分

析案情的基础上，针对性预警廉洁风险，提示重点教育内容。及时编发《警示教育案例集》，分析案情，对照党规党纪，揭示违纪违规点。建设公司廉洁教育体验中心，引用真实案件，以多媒体技术，环绕式音视频场景模拟方式，增强受教育人员身临其境的"代入感"和"触动感"，提升教育效果。以案为鉴，编发采购、营销、工程等重点领域《员工廉洁从业负面行为清单》，规范从业行为。组织各党支部结合岗位廉洁风险开展警示教育，增强教育的针对性、有效性。

（三）坚持传播廉洁文化，弘扬崇廉拒腐社会风尚

中共中央《关于加强新时代廉洁文化建设的意见》指出，要弘扬崇廉拒腐社会风尚，运用新媒体新技术传播廉洁文化，丰富廉洁文化优质产品和服务供给，拓展利用廉洁文化资源。宝钢股份纪委建立廉洁文化月活动机制。每年开展为期一个月的廉洁文化月活动，弘扬崇廉拒腐社会风尚。在廉洁文化月中，分层分类开展覆盖全员的、丰富多彩的廉洁教育活动；在全体员工中，征集廉洁文化作品，组织广大员工亲手设计制作廉洁广告、廉洁教育宣传短视频、廉洁漫画、书法等廉洁文化作品，潜移默化增强员工廉洁从业意识；通过公司微信公众号平台展播廉洁文化优秀作品，编发《清廉绽放》期刊，传播中华廉洁文化故事，弘扬传统廉洁美德，加大廉洁文化传播广度，营造浓厚廉洁文化氛围。

（四）坚持树立示范榜样，厚植廉洁奉公文化基础

中共中央《关于加强新时代廉洁文化建设的意见》指出，要厚植廉洁奉公文化基础，强化示范引领。宝钢股份建立榜样示范机制。一是强化领导示范。建立公司领导定点联系基层部门工作机制。公司领导定期走访调研、指导服务定点联系的基层部门，查实情、听意见、解难题，以身作则，示范优良作风，强化榜样示范。二是注重对曾乐敬业奖、知行合一标兵等优秀先进员工事迹的宣传，编写《三拼三争，优秀党员风采录》，拍摄《红传》视频，通过公司微信公众号广泛传播，大力弘扬优秀党员干部公而忘私、甘于奉献、清廉从业、秉公用权、克己奉公、廉洁自律的高尚品格，树立示范榜样，让广大员工学有榜样、做有标杆。

（五）坚持开展日常教育，夯实清正廉洁思想根基

中共中央《关于加强新时代廉洁文化建设的意见》指出，要发展积极健康党内政治文化，引领廉洁文化建设，要发挥廉洁教育基础作用，把廉洁要求贯穿日常教育管理监督之中，夯实清正廉洁思想根基。宝钢股份发展积极健康党内政治文化引领廉洁文化建设，加强日常教育机制建设，用好党委理论学习中心组学习、党支部"三会一课"、党员政治轮训、部门"廉洁三讲"、关键时点教育提醒、廉洁谈话等载体，把廉洁教育贯穿日常。以党委理论学习中心组学习、党支部"三会一课"、党员政治轮训为平台，深入学习习近平新时代中国特色社会主义理论，以科学理论武装头脑，夯实清正廉洁思想根基，增强政治定力抵腐定力；开展理想信念教育、党规党纪教育、思想道德教育，强化初心使命、纪法意识，培养廉洁自律的道德操守，引导广大党员干部坚定信仰信念信心，筑牢拒腐防变思想防线，明大德、守公德、严私德。以部门为单位，在做好基于业务流程的廉洁风险动态辨识工作的基础上，分层分类组织有业务处置权人员登台"廉洁三讲"，讲岗位业务流程，

讲业务中存在的廉洁风险，讲风险防控的具体措施，在自我教育的同时，教育他人。紧盯重大节假日、出差临行前等关键时点，开展针对性提醒教育，提示廉洁风险、遵章守纪合规工作注意事项等。在干部任职前、发现苗头性倾向性问题时，及时开展针对性廉洁谈话，抓早抓小，防微杜渐。

四、加强国有企业廉洁文化建设的实践经验启示

（一）必须坚持系统性，统筹安排

加强廉洁文化建设是国有企业落实全面从严治党、实现高质量发展的重要工作，必须系统思考，统筹安排，融入国有企业全面从严治党全局工作中，融入公司治理体系中，融入一体推进不敢腐、不能腐、不想腐的党风廉政建设和反腐败工作中，全面部署，全方位发力。为此，宝钢股份从企业全面从严治党全局工作出发，结合公司治理体系建设和一体推进“三不腐”工作，从“五坚持”着力，积极建立健全企业廉洁文化建设的体制机制，凝聚全员力量，统筹兼顾，全方位推进加强廉洁文化建设的各项工作。以理想信念强基固本，以先进文化启智润心，以高尚道德砥砺品格，惩治震慑、制度约束、提高觉悟一体发力，推动廉洁文化建设实起来、强起来。

（二）必须坚持持久性，融入日常

廉洁文化建设是潜移默化的持久性工程，要持续加强、不断提升，必须找到持久性的合适工作载体，有效融入企业的日常工作中，绵绵用力，久久为功。为此，宝钢股份厚植廉洁奉公文化基础，把廉洁要求贯穿日常教育管理监督之中，以党委理论学习中心组学习、党支部“三会一课”、党员政治轮训为载体，学习政治理论，增强理想信念；以“廉洁三讲”为载体，明辨廉洁风险，增强防控本领；以廉洁文化月活动为载体，弘扬清风正气，涵养廉洁文化；以公司领导定点联系基层工作为载体，密切干群关系，示范优良作风等等，将廉洁文化建设融入日常，抓在经常，坚持不懈。

（三）必须坚持精准性，提升工作质效

加强廉洁文化建设必须精准发力，有的放矢。要结合工作实际情况，结合岗位业务状况，结合员工队伍情况，结合存在的具体问题和短板弱项，因地制宜，因势利导，精准采用最适合的方式、最有针对性的方法开展工作，持续提升工作质效。为此，宝钢股份发挥廉洁教育基础作用，分层分类组织开展警示教育、岗位承诺、廉洁三讲、廉洁谈话、体验教育等；建立案件通报及风险预警机制、关键时点教育提醒机制等；以案为鉴，分门别类编发采购、营销、工程领域员工廉洁从业负面行为清单，以精准滴灌不断提升廉洁文化建设工作质效。

加强新时代国有企业廉洁文化建设的探索与实践

北京首钢股份有限公司纪委

党的十九大以来，中央纪委国家监委一体推进纪检监察体制改革。首钢股份公司纪委聚焦主责主业，坚持标本兼治，推动廉洁文化建设理念创新、思路创新、制度机制创新、方式方法创新，构建反腐倡廉文化体系，多措并举助推企业健康发展。

一、实施背景

（一）推进国有企业全面从严治党的形势需要

习近平总书记在全国国有企业党的建设工作会议指出，全面从严治党新形势下要全面解决党的领导、党的建设弱化、淡化、虚化、边缘化问题。首钢自2017年成为北京市唯一一家国有企业深化改革综合试点单位以来，首钢股份公司作为钢铁板块管理平台，集中生产、采购、销售、市场服务、技术研发、电子商务、技术咨询等多项业务，涉外业务风险陡增。作为上市公司，经营绩效、社会责任、依法依规规范运行等各方面情况更加公众化、透明化。尤其是职工队伍特别是党员领导人员廉洁从业形象不能有丝毫闪失，从源头上预防和治理腐败是推进全面从严治党的努力方向。

（二）强化廉洁从业风险防控力度的实际需要

从党组织结构和党员人数上看，公司现有基层党委14个，党总支3个，党支部154个，职工10718人，其中党员5287人，占比49.33%。重点监督对象801人，业务风险点1134个。这些人员分散在北京、河北、广州、上海等国内经济发展相对比较发达的省市，从业环境相对复杂。生产一线、采购销售、商务服务、技术咨询等业务广，单位多、人员分散且流动性大，有必要加强廉洁文化建设。

（三）强化广大党员坚定理想信念，解决“八小时以外”薄弱环节的现实需要

从近几年公司党员违纪违法案件的时间地点上看，出现酒驾醉驾、打架斗殴、强奸犯罪等案件，全部发生在“八小时以外”。当前已步入社会结构深刻变动、利益格局深刻调整、思想观念深刻变化的新起点，各种良莠不齐的信息带来很多不可控的问题发生。部分党员干部对国家法律法规及相关政策、企业规章制度不熟悉、不了解、不掌握，致使在利益诱惑面前迷失方向。强化纪法普及、党性党风党纪教育是做好党员“八小时以外”管理的重要途径。

（四）改变传统廉政教育方式，不断提高反腐倡廉教育针对性、时效性的客观需要

从廉政教育方式上看，过往基本通过“三会一课”、重要节点教育传统方式，“一把手”与一般领导人员，重点岗位与一般岗位，关键领域与一般领域人员都使用同种教材，听同类报告，办同类培训，没有做到“对症下药”。案例选择多是“舍近求远”，选择社会案例教育，用身边事教育身边人的收效甚微，使党员干部思想上引不起高度重视。

二、主要做法

首钢股份公司党委积极推进党建与经营生产深度融合，把企业发展和党员队伍稳定作为出发点和落脚点，建立长效机制，创新方式方法，根据“四个需要”，对照“四个结合”，统筹“三个整合”，做好“四个坚持”，大力开展廉洁文化建设，为公司高质量健康发展奠定思想基础。

（一）统筹“三个整合”，激发主体责任意识

一是思想整合。强化职责需要党员领导人员、支部委员、纪检干部等各级人员在思想上进一步统一。公司纪委组织召开首钢钢铁板块纪检专业会、监督工作联席会、基层党支部书记座谈会，组织基层纪检干部到公司纪委“以干代训”，统一各层级纪检干部思想，达成四个共识：一是各级纪检干部必须从思想上高度重视党风廉政建设工作；二是在全面从严治党高压态势下，要加强廉洁从业的思想道德建设；三是发挥党内监督、职能部门监督、群众监督协同作用，形成监督合力；四是重视抓源头，抓防范，抓好党风廉政教育工作。

二是责任整合。公司党委、基层党委、基层党支部、政工部门四个责任主体是贯彻落实党风廉政教育的关键。公司党委结合工作实际，细化“两个责任”内容，以“双清单”为抓手，严格落实“谁主管、谁负责和逐级负责”的党风廉政建设工作责任制。党委主要负责人与全体班子成员、分管领导与各单位党政一把手、党支部主管领导与副职领导签订党风廉政建设责任书、目标责任书，逐一落实到人，从职责上明确责任内容。

三是对象整合。党员领导人员、有业务处置权人员、党员三类人群是监督教育管理的重点对象，梳理好人员基本情况和风险内容是有的放矢开展好党风廉政教育的前提。全面梳理、排查各单位监察对象及 284 名领导人员 750 项业务流程的廉政风险点，制定 1466 项防控措施，建立岗位轮换机制，使监察对象防控重点在控、受控。

（二）对照“四个结合”，厘清教育方向

一是普遍教育与重点教育相结合。党风廉政教育属思想政治教育范畴，是潜移默化的过程。教育过程中既注重普及性、日常性，同时针对不同岗位人员、不同时间节点、不同业务环节进行重点教育。公司纪委在抓好每月“以案说纪”等日常普遍教育工作的同时，在重要时间节点、重点业务环节进行逐级谈话提醒，重点教育与日常教育同步进行，相互促进，扩大党风廉政教育影响力。

二是主题教育与典型教育相结合。近几年党中央持续开展的主题教育逐步深入人心，将典型教育融入主题教育活动中扩大了教育范围。公司纪委以“两学一做”“不忘初心 牢

记使命”、党史学习教育等主题教育为契机，以为政清廉先进人物为典范，以违法乱纪案例为反面教材，通过典型报告会、演讲会、经验交流会、警示教育大会、警示教育基地参观等形式进行警示教育，通过直观教育抓住受教育者内心，使其产生强烈震撼和共鸣。

三是传统教育与新媒体教育相结合。在开展传统教育方式下，以网络平台为载体，通过公司局域网、单位内部办公群及电子信息等方式，融入多元化媒体元素，灵活多样地开展教育。以微视频制作和展演，让广大党员参与到案例教学中。以微信公众号为宣传渠道，广泛传播廉政内容。达到教育内容多样化、形式互动化的效果，实现线下教育与线上教育相互贯通。

四是理论学习与解决倾向性、苗头性问题相结合。个别党员发生违纪违法问题，与自身不了解法律法规要求有直接关系。理论联系实际是解决问题的关键，理论学习与解决倾向性、苗头性问题结合起来，通过典型案例的剖析和相关理论的讲解，受教育党员干部就能进行认真的思考，从而转化为解决自身倾向性、苗头性问题的行动。

（三）做好“四个坚持”，打造廉政教育新格局

一是坚持“讲形势”。目的是让党员干部了解形势要求，将个人成长与社会意识形态导向有机结合，养成正确的价值观和习惯。

邀请专家、学者授课，分析反腐倡廉新形势，诠释推进全面从严治党和党风廉政建设工作的重要指向；召开公司警示教育大会，贯彻落实中央、北京市委、北京市国有资产监督管理委员会、首钢集团党委警示教育大会精神，充分挖掘典型问题，点人点事，讲案例、讲教训；针对重点涉外人员，在以往非集中式教育的基础上，开办廉洁从业警示教育专题培训班。精选圈定培训人员范畴，着眼于解决重点涉外岗位、领导人员“短板”问题、信访问题多的个别党员思想问题。改变传统“说课”式培训，通过脱产封闭培训、集中讲授、案例教学、分组研讨、代表发言、廉政测试、撰写体会等组织环节，发挥“滚雪球”效应，从“一人讲，大家听”到“人人讲、大家谈”；针对纪法意识欠缺的个别党员，邀请司法系统人员作法律宣讲；“以案为鉴，以案促改”，每月编制一期以案说纪案例，通过党委书记会、党支部会、党小组会、新媒体网络等形式宣贯学习，做到警钟长鸣。

二是坚持“谈廉洁”。廉政谈话是党内监督的基本制度，目的在于及时提醒，早打招呼，促进廉洁自律。

针对新任职领导人员，进行集体任职廉政谈话。要求做到“五讲”：讲政治，增强政治能力；讲担当，提升履职成效；讲监督，发挥表率作用；讲学习，增强能力素质；讲廉洁，保持廉洁自律。针对违纪违法的党员，“四种形态”处理后，召开组织生活会，教育自己的同时，达到教育一片的目的；对全面从严治党（党建）工作考核存在突出问题的单位党委班子成员集体约谈，对存在党员违纪违法单位的党政“一把手”提醒谈话，失责必问、问责必严；针对重要时间节点、重点业务环节、重大工作事项的关键问题，公司纪委与基层纪委联合开展逐级谈话，即：有信访投诉必谈；发现苗头问题必谈；节假日和重大经营活动前必谈。

三是坚持“走基层”。目的是打通纪律教育“最后一公里”，了解基层党员对党风廉政建设和反腐败工作的实际认识和纪法意识的深入程度，真正实现上下贯通，形成高效的

监督教育机制。

针对公司近年来党员违纪违法现象时有发生的情况，公司党委制定《首钢股份党委开展“党员零违纪”专项工作的实施方案》，坚持教育在先、警示在先、预防在先，抓宣传、固思想、强监督，减存量、遏增量。公司纪委围绕“零违纪”中心目标，开展“清风宣讲进支部”主题活动，深入推动走进基层、走进支部、走进职工。对照新修订的《中国共产党章程》，围绕负面清单、典型案例、分析点评，详细讲解六大纪律，要求全体党员领导人员恪守六大纪律；组织签订“遵纪守法，做合格党员”承诺书，实现“亮身份、树形象”；延伸全面从严治党到最后一公里，与28个支部班子、模范党员访谈，梳理发现问题32项，提出整改建议40余条，强化党员意识。

四是坚持“融文化”。环境因素对人的影响至关重要。目的是促使职工广泛认同公司倡导的价值观，形成良好的工作作风。

针对文化渗透的影响力，公司探索打造廉洁文化建设为载体，廉洁教育与实践养成相统一，与制度规范相结合的廉洁文化月活动，每年一届、每届一主题，树立“干净与干事融一身、勤政与廉政为一体”的廉洁理念。讲述“廉洁故事”，开展廉洁征文，举办廉洁知识竞赛、廉洁文化展，打造警示教育基地等多项活动。占党员总数近80%的4000余名党员线上线下全员参与。廉洁文化月活动为廉洁文化建设增添了新的元素，注入了新的活力；为促进上下联动，各基层党委自编自演自拍廉洁微视频。结合业务风险高的特点，每周开展廉洁周提示，每月领导人员、有业务处置权人员读廉，强调涉外业务人员做到“九必须”“十不准”。制定廉洁自律规定，建立驻外人员返迁述职谈话机制，建立客户销售廉洁协议、客户对销售代表廉洁评价体系、廉洁从业反馈等廉洁共建防控体系。举办致全体党员职工家属一封信、签一份“家庭助廉承诺书”、职工与家属共观一个廉洁视频的“三个一”家庭助廉活动，引导算好“政治、经济、亲情、自由”四笔账。

三、取得的成效

通过“三整合四结合四坚持”一系列举措，党员干部等不同层级人员提高了政治站位，锤炼了党性修养，提升了廉洁意识，有效筑起了一道不敢腐、不能腐、不想腐的廉政“防火墙”，助推了企业经营生产健康发展。

（一）廉政教育体系不断健全，廉洁行为得到新规范

“四个结合”教育内容已列入公司反腐倡廉教育管理制度中，“四个坚持”已形成各级党组织规范和加强全员尤其是重点监察对象党风廉政教育工作新的抓手。干部职工精神状态和思想作风焕然一新，经营生产中有章不循、不作为、慢作为、乱作为等问题得到遏制，廉洁从业成了绝大多数党员干部的自觉行动，“想干事、能干事、干成事、不出事”的作风随处可见，拒腐防变的思想道德防线进一步夯实。

（二）廉洁文化建设不断夯实，文化氛围得到新培育

通过廉洁文化延伸到基层、班组、岗位、家庭，增强了教育的影响力、感染力和渗透力，构建了廉洁文化道德修养作用于内、廉政制度作用于外的廉政预防腐败体系，形成了廉洁文化无处不在、润物无声的浓厚氛围和良好风尚。

（三）政治生态建设取得实效，反腐败工作得到新突破

通过党风廉政教育与精准运用“四种形态”严肃查处违纪违法案件深度融合，审查调查“后半篇文章”做深做实，形成强大震慑，群众对全面从严治党、党风廉政建设的认可程度不断提高，政治生态得到高度净化，党员干部违纪违法问题大量减少。问题线索处置从 2020 年 37 件减少到 2021 年 18 件，同比减少 51. 35%。

（四）经营生产指标屡创新高，作风建设得到新巩固

党风廉政教育与业务风险防控融合，公司经营管理活动越来越规范，越来越受到客户和供应商的信赖。2021 年，首钢股份经营效益、资本运作、营业收入、安全环保、产线运行、品种质量等多项成绩创历史新高。取向超薄规格产品国内市场占有率连续四年第一。公司连续三年获评环保绩效 A 类评价，成为世界钢铁行业首家实现全流程超低排放的企业。钢铁行业第一家自主研发“双控”系统，成为钢铁行业唯一一家全流程安全文化建设示范企业。

习近平总书记指出，新的征程上，要坚定不移推进党风廉政建设和反腐败斗争。首钢股份公司党委、纪委将不断提高政治判断力、政治领悟力、政治执行力，继续大胆创新实践推行廉洁文化建设，使廉洁意识内化为思想准则和道德准绳，外化为自觉实践，推动新时代首钢股份高质量发展，以实际行动迎接党的二十大胜利召开。

构建大监督体系 为企业高质量发展提供坚强政治保障

山钢集团纪委 赵文友 刘烈涛 李 梁 宋雷明

一、大监督体系实施的背景

山钢集团在考察学习国内大型钢铁企业先进经验、深入调研的基础上，决定开展大监督体系建设，主要基于以下考虑。

一是坚持党对国有企业领导的需要。习近平总书记指出，“要着力完善国有企业监管制度，加强党对国有企业的领导，加强对国企领导班子的监督。”山钢集团成立后的较长一段时间内，思想、政治、管理众多问题累积，各种风险积聚，形成沉重包袱，导致发展举步维艰，究其根源是党的领导弱化、虚化，全面从严治党不力，政治生态不良。构建大监督体系，是落实党要管党、全面从严治党的重要举措，为解决企业改革发展重大问题提供有力保障。

二是实现企业高质量发展的需要。山钢集团 2015 年年底启动改革，2017 年改革进入深水区，“改到难处是事，改到痛处是人”。随着改革不断向纵深推进，发展进入新阶段，简政放权的手段愈加丰富，开放搞活的载体愈加健全，激励驱动的方式愈加充分，而监督时常处于缺位状态。实质是监督体制机制的缺位。集团实现从“合”起来到“活”起来的转变，进入谋划“强”起来的新阶段，亟须建立完善监督体系保驾护航。

三是形成监督合力的需要。习近平总书记强调，要完善“三重一大”决策监督机制，严格日常管理，整合监督力量，形成监督合力。集团监督力量“九龙治水”，力量分散，交流不畅，难以形成合力，导致许多重大改革举措难以有效落地，经营风险、廉洁风险易发多发等问题。解决好这些问题，需要整合监督力量，构建党委统一领导，以党内监督为主导，各类监督有机贯通、相互协调的大监督体系。

二、主要做法

（一）加强顶层设计，构建“三位一体”大监督体系

深化监督体制机制改革。2017 年成立由党委书记担任主任的集团监督委员会，2020 年出台以《关于加强大监督体系建设的实施意见》为统领，《问责管理办法》《违规经营投资责任追究实施办法》《职工违规违纪处理暂行规定》3 项基本制度作支撑，涉及党内监督、公司治理、审计监督等 18 项重要制度保落实的“1318”制度体系，成立集团监督工作领导小组，搭建起党内监督、行政监督、群众监督“三位一体”大监督体系，压实监

督责任。建立“专兼协同、信息互通、线索归口、递进问责”工作机制。通过沟通例会、问题共享、问题移交，及时发现问题，分析对比，形成发现-共享-移交-问责的“四位一体”工作机制。严格执行问责条例，按照职责权限规范开展问责工作，2021年问责党员领导干部12人次。建立问题整改机制。从制度入手，全流程排查、逐环节分析，深挖问题根源，压实整改责任，明确整改流程和标准，彻底整改，闭环管理。建立成果运用机制。研判监督发现的重大问题和共性问题，提出意见和建议，并监督整改落实和责任追究。2020年以来，年度绩效审计和巡察工作同步推进、党风廉政建设责任制检查充分利用巡察成果等措施，既增强监督合力，又提高监督实效，得到了基层单位充分认可。建立四维评价模型。“方案+清单”，评价完善大监督体系建设情况；“改进+提升”，评价问题整改及完善制度优化流程情况；“考核+追责”，评价责任落实到岗到人情况；“有形+有效”，评价精准发现问题与促进管理提升情况。

（二）强化党内监督，构建政治监督防线

加强党委全面监督。集团党委制定、监督实施常委会（党委会）落实全面从严治党主体责任规定方案及责任清单、常委会（党委会）议事规则和“三张清单”、加强常委会（党委会）自身建设的实施意见，确保党委发挥作用组织化、制度化、具体化。严格落实党的一切工作到支部的鲜明导向，制定“三会一课”、组织生活会等10项制度，对党支部规范化标准化建设作出系统安排。编发政治监督指导手册，确保政治监督入脑入心。落实全面从严治党主体责任，推进全面从严治党、党风廉政建设和反腐败工作，印发《关于深化“不敢腐、不能腐、不想腐”一体推进的实施意见》和《贯彻落实〈中共中央关于加强“一把手”和领导班子监督的意见〉的若干措施》分工方案。加大干部日常管理力度，2021年对集团党委管理的12个权属单位领导班子、106名干部进行年度考核，对4个领导班子、9名干部按照降档或不得评优办理，对2名干部执行岗位调整；对纳入“带病提拔”范围的2名干部选拔任用过程进行了倒查，对2名领导干部进行了函询。牢牢掌握意识形态领导权，统筹推进“抓实意识形态工作”，构建形成“三聚焦、六抓实、两巩固”的工作机制和“明责、履责、督责、定责、整改提升”的责任链条。发挥巡察“中枢”“串联”作用。集团党委自2017年启动巡察，已实现对二级单位党组织三轮巡察全覆盖，共揭示贯彻落实上级决策部署不到位、国有资产保值增值责任落实不力、基层党组织建设虚化弱化、选人用人不规范、违反中央八项规定精神和内控管理薄弱等方面的问题2959项，移交问题线索413件，督促新建、修订制度1708项、废止234项，避免和挽回经济损失达到11亿元。向集团党委提出建议38项，党委书记一一做出批示，解决了一批制约改革发展的系统性问题。根据巡察移交问题线索，各级纪检机构立案32起，纪律处分69人次，组织处理429人次。通过巡察整改，收回风险欠款5.54亿元，巡察震慑作用凸显。加强纪委专责监督。推动政治监督具体化常态化，围绕推动习近平总书记重要指示批示、党中央重大决策部署、省委省政府工作安排贯彻落实，以及集团党委统一部署，开展监督检查。查处违规聚餐、隐瞒高风险地区旅居史、疫情防控工作中擅离职守、遵守保密工作要求不力等问题6起，处理处分10人，以有力监督确保疫情防控和生产经营两不误。开展二级单位党组织书记向集团纪委全会述责述廉，现场点评、督促整改。督导党委落实全面从严治党主体责任，纪委履行监督责任。督促落实中央八项规定精神，整治“四风”问题，紧盯关键节点，开展“明察暗访”“特约监督员在行动”，2021 年查处违反中央八项规定精神问题 31 件，处理处分 42 人次。做实做细日常监督，聚焦 9 类重点问题严肃问责，对未完成 2020 年度“四项资金”压缩任务的 3 家单位予以通报批评，并责令其党政主要负责人共计 6 人次作出书面检查。探索“室企地”联合办案模式，严肃查办了山钢股份营销总公司原党委副书记、总经理刘某某严重违纪违法涉嫌犯罪问题，是山东省“室企地”联合监督办案机制的“第一案”。2021 年向地方纪检监察机关、公安机关移交涉嫌严重违纪违法问题线索 19 人，其中已开除党籍并解除劳动合同 4 人，司法机关已判决 3 人。加大重大事项督查督办。印发《贯彻落实党中央重大决策部署跟进督办制度》，严格落实党委各项工作要求，配档推进年度重点工作，调度工作事项，监督工作办理。深入现场、跟进督导检查，确保重点工作落实落细。

（三）强化行政监督，构建职能监督防线

强化制度供给。完善以《公司章程》《董事会议事规则》《董事会专门委员会工作规则》及系列清单为核心的“公司章程、议事规则、治理体系文件、公司管理制度”四级制度体系。严格执行《财务等重大信息公开管理制度》，各级权属公司实现信息公开制度的全覆盖。《合规管理指引》在省属国企率先破题，《风险内控管理指引》开行业之先。明确监督工作重点。按照“谁主管、谁立制、谁监督”和“突出重点、聚焦关键”的要求，各职能部门把监督工作与管理职责有机贯通，重点监督公司治理、人力资源、财务核算、资产管理、阳光购销、战略规划、投资并购、资本运作、经营管理、风险管控、审计管理、安全环保等权力运行的重点环节和重点事项。公司治理上，建立“年度情况报告、规范性审查、通报考核”三步法监督机制，二级公司《董事会议事规则》实现全覆盖；建立“二级公司自查、集团公司专业部门审查”的两级规范性审查机制，定期调度审查二级公司董事会建设及规范运行情况；落实董事会向股东会/股东负责的工作机制，做好董事会工作报告、外部董事履职相关报告、外部董事个人履职报告。投资与资本运营上，建立月度管理信息通报、提示函督办、周工作例会督办、与中国宝武联合重组项目坚持专班制度，开展投资项目专项核查、产权登记遗留问题专项督办，开展“六大存量攻坚战”转资专项攻坚战，全年权属二级公司 96 项存量问题整改完成率 100%。运营管理上，聚焦效率、效能、效益三大关键，打造“双降双提”升级版，开展“全面对标、系统提升”，对四项资金占用超过年度考核目标的单位，按照超目标数额的 5.6%扣减主责单位利润总额并在负责人年度绩效考核中兑现，对 2020 年“双降双提”工作推进排序赋分评价并在权属单位 2020 年度负责人治理管控绩效考核中给予兑现。风险管控上，推出《国有资本管理风险提示函工作规则》和《国有资本管理问题通报工作规则》，先后下发房地产开发、企业债券等金融类业务的风险提示函，突出前端监督，将事后补救、惩戒变为事前、事中监督提示。审计监督上，印发《审计整改指令书管理办法》，向纪检监察部门移送“潜亏”和“违规发放补贴”问题线索，违规违纪经营运作问题得到有效遏制，“六大存量攻坚战”问题存量整改完成 80%以上。安全环保上，落实《安全生产责任制》，对发生两起相关方生产安全责任事故的有关单位进行责任追究，除按规定扣减该单位工资总额、2020

年度全部安全奖励及5名相关负责人2020年绩效年薪外，按照《职工违规违纪处理规定》处理责任人63人，其中辞退1人、撤职2人、记过6人、警告16人、降级1人；落实《绿色发展行动方案（2019—2020）》，2020年日照公司、莱芜分公司焦化厂通过环保绩效A级企业评审，莱芜分公司及银山型钢被评为B级企业，企业环保信用评价全部绿牌，名列全省钢铁企业前茅。制定监督责任清单。根据“干什么管什么，管什么监督什么”的职能定位，突出风险管控，制定监督清单，常态化开展职能监督或专项检查，并随监督实际不断修改完善清单。建立议事清单，严格落实以《管理纲要》和系列《清单》为核心的“1+6”治理管控体系文件，集团党委会、董事会、经理层运行实现了“管理制度化、制度流程化、事项及流程表单化”，设董事会企业均已通过公司章程、总经理议事清单和议事规则、管理制度，10户重要子企业已100%建立党委前置研究事项清单。日照公司发布“行政监督”75项重点事项清单，2021年监督发现安全生产问题700余项，下达通报3份，考核问责4个单位、60余人次，经济考核66万余元。信息化助力监督。积极适应与中国宝武联合重组工作需要，充分运用“制度+科技”手段，主动融入先进管理平台，推进信息系统建设，整合信息资源，减少人为操作、人为干扰等情况，避免发生暗箱操作、任性拍板、以权谋私等问题。

（四）强化群众监督，构建基层监督防线

加强职工民主监督制度落实。建立职工代表巡视制度，淄博张钢开展职工代表巡视工作，共提出整改事项35项，其中安全生产方面13项、经营管理方面9项、民主管理方面8项、职工生活福利方面5项。集团一届二次职代会征集提案107件，做到提案评审、办理、答复三个“面对面”，有75项立案办理，32项下沉办理，75件提案办理代表满意度达100%。发挥监督在基层治理中的作用。创建廉洁示范点、廉洁示范岗、廉洁文明岗，签订廉洁从业承诺书。推行“阳光检验”，建立“阳光会客室”，与客户签署廉洁共建（互保）协议。设立举报信箱、举报电话，畅通群众监督渠道。发挥特约监督员探头作用。组建特约监督员队伍，集团聘任特约监督员34人，各权属单位聘任特约监督员（党风廉政监督员），延伸监督触角，强化对重点岗位和关键环节的监督。组织特约监督员参与招标管理监督，紧盯“阳光采购”平台运行、招投标制度落实等情况开展监督检查，开展节日期间正风肃纪监督检查。利用联席会工作机制，听取特约监督员监督情况报告，作为分析研判政治生态的重要信息输入。通过工作实践，特约监督员监督从“被动”到“主动”、从“务虚”到“务实”，监督成效逐步显现。加强舆论监督与群众监督有机结合。组建信息员队伍，跟踪微信平台留言和网络舆情，关注和收集群众舆论信息，形成舆情信息“直通车”，正本清源，积极主动答复解决，化解症结，消除矛盾。

（五）严肃追责问责，倒逼责任落实

坚持监督与执纪两手抓、两手硬。五年来，集团运用“四种形态”处理处分1375人次，其中，第一种形态954人次，占69.38%；第二种形态321人次，占23.35%；第三种形态45人次，占3.27%；第四种形态55人次，占4%；处理处分集团党委管理干部60人，占党委管理干部总数的1/3。

三、实施效果

山钢集团实现快速高质量发展的过程，正是全面从严治党不断深化、政治生态持续改善的过程，也是监督工作不断深入、作用不断发挥、越来越得到各级党组织和干部职工认可好评的过程。

（一）风清气正的政治生态彰显

大监督体系出台实施，建立了对权力运行的监督制约机制，逐级压实了主体责任、监督责任，促进了监督意识的强化和责任的落实，消减问题存量、遏制问题增量，促进了政治生态进一步优化。通过强化巡察发现、反馈问题整改情况的监督，存量问题整改完成率86.6%，即知即改问题完成率100%。开展营销领域廉洁风险防控专项治理，深化以案促改，完善购销制度66项，废止1项，有2人主动投案，30人主动向组织说明问题，反腐败压倒性态势初步形成。

（二）规范高效的治理效能显现

把监督融入治理，国企“倒计时”改革攻坚深入落实，“党建入章”“三张清单”制定全面完成，三项制度改革“1+4”体系、人才发展体制机制改革“1+5”体系、治理管控“1+6”体系、工资总额决定机制等落地落实，二级公司董事长责任制、经理层任期制和契约化管理全覆盖，混改有序推进，13家“僵尸企业”全部出清，社会职能移交工作按时完成，亏损企业治理全面完成。法治山钢建设向纵深推进，探索风险管理、内部控制、合规管理、法务管理的“一体化运行”管控模式，全力“压存量、控增量、提质量”，严惩“新发生”、严控“新发现”，有效防范、妥善应对化解重大风险。山钢集团国企改革三年行动整体已完成70%以上，部分改革任务已100%完成。

（三）独具特色的监督文化初步形成

树牢了管理就是监督的理念，监督是管理的应有之义，“人人都是管理者，人人都是监督者”的理念根植职工思想，已逐渐内化于心，外化于行。明确了监督重在实效的导向，监督的目的是发现问题，追根溯源，对症整改，堵塞漏洞，防患于未然。形成了在监督下工作的习惯，加强对权力的监督已经成为常态和共识，制约监督权力是企业基业长青的重要保障，深入开展监督“进班子、进岗位、进家庭”，党员干部职工充分感受到“阳光是最好的防腐剂，监督是最好的净化剂”“监督是关爱，被监督是幸福”，习惯在监督和约束的环境中工作生活。

（四）促进企业核心竞争力大幅提高

2021年，面对疫情影响和政策限制，集团减产不减效，营业收入、利润总额、净利润、归母净利润四项指标均创历史新高，实现了“十四五”良好开局。发展质量评估值连续四年达到A+（竞争力极强），稳居全国钢铁行业第一梯队。2020年首次跻身世界500强居459位，2021年跃居384位，荣获“2020年中国卓越钢铁企业品牌”“山东省思想政治工作优秀企业”“2020山东社会责任企业”“全国厂务公开民主管理先进单位”。

四、工作启示

（一）必须旗帜鲜明讲政治，营造风清气正政治生态

山钢集团监督工作始终坚持以习近平新时代中国特色社会主义思想为指导，增强“四个意识”、坚定“四个自信”、做到“两个维护”，紧跟企业改革发展步伐，坚持不松劲、不停步，发挥全面从严治党的引领保障作用，以严密的监督维护良好政治生态，以严格的执纪形成强烈震慑，以严肃的问责压实管党治党政治责任，为企业改革发展造氛围、创环境、强保障。

（二）必须始终坚持问题导向，找准工作突破口

山钢集团始终立足发现问题加强监督，立足解决问题保障改革发展。抓住国企改革三年行动任务落实不松劲，盯住省国资委党委全国国有企业党的建设工作会议精神贯彻落实情况“回头看”反映出的问题整改不懈怠，扭住集团重点改革事项推进落实不放手，着力解决突出问题，专啃硬骨头，攻坚克难。

（三）必须紧紧围绕中心工作，把握监督着力点

山钢集团始终把监督工作置于企业改革发展大局中，以推动构建安全高效钢铁产业生态圈为着力点，服务生产经营不偏离，“纠偏定向”“清障堵漏补缺”“助推消除顽疾”，始终把捍卫改革发展成果、职工共享改革发展成果作为监督工作成效的重要标准，更好展现监督新作为。

（四）必须较真碰硬，系统推进，全面从严

扎紧“笼子”，科学配置权力，合理分解权力，明确权力边界，避免“牛栏关猫”。关住“笼子”，构建监督责任体系，形成从制度明责、清单定责到督责、追责的完整链条。监控“笼子”，对重要制度不执行的坚决调离岗位，对失职失责的单位和个人及时追责问责。

浅谈加强新时代国企廉洁文化建设

河钢集团纪委　史绍辉　卢耀豪　张月鹏　杨小楠

党的十八大以来，习近平总书记发表一系列重要讲话，要求加强反腐倡廉教育和廉洁文化建设，督促党员干部特别是领导干部保持高尚品格和廉洁操守，在全社会培育清正廉洁的价值理念。2022 年 2 月，党中央结合新形势新任务，印发《关于加强新时代廉洁文化建设的意见》，要求全党要以理想信念强基固本，以先进文化启智润心，以高尚道德砥砺品格，推动惩治震慑、制度约束、提高觉悟一体发力，推进全面从严治党不断向纵深发展。国有企业作为中国特色社会主义的重要物质基础和政治基础，党执政兴国的重要支柱和依靠力量，必须坚决贯彻落实党中央决策部署，加强新时代国企廉洁文化建设，规范国企领导干部廉洁从业，提高国企基层党组织凝聚力、战斗力，团结广大干部职工在新时代新征程奋勇向前，以高质量发展新成效迎接党的二十大胜利召开。

一、廉洁文化和国有企业

（一）廉洁文化内涵与简要发展历程

（1）廉洁文化内涵。文化是相对于政治、经济而言的精神活动及其产品，是社会现象与智慧群族内在精神的既有、传承、创造、发展的总和。而被赋予“廉洁”定义的文化概念，就是在中国文化几千年历史积累过程中产生、传承、发展的良好的精神活动。廉洁一词最早出现于战国时期诗人屈原的《楚辞·招魂》中：“朕幼清以廉洁兮，身服义而未沬。”此处便有清廉、洁身自好之意，此意也成为中国古代择优入仕基本条件，以及历史上文人志士对自己毕生的要求，造就了“羊续悬鱼”“晏婴一裘”“不私一钱”等脍炙人口的典故，还有如“公生明，廉生威”“其身正，不令而行；其身不正，虽令不从”等名言警句，古代廉洁文化呈现出在历代思想家和一些明君贤臣直接倡导的“君子德行”“利国为民”为中心的鲜明特点。

（2）廉洁文化简要发展历程。新中国成立后，对于廉洁文化继承和发展，在不同发展阶段也有不同内在要求。新中国成立之初期，完成了从新民主主义到社会主义的历史性转变，党员领导干部的心理和行为也面临转换，贪图安逸享受的思想和权力腐化心理及官僚主义思想日渐严峻，以“三反”“五反”和在全党范围内整风整党运动成为防止广大干部腐化堕落主要方式。改革开放后，经济、政治、文化迅速发展，在物质文化建设的同时滋生了拜金主义、享乐主义等不良社会风气，廉洁文化建设也在随之转型创新和发展，在社会层面上倡导社会主义精神文明建设，在党内开展全国范围的整党和纠正不良风气行动，推动继承和发扬党的优良传统和作风，保持艰苦奋斗和廉洁奉公的精神，并开始注重通过制定相关法律法规，完善廉政建设的法治保障，如《关于开展文明礼貌活动的倡议》，积极宣讲和进行“五讲四美”活动；《关于加强党的建设的通知》，在全国范围内进行爱国主义、自力更生、艰苦奋斗的优良作风教育和建设。2002 年，中国党政建设进入新时期，中国特色社会主义执政道路从建设到发展，廉洁从政被更加重视，反腐倡廉提升到新高度，党中央印发《建立健全教育、制度、监督并重的惩治和预防腐败体系实施纲要》，反腐败的战略方针由原来的“标本兼治 、综合治理”扩展到“标本兼治、综合治理、惩防并举、注重预防”十六字方针，并提出要建立健全教育、制度、监督并重的惩治和预防体系。将教育排在首位，大力加大廉政文化建设，把廉政文化建设作为建设先进文化的重要内容，成为新时期廉洁文化建设的主要特征。

（3）新时代廉洁文化特点。党的十八大以来，中国特色社会主义进入新时代，站在了新的历史起点，也面临更加严峻的任务和挑战。以习近平同志为核心的党中央，审时度势，在新时代奋进新征程的道路上，不断继承和发展廉洁文化，取得了伟大历史成就。从“惩防体系”到“三不”一体推进战略目标，将“不想”作为根本，极大提高思想觉悟；从“群众路线”“三严三实”“两学一做”“不忘初心、牢记使命”主题教育到党史学习教育常态化，党性原则教育逐步深化；从中央八项规定到“十年磨一剑”的作风建设，全党面貌焕然一新；从党风廉政建设主体责任到全面从严治党主体责任，党的建设全面加强；从 2015 年《关于加强廉政文化建设的意见》到今天的《关于加强新时代廉洁文化建设的意见》，党中央进一步拓展廉洁文化建设的内涵和外延。

（二）国企廉洁文化建设发展历程

国企发展历程是伴随新中国发展历史不断深化的，而国企的廉洁文化建设发展历程，更是在不同时期，具有与时代保持一致的鲜明特征。

（1）国企廉洁文化发展历程。新中国成立后百业待兴，国民经济发展面临诸多挑战，特别是新中国成立初期的工业基础极为薄弱。毛主席曾说：“现在我们能造什么？能造桌子椅子，能造茶碗茶壶，能种粮食，还能磨成面粉，还能造纸，但是，一辆汽车、一架飞机、一辆坦克、一辆拖拉机都不能造。”面对新中国初期一穷二白的基础，正是广大劳动人民尤其是国企工人，在祖国大地上谱写一个又一个奇迹。他们讲集体荣誉、团结奋斗、默默奉献，他们用顽强不息、艰苦朴素、自力更生的精神，创造着历史、创造着共和国的传奇，“三老四严”和“铁人”精神成为那个年代国企廉洁文化建设的代表。1978 年，党的十一届三中全会开启了改革开放的序幕，国有企业改革随之启动。经济体制改革之初，管理和制度一度滞后，部分国有企业人员思想观念发生剧烈变化，不正之风悄然而至。1983 年，中共中央纪律检查委员会印发《关于健全党的纪律检查系统、加强纪检队伍建设的暂行规定》，要求在相当于县级和县级以上的大中型企业、事业单位，设立党的纪律检查委员会。1990 年，中共中央纪律检查委员会印发《关于全民所有制工业企业纪律检查工作的暂行条例》，严肃查处了一批国企重大失渎职案件，并且广大国企纪检机构也在逐步探索有效工作方式，如在化工、石油等开展效能监察工作。随着国企改革深入，廉洁文化建设也进一步深化，1994 年，中共中央纪律检查委员会下发《关于加强国企反腐倡廉工作意见》，1995 年又印发《关于国有企业领导干部廉洁自律“四条规定”的实施和处理意见》，对企业领导干部廉洁自律提出具体要求。2001 年，党中央决定，利用 1 年左右的时间，在国有大中型企业领导班子及成员中分批开展以“讲学习、讲政治、讲正气”为主要内容的学习教育活动，进一步提升廉洁自律意识和防腐拒变能力。进入新时期，在经济体制改革深化和反腐惩防体系建设的背景下，国企领导干部反腐倡廉、廉洁从业教育不断加强。从 2004 年中共中央纪律检查委员会、中共中央组织部等部门联合印发《国有企业领导人员廉洁从业若干规定（试行）》，到 2009 年中共中央办公厅、国务院办公厅印发《国有企业领导人员廉洁从业若干规定》，国有企业领导人员廉洁从业行为更加规范，国有企业党风建设和反腐倡廉工作不断强化，廉洁从业制度保障进一步健全。2005 年，国务院国有资产监督管理委员会印发《关于加强中央企业企业文化建设的指导意见》，2011 年又专门出台《关于推进中央企业廉洁文化建设的指导意见》，有效推动廉洁文化建设融入国企先进文化建设，促进廉洁从业良好风尚形成。

（2）进入新时代国企廉洁文化建设内在要求。2016 年，习近平总书记在全国国有企业党的建设工作会议上强调，要加强对国有企业领导人员的党性教育、宗旨教育、警示教育，严明政治纪律和政治规矩，引导他们不断提高思想政治素质、增强党性修养，从思想深处拧紧螺丝。国有企业领导人员必须做到对党忠诚、勇于创新、治企有方、兴企有为、清正廉洁。党的十八大以来，不论是党风廉政建设工作，还是全面从严治党工作，国有企业党的建设，始终是党中央高度关注的，并且与地方党的建设是同部署、同推进的，尤其是十八大以来，中央层面虽没有单独就国企廉洁文化建设方面出台新的制度，但《关于新形势下党内政治生活的若干准则》《中国共产党廉洁自律准则》《新时代公民道德建设实施纲要》《新时代爱国主义教育实施纲要》《中国共产党党员教育管理工作条例》《关于加强新时代廉洁文化建设的意见》及不断深化的中央八项规定精神，均是国有企业廉洁文化建设的基本遵循，也是更为严格的要求。

二、新时代背景下加强国企廉洁文化建设的意义和必然性

（一）加强新时代国企廉洁文化建设的意义

（1）加强廉洁文化建设能够推动全面从严治党不断向纵深发展。有效清除损害党的先进性和纯洁性的因素，确保党不变质、不变色、不变味。能够提升国企党组织全面从严治党永远在路上的政治自觉，主动运用党的百年奋斗历史经验，不断推进自我革命，完成国企改革历史使命。能够教育引导党员、干部特别是领导干部从思想上正本清源、固本培元，夯实理想信念根基，提高党性觉悟，筑牢思想道德防线，增强拒腐防变能力，增强“四个意识”、坚定“四个自信”、做到“两个维护”，始终保持共产党人政治本色和每个国企人的初心。

（2）加强廉洁文化建设是实现“三不”一体推进战略目标的重要举措。习近平总书记强调，不敢腐、不能腐、不想腐，“不想”是根本，要靠加强理想信念教育，靠提高党性觉悟，靠涵养廉洁文化，夯实不忘初心、牢记使命的思想根基。加强廉洁文化建设能够推动国企党组织坚持系统施治、标本兼治，深化运用“三不”一体推进的经验做法，牢牢

抓住“不想”，加强理论武装、坚定信仰信念信心、厚植廉洁文化基础、培养廉洁操守、推进廉洁教育、弘扬廉洁社会风尚，教育引导党员、干部自觉抵制腐败、杜绝腐败、远离腐败，使不敢腐、不能腐、不想腐一体化推进释放出更多治理成效。

（3）加强廉洁文化建设可以强化国企领导干部廉洁从业价值理念。习近平总书记强调，全面从严治党，既要注重规范惩戒、严明纪律底线，更要引导人向善向上，发挥理想信念和道德情操引领作用；要弘扬和践行忠诚老实、公道正派、实事求是、清正廉洁等价值观，以良好政治文化涵养风清气正的政治生态。加强廉洁文化建设，能推动把党章党规有关廉洁自律的要求进一步具体化，将全面从严治党向更广范围、更深层次推进，能够教育引导党员干部永葆清正廉洁的政治本色，塑造崇廉拒腐、崇德向善的企业环境，凝聚奋发向上团结氛围，实现质变突破，从而真正实现风清气正政治生态，推动企业高质量发展。

（二）加强新时代国企廉洁文化建设的必要性

根据中央纪委国家监委外部网站公开通报情况，对近三年国企党员干部执纪处分情况进行了统计。2019 年至 2022 年 4 月，给予党纪政务处分的中管央企和金融机构领导干部 10 人，给予党纪政务处分的中央一级国企和金融单位干部 61 人，给予党纪政务处分的省管国企和金融机构领导干部 148 人。本文选取了中管干部和省管干部作为例证，见图 1 和图 2。

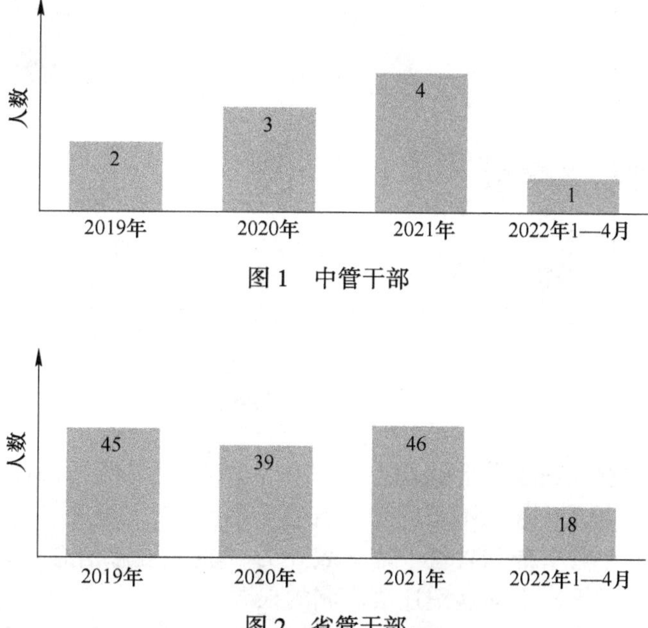

图 1 中管干部

图 2 省管干部

以上数据，与 2019 年第十九届中央纪委三次全会工作报告强调的“强化对权力集中、资金密集、资源富集的部门和行业的监督，加大金融领域反腐力度”，2020 年第十九届中央纪委四次全会工作报告强调的“严肃查处国有企业存在的靠企吃企、设租寻租、关联交易、内外勾结侵吞国有资产等问题”，2021 年第十九届中央纪委五次全会工作报告强调的“持续惩治国有企业腐败问题，强化廉洁风险防控”，以及 2022 年第十九届中央纪委六次全会工作报告强调的“持续推进金融领域腐败治理、促进金融风险的防控化解，持续深化国企反腐败工作”要求是一致的，显示出党对国企及金融机构反腐始终保持“严”的主基调。同时反映出一些国有企业领导干部在党的十八大后不收敛、不收手，甚至在党的十九大后还不知敬畏、不知止。侧面也暴露出国企在落实全面从严治党方面存在问题，管党治党还有待进一步加强。

通过仔细研究分析上述被处分的 10 名中管和 148 名省管领导干部通报内容，发现一些共同的问题表现，见图 3 和图 4。

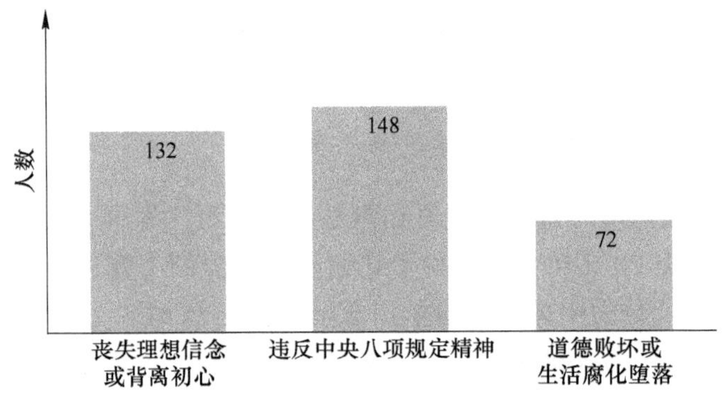

图 3　148 名省管干部共性问题

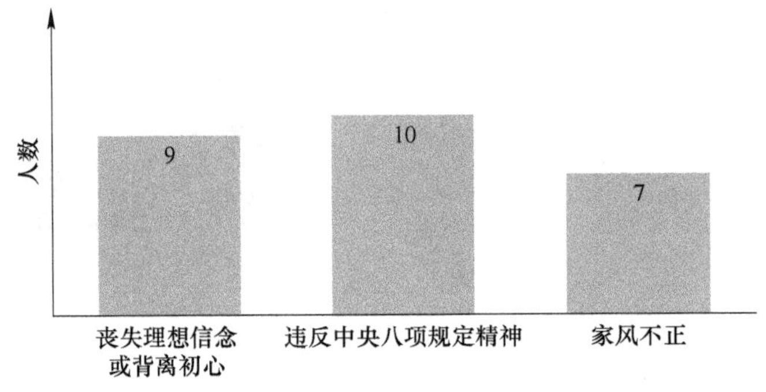

图 4　10 名中管干部共性问题

由数据可见，被查处的领导干部均违反了中央八项规定精神，存在奢靡享乐种种问题，中管干部中有 7 人存在家风不正问题，省管干部有 72 人存在道德败坏或生活腐化堕落问题，更有 9 成的中管干部和省管干部被表述为“丧失理想信念、背离初心”，可见这个问题是导致上述领导干部走向违纪违法深渊的根源。

《论语》中有“君子务本，本立而道生”，意思是：君子要专心致力于根本的事务，根本建立了，治国做人的原则就有了。上述领导干部正是背弃初心，忘了共产党员的根本追求，导致不管是治理一方一域还是立德做人都丧失了原则。更加说明加强新时代国企廉洁文化建设的必要性，也是加强新时代国企廉洁文化建设，以理想信念强基固本，以廉洁文化启智润心，以高尚道德砥砺品格的初心和要达到的境界。

三、加强廉洁文化建设实践和建议

（一）河钢集团廉洁文化建设创新实践

河钢集团成立于2008年，拥有员工近12.1万人，目前是世界最大的钢铁材料制造和综合服务商之一。河钢始终坚持深入贯彻习近平总书记重要指示精神，落实党中央和省委省政府重大决策部署，在河北省经济社会发展乃至国家重点领域的发展建设中作出了突出贡献。成就这份荣誉的是河钢最珍贵、最宝贵的财富——河钢广大党员干部职工展示出的强大凝聚力和担当的“铁军”精神。而“铁军”精神与河钢一直致力于廉洁文化建设密不可分。下面分享部分河钢加强廉洁文化建设的特色工作。

（1）树牢清正廉洁思想根基。强化理论武装，坚定信仰信念信心，河钢集团党委始终把学习领会习近平新时代中国特色社会主义思想和贯彻习近平总书记关于党风廉政建设、廉洁文化建设的重要论述作为长期重大政治任务。自2016年7月开始，坚持在集团官方网站同步报道集团党委理论学习中心组学习内容和学习情况，截至2022年5月，累计通报80余次。体现出集团党委不断提高思想认识、增强政治定力的信心和决心，同时为教育引导广大党员干部严格遵守党章党规，严格执行新形势下党内政治生活，夯实思想信念基础做出最好的表率。并且为有效监督推动子分公司党委落实主体责任，切实把领导班子理论武装和思想建设作为一项重要的政治任务，在全集团公开通报晾晒各子分公司党委2021年度理论学习中心组学习情况，形成推动提升子分公司党委理论学习中心组学习的制度化规范化水平强大动力。

（2）以党建融入生产经营，激发团结奋进精神。展示基层党组织“战斗堡垒”作用，激发党员干事创业热情，推动企业高质量发展。河钢集团积极开展探索实践，以紧密结合生产经营和当前重点工作任务，充分发挥党员先锋模范作用为目标，自2021年起，在全集团创新开展党建活动，陆续开展了“抗疫一线党旗红 生产经营当先锋”主题活动、“对标一流再破冰 效率效益双提升”先锋赛、“创最佳业绩 做最好自己”主题先锋赛、“降成本提售价 技术升级当先锋”主题先锋赛，切实将集团转型升级和高质量发展重任交给党组织、交给共产党员，用各级党组织与广大党员在关键时刻展示出的担重担、挑大梁，不畏艰难、敢打硬仗精神面貌，团结带领广大职工不断奋进，点亮集团推动廉洁文化建设道路上的“路灯”。正是这股“精神”，让河钢集团涌现出了“全国五一劳动奖章”“中国青年五四奖章”“全国五四红旗团支部”等先进集体和个人。在这些先进代表影响下，集团上下涌现更多模范人物，并且更加注重对他们的宣传。2019年至2022年5月，河钢集团官方微信公众号典型人物推送情况见图5。

（3）擦亮“清廉河钢”的文化名片。河钢一直致力于打造“清廉河钢”为主题的系列文化创作活动，强调用干部职工自己的作品，书写对廉洁的认识和追求。近几年，陆续推出了“丹青绘廉”“翰墨书廉”“光影记廉”“漫画说廉”“视像录廉”“广而告廉”“格言警廉”“故事讲廉”等作品集，并在集团媒体平台、党建平台同步推出，这种形式得到广泛认可，收效良好。同时为进一步加强集团廉洁文化阵地建设，优化资源配置，提升阵地教育覆盖率，推动干部职工廉洁教育不断深化，2022年在已挂牌命名廉洁文化建设6个示范园地和24个示范点基础上，继续开展廉洁文化示范园地申评活动。为弘扬优良家风，

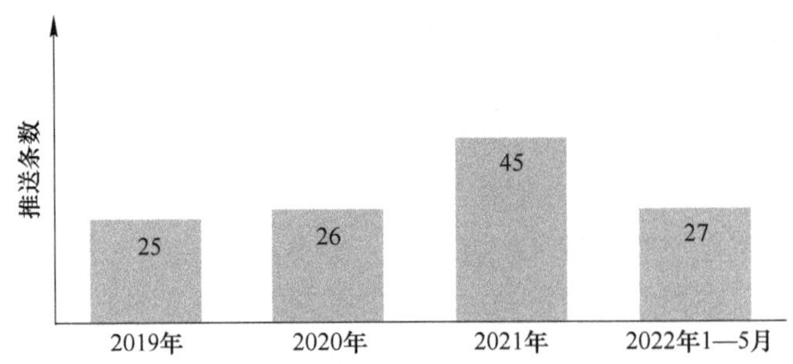

图5 集团官方微信公众号典型人物推送情况

推动集团干部作风持续提升，助力“清廉河钢”建设走深走实，加强廉洁文化建设，2022年5月，又在全集团范围内开展“清廉河钢”家风家教故事及家书作品征集活动。

（二）加强新时代国企廉洁文化建设的几点建议

当前，国企廉洁文化建设需要深化认识，需要传承和创新，需要看清不足，更需要立足实际，走出一条适合自身发展的能够“走心又能入脑”的廉洁文化建设道路。由此入手，有以下几点建议。

（1）要充分认识新时代国企廉洁文化建设。廉洁文化建设要区别廉政文化建设，二者核心都是“廉”，廉政文化更多关注的是执政方式和理念，廉洁文化既要求党员干部和公职人员为重点，又要求重视社会环境和社会风气的改变，可见新时代廉洁文化建设的内涵和外延相对廉政文化，展示出的是更加全方位、多层次、多维度的。对此，国企廉洁文化建设不能只局限于党员干部和管理人员，应该扩展到全体职工，把廉洁文化建设中清正廉洁的价值理念、崇德向善的行为规范，作为每位国企员工共同的准则，才能营造真正海晏河清的政治生态和良好的企业风尚。

（2）要将廉洁文化融入企业文化建设。企业文化是企业长期以来形成并需要每位员工共同遵守的价值理念和行为规范，可以说企业文化既是核心竞争力也是凝聚力。近年来，国企的企业文化并没有获得很大发展，甚至有弱化趋势。但在加强新时代廉洁文化建设背景下，国企企业文化迎来了发展最好契机。首先，很多国企是具有悠久历史的，优秀的文化传统是国企企业文化不可磨灭的底色，这与新时代廉洁文化建设的传承中华优秀传统文化内在要求是一致的。同时企业文化致力于的企业精神、企业道德、企业风尚，与新时代廉洁文化建设克己奉公发扬艰苦奋斗精神、“明大德、守公德、严私德”、弘扬崇廉拒腐社会风尚等内在要求也是一致的。所以，廉洁文化建设的过程也是培树企业精神，加强企业文化建设有利时机，将廉洁文化融入企业文化建设，才能塑造出紧紧围绕生产经营中心工作，坚持以人为本，推动国企职工思想认识、价值观念和道德水平到达新高度，由此产生强大凝聚力的企业文化。

（3）要敢于创新发挥更大效果。丰富廉洁文化内容，改变狭义的廉洁文化承载传播途径，新时代廉洁文化包含历史文化、地域文化、民俗文化、红色文化等，内容多样，并不是“标语上墙”“宣传贴画”，发几本书、播几部片子的传统形式就能覆盖的。从资源配置上，国企应该谋求与所在地党政机关进行合作，依托各自优势，对当地廉洁文化资源进行深入挖掘和统筹，共同建立廉洁文化建设示范基地等。从传播手段上，充分发挥新媒体传播能力，依托国企数字化优势，建立系统性的廉洁文化教育网络，可以选取企业和地方优秀廉洁文化建设示范基地、红色资源教育基地等，打造 VR 廉洁文化展览馆、共享平台。在内容上，也要进一步深化警示教育，健全以案说纪、以案说法、以案说德、以案说责机制。

四、结束语

学习中国廉洁文化建设历程和国企廉洁文化建设过程，是必要的，深刻认识新时代廉洁文化内涵和意义是必要的，我们要在继承、发扬及创新方式上继续下功夫，夯实清正廉洁的思想根基、厚植廉洁奉公文化基层、培养廉洁自律道德操守、发挥廉洁教育基础作用、弘扬崇廉拒腐良好风尚。以传承中华民族优良传统，立德做事，以秉持国企优良作风，团结奋进，以发扬伟大建党精神，创造历史，相信在中国新时代辉煌历史中，必将镌刻上国企“钢铁脊梁”的形象，在实现中华民族伟大复兴的道路上，必将回荡“咱们工人有力量”！

参考文献

[1] 梁漱溟．中国文化要义［M］．济南：山东人民出版社，1990.

[2] 杨邓红，胡锦波，赵垚．中国共产党廉洁文化建设的百年历程与经验启示［J］．湖北师范大学学报（哲学社会科学版），2021：8-12.

[3] 吴世丽．中国共产党建设廉洁型执政党的历史进程与经验教训［J］．廉政文化研究，2016（4）：15-20.

[4] 毛泽东．毛泽东文集［M］．北京：人民出版社，1993.

[5] 张曰冬．如何搞好国有企业“三讲”教育［J］．中国党政干部论坛，2001（5）：35-37.

[6] 滕抒．与时俱进三十年——国有企业党风建设和反腐倡廉工作回顾［J］．中国监察，2008：33-36.

[7] 习近平．坚持党对国有企业的领导不动摇 开创国有企业党的建设新局面［R］．全国国企党建工作会议，2016.

[8] 窦克林．一体推进“三不”的基础性工程——学习贯彻《关于加强新时代廉洁文化建设的意见》［J］．中国纪检监察，2022（5）：21-23.

[9] 曹雅丽．准确把握新时代廉洁文化建设的内涵要求［J］．中国纪检监察，2022（5）：24-25.

深化巡视巡察成果运用　促进体系能力整体提升
为武钢集团高质量发展提供坚强政治保证

武钢集团纪委课题组

习近平总书记深刻指出，巡视是党章赋予的重要职责，是加强党的建设的重要举措，是从严治党、维护党纪的重要手段，是加强党内监督的重要形式。巡视发现问题的目的是解决问题，发现问题不解决，比不巡视的效果还坏，做好巡视“后半篇文章”关键要在整改上发力。习近平总书记的这些重要讲话为做好新时代巡视巡察工作提供了根本遵循。

一直以来，宝武集团党委、武钢集团党委在全面推进从严治党的进程中，始终坚持巡视巡察利剑高悬，持续营造发现问题、形成震慑的氛围，始终将做好巡视巡察“后半篇文章”作为提升体系能力，完善体制机制，堵塞管理漏洞的有力抓手。尤其是近年来，中国宝武集团党委书记、董事长陈德荣同志在听取巡视汇报时旗帜鲜明点人、点事、点问题。武钢集团党委书记、董事长周忠明同志针对巡视巡察反馈问题，从政治高度对抓好整改落实和成果运用提出了明确要求。这充分体现了两级公司党委的政治担当，也不断警醒各级党组织要把切实落实整改和深化标本兼治有机结合，要加强自我审视，防微杜渐，用问题整改倒逼体系能力不断提升，切实将整改成果转化为推动公司高质量发展的强大动力。

一、近年来工作探索与实践

2019 年以来，武钢集团所属 13 家党组织接受了两级公司党委的巡视或巡察，发现问题 153 个，移交问题线索 29 条。面对查摆的问题，公司党委切实提高政治站位，从增强“四个意识”、坚定“四个自信”、做到“两个维护”的政治高度来抓整改，着力做好巡视巡察“后半篇文章”。公司各部门强化职能监督，直面巡视巡察发现的突出问题和共性问题，着力抓好源头治理，补足管理短板。被巡视巡察单位针对反馈问题立行立改，举一反三，着力提高整改工作的思想自觉、政治自觉、行动自觉，确保巡视巡察反馈意见落在实处。

（一）公司党委旗帜鲜明，承担巡视整改工作主体责任

围绕巡视反馈意见，把问题放到坚持党的领导、加强党的建设和全面从严治党的政治层面去分析，坚持以上率下、强化工作统筹，切实担当起整改主体责任。一是第一时间成立巡视整改工作领导小组，由公司党委书记、董事长任组长，领导班子成员任副组长，实施公司领导挂牌督导，公司部门和被巡视单位主要负责人为成员，全面推进整改工作。二是公司主要负责人切实担起“第一责任人”责任，以身作则、以上率下，做到重要工作亲

自部署、重大问题亲自过问、重点环节亲自协调、重要案件亲自督办，赴被巡视单位党组织实地调研，督导整改落实。其他班子成员认真履行“一岗双责”责任，结合分管领域，带领相关职能部门按照“同源管理”要求，开展专业条线整改工作，推动职能部门制定强化管理工作举措，抓好相关问题整改落实和成果运用。三是坚持守正创新，加强整改督促力度，成立专项整改督导工作组，对整改情况开展督导，确保问题整改全覆盖、零遗漏。

（二）被巡视巡察单位不折不扣落实整改任务

面对问题，被巡视巡察单位不回避、不推诿，切实做好巡视巡察“后半篇文章”。一是强化组织领导。被巡视巡察单位主要负责同志切实担负起本单位整改工作第一责任人职责，对整改直接负责、直接推动，一级抓一级、层层抓落实，确保整改责任落实到位。二是强化整改落实。按照“件件有着落，事事有回音”的要求，对巡视巡察发现问题进行认真梳理，细化措施，明确责任，倒排工期，对账销号，增强主动整改的内在动力。三是强化标本兼治。把整改与持续改进作风、改进工作、提高党建科学化水平紧密结合、统筹推进，发挥整改对工作的推动作用，健全完善管理制度体系，推动整改成果制度化、规范化。

（三）以“双维度”整改推动公司治理水平提升

公司党委坚持以下见上，站在公司全局角度勇于剖析自身存在的不足，带领公司部门举一反三，补齐短板、完善制度，建立常态化、长效化机制，着力做到将解决具体问题与系统性问题、当前问题与长远问题、显性问题与隐性问题有机结合起来。一是公司纪委切实扛起督促整改的监督责任，协助公司党委深化成果运用，把落实整改和深化标本兼治紧密结合，尤其是着力推进横向、纵向两个方面“双维度”整改，横向指导基层单位点对点纠正问题，确保问题清零见底，纵向督促职能部门紧紧抓住授权、用权、制权等关键点，运用系统性思维、制度性措施、专项性治理改深改透，切实把巡视巡察成果转化为治理效能。二是各部门针对巡视巡察发现的普遍性、倾向性问题，加强对分管领域内相关问题整改情况的监督检查，盯紧盯实、对账销号，推动整改常态化长效化。三是深化巡视巡察整改成果运用，注重巡视巡察监督与纪检监督、组织监督、审计监督等贯通结合，在全公司范围内先后开展了财务稽核、工程管理制度执行、参股公司专项排查等专项检查，不断完善体制机制，着力堵塞管理漏洞。通过将整改与全面对标找差、实施流程重塑、建立健全内控管理体系等结合起来，实现有机贯通，推动整改成果最大化，为公司加快成为驱动产业园区业持续繁荣的生态运营商奠定坚实基础。

二、主要工作成效

通过巡视巡察整改，公司各级党组织切实把整改责任扛在肩上、整改任务抓在手上、整改措施落实到行动上，公司纪委在实践中协助公司党委积极探索做实做细整改的方法路径，主要取得了以下几方面成果。

（一）推动了对巡视巡察政治性认识得更深

通过近年来接受巡视巡察及其深入整改，公司各级党组织、广大党员干部职工，循序渐进并牢固树立了从政治上找差距、从思想上找症结、从行动上抓落实的大局观。通过此次调研，深刻感受到大家对巡视巡察及其整改的认识不断加深，将其作为了对组织的“政治体检”及对自身的“思想洗礼”。

（二）推动了将合力监督“拳头”握得更紧

通过巡视巡察整改，进一步完善了监督体系，构建党委统一领导、党政齐抓共管、纪委组织协调、各部门协同配合的大监督格局。特别是通过压紧压实职能部门专业监管职责，针对巡视巡察发现的问题，组织开展整改工作推进会、部门会商会议 5 次，发送加强巡视巡察成果运用提示单 18 份，触动了专业部门对涉及体制机制等深层次原因的思考并举一反三深入整改。尤其是在海南公司巡察整改工作中，各专业部门跨前一步，充分发挥条线指导和协调，以深入检视问题为契机，以狠抓整改落实为驱动，高质量地推进整改，成效明显。

（三）推动了把党支部政治功能发挥得更实

针对全面从严治党责任落实“上热中温下冷”尚未彻底解决的现状，从基层“升温”破题，以推动巡视巡察整改为抓手，将贯彻落实上级决策部署和党员的教育管理情况纳入监督重点，制定了《监督推动党支部政治功能发挥工作清单》，着力打通落实上级决策、落细落实整改的“最后一公里”。

（四）推动了移交问题线索查办质效的更高

公司纪委加大对巡视巡察移交的问题线索和案件查办力度，制定完善核查方案，精准把握执纪标准，坚持以事实为依据，以党章、党纪、党规为准绳，高质高效完成了问题线索初核及立案审查工作，对违规违纪人员严肃追责问责。公司组织部门狠抓选人用人、干部队伍建设等方面存在的问题，把巡视巡察结果作为领导干部考核评价的重要依据，对不担当、不作为、不适宜担任现职的干部进行调整，使“能上能下”成为常态。

三、当前面临的问题

在看到成效的同时，也清醒认识到，与党中央及两级公司党委对巡视巡察整改和成果运用的高质量要求相比还存在一定差距，主要表现在以下几个方面。

一是思想认识仍有欠缺。有的单位就事论事的思想比较突出，对问题的梳理“全面性”原则把握不够，反馈什么问题就改什么问题，整改措施缺乏系统性、协同性，整改措施延伸性和拓展性，由点及面、制度治本作用发挥不够。有的单位对反馈问题重视不够，没有深入查摆问题、认真剖析原因，认为问题整改“仅此而已”，还没有从根源上找到问题产生的原因。

二是举一反三还不到位。有的单位针对巡视巡察反馈问题，止步于头痛医头、脚痛医脚，点到为止，未能由此及彼、举一反三，找准问题产生的深层次原因，在立足全局，提升管理水平、加强源头治理方面还存在不足。未被巡视巡察的单位存在整改与己无关的思想认识，没有认真学习其他被巡视巡察单位反馈意见，也没有认真对照问题举一反三开展自查，坐等上级部门“问诊把脉”，造成类似问题在不同单位反复发生。

三是“永远在路上”的韧劲不够，持之以恒略显不足。有的单位在集中整改初期推进较有力，但在之后的持续整改阶段，“回头看”阶段，一定程度上思想有所松懈，有着前紧后松现象。有的单位在问题整改或多或少还存在避实就虚的情况，至于整改质量如何进一步提高，是否管长远管根本等方面考虑得还不够，有效利用持续深化整改的契机来优化政治生态，在加强党的建设上聚力，在推进全面从严治党上聚焦，依然任重道远。

四是部门站位高度不够。认为那是被巡视、巡察单位的问题，没有站在武钢集团的高度来系统看待，“双维度”整改的意识还要提升，工作还要加强，要将对基层个别单位的巡视巡察作为提升公司管理的“输入”。

五是监督合力还需着力提升，方法路径还需固化。“双维度”整改的流程化、规范化上还有待进一步探索，尚未形成可复制的标准化工作模式。同时，建立健全巡视巡察整改评估机制，有待在实践中进一步总结与探索。

四、深化巡视巡察成果运用的思考

（一）推动新时代巡察工作高质量发展

（1）进一步提高巡视巡察工作认识。教育引导公司各级党组织深入学习领会习近平总书记关于全面从严治党、关于巡视巡察工作的重要论述，有针对性地组织与巡视巡察整改相关的专题学习、业务培训、讨论交流等活动，切实提高各级党组织对巡视巡察工作的认识。

（2）进一步提升巡察工作组织力和规范化水平。选优配强巡察组长，除指定工作经验较为丰富的原领导人员担任固定巡察组专职组长或副组长外，安排直属单位纪委书记轮流到巡察组任职。加强对巡察工作全程管控，全面实行巡察工作底稿制度，让巡察发现的问题有据可查，让巡察过程有迹可循，让巡察成果有形体现，使巡察发现问题经得起时间和实践的检验。

（3）进一步改进巡察工作方法。充分发挥巡察综合监督平台作用，健全巡察机构与纪检监督、组织人事、审计、财务等职能部门协作配合机制，做好巡前情况通报、人员抽调等，巡中沟通会商、工作支持，巡后督促加强问题整改、处置问题线索、强化日常监督。深化集团党委第四巡视组与公司党委巡察组，在学习、培训、巡察、调查等方面的贯通融合，使巡察方法更加多样、监督更加精准、成效更加明显，进一步提升监督整体效能。

（4）进一步提升巡察队伍素质和能力。加大巡察学习培训力度，进一步提升巡察队伍政治素质和业务能力。在巡察人员选拔、激励等方面进行探索，构建完善机关部门工作人员参与巡察工作轮训机制，选派基层单位骨干人员到巡察岗位进行挂职锻炼，将巡察工作表现作为其年度绩效评价、评优评先的重要参考。加强巡察人才库建设，并动态管理、及时更新、逐轮更新巡察人才库，逐步培养和储备了一支政治过硬、业务精良、结构合理、运转高效的巡察人才队伍，为巡察工作高效有序开展夯实人才保障。

（二）深化巡视巡察整改和成果运用

（1）提高政治站位，坚决扛起巡视整改政治责任。深刻认识巡视巡察整改工作的重要意义，始终从讲政治的高度看待巡视巡察整改。协助公司党委坚决扛起主体责任，把巡视巡察整改作为重大政治任务，以高度负责的态度、务实过硬的措施，坚决落实整改责任，不折不扣做好整改工作，切实把反馈问题一件一件抓落实、一项一项改到位，以整改工作成效促进“对标找差创一流”。

（2）树立系统思维，强化巡视巡察成果运用。加强和规范巡视巡察整改，明确巡视巡察整改责任分工及协同配合，推动巡视巡察监督、整改、治理有机贯通。以系统思维和法治思维建立巡视巡察发现问题、监督整改落实、巩固完善成果运用、检查抽查整改效果的长效机制和良性循环的闭环管理。将巡视巡察整改情况纳入党委党建工作述职评议、领导班子年度综合考核指标体系，解决整改综合效应弱化问题。

（3）建立巡视巡察“举一反三”机制。以一家单位接受巡视巡察查摆的问题为突破口，形成公司上下一体推进的良性互动局面。各单位以兄弟单位巡视巡察反馈问题作为一面镜子，加强自我审视，防微杜渐，有针对性地对本单位工作进行自查，并形成自查报告。各部门也要对问题举一反三进行分析研判，认真查找管理薄弱环节，进一步加强对分管领域内相关问题整改情况的监督检查，用问题整改倒逼体系能力不断提升。坚决杜绝同类问题在其他单位重复发生。

（4）探索形成整改工作固化方法，建立整改评估机制。及时梳理巡视巡察整改中的好做法、好经验，并将其总结固化，形成标准化工作模板。探索建立整改评估机制，一方面围绕被巡视巡察党组织落实整改主体责任和监督责任，整改实效和建立长效机制，整改公开和干部群众满意度等情况，采取查阅资料、实地调研、个别谈话、听取汇报等方式开展评估；另一方面看相关部门是否将巡视巡察整改与本部门职能监督职责结合起来，把督促整改落实作为职能监督的重要抓手，举一反三，提升体系能力，并通过调研督导、发函督办、现场督查等方式，在全公司加强职能监督。

（5）着力推动“双维度”整改，夯实大监督格局。进一步推进“双维度”整改，切实堵塞管理漏洞，不断提升公司治理水平。充分运用内部监督会商机制，严格执行党风廉政倾向性问题报告制度，建立健全纪检监督部与主责部门情况通报和线索移交机制，通过提示函、督导单、纪律检查建议书，督促各部门严格履行职能监督主体责任，让监督合力的“拳头”握得更紧。

（6）强化标本兼治，巩固整改工作成果。综合运用巡视巡察成果，既着力解决具体人和具体事的问题，也着力解决体制机制制度问题。一方面拿出“当下改”的举措。集中解决巡视巡察发现的突出问题，对巡视巡察移交的问题线索分清问题性质，精准把握政策，综合运用监督执纪“四种形态”，依规依纪依法处置，做到件件有着落。对顶风违反中央八项规定精神和“四风”问题，特别是形式主义、官僚主义问题，立行立改，严肃处理。另一方面形成“长久立”的机制。结合巡视巡察、审计等监督发现的问题，对其中的普遍性问题和规律性认识进行深入分析、认真研究，健全完善治理体系，确保各项要求上下贯通。加强巡视巡察整改成效“回头看”，进一步巩固巡视巡察整改工作成果，严防已整改问题“反弹回潮”。

当前，公司各级党组织正按照公司党委的统一部署，掀起了学习贯彻党的十九届六中全会精神的热潮。要深刻把握全会的精神实质和核心要义，坚定不移、一以贯之贯彻落实全面从严治党战略方针，增强斗争意志和本领，把学习贯彻全会精神与深化巡视巡察整改和成果运用，推动公司管理和体系能力提升结合起来，为推动“1345”战略落实，项目落地见效，奋力谱写武钢集团高质量转型发展新篇章做出新的贡献。

以数据治理为基础　探索大数据+智慧监督应用

武钢绿城党委副书记　纪委书记　万　俊

近年来，随着信息技术快速发展，大数据时代已经来临。在当前国有企业基层单位大力推动数字化转型的浪潮下，数据治理发挥的作用越来越凸显。纪检监督部门逐步探索在数据治理的基础上，充分运用大数据提升党内监督、行政监督、民主监督等各项监督质效，通过智慧监督，一体推进“不敢腐、不能腐、不想腐”体制机制，为国有企业生产经营保驾护航。

一、大数据智慧监督的必然趋势

2017 年 12 月 8 日，中共中央总书记习近平在中共中央政治局就实施国家大数据战略进行第二次集体学习时强调，大数据发展日新月异，我们应该审时度势、精心谋划、超前布局、力争主动，深入了解大数据发展现状和趋势及其对经济社会发展的影响。

在当前大数据时代，传统产业为进一步转型升级，纷纷实施大数据战略，推进企业数据治理。采取大数据智慧监督是企业发展的必然趋势，相比传统的监督模式，大数据智慧监督的优势在于：一是实时监督。大数据智慧监督可以实现对权力的“全领域、全流程、全天候的制约”，实时监测、记录和跟踪被监督者的行为。二是自动化挖掘信息。大数据智慧监督可实现数据信息的自动化挖掘，通过数据实时联动和分析技术，监控和自动化分析大数据。三是精准高效。借助强大的信息采集、分析和协同能力，大数据算法能更加精准地反映问题，快速筛查异常数据信息，提高监督的效率。四是预防预警。大数据可通过数据挖掘推断问题可能的发展规律，作出一定预防，预防功能有助于推动传统的事后监督、惩戒方式变为事前事中的预测、警戒方式，使被动监督转为主动监督。

二、大数据智慧监督在国有企业基层单位的应用

对于国有建筑企业的内部监督来说，大数据智慧监督有助于党内监督、行政监督、财会监督及智慧工地监督等工作的开展。

（一）强化党内监督，助推党风廉政建设

纪检监督部门充分运用大数据智慧监督手段，加强党内监督，对于预防惩治党内腐败、保持党的先进性和纯洁性具有重要意义。一是运用党建云系统做好党内监督。目前基层单位“两个责任”管理已从线下党支部纸质记录到线上党建云管理，从党建云后台可查看所管辖党支部学习习近平新时代中国特色社会主义思想、“三会一课”召开情况、“三

重一大”制度及“两个责任”落实情况，可查看议事决策、党费交纳、会议召开等党务管理信息。纪检监督部门定期检查党建云系统，能精准快速发现问题，强化党内监督。二是通过大数据开展信访举报监督。信访举报是发现权力运行问题的主渠道，也是推进党内监督和各种监督相结合的重要方式。基层单位纪检监督部门建立大数据智慧监督举报平台，能精准发现真信息、真线索、真问题。三是实行民主监督。纪检监督部门推动职能部门在公司微信公众号发布换届选举、人员招聘、培训学习等重要事项信息，通过信息网络接受职工群众的民主监督。

（二）加强行政监督，杜绝违法乱纪行为

国有企业基层单位纪检监督部门通过公司大数据管理监督平台，发现问题，处理问题，共同推进企业廉政建设。一是规范分包采购管理。公司分包招标、物资采购均已100%在企业内部信息平台线上运行，纪检监督部门会同经营业务部门根据线上投标IP地址一致、投标保证金同一账户等情况发现围标串标问题。二是公务用车监督管理。在企业内部建立公务用车运行平台，所有公务用车均安装GPS，能追踪溯源每次出车轨迹，纪检监督部门推动业务部门定期检查车辆轨迹，排查公车私用情况；根据路线推算油耗，排查油耗是否在合理范围内。目前公务用车违规违纪问题大幅减少。三是对违法人员处理。中国裁判文书网可公开查询违法案件信息，近年来纪检监督部门通过该网定期查询相关信息，协调人力资源部结合公司内部员工身份、社保、工资发放和考勤等情况，已核查出多名不在岗员工被追究刑事责任，已给予相关人员解除劳动合同处理。

（三）深入财会监督，防范廉洁从业风险

财务管理一直是建筑企业党风廉政建设管理工作的重点领域，借助大数据技术能够进一步发现企业在运营过程中出现的问题及隐患，规避廉政风险。一是规范财务报支管理。在公司标财系统中，每笔费用报支审批、支撑资料均扫描上传系统，实现全流程追踪溯源化管理，纪检监督部门会同财务部精准排查差旅、业务招待、工程进度款等业务报支的问题。二是查处员工兼职取酬。财务部门通过税务平台按年度查询员工在外部单位兼职取酬情况。公司纪检监督部门会同财务部进一步核实相关信息，对相关责任人进行处理。三是规范经商办企业管理。纪检监督部门通过天眼查、启信宝等工商信息平台查询公司员工经商办企业情况，财务部门再通过标财系统查询员工经办企业与本单位及下属单位发生业务往来情况，精准发现员工违规经商办企业问题。四是规范发票查验。督促财务部门通过全国发票统一查询平台筛查开具高档烟酒、茶叶、娱乐场所消费等发票，发现涉嫌违反中央八项规定精神的问题。近年公司纪委根据检查问题情节严重程度，按照党规党纪和相关制度，给予多名员工处理处分。通过财会大数据智慧监督能精准发现违规违纪问题，杜绝靠企吃企、违反中央八项规定精神等问题，促进企业健康发展。

（四）智慧工程监督，助力高质量项目建设

在大数据时代背景下，基层国有建筑企业进行数字化转型，纪检监督部门采用大数据智慧工地监督，能有效保障廉政项目建设。一是实行智慧安全管理。督促安全管理部门开展塔机在线监测，吊钩可视化管理，危大方案过程监管，保障施工现场安全，通过智能系

统，将安全监管被动监督变为主动监督，纪检监督部门通过智慧工地监督系统，坚决纠治现场安全管理中形式主义、官僚主义。二是实行智慧劳务监督。施工现场采集分析运用农民工健康码、行程码、自动测温等数据，实现人员智慧监管，落实疫情防控要求。纪检监督部门督促项目部通过人脸考勤落实农民工实名制管理，保障农民工工资发放，减少劳务纠纷。三是采用智能物料系统监管。运用智慧监督系统监管大宗材料进场验收，通过现场视频和车牌自动识别自动统计收料超差，纪检监督部门定期会同业务部门抽查，防止超差收料、以次充好等工程腐败现象发生。

三、国有企业基层单位应用大数据智慧监督中存在的不足

近年来，国有企业基层单位综合运用信息技术，强化大数据思维，积极探索新的监督机制，大数据为纪检监督提供新途径的同时，开展大数据智慧监督也面临诸多挑战，存在一些不足。

（一）思想认识不到位，大数据监督意识理念不强

随着大数据不断彰显其价值，要求企业管理人员必须更新理念。一是缺乏大数据思维。虽然现在企业管理已实现办公自动化，但受传统思维限制，对大数据运用的监督效果仍产生质疑，缺乏用大数据开展工作的思维，降低了企业内部监督质效。二是尚未与企业长期战略目标融合。虽然各业务部门都实现了自动化办公，各种业务系统、平台均已搭建，但大数据监督尚未列入企业长期战略目标，尚未能引起足够重视，导致系统、平台疏于监管、维护、更新，未能有效规避违规违纪问题。三是大数据监督运用不充分。部分业务部门大数据监督管理水平不足，不善于将科学管理理念融入大数据监督中，促进业务部门运用大数据主动监督、创新监督，借助大数据拓宽监督渠道、改进监督模式、创新监督方式、提升监督质效方面运用还不充分。

（二）体制机制不健全，大数据监督效能发挥不够

大数据赋能监督、数据驱动监督还在不断探索中，体制机构尚未健全。一是大数据共享机制尚未建立。国有企业若干系统独立分散，导致“数据孤岛”，大量数据未被充分共享、难以有效集成、深度有待融合，运用大数据开展智慧监督的范围受到极大限制，优势得不到充分发挥。二是预防预警机制尚未建立。大数据助力廉政监督从技术的视角弥补了传统监督的缺陷，但当前数据治理的预防功能、威慑功能和预警功能发挥还不够，未能建立对信息进行定期评估预警、处置预警并进行反馈的措施。三是深度运用机制尚未建立。多数业务部门将大数据产物当成工作数据，其应用于监督工作中始终浮于表面，未能充分挖掘大数据的潜在价值。

（三）监督人才不专业，大数据监督队伍能力不足

专业的监督人才是推动大数据发现问题的关键。一是信息化专业知识储备不足。在国有企业基层单位大数据监督人员没有经过信息化系统专业的培训，对数据的收集存储、深入挖掘、问题分析等方面能力比较薄弱。二是复合型人才还需进一步打造。大数据监督人员对各业务基础知识掌握不足，在联合监督检查中还不能综合提炼数据、分析问题、精准

发现问题。三是从业人员保密意识不强。大数据监督中含有大量数据资源，在信息共享时，从业人员在信息安全、保护措施、预防泄密等方面的管理还需加强。

（四）监督氛围不浓厚，大数据监督管理运用不深

大数据系统为监督工作提供大量监督渠道，但当前智慧监督管理运用还不够充分。一是主动监督意识还未建立。部分业务部门使用大数据处理信息较多，主动监督较少，经常是问题发生了再进行自查自纠，监督方式单一，还存在不善监督、不敢监督的情况。二是大数据智慧监督易流于形式。大数据监督中甄别数据、核查业务工作量大，人力物力耗费时间长，与业务工作相比无指标、难出业绩，大数据监督检查易疲于应付。三是缺乏集中统一管理。当前，大数据监督中缺乏主导部门统筹协调，业务部门还存在“铁路警察各管一段”现象，监督力量分散，导致分析问题不全面、基层单位信息采集重复等问题。

四、国有企业基层单位运用大数据监督工作的探索

习近平总书记强调，要运用大数据提升国家治理现代化水平。大数据时代，谁掌握了数据，谁就掌握了主动权，大数据为监督插上了最有力的科技“翅膀”。十九届中央纪委六次全会工作报告明确指出，“以信息化促进监督下沉”“善于运用信息化手段提升监督水平”。纪检监督部门应顺势而为，强化大数据意识、增加大数据知识、形成大数据共识，推动信息化手段、大数据应用与纪检监督工作深度融合，加快监督科技化、智能化。

（一）提高思想认识，强化大数据监督思维

大数据为监督工作带来全方面、多功能的影响，要与时俱进，营造大数据监督氛围。一是要强化大数据监督重要性。将大数据监督列入企业长期战略目标，将大数据监督植入权力运行系统全过程，将数据治理和大数据监督纳入治理体系和监督体系建设。二是要加强大数据监督关联共享思维。加强部门、业务之间数据交换和共享意识，打破数据壁垒，实现跨部门、跨业务协同管理，逐渐扩大大数据技术“信息蓄水池”。三是要运用大数据营造廉洁氛围。通过公司官网、微信公众号建立党风廉政专刊，传播廉洁文化，推进廉洁活动活起来、实起来、强起来，加大廉洁文化传播力度，营造“不想腐”的思想自觉。

（二）发挥监督效应，建立大数据监督机制

建立大数据监督机制，让数据活起来、用起来，推进全面从严治党向纵深发展。一是要建立预防预警机制。将本单位纪检监督处理的违规违纪违法案件数量、种类、部门、时间等要素进行归类统计，综合分析，筛查出频次较高的异常数据，预测问题高发的关键环节、敏感岗位、易发时间，并深挖细刨，找到问题根本原因，从源头上堵塞漏洞、杜绝风险。二是要运用大数据监督堵塞制度漏洞。深化运用数据存储、模型比对、线下核对等大数据监督方式，综合筛选廉政风险点，查找制度漏洞，进一步深化廉洁风险防控体系建设，不断构建“不能腐”的体制机制。三是建立联动监督机制。改变传统覆盖面小、监管效率低的监督模式，实现监督由点到面，将大数据运用到日常监督和审查调查、信访件举报中，批量筛选、提取和锁定问题线索。

（三）加强人才培养，提升大数据监督水平

“打铁必须自身硬”，要对大数据人才提出更高要求。一是要强化专业人才培养。通过党内知识学习、专家培训、以案代训、参加巡视巡察等方式，从严从实加强自身建设，不断提升纪检队伍战斗力。二是要强化复合型人才的培养。熟悉党纪党规、公司规章制度及业务系统操作，强化企业经营财务、项目运营等业务基础知识，将纪检业务能力融入日常监督检查，培养综合发现问题的能力。三是要强化保密意识。在监督检查中，针对大数据涉及面广、信息量大、敏感性强、企业内部保密等特点，时刻做好保密工作。

（四）强化科技赋能，深化大数据监管治理

大数据带来机遇，也带来新的挑战，需进一步拓展应用，提升大数据监管治理效能。一是要创新大数据监督方式。针对工程建设重点领域、关键环节、敏感岗位开展大数据专项监督检查。加强招投标平台功能建设，增加投标文件查同、投标关联企业的认定等功能，避免串通投标等情况的发生。通过依托大数据技术支撑，建立网络举报平台，开通随手拍、举报一键通等功能，进一步畅通监督渠道，发现一起处理一起，强化“不敢腐”的震慑。二是要拓宽大数据平台监督应用渠道。例如，通过调取银行资金流向数据排查工程建设违规分包转包的问题。通过地方政府的纪检监察大数据中心，获取人员身份、行踪轨迹、通话记录、社会保险等关键信息数据，提高办事效率、减轻工作负担、有效核查信息。三是要强化信息联查、分析研判会商问题线索。通过党风廉政建设和反腐败工作协调小组会商监督工作中倾向性、苗头性问题，推动跨部门、跨业务单元的监督治理，营造大数据监督氛围。

五、结语

综上所述，大数据新形势下，国有企业基层单位大数据智慧监督工作挑战与机遇并存，纪检监督工作要围绕当前大数据智慧监督工作中存在的不足，充分结合大数据发展趋势，强化大数据智慧监督思维，不断完善大数据治理机制，培养专业化复合型人才，创新智慧监督方式，营造智慧监督氛围，强化廉政建设，为国有企业基层单位加快转型发展保驾护航。

钢铁生态圈“三不”一体建设的探索与实践

宝钢股份湛江钢铁纪委

党的十八大以来，党中央高度重视党的建设，在新的历史背景下将“从严治党”升级为“全面从严治党”。习近平总书记在十九届中央纪委三次全会上提出，要巩固发展反腐败斗争压倒性胜利，一体推进“不敢腐、不能腐、不想腐”。党的十九届四中全会将构建一体推进“三不”体制机制作为坚持和完善党和国家监督体系重要内容，作为反腐败斗争的基本方针，和新时代全面从严治党的重要方略。这是以习近平同志为核心的党中央，基于对历史经验的总结，进一步丰富和发展从严管党治党理论的生动实践。

中国宝武作为国资央企，提出了“共建产业生态圈推动人类文明进步”的使命。湛江钢铁深知独木难成林，产业生态圈廉洁建设状况直接关系到党风廉政建设和反腐败工作的成效。湛江钢铁坚定贯彻落实“不敢腐、不能腐、不想腐”战略目标，将“三不”一体建设融入强化产业生态圈建设的工作要求之中，为实现打造世界最高效率的绿色碳钢制造基地目标提供坚强纪律保障。

一、钢铁生态圈“三不”一体建设的背景及意义

随着全面从严治党的深入发展，以钢铁企业为代表的国有企业风险防范机制逐步完善，传统的设备采购、原辅料采购及工程项目招投标等高风险领域，权力寻租空间逐渐被压缩。但从十九届中央巡视反馈的意见来看，这些现象并未完全禁绝，而且呈现的形式更加隐蔽，对企业净化营商环境带来更大挑战；此外，在国内国际双循环的行业发展新业态下，钢铁产业生态圈上下游企业联系更加紧密，生态圈企业员工利益交集更广泛且更加复杂，伴随产生的潜在廉洁风险更加突出。这些问题制约着钢铁产业的高质量发展，影响国家“双循环”战略的实现。要解决这些问题，需要生态圈企业相向而行，加强廉洁共建，一体推进“不敢腐、不能腐、不想腐”，共同涵养廉洁从业的营商小气候。

湛江钢铁作为中国宝武的子公司，是响应国家供给侧结构性改革要求，积极推进中国钢铁产业布局优化、结构调整，促进南方区域产业转型升级，助推区域经济高质量发展的重要力量，肩负着中国宝武实现老大变强大战略目标的重要使命。使命的完成需要推动党风廉政建设与企业治理相融合，推动公司及协作伙伴共同连点成面，共同涵养廉洁从业的良好政治生态。以生态圈企业廉洁共建为重要抓手，探索构建“三不”一体推进的工作机制，就有了重要的现实意义，同时也能为实现国有企业基层党组织党风廉政建设工作模式的创新积累经验，推动全面从严治党向纵深发展。

二、钢铁生态圈“三不”一体建设的探索与实践

湛江钢铁始终牢记国有企业是中国特色社会主义的重要物质基础和政治基础，是我们党执政兴国的重要支柱和依靠力量的初心使命。自核准建设以来，就将“不敢腐、不能腐、不想腐”贯穿于项目策划、建设管理、生产运营等领域，把党风廉政建设和反腐败的要求融入企业治理关键环节，并形成了具有湛钢特色的震慑、制约和预防工作机制，构建出大湛钢区域良好政治生态，营造了风清气正的经营环境。

（一）以有效制约为前提，构建“不敢腐”的震慑机制

有效的监督制约是构建生态圈协作伙伴廉洁从业的根本保障。湛江钢铁和生态圈企业立足湛钢区域合规经营、合规交往，探索建立了工程项目招投标管理强矩阵模式、工程项目建设高频度审计模式、互派党风监督员机制、违纪违规禁入机制，充分发挥监督合力，促进了生态圈企业的健康发展。

互派党风监督员是湛江钢铁和生态圈协作伙伴在深化互信的基础上，眼睛向内、自我革命，主动接受监督的廉洁共建有效探索。湛江钢铁和协作伙伴分别聘请信念过硬、政治过硬、责任过硬、能力过硬、作风过硬的对方单位员工担任本单位党风监督员，通过对方的“眼睛”来监督本单位党员干部和职工，打破原来甲方对乙方业务单向制约的心理优势，形成甲乙双方有效的相互监督、制约态势，促进生态圈内各单位共同维护风清气正的经营氛围。

湛江钢铁纪委牵头，在区域生态圈企业中策划形成了“1+10 区域协同监督”工作模式，通过强化交叉监督，进一步提高监督的质效，提高震慑的效果。监督组聚焦生态圈企业敏感岗位业务人员合规履职、规范用权，聚焦业务招待、礼品登记、公车管理等制度规定执行情况等方面，开展监督检查，反向查验湛江钢铁及生态圈内其他单位员工是否存在违规接受吃请、违规收受礼品礼金及违规使用公车或者借用管理服务对象车辆等廉洁问题。通过加强监督信息共享及强化违规违纪行为的追责和处理等方式，进一步强化“不敢腐”的震慑。

违规违纪禁入机制，是湛江钢铁贯彻落实中国宝武禁入管理规定精神，针对与湛江钢铁及下属单位业务交往过程中，有行贿、舞弊等违法违纪违规行为且情节较重的单位，禁止与其发生经营往来的机制。通过禁止与禁入单位的业务交往，进一步强化了廉洁风险防控，强化了对生态圈协作伙伴的监督和制约，净化了经营环境。

（二）以“少直快低”为基本原则，构建“不能腐”的制约机制

湛江钢铁持续探索新型协作伙伴关系建设模式，将“少直快低”的设计思维植入协作供应商的引入、管理和评价过程中，在促进业务合作深化，提高服务质量水平的同时，从机制上降低业主单位与协作伙伴之间的交往风险，有效推进了生态圈企业的“三不”一体建设。“少直快低”，简单来讲就是界面交叉少、阳光评价直、决策准入快、人工干预低。

界面交叉少。交叉管理界面的减少，弱化了主从关系，削弱了钱权交易动力。湛江钢铁协作合作模式主要为 BOO 运行模式（由专业化公司出力、出资、出智、出率，与湛江钢铁共同投资建设运行形成风险共担、利益共享的合作模式），BOO 协作单位根据湛江钢

铁生产计划，提供满足主线生产配套的条件，中间环节管理独立度高，与湛江钢铁管理交叉度极低，避免了过程管控中管理界面的多层次交叉。管理交叉低、利益共享的合作模式，给供应商营造了靠己能胜过靠人的经营环境，在供应商内心也逐步植入没必要违纪获利的想法，促进了生态圈内成员养成“不想腐”的思想观念。

阳光评价直。用充分公开和权威准确的指标作为供应商结算的依据，让结算在阳光下进行，既能形成威慑，又能防止逾矩。湛江钢铁生产协作的计价原则是能具体量化优先按量计价。例如成品钢卷的包装项目，所有的成品钢卷，为防止生锈、碰撞等情况发生，外卖之前都需要进行包装，湛江钢铁与包装协作单位的结算是按照产量乘以单价进行结算。产量作为公司重点关注指标，权威准确公开，所有的结算接受全员监督，形成了公开透明、广泛监督的防腐良策。

决策准入快。统一管理、标准清晰、要求严苛，促成抉择的快和准，不给关系户时机，切断腐败的桥梁。湛江钢铁协作供应商的选择体现专业化、规模化，标准是“专精特新”的企业，拥有一技之长和成熟经验。协作供应商的引入、日常管理和业绩评价由协力管理统一管理，降低了管控的难度，避免了高敏感业务多头管理的风险。同时，建立了严苛的相关管控制度，严苛明确的标准带来的是快速准确的选择，判断结果就是“0/1”，不给“活动”留时间和空间。

人工干预低。人工线下干预度越低，流程就越透明，留痕越有效，压缩了腐败滋生的空间。湛江钢铁作为新的工厂，一直探索推进智慧制造，促进效率提升的同时，也降低了廉洁风险。例如，湛江钢铁投用自动取样装置，特别是针对铁合金、辅料等取样容易滋生腐败的业务，彻底规避了取样岗位员工的岗位风险，切实增强了对供应商的监督约束，显著增加了供应商作弊的心理压力。降低人工干预，阻断了内外串通的途径，进一步打消供应商弄虚作假的念头，推进了“门都没有”的“不能腐”机制建设。

（三）以价值同向为核心理念，构建“不想腐”的预防机制

价值同向是生态圈内所有企业齐心聚力的重要价值基础。“大湛钢”协作伙伴单位，同为生态圈企业重要组成部分，通过构建“高效协同、良性互动、互惠互利、气正风清、廉洁交往”的同向价值，进一步增强生态圈企业主人翁身份意识，共同建设“大湛钢”命运共同体。

通过顶层设计优化，提升“不想腐”的思想自觉。如推动协力采购模式变革，从购买劳动转变为购买服务。一方面，通过设定科学的评价标准，将协作伙伴的效益与湛江钢铁产量、设备状态、安全生产和劳动效率提升挂钩，将费用结算考核与协作单位的工作质量与效果匹配，促进协作单位提高服务质量，提高管理效率。将检修协作的绩效评价与设备状态和产量直接挂钩，实现了设备故障越少，甲乙双方的效益越好，改变了传统的按照点检人员开具的检修工票进行结算的模式，很大程度消除供应商的博弈心理。另一方面，通过绩效奖励的方式将湛江钢铁的发展成果体现在协作伙伴的年度绩效和收益上，促进协作伙伴与湛江钢铁同向而行，同频共振。通过转变购买模式，协作单位的盈利不再与提供劳动力数量、申报的工作量关联，进一步压缩了湛江钢铁员工权力寻租空间，降低了业务审核风险，减少了甲乙双方违规违纪行为的发生。湛江钢铁与协作伙伴“利益依存，命运与共”的价值导向，强化了生态圈企业廉洁共建的内生动力。

另外，共建共育“亲”“清”廉洁文化氛围也是推动生态圈健康发展的重要载体。通过六同做法推进，同步监督检查、同搭成长平台、同施教育培训、同创示范标杆、同办文体赛事、同享发展成果，进一步促进协作伙伴对强化生态圈建设的高度认可、主动融合，进一步增强生态圈内步调一致的强劲动力，为湛钢区域生态圈“三不”一体推进提供了肥沃的土壤。

三、钢铁生态圈“三不”一体建设的实践成效与思考

通过实践情况来看，以湛江钢铁为中心的区域钢铁产业生态圈“三不”一体建设取得良好成效。

一是构建了“亲”“清”协作伙伴关系，大湛钢区域总体保持了风清气正的良好氛围。区域生态圈内企业员工廉洁从业成为习惯，没有出现行贿受贿、违规收送礼品礼金等违规违纪违法情况，信访举报持续保持较低水平。二是员工队伍对企业廉洁氛围高度认可，工作中体现出了很强的战斗力。生态圈企业员工，对企业的认可度持续保持较高水平，精神面貌积极向上，在项目攻坚、达产创效、抗击台风、防疫保产等重大任务中发挥重要作用，并得到成长和历练。三是“不想腐”的自觉得到加强，降低了企业合作廉洁风险。大湛钢区域生态圈企业合作共赢模式得到广泛认可，特别是价值同向的协作管理模式得到了中国宝武的高度评价，被命名为“湛钢模式”在集团范围推广。区域内生态圈企业员工在业务交往过程中，自觉遵守廉洁从业各项规定，共同守护了企业良好营商环境。

全面从严治党永远在路上，推动“三不”一体建设的探索也永远在路上。十九届中央纪委六次全会强调，持续深化“不敢腐、不能腐、不想腐”一体推进，惩治震慑、制度约束、提高觉悟一体发力，努力取得更多制度性成果和更大治理成效。湛江钢铁作为区域钢铁产业生态圈的核心，将坚定不移贯彻落实党中央及上级决策部署，继续深化完善“三不”一体推进工作机制，把党风廉政建设和反腐败工作融入日常、抓在经常，带动生态圈合作伙伴共同建设良好政治生态，实现企业党风廉政建设与生产经营高质量发展良性互动，在践行中国宝武“共建产业生态圈推动人类文明进步”的使命中发挥积极作用。

参考文献

[1] 习近平在十九届中央纪委三次全会上发表重要讲话.

[2] 习近平在十九届中央纪委四次全会上发表重要讲话.

[3] 习近平在十九届中央纪委五次全会上发表重要讲话.

[4] 习近平在十九届中央纪委六次全会上发表重要讲话.

[5] 习近平在全国国有企业党的建设工作会议上发表重要讲话.

[6] 张扬金，邓观鹏．中国语境下“廉政生态圈”功能意蕴与现实研判［J］．廉洁文化研究，2020（3）：4-12.

[7] 胡磊．“松鼠廉洁”：一场行业生态的变革实践［J］．决策，2020（4）：68-71.

[8] 牛君．党内政治生态与党内政治生活的治理要义［J］．理论视野，2019（12）：84-91.

[9] 江翎．国有企业党风廉政建设和反腐败工作的创新策略［J］．现代商贸工业，2021（24）：107-108.

[10] 唐贤秋．论廉洁政治生态的价值维度与构建理路［J］．政治建设，2015（5）：48-53.

新时代背景下国有企业构建反腐倡廉教育体系的探索与实践

首钢京唐公司纪委　张云山　张延风　王会静

习近平总书记在十九届中央纪委六次全会上指出，要保持反腐败政治定力，不断实现“不敢腐、不能腐、不想腐”一体推进的战略目标。首钢京唐公司把反腐倡廉教育作为从源头上预防和治理腐败的重要途径，结合企业实际，厚植廉洁理念，创新教育形式，构建宣教体系，进一步提升国有企业干部职工的廉洁从业意识，筑牢“不想腐”的精神堤坝，让“不敢腐”“不能腐”在干部职工思想深处扎根。

一、构建反腐倡廉教育体系的背景

首钢京唐公司以往开展反腐倡廉教育，以公司纪委发放学习材料、基层落实学习为主，基层党组织主动探索不够，教育形式同质化较重，教育效果不够突出，普通职工对企业廉洁文化的感受不深，“人人倡廉”的氛围不够浓厚。首钢京唐公司纪委深入走访调研，广泛征集意见建议，结合国企属性，统筹思考做实反腐倡廉教育与保障企业经营生产的关系，将加强反腐倡廉教育工作作为涵养企业政治生态的重要途径。

围绕坚持锤炼“忠诚、干净、担当”的政治品格，在工作思路上以“忠诚、感恩、激情”为价值追求，以“思想先行，贵在行动”为方法论，以培育“洁在心·廉在行”廉洁理念为纲领，构建“153”反腐倡廉教育体系，即以纪律教育为工作主线，打造“清廉”“勤廉”“亲廉”“共廉”“护廉”五位一体“京唐廉韵”廉洁从业教育矩阵，形成“京唐公司纪委抓总、基层党委组织、党支部实施，三级联动、分层分类、全员参与，规定动作与自选动作相结合”的工作格局，引导全体党员干部职工正心修身、崇德尚廉、涵养文化，为首钢京唐公司高质量发展护航。

二、构建反腐倡廉教育体系的主要做法

（一）培育廉洁从业理念

坚持知行合一，培育“洁在心·廉在行”廉洁理念，提高“清廉京唐”廉洁文化的认同感，让廉洁意识形成共识、入脑入心，让廉洁从业成为工作习惯、行动自觉。

洁在心。“洁”是干净、洁白。“洁在心”就是要立根固本、内心笃定，加强党性锻炼，提升职业道德修养，坚守廉洁操守，坚定忠诚企业，永葆清廉本色。

廉在行。“廉”是清廉、公正。“廉在行”就是要清白做人、干净做事，做实廉政风

险防控，做细纪律教育监督，以实实在在的工作业绩助推企业健康发展。

（二）实施“清廉”纪律教育

强化纪律震慑和正向引导，通过实施“四个一”纪律教育工程，深入推进廉洁文化建设，打牢廉洁从业的思想道德基础。

打造一个清廉纪律教育品牌。把“清廉课堂”教育培训作为职场的必修课，坚持分类施教，加强党员纪律教育、重点人员廉洁用权教育、职工反腐倡廉教育，深化“以案为鉴、以案促改”警示教育，开展“纪律教育宣传月”主题教育，推动提高思想觉悟、主动担当作为、依纪依法履职。

搭建一批清廉文化创作平台。研究廉洁文化需求，丰富清廉作品种类和形式，搭建作品创作平台，激发干部职工创作激情。展览展示“清廉京唐”书画、漫画、摄影等优秀作品，征集正风肃纪教育片、廉洁从业微党课，增强吸引力和感染力。

拓展一批清廉文化传播阵地。加强廉洁文化宣传阵地建设，以企业微信为主阵地，拓展职工学习系统、报纸、公众号、电视台、部门通信等媒体媒介，全方位、多渠道、立体式传播京唐公司清廉文化声音。

培育一批清廉文化教育基地。加强廉洁文化建设实践，打造基层单位特色廉洁文化长廊，使抽象的文化具化为可观可感的实景。进一步健全完善基层党风廉政建设工作体系，有效推动清廉文化建设与经营生产深度融合，夯实拒腐防变的“第一道防火墙”。

（三）推进“勤廉”作风建设

在“勤”字上下功夫，以“两实践、两教育”加强领导人员作风建设，督促落实落细党风廉政建设“一岗双责”职责。

开展“作风建设大家谈”。以统一思想认识、强化执行力为核心，广泛开展“作风建设大家谈”活动。深入推进机关作风建设，总结工作成效，加强经验交流，直面问题不足，靶向发力精准施策。

开展“我为群众办实事”。用好密切联系群众“传家宝”，各级领导人员深入基层调研，了解掌握职工的所思所盼所求，扎实开展“我为群众办实事”实践活动。建立健全“办实事”长效机制，真正解决群众“急难愁盼”的问题，切切实实为基层减负。

深化廉政主题党课教育。党员领导人员发挥“头雁”效应，带头严肃党内政治生活，结合党史学习教育，先学一步、学深一层，讲授廉洁从业专题党课，结合理论讲实践，从党的奋斗历史中吸收红色养分。

加强事前预防提醒教育。紧盯重要时间节点，督促落实落细作风建设主体责任，明确责任清单、负面清单，逐级开展约谈提醒，加强监督检查，督促履行职责、把好关口，严防“四风”问题。

（四）开展“亲廉”家庭助廉

结合首钢京唐公司所处地域及人员特点，丰富家庭助廉“听说读写”立体式教育形式，充分发挥家庭、亲情在反腐倡廉工作中的教育、监督和预防功能，加强“八小时以外”的监管和约束，筑牢亲情拒腐防线。

学优良家风。开设“名人家风”栏目，聆听家风家训故事，启迪治家智慧。发放《习近平关于注重家庭家教家风建设论述摘编》《清风传家》《严以治家》家风建设读本，通过自学、读书会等形式，教育引导广大党员干部崇德治家、廉洁齐家、勤俭持家。开设“一点思·享”读后感栏目，分享领导人员学习家风建设读本的所思所悟，传递优秀品质。

携家属倡廉。把党员职工家属作为开展反腐倡廉宣教工作的重要“帮手”，邀请家属们录制节日倡廉视频、撰写亲情助廉征文及创作“清风北京·廉洁齐家”家风作品等，增强反腐倡廉教育的体验感，提升认同度，推动党员干部职工和家属积极参与廉洁家风建设，争做廉洁家风的传承者、引领者和守护者。

促亲情助廉。召开家庭助廉座谈会，通过同上一堂教育课、观看警示教育片、写一封助廉家书、分享治家心得、发出廉洁倡议、向家庭做廉洁承诺等多种形式，面对面沟通交流，敲响廉洁从业警钟，以家庭廉洁小细胞构筑企业廉洁大文明。

（五）强化“共廉”廉洁共建

坚持以诚信干净为基石，以廉洁共建为纽带，以合作共赢为目标，将廉政建设与属地、相关方互联互通，持续营造多方共建共廉共赢氛围。

党支部廉洁共建。坚持“一切工作到支部”工作导向，推进基层党支部加强同上下游、相关方廉政风险相关的党支部间的廉洁共建，开展廉洁从业“结对子”，加强廉政风险一体化管控，实现互融互促、互督互补、共行共进、共建共赢。

相关方廉洁共建。加强同相关方、管理服务对象的廉洁共建工作，进行廉洁从业告知，签订廉洁共建协议，共同开展廉政警示教育，倡导廉洁之风。定期座谈走访，开展廉洁共建问卷调查，掌握了解双方业务人员廉洁从业情况。

企地联合廉洁共建。加强与属地纪委监委、检察机关的联系，建立党风廉政建设联系点，开展沟通交流，携手共建企地预防职务犯罪工作机制，发挥企地共建合力，提高教育、监督的精准性。

（六）锻造“护廉”纪检铁军

加强纪检系统队伍建设，提升纪检人员素质能力，为扎实推进反腐倡廉教育、加强廉洁文化建设提供坚实的队伍保障。

做践行廉洁从业的护航员。坚持把政治建设摆在首位，从严监督管理，坚决践行“两个维护”，强化忠诚、干净、担当。加强专业素质训练，丰富学习内容，加强经验交流，深化工作互动，从严从实锻造一支高素质专业化纪检干部队伍。

做廉洁从业教育的指导员。加强纪检工作调查研究，增强反腐倡廉教育培训的预见性、针对性和实效性。坚持分类施教，推动反腐倡廉教育全覆盖、无死角。聚焦薄弱环节，开展定向帮扶。拓展交流平台，展现基层特色工作，推动互学互鉴。

做廉洁从业教育的宣讲员。纪检人员主动上讲台、进一线，因地制宜、精准宣教，及时答疑解惑，拧紧思想“总开关”。发挥党支部纪检委员教育监督作用，加强廉洁提醒，营造廉洁从业氛围，让党的“廉洁细胞”活起来、动起来、强起来。

三、构建反腐倡廉教育体系的成效

首钢京唐公司推进顶层设计与基层实践上下联动，推动基层实践与经营生产深度融合，拓宽工作思路，展现基层智慧，以点带面、遍地开花，“洁在心·廉在行”廉洁理念更加深入人心，推动经营成果取得历史性突破，实现了“十四五”良好开局。

活动形式更加新颖。各基层纪委认真策划，丰富廉洁内涵，传播廉洁理念，推进亲情助廉，创意活动层出不穷。冷轧作业部深推一级，开展党支部特色倡廉活动，通过廉洁微视频、廉洁手工涂鸦、反腐倡廉文艺节目、竞赛宣讲等形式，营造清正廉洁的浓厚氛围。能源与环境部开展亲子足球活动，绿茵传情，清风传家，让“清廉课堂”走出会议室，让廉洁齐家走进家属心坎。

宣教范围更加全面。结合新时代、新任务，分层分类开展廉洁从业教育，提高精准度、有效性，扩大教育覆盖面。机关党委加强对规范公款报销的教育提醒，组织开展合规报销讲座及“清廉课堂”警示案例教育，消除潜在廉政风险。钢轧作业部当好新职工成长路上的“引路人”，及时开展新职工廉洁从业教育，扣紧入职“第一粒扣子”。

宣教效果更加突出。各基层纪委明确宣教重点，各类活动参与面广、参与度高、感染力强，不仅形式“走新”，效果更“走心”，赢得广泛好评。中厚板事业部将纪律教育知识竞赛开在食堂，廉洁签名，扫码答题，仪式感强，生动有趣。炼钢作业部推进家庭助廉教育进生活社区，寓教于乐，吸引职工家属积极参与，强化“亲廉”理念。运输部汽运作业区党支部组织廉洁共建故事宣讲，业务相关方由“听”会议改为联系自身“讲”感受，促进增强遵规守矩意识。

作风建设更加扎实。紧盯“四风”问题开展警示教育和监督检查，持续改进领导人员作风，以职工群众需求为导向，研究真问题、解决真矛盾。机关职能部门联合召开作风建设经验交流会，全面总结工作，交流典型做法，增强工作实效。钢轧作业部结合“我为群众办实事”实践活动，开展满意度调研，多维度综合评定专业人员技术水平及服务质量，科学运用考评结果，形成闭环管理机制。

工作体系更加成熟。各基层纪委解放思想，总结经验，探索建立本单位特色工作体系，推动党风廉政建设工作在基层落地生根。镀锡板事业部探索实施“4+N”工作法，严把思想关、行动关、纪律关、监督关，开展特色倡廉活动，打造“真锡·阳光”廉洁营销文化品牌。设备部坚持设备系统“大廉洁”理念，培育“三铸（助、筑），三不”特色廉洁文化，打造设备系统廉洁文化长廊阵地，引领设备系统崇廉拒腐、风清气正健康发展。

四、构建反腐倡廉教育体系的体会

首钢京唐公司在构建反腐倡廉教育体系、推进“京唐廉韵”廉洁从业教育活动中，创新打造廉洁文化品牌，积极拓展清廉文化阵地，集中开展主题纪律教育，加大部门协同合作，有力促进廉洁文化建设，深化廉洁从业理念。

坚持品牌引领，是助推传播广度、扩展宣教深度的重要途径。通过打造有活力、有温度、有色彩的廉洁文化教育品牌，传播“清廉京唐”廉洁文化，丰富“清廉课堂”教育培训，聚焦品牌建设的辐射度、标识度、体验度，扩大廉洁文化的认知度、知名度和美誉度，以品牌力提升影响，体现企业廉洁文化价值力，为党风廉政建设工作注入澎湃动能。

坚持阵地建设，是丰富教育载体、营造浓厚氛围的有效手段。深耕企业微信“党风廉政”教育阵地，开设“一点思 · 享”“警钟”“名人家风”“家庭倡廉”“漫画说纪”“廉洁提醒”等栏目，富集学习资源，让廉洁从业教育“触手可及”。精心打造廉洁文化长廊，建设廉洁文化传播阵地，图文结合、通俗易懂，让干部职工从“被动看”变为“主动瞧”，方便时时驻足观看学习，处处感受廉洁气息，潜移默化受到廉洁文化熏陶，推动形成人人思廉、人人倡廉、人人践廉、人人保廉的良好氛围。

坚持集中教育，是明确工作重点、严明纪律规矩的有力抓手。每年以“纪律教育宣传月”活动为载体，按照分级分类开展、强化统筹协作、突出基层特色等原则，以两级纪委为教育主体，区分不同层次客体，结合“清廉”“勤廉”“亲廉”“共廉”“护廉”各项活动，集中开展主题廉洁从业教育，促进党员干部职工坚定理想信念，汲取清廉力量，使铁的纪律转化为日常习惯和自觉遵循。

坚持部门协同，是深化齐抓共管、释放叠加效应的重要保证。在开展廉洁从业宣教活动中，京唐公司纪委注重与政工部门间的协同合作，共享优势资源，放大宣教质效。纪委办公室与党委组织部联合组织开展微党课征集活动，基层党组织精心策划创作，党委宣传部、工会、团委共同参与评审，优秀作品在微信、电视、网站等多渠道推送展示，教育效果突出，职工反响强烈。纪委办公室、党委组织部与团委联合举办党史知识竞赛，以新颖的形式、内容，奉上一顿“色香味”俱全的党史学习教育、纪律教育“大餐”，掀起一波波学习热潮。

坚持政治引领　铭记审理初心
以案件高质量助推纪检监察工作高质量发展

——山钢集团纪委加强案件审理工作的探索与实践

山钢集团纪委　蒋晓文　孙永栋　张春宝

案件审理工作是纪检监察机关办理案件的必经程序和重要环节，是纪检监察工作的重要组成部分。山钢集团纪委坚持从政治和全局的高度加强对案件审理工作的组织领导，牢牢把握“审核把关、监督制约”的审理初心，不断强化各级案件审理部门的责任担当，以保证案件质量为核心，以“一贯穿、三坚持、五严格、七健全”为抓手，守正创新、深化实践，推动案件质量水平不断提升，持续走在省管企业前列，为山钢纪检监察工作高质量发展贡献了审理力量。

一、课题背景

2019 年 5 月，中共中央纪律检查委员会办公厅印发《关于加强和改进案件审理工作的意见》，对新形势下加强和改进案件审理工作提出明确要求。对表中央纪委要求，国有企业各级纪委在案件审理工作方面还存在不少问题和差距。有的企业纪委对案件审理工作职责定位的认识不到位，案件审理部门设置、人员配置不够，重审查轻审理，案件审理人员少，专业基础薄弱，能力素质有限，缺乏实践经验；有的认为案件审理是走过场、补手续，违背工作实际和办案规律，先定后审、未审即定，重速度轻质量，随意压缩审理时限，甚至“查审不分”；有的审核把关不严，在案件质量方面不同程度地存在证据收集不全面不规范、定性处理不准确不恰当、程序手续不合规不完备、管理规范要求和处分执行要求落实不到位等问题，使得政治效果、纪法效果、社会效果无法做到相统一。

二、主要工作做法

（一）坚守政治定位，把“两个维护”贯穿案件审理工作的始终

习近平总书记指出，政治问题，任何时候都是根本性的大问题。“两个维护”是党的最高政治原则和根本政治规矩。山钢集团纪委坚守“纪检监察机关是政治机关”的定位，坚持政治引领，心怀“国之大者”，准确把握案件审理工作的政治属性，以实际行动捍卫“两个确立”，做到“两个维护”。

纪委常委会坚持“第一议题”制度，案件审理部门重视加强政治理论学习，持续深入学习习近平新时代中国特色社会主义思想，持续深入学习习近平总书记重要讲话、重要指

示批示精神，从“国之大者”中找准审理定位，不断提高政治判断力、政治领悟力、政治执行力。聚焦习近平总书记关于疫情防控工作的重要讲话、重要指示批示精神贯彻落实情况，在案件审理中强化政治监督，2020年以来全集团审核处理疫情管控期间违规聚餐、隐瞒高风险地区旅居史、疫情防控工作中擅离职守等问题5起，处理处分8人；坚持从政治上看问题，对发现的滥发津补贴、违规公款吃喝、公车私用、民主生活会对照检查材料抄袭等方面的典型、突出问题，在审核追究直接责任人纪律责任的同时，对不履行或不正确履行全面从严治党主体责任、监督责任的问题一并提出处理意见，压紧压实管党治党政治责任；坚持审理案件从政治纪律审起，将审核重点聚焦到习近平总书记指出的“五个交织”上，对营销领域发生的系列腐败问题，深刻揭露“靠钢吃钢”腐败背后隐藏的错位权力观，充分认识其不仅破坏经济秩序，更是破坏政治生态，有针对性地提出以案促改建议，督促有关党组织严格履行政治责任，推进系统治理，重塑政治生态。

（二）在总体要求上强化“三坚持”

一是着眼于能力基础，坚持纪法兼修，提升专业素质。案件审理室坚持集体学习常态化，每月组织1~2次集体学习，深学细悟党章和纪委工作条例、纪律处分条例、监督执纪工作规则等党内法规，深学细悟监察法、监察法实施条例、政务处分法等法律法规，不断增强纪法意识、程序意识、证据意识，不断提高把握运用纪法条规的本领，努力培养纪法兼修的“专才”；突出问题导向，对案件审理工作中遇到的重点问题、疑难问题，进行集体研讨，用问题引领学习，用学习促进工作，达到“发现一个问题点，掌握一类知识点，研析一项工作”的目的。

二是着眼于组织体系，坚持“查审分离”，确保“独立审理”。山钢集团纪委制定《关于进一步加强纪检监察组织建设的实施意见》《关于加强案件审理工作的意见》，明确规模体量较大的单位纪委专设审理室，规模体量较小的单位纪委指定具体室、具体人员负责案件审理工作，保证审理工作的独立性和公正性；对确实无法保证两名以上人员开展审理工作的，充分利用集团纪检人才库制度，采取同片区单位“交叉审理”、上级单位“提级审理”、“由上而下”派员审理、“由下而上”抽调人员审理等做法，坚决杜绝“查审不分”问题。

三是着眼于办案效能，坚持以案促改，深化系统治理。深入贯彻“三不”一体推进方针方略，在审理每一起案件时深入剖析问题发生的根源，提出具体务实的治本意见，通过案件整治一批问题、完善一批制度、警醒一批人。针对“就办案而办案”、纪律处分“一处了之”、以案促改“蜻蜓点水”等问题，收集整理中央纪委国家监委网站发布10个以案促改典型案例，组织全集团各级纪委对标学习借鉴方法，进一步增强以案促改工作规范性、精准性、有效性。充分运用倪某利用职务便利盗卖钢材贪污案等典型案件资源，指导发案单位研究案发规律，剖析深层原因，扎实做好以案促改，并总结经验在集团范围内发布，发挥示范引领作用，指导、督促各权属单位党组织切实把查办案件、堵塞漏洞、强化教育贯通起来，实现纪律审查工作成效最大化。

（三）在程序规范要求上强化“五严格”

一是严格落实案件审理责任制。按照“谁承办谁负责、谁决定谁担责”的原则，明确案件审理质量责任，强化审理组的审核把关职责，对每起案件明确审理组组长、案件承办人和协办人，并明确在各自职责范围内对案件审理质量负责。对审理的案件逐案建立台账，备案备查、内部评比，压紧压实案件质量责任。

二是严格履行审理谈话制度。针对“书面审”的弊病，严格按要求开展审理谈话，核对被审查人的基本情况和违纪事实，听取辩解意见，了解真实认识态度，并在纪法和思想政治教育上下功夫，着力引导其正确认识问题，真正做到知错改错。面对疫情防控给审理谈话造成的困难，探索实施视频谈话、成立“企地”联合审理组等方式，保证审理谈话顺利进行。

三是严格落实集体审议制度。坚持审理组、审理室两级集体审议，以集体决策确保处理意见公平公正、全面客观。审理组在民主讨论的基础上形成处理意见，审理室召开室务会专题研究审理报告，围绕案件事实认定、条规适用、定性量纪等深入研讨，形成会议纪要入卷，增强集体审议制度落实的严肃性。

四是严格把握审理时限。坚持时间服从质量，切实保障案件审理 1 个月内完成的时限规定落实，对审核发现的事实不清、证据不足、程序手续不完备等问题，按规定予以退查退补、做出纠正，不留案件质量隐患。对企业纪委进行纪律审查、地方监察机关进行监察调查的“单指定”职务犯罪案件，因监察机关移送起诉时间“后墙”过近往往导致纪律审查审理时间紧张，案件审理室主动对接了解案件进度，提前筹划安排，协调联动、踩准节奏，案件受理后加班加点、集中精力开展审理，确保时间不耽误在企业纪委审理环节。

五是严格规范使用审理文书。山钢集团纪委制定了《案件审理工作流程及标准要求》，严格审理文书使用，强化审理文书的起草、审核、校对。审理组、审理室逐字逐句讨论修改，运用纪言纪语，体现党内审查特色，全面客观表述和评价违纪问题，用规范的审理文书体现案件审理工作的政治性、严肃性。

（四）在质量保障机制上实施“七健全”

一是健全内部证据审核机制。在案件查办中增加内审工作环节，在问责调查和案件审查过程中设立证据审核员，负责为审查组进行证据梳理、引导取证、对证据审核把关及整理移交案卷材料，边查案边审核，通过内部“预审”，全程把关证据，防范证据、程序瑕疵风险。

二是健全案件办理内部研讨沟通机制。案件移送审理后，案件审理室主动加强与案件承办室、案件管理室的沟通，全面了解案件背景、违纪违法行为特点、被审查人及涉案人员态度、涉案财物处理等“活”情况，审慎稳妥提出审理意见。及时调研“企地”联合办案机制中存在的问题，对“双指定”案件和“单指定”案件的审查审理程序、证据要求、处分作出程序等与案件承办室进行深入研究、沟通协作，避免发生因联合办案造成案件质量“1+1<2”的问题。

三是健全提级审核把关机制。针对越往基层，案件审理人员越少、能力差距越大的问题，对各权属单位纪委查处的同级党委管理的党员干部违纪案件探索实施提级审核把关，在其同级党委审议前，由集团纪委案件审理室审核把关，统筹把握量纪平衡，有效防止处理尺度不一、畸轻畸重等问题。

四是健全处分执行报告和定期回访机制。扎实做好处分决定宣布工作，按规定向本人送达、宣布处分决定，督促其所在单位党委、党支部召开党委会、支部大会宣布处分决定，并根据规定向同级党委报告。对处分决定执行情况开展明察暗访、专项检查，坚决防止处分执行不到位、“打白条”等问题。出台《对受处分人员回访工作办法（试行）》，分级组织回访，引导帮助受处分人员端正认识、知错改错，放下包袱、干事创业。

五是健全内部问题通报机制。案件审理室对审理每一起案件，形成案件质量问题清单，向案件承办室既反馈问题，又反馈整改建议。对案件审理中发现的问题定期进行梳理，归纳总结共性、突出问题，以审理工作提示等形式进行内部通报，推动案件质量持续提升。

六是健全全覆盖的案件质量检查机制。坚持日常检查、定期抽查、专项检查相结合，深化开展案件质量专项检查。2019 年以来，对各级纪委办结的案件每年进行一次集中全面检查，共检查案件 400 余起，发现问题 2200 多个，逐案形成问题清单并反馈整改。加大检查成果运用，将检查结果纳入纪检工作考核，强化以查促改。通过常态化、全覆盖的案件质量检查，层层传导标准要求、工作压力，有力推动了全集团案件质量不断迈上新台阶。

七是健全业务指导机制。通过举办审理业务专题培训班、在全集团纪检监察业务培训班开设审理专题培训等方式，加强对上级有关文件、流程规范的宣贯解读。安排人员到基层授课培训，送课上门，开展片区巡回检查督导，加强面对面交流，发挥个案指导的带动效应，以点带面、点面结合，促进全集团案件审理队伍整体业务水平逐步提升。

三、工作成效及体会

2020 年以来，山钢集团纪委通过深入实施“一贯穿、三坚持、五严格、七健全”，扎实开展案件审理工作，取得明显成效。案件审理室审理自办案件、审核下级纪委办理案件共计 20 余起，无一申诉，承办案件质量连续 3 年在全省案件质量评查中居于省管企业前列，山钢集团纪委在全省省管企业纪检监察机构考核中获得优秀等级。案件审理室 1 名同志入选全省纪检监察机关案件审理人才库，山钢集团纪委先后 2 次承担并圆满完成省管企业纪检监察机构执纪办案工作流程及文书规范的起草任务，为提高省管企业纪检监察工作质量贡献了山钢智慧。

实践中有以下几点体会。

（1）做好案件审理工作，必须牢牢把握政治属性。纪检监察机关是政治机关，案件审理部门是政治机关中的政治机关。要从政治和大局的高度认识审理工作职责，把审理工作放在“国之大者”的背景下去思考和谋划，准确把握审理工作在全面从严治党和反腐败斗争大局中的地位和作用，自觉做到“从政治上看”，把“两个维护”落实到案件审理全过程和各方面。

（2）做好案件审理工作，必须始终铭记审理初心。设立案件审理部门的初心就是对案件审核把关和监督制约。案件审理部门要发挥好“关口”“出口”“窗口”作用，就要敢于斗争、敢于监督，敢于坚持原则，严把事实关、程序关、纪法适用关，确保每一起案件都经得起实践、人民和历史的检验，绝不能让案件审理“走过场”，成为“橡皮图章”。

（3）做好案件审理工作，必须注重发挥整体合力。保障和提升案件质量，仅靠哪一个部门、哪一级纪委是不够的。要前后贯通，加强与案件审查部门的沟通协调，查审协同画好案件质量“同心圆”；要上下贯通，强化对下级案件审理工作的组织领导、检查指导，什么问题突出就集中解决什么问题，上下同欲做好案件审理工作高质量发展“大文章”。

（4）做好案件审理工作，必须持续锻造过硬本领。案件审理工作职责本身对案件审理人员的政治素质、业务素质要求更高。案件审理部门要带头践行“打铁必须自身硬”，带头加强案件审理人员思想淬炼、政治历练、实践锻炼、专业训练。案件审理人员要始终把学习放在突出位置，全面学习掌握纪律与法律、实体与程序，不断提高既能指出病灶、又能开出良方的本领，当好案件质量把关的“全科医生”，以审理工作高质量发展助推企业纪检监察工作高质量发展。

精准运用监督执纪“四种形态”的探索与实践

八钢公司纪委　吴金鸽

自从2015年9月提出监督执纪“四种形态”以来，“四种形态”历经概念提出与演化、实践探索与运用，到运用的逐步深化与精准把握的过程。在推进纪检监察工作高质量发展的背景下，精准运用“四种形态”，统筹好党性教育、政策感召、纪法威慑，是内在的必然要求。要求各级纪检组织在监督执纪实践中，既要依规依纪依法，坚持“严”的主基调不动摇，一以贯之地全面从严、一严到底；又要分类施治、分层施策，实现政治效果、纪法效果、社会效果相统一。中国宝武八钢公司各级纪委在开展监督检查、执纪审查工作中，注重结合八钢公司的经营发展环境、基层单位政治生态、党员干部个体认知程度等，加强“四种形态”精准运用的探索与实践，推动纪法情的贯通融合，有力推动全面从严治党不断走向深入。

一、准确把握“四种形态”的本质内涵，是精准运用的前提和基础

“四种形态”不能仅从字面上去理解，不能简单机械地对每一种形态进行切分，而是要融会贯通地把握每一种形态。这就需要透视“四种形态”的历史发展脉络，抓住“四种形态”相互演化的主线，掌握“四种形态”的本质内涵，才能在运用每一种形态中知道“为什么用”“怎么用”“用的效果怎么样”，确保用的每一种形态中精准到位。

（一）要从事物发展规律的角度来把握：“四种形态”是遵循马克思主义哲学量变质变规律，在执纪标准上给出了从轻到重的因应之策，层层递进，顺理成章

马克思主义哲学认为，事物的发展都是由量变引发质变，在质变的基础上产生新的量变，如此周而复始、螺旋式上升。违法犯罪发展也遵循着这个规律，往往是从出现违纪苗头开始，到逐步越过纪律底线，然后从一般违纪发展到严重违纪，最后量变引起质变，演变为严重的违法犯罪。一是“四种形态”精准把握了事物渐进发展规律。“四种形态”从“红脸出汗、咬耳扯袖”到“党纪轻处分，组织调整”，到“党纪重处分，重大职务调整”，直至“严重违纪涉嫌违法立案审查”，正体现了马克思主义哲学思想，蕴含着整体与个体、必然与偶然、量变与质变的辩证关系，体现了监督执纪问责抓早抓小的方法论，对违纪行为由量变到质变的过程进行了科学判断。二是“四种形态”精准把握了事物相互作用的基本规律。通过对严重违纪违法者的严厉惩处，及时拔掉“病树”“烂树”，形成了强大震慑效能，有效保护、促进整片“森林”的健康茂盛，单位的政治生态就能够保持良好。通过“红红脸、出出汗”，保持思想教育优势，管住“大多数”实现“森林”生态

良好，在良好的环境下，产生“病树”“烂树”的可能性势必降低，违规违纪违法的党员干部个体数量也就减少。可见，“四种形态”互为因果，互为支撑，互相促进，有机互动。

（二）要站在全面从严治党的高度来把握：“四种形态”对党组织和党员全覆盖体现“全面”，坚持纪严于法、纪在法前体现“从严”，实现全面与从严有机统一

全面从严治党是党的十八大以来党中央作出的重大战略部署，是“四个全面”战略布局的重要组成部分。全面从严治党，基础在全面，关键在严，要害在治。“全面”就是管全党、治全党，面向9500多万党员、480多万个党组织，覆盖党的建设各个领域、各个方面、各个部门，不是仅仅管住“极少数”的严重违法犯罪党员干部。“从严”就是把纪律和规矩挺在前面，用纪律的尺子衡量所有党员干部的行为。“四种形态”做到了把“全面”与“从严”融为一体。一是“四种形态”在“全面”中体现“从严”。面向所有党组织和党员，“四种形态”释放的是执纪必严，违纪必究，用严明的纪律管住“大多数”。二是“四种形态”在“从严”中注重“全面”。“从严”不仅是对“严重违纪的重处分、作出重大职务调整”的少数和“严重违纪涉嫌违法立案审查”的极少数重拳出击，就是对“大多数”也常态化开展教育监督提醒，抓早抓小、动辄则咎，发现倾向性、苗头性问题及时谈话提醒、批评教育，“红红脸、出出汗”。

（三）要从党的一贯方针政策上来把握：“四种形态”真正贯彻落实了“惩前毖后、治病救人”的方针

习近平总书记在党的十九大报告中强调：“坚持开展批评和自我批评，坚持惩前毖后、治病救人，运用监督执纪‘四种形态’，抓早抓小，防微杜渐。”党的十九大通过的党章第七章第四十条第二款规定“坚持惩前毖后、治病救人，执纪必严、违纪必究，抓早抓小、防微杜渐，按错误性质和情节轻重，给以批评教育直至纪律处分。”“四种形态”就是坚持从“小节”抓起、从苗头抓起，用严明的纪律有效防止党员干部带“病”往前走。一是“四种形态”改变以往纪委重办案轻监督的状况。各级纪委坚持把监督挺在前面，对小问题不再视而不见，而是不断做深做实做细日常监督，让倾向性、苗头性、潜在性问题无处可避，并通过及时处理达到“治未病”“救人”的目的。二是“四种形态”依然坚持惩治腐败力度不减。各级纪检监察机关把惩治腐败作为有效监督的强大后盾，对不收手、不收敛、顶风违纪违法犯罪行为，保持零容忍的警醒、零容忍的力度，始终保持高压态势，真正通过“惩前”达到“毖后”的目的。

（四）要站在高质量发展的高度来把握：“四种形态”深化运用了不敢腐、不能腐、不想腐一体推进方针方略

习近平总书记指出，一体推进不敢腐、不能腐、不想腐，必须三者同时发力、同向发力、综合发力，把不敢腐的强大震慑效能、不能腐的刚性制度约束、不想腐的思想教育优势融于一体，用“全周期管理”方式，推动各项措施在政策取向上相互配合、在实施过程中相互促进、在工作成效上相得益彰。要有效防止腐败滋长，把反腐败防线前移，加强日常管理监督，精准运用“四种形态”，抓早抓小、防微杜渐、层层设防。在实践中，“四种形态”深化运用了一体推进不敢腐、不能腐、不想腐的重要方针方略，既讲依规依纪依

法，又讲思想政治工作，统筹运用党性教育、政策感召、纪法威慑，做到了从治标入手，把治本寓于治标之中，达到让党员干部因敬畏而“不敢”、因制度而“不能”、因觉悟而“不想”，实现纪法情理贯通融合。

二、融合企业实际、拓展方法路径，精准运用“四种形态”成效持续显现

中国宝武八钢公司各级纪委及纪检干部通过对标对表中央要求，坚持在学中干、在干中学，对“四种形态”的认识进一步提升，在精准运用“四种形态”上知道了“为什么”。在实践中，各级纪委注重结合八钢公司及本单位的实际积极探索实践“怎么用”，巩固和拓展一些既依规依纪依法又适用单位实际的方法路径，推进监督执纪“四种形态”分类施策、逐级递进、统筹推进，在精准运用上进一步向中国宝武纪委提出的“每一种形态运用都精准规范，既善于运用第一种、第二种形态，又敢于运用第三种、第四种形态”要求迈进。

（一）聚焦全面从严治党，压实精准运用“四种形态”的主体责任，推动“四责协同”落实

精准运用监督执纪“四种形态”，主体责任是党委，纪委承担协助职责和监督责任，基础还在于“党委主体责任、纪委监督责任、党委书记第一责任人责任、班子成员一岗双责”等“四责”能否协同落实。一是压实党委主体责任。八钢公司党委健全“党委统一领导、党政齐抓共管、纪委组织协调、部门各负其责、依靠群众支持和参与”的党风廉政建设工作领导体制和工作机制。推进“四责协同”体系建设，结合巴州钢铁、伊犁钢铁、南疆公司基地实际情况，构建与“一总部多基地”运营管控模式相匹配的职能监督、业务监督、纪律监督、巡察监督相互协同的大监督体系，以及“上下联动、区域管理、交叉监督”的工作体系。以开好民主生活会为抓手，深化运用“第一种形态”。从严从实指导规范直属单位召开民主生活会，各单位领导班子成员逐一谈心谈话，做到“四必谈”，遵循“团结—批评—团结”的方针，以刀刃向内的自我革命精神，充分运用批评和自我批评武器，开展积极健康的思想斗争，每位班子成员逐一自我批评，其他班子成员对其进行批评帮助，依次逐人进行，既指出差距不足，又提出改进意见，被谈话函询的领导干部要在民主生活会上就谈话函询问题进行说明，讲清组织予以采信了结的情况，存在违纪问题的，做出检讨，切实达到了“红脸出汗、咬耳扯袖”的效果，有效杜绝了组织生活“走过场”现象，解决了存在的苗头性、倾向性问题。二是强化纪委监督责任。协助加强对“一把手”和领导班子成员及同级党委的监督。落实“当下改、长久立”要求，监督推进巡视巡察反馈意见整改落实工作。积极开展日常监督、执纪审查等数据分析，及时发现苗头性、倾向性问题，向党委及相关部门、单位提出纪律检查建议。常态化开展警示教育，紧盯重点节假日，下发加强廉洁自律工作通知及提示，2021 年编发《纪检工作简报》6 期，通报集团及八钢内部各类典型案例 54 件，督促各级党组织开展节前廉洁教育，强化各级党员干部的廉洁意识。在节假日期间对各单位业务支出、公务用车管理等进行检查，2021 年查处违反中央八项规定精神案件 3 件 4 人。组织总部各职能部门针对倾向性问题进行监督会商，梳理倾向性问题 39 条并落实整改。严把选人用人廉洁关，针对干部选拔任用等征询事项，作党风廉政意见回复 193 人次，防止干部“带病”提拔，对提拔干部进行任前

廉洁谈话，引导其树立正确的三观，清白做人，干净做事，扣好第一粒扣子。三是压实党委书记履行“第一责任人”责任。党委书记把抓好党风廉政建设作为最大责任，正确传导责任压力，督促班子成员落实“一岗双责”，通过基层党组织运用“四种形态”，指导所辖党组织严肃党内政治生活，用好批评和自我批评这个武器，让党员领导干部习惯于在监督下开展工作。四是压实班子成员履行“一岗双责”。加强对部门落实“一岗双责”的监督，制定下发《八钢公司职能部门党风廉政建设“一岗双责”监督事项落实工作评价方案》，每季度对部门落实“一岗双责”监督事项情况向公司党委常委会汇报，形成督导部门落实“一岗双责”责任机制。定期对分管部门领导班子成员进行约谈，对发现的苗头性、倾向性问题及时提醒和批评。本着“谁主管、谁负责”的原则，公司分管领导带队前往相关单位进行党委巡察问题反馈，在廉洁风险防控方面，分管领导定期对负责采购、销售等关键业务领域的领导人员，进行提醒谈话，做到警钟长鸣。

（二）聚焦违规违纪违法行为查处，坚持分类施策，努力做到每一种形态都精准规范

八钢公司针对违规违纪具体问题精准发力，强化震慑效应，提升执纪效能，力求标本兼治，推进监督执纪工作规范化、法治化、正规化。一是严格依规依纪，牢固树立程序意识。针对疑难、敏感的重大案件，建立执纪审查与审理部门联合会诊的工作机制，提高对案件处理的公平性和平衡性的把握，避免定性处理出现畸轻畸重现象，避免人为地将“四种形态”进行机械划分。二是严格把握转换尺度，真正实现公正裁量。严格审核程序，压缩自由裁量权，杜绝违背事实随意增加或减少某种形态，真正做到不枉不纵、不错不漏。三是严格把握转换条件，综合考虑运用实效。依据《中国共产党党章》和《中国共产党纪律处分条例》，将违纪问题性质危害、本人态度、挽回损失及追缴财物情况、被审查人一贯表现和所在单位党组织对其处理意见，以及同类案件处理情况等，作为形态转换的重要参考条件，在格次审定过程中予以充分考虑，严格把握各种形态间的相互转换。对于主观恶性不强、认错悔错态度较好、主动退缴涉案款物、一贯表现良好的，按照党内法规，进行形态转换予以从轻或减轻处理。如：金业公司宋某在担任经营部主管期间，于2017年4月向其单位废钢供应商借款5万元，用来装修房屋，三个月归还借款的违纪案件，鉴于其在组织核实、立案审查过程中，能够配合核实审查工作，认错态度较好，可以从轻或者减轻处分，给予其党内警告处分。对于严重违纪涉嫌违法犯罪的，严肃处理。如：2021年8月，安保技术公司行车工胡某因醉驾被乌鲁木齐市头屯河区人民法院依法判处拘役两个月，缓刑三个月，并处罚金人民币8000元。安保技术公司给予胡某开除党籍处分，解除劳动合同。

（三）聚焦治病树、拔烂树，深化政治生态分析，贯通融合运用“四种形态”

监督执纪“四种形态”，核心在于用纪律管住“大多数”，维护整片森林。一是结合当前形势，做好护林员，构建八钢公司政治生态的山清水秀。习近平总书记强调，自然生态要山清水秀，政治生态也要山清水秀。“四种形态”体现了党中央下大气力育好树、正歪树、治病树、拔烂树的工作思路，体现了有腐必反、除恶务尽的政治态度。八钢公司始终把纪律和规矩挺在前面，将“四种形态”要求贯穿于监督执纪和审查调查工作全过程，

以坚如磐石的决心正风肃纪；精准运用监督执纪“四种形态”，通过培土浇水，对“树木”有针对性地打预防针，预防生病，保证每棵“树木”健康成长，保证每片“森林”健康，从而构建和维护整个公司的政治生态山清水秀。二是结合二级单位政治生态，用好“四种形态”，体现对“树木”与“森林”关系的深刻把握。八钢公司深入了解各二级单位党风廉政建设和反腐败工作的整体情况，结合反映领导干部的问题线索，用纪律的尺子来衡量“树木”和“森林”，有点有面、点面结合、综合施治，杜绝“只见树木不见森林”，杜绝用处理少数问题干部代替对多数党员干部的日常监督教育管理。把立案审查工作与二级单位的政治生态结合起来，适当把握处置格次，对违规违纪问题屡禁不止的单位，从严处置，切实起到威慑警示作用。如：党的十九大以来查处焦煤集团相关管理人员违反中央八项规定精神等案件 17 件，占八钢公司总立案件的 36.17%，体现了该单位党委对党风廉政建设和反腐败工作贯彻落实不力。2017 年 8 月，焦煤集团公司未认真落实《八钢公司推进中央巡视反馈意见整改自查工作清单》有关要求，致使 11 名领导人员办公用房面积超标。焦煤集团党委给予综合管理部部长党内严重警告处分；对办公用房面积超标的 11 名管理人员诫勉谈话，并做出深刻书面检查。按照“两个责任”落实不力和“一案双查”的原则，八钢公司党委给予焦煤集团原党委书记党内警告处分，给予焦煤集团经理、党委副书记通报批评，对焦煤集团纪委书记诫勉谈话。

（四）聚焦抓早抓小、防微杜渐，抓住“红红脸、出出汗”这个关键，让“第一种形态”融入日常做在经常

八钢公司纪委找准切入点，把握力度，突出抓好“第一种形态”的运用，着眼于抓早抓小，防微杜渐，通过提醒谈话等方式使“红脸出汗”成为常态，筑牢全面从严治党“第一道防线”。一是从细微入手发挥纪律管党治党的作用。八钢公司把纪律和规矩挺在前面，用纪律的尺子衡量党员干部的行为，努力发现苗头，及时提醒，把问题控制在萌芽状态，防止“小错”酿成“大祸”。二是从日常抓起把握党员干部由“破纪”到“破法”的规律。八钢公司在常态上下功夫，通过从小节抓起，阻断违纪进程，有效防止党员干部“带病”往前走，防止“好同志”变成“阶下囚”。三是从程度考量落实“惩前毖后、治病救人”的方针。八钢公司对于多数党员出现这样或那样的小毛病、小苗头时，党组织和有关领导就对其约谈函询等，促其改正，有时大喝一声、猛击一掌，促其警醒；对于违纪党员，及时给予党纪处分，并实施回访教育；对于极少数干部，从严处理，采取“霹雳”手段，防止其朝着错误的道路走下去，通过警示惩戒和教育挽救，让游走在法纪边缘的党员干部及时悬崖勒马。党的十九大以来，八钢公司运用“四种形态”批评教育帮助和处理 395 人（次），其中：运用第一种形态批评教育帮助 333 人（次），占比 84.3%；第二种形态党政纪轻处分 51 人（次），占比 12.91%；第三种形态党政纪重处分 8 人（次），占比 2.03%；第四种形态处理 3 人（次），占比 0.76%。

（五）聚焦纪检工作高质量发展，提高一体推进不敢腐、不能腐、不想腐的能力与水平，切实提升精准运用“四种形态”的质效

八钢公司纪委在精准运用“四种形态”中，坚持贯彻一体推进不敢腐、不能腐、不想腐的重要方针方略，把不敢腐的强大震慑效能、不能腐的刚性制度约束、不想腐的思想教

育优势融于一体，用“全周期管理”方式，推动各项措施在政策取向上相互配合、在实施过程中相互促进、在工作成效上相得益彰。一是强化了“不敢腐”威慑作用。八钢公司通过积极运用第二种、第三种、第四种形态，持续保持案件查办高压态势不松劲，释放了把纪律和规矩挺在前面的强烈信号，告诫党员干部纪律的高压线坚决不能触碰，不论谁在党纪党规上出问题，坚决一查到底，使违纪违规者受到刻骨铭心的惩戒和教育，维护了纪律的严肃性和威慑力。二是推进了“不能腐”防范机制。通过运用“四种形态”，深化标本兼治，发挥党的作风和纪律建设的治本作用，增强了党员的党性观念和纪律意识，用纪律管住大多数。修订了《关于实行党风廉政建设责任制的规定（2021 版）》《关于进一步加强和规范各级纪委对同级党委及其成员监督的工作办法》等 6 个制度文件，将各部门“不能腐”任务清单融入“一岗双责”监督事项进行监督，把权力关进制度的笼子里，加强管理监督和责任追究。三是增强了“不想腐”的思想自觉。通过运用第一种形态，常态化加强纪律教育、廉政谈话，充分利用党委理论学习中心组学习、党风廉政责任制领导小组会议、纪检工作例会等平台，经常性开展理想信念教育和廉洁警示教育，利用“三会一课”、节假日专题教育、廉政建设专题党课等形式加强党规党纪教育，对提拔干部进行任前廉洁谈话，教育广大党员干部强化纪律意识，筑牢思想防线。

三、思考与启示

习近平总书记在十九届中共中央政治局第四十次集体学习时强调，反腐败斗争取得压倒性胜利并全面巩固，但形势依然严峻复杂。我们对腐败的顽固性和危害性绝不能低估，必须将反腐败斗争进行到底。据党的十九届中央纪委六次全会情况看，反腐败工作出现了新的形势和新的动态，“靠企吃企”手段花样翻新，腐败主体年轻化，涉案金额巨大，如乐同宇案。究其原因：一方面，存在“重业务，轻党建”的现象；另一方面，存在制度漏洞、监督体系不完善的问题。习近平总书记在党的十九届中央纪委六次全会上指出了“四个任重道远”“六个必须”“九个坚持”，明确提出了当前及今后一个时期党风廉政建设工作的目标任务和总体要求，表明了全面从严治党的坚强意志和坚定决心，彰显了党中央崇高的使命意识和责任担当精神，为新形势下深入推进党风廉政建设工作指明了前进方向，提供了重要遵循。八钢公司精准运用“四种形态”虽然取得了一定成效，但在实践过程中各级党组织、纪检组织及纪检干部在专业化水平方面还存在差距，需进一步提升。党风廉政建设和反腐败工作永远在路上，“四种形态”是对党的十八大以来党风廉政建设实践经验的科学总结，反映了以习近平同志为核心的党中央对管党治党规律的深刻把握，需要长期坚持，常态化运用。

深挖“本土元素”打造极具号召力的“清廉河钢”廉洁文化品牌

——河钢集团新时代廉洁文化建设概述

河钢集团纪委　史绍辉　马慧海　卢耀豪　李　嘉

文化是影响、约束和引导人们思维和行为最为深沉、最为持久的力量。党风廉政建设和反腐败斗争离不开廉洁文化的滋养，廉洁文化也是持续让政治清明、干部清廉的有力保障。我国的廉洁文化源远流长、博大精深，并伴随着几千年的文明发展而不断丰富，古代士大夫将廉洁作为立身之基、为政之本，清正廉洁也成为中国传统道德的一个基本规范，被视为“国之四维”之一，又被视为“仕者之德”。不同于古代士大夫的廉洁文化，中国共产党人的廉洁文化集中体现了党的先进性和纯洁性，彰显克己奉公、崇廉拒腐、尚俭戒奢、甘于奉献的价值理念，反映了社会对廉洁价值、廉洁规范、廉洁风尚的思想认同和精神追求。

党的十八大以来，习近平总书记发表一系列重要讲话，要求加强反腐倡廉教育和廉洁文化建设，督促党员干部特别是领导干部保持高尚品格和廉洁操守，在全社会培育清正廉洁的价值理念。党中央出台一系列有力举措，营造了以文化人、以文润德、以文养廉的浓郁氛围，使清风正气得到弘扬，崇德尚廉蔚然成风。2022 年年初，中共中央办公厅印发《关于加强新时代廉洁文化建设的意见》，明确把加强廉洁文化建设作为一体推进“三不”的基础性工程作出部署。习近平总书记的重要论述和党章党规的新阐释新规定，极大地丰富和拓展了共产党人廉洁文化的内涵，赋予其强烈的时代气息，为加强新时代廉洁文化建设提供了根本遵循。

立足于燕赵大地的历史文化传承和浓厚的企业文化积淀，近年来，河钢集团纪委坚持从助力一体推进“三不”体制机制建设的高度，精心谋划推动集团廉洁文化建设工作，不断挖掘和展示集团优秀廉洁文化资源，切实推动“清廉河钢”廉洁文化品牌建设，持续加大廉洁文化传播力度，着力推动集团党员干部坚定文化自信、筑牢理想信念根基。

一、企业概况

河钢集团是河北省最大的国有企业，成立于 2008 年 6 月 30 日，资产总额近 5000 亿元。河钢是世界钢铁协会会长、中国钢铁工业协会轮值会长单位。在 MPI 中国钢铁企业竞争力排名中蝉联“竞争力极强”最高评级；连续 13 年进入世界企业 500 强榜单，2021 年位居第 200 位。以“建设最具竞争力钢铁企业”为愿景，河钢致力于为各行各业提供最具价值的钢铁材料和工业服务解决方案，是我国高端精品钢材制造基地之一。集团产品覆盖除无缝钢管以外所有品种，是我国第一大家电用钢、第二大汽车用钢供应商，是中国核电工程、海洋工程、建筑桥梁用钢领军企业。河钢树立全球全产业链理念，以产业链纵向延伸、横向拓展为主线，推进钢铁向材料、制造向服务的战略转型，形成钢铁材料、新兴产业、海外事业与产业金融深度融合、高效协同的格局，努力成为具有世界品牌影响力的跨国工业集团，连续入选中国跨国公司100强，蝉联我国国际化程度最高钢铁企业。2019年，河钢塞钢管理团队被中共中央宣传部授予“时代楷模”荣誉称号。

二、强化新时代廉洁文化建设的主要思路

（一）注重全局谋划

近年来，集团党委全委会、党风廉政建设工作会议和党风廉政建设、纪检监察工作要点均把廉洁文化建设作为重要内容进行部署。运用分阶段、体系化的思路，逐步完成“清廉河钢”廉洁文化品牌的“构建、夯实、擦亮”主体步骤。特别是2022年中共中央办公厅印发《关于加强新时代廉洁文化建设的意见》以来，在集团党委的统筹部署下，集团纪委机关协调联动集团党委组织部、党委宣传部，着手制定贯彻落实责任清单，立足坚持思想建党和制度治党同向发力，坚持以理想信念强基固本，以先进文化启智润心，以高尚道德砥砺品格，坚持惩治震慑、制度约束、提高觉悟一体发力，着手从夯实清正廉洁思想根基、厚植廉洁奉公文化基础、培养廉洁自律道德操守、发挥廉洁教育基础作用、弘扬崇廉拒腐良好风尚等五个方面明确任务，持续巩固提升集团廉洁文化建设质效。

（二）秉持开放思路

中华文化具有会通精神，五千年来，各种学说思想演化至今，尤其讲究融会贯通，达到除去杂质，留取精华。企业廉洁文化注重产业、行业、地域和企业自身特点，但不能闭门造车。河钢集团推动廉洁文化建设始终秉持开放思路，一是在贯彻落实党中央和中央纪委、省委和省纪委关于廉洁文化建设的部署要求基础上，积极学习借鉴各地各单位成功做法，开展专题研究，利用集团纪委《砺剑——学习与参考》内刊专题编发了五万余字的廉洁文化建设学习研究专刊，帮助领会精神、开阔视野、创新举措；二是分别前往石家庄西柏坡纪念馆、邯郸一二九师司令部旧址和邱县廉政漫画馆、唐山李大钊纪念馆等廉洁教育场馆学习感悟，既学手段载体，更学思想内涵，不断充实加强廉洁文化建设的思想底蕴；三是利用全国钢铁企业纪检监察工作研究会等行业平台，学习吸收行业各单位的成功做法，一方面利用评审年会论文的机会，汇总梳理各单位的经验性措施，另一方面借助参加年会，现场感悟承办单位的廉洁文化氛围，为集团推动廉洁文化建设丰富了手段和素材选择。

（三）健全体制机制

河钢集团纪委注重在推进新时代廉洁文化建设中的全局性、前瞻性问题的研究，立足解决新问题，总结新经验，在继承中发展，在发展中创新，伴随着廉洁文化建设的推进，始终在加强调查研究，每年开展全系统纪检监察专项课题调研和理论研究，仅2021年就

有6篇关于廉洁文化建设的论文和研究成果被推送到全集团交流，每年组织的以学习交流、能力提升为主要目的的纪检监察砺剑讲堂、砺剑论坛均把廉洁文化建设列为重要议题进行专题交流，多家子公司的成功经验进行了成果发布。以理念上下贯通为基础，推动上下联动的廉洁文化建设机制逐渐成形，无论是宣传教育，还是活动组织、阵地建设，均贯穿了上下一盘棋的理念，各子分公司深度参与集团党风廉政专题片摄制，主要子公司均承办了集团专题廉洁文化创建活动，总部机关和子分公司廉洁文化示范园地和示范点建设同期开展，各项廉洁文化建设工作的上下一体推进，塑造了各级各单位不是参与者而是创造者、推动者的廉洁文化建设格局。

三、推进廉洁文化建设走深走实的具体做法

（一）做实内容建设，夯实清正廉洁思想根基

文化而润其内，养德以固其本。河钢集团各级党组织、纪检监察机构注重从思想上固本培元，培养廉洁自律道德操守，发挥廉洁教育基础性作用，把廉洁要求贯穿日常教育管理监督之中，推动廉洁文化的转化运用，引导党员干部成为明大德、守公德、严私德的典范。

1. 抓牢党的政治纪律教育

从开展党的群众路线教育实践活动、“三严三实”专题教育、“两学一做”学习教育、党史学习教育到深化各项教育常态化长效化，通过环环相扣、层层深入地严明政治纪律和政治规矩，筑牢信仰之基、补足精神之钙、把稳思想之舵。

2. 坚持党规党纪“学、讲、答”同向发力

“学”是指集团各级党组织都要组织对党纪党规的专题学习，从各级党委理论学习中心组带头学，到党支部组织集中学；从专家学者领着学，到每名党员自主学，党员一个都不能少。

“讲”包括各级党组织书记上党课要讲党纪党规，纪检监察系统围绕党纪党规进行专题宣讲，集团和子分公司各类培训开设党纪条规解读和案例警示教育课。

“答”是组织开展覆盖全体党员的党规党纪闯关答题活动，目前，集团党建智慧云平台网络门户端和手机端App均常设党规党纪应知应会答题板块，供全体党员干部自测练习和闯关答题，优胜者予以平台积分奖励。此外，在发展对象培训、干部轮训、党组织干部培训、干部提职等活动和环节中均设置党规党纪知识教育和知识测试，促使党纪党规成为各级党组织行为规范，成为全体党员的自觉遵循。自2019年集团开展纪检监察干部“能力强化年”活动开始，集团各级纪委书记、副书记每年至少上一次专题党课，党总支、党支部纪检委员每半年至少上一次专题“微党课”已经纳入常态化管理，作为纪检领导履职的重要考评依据。

3. 强化警示震慑，做到警钟长鸣

把警示教育作为廉洁文化建设的重要内容，着力抓好对“关键少数”的警示教育，开展政治性警示教育活动，把中央纪委《永远在路上》《国家监察》《零容忍》等警示教育专题片作为警示教育重要抓手，组织各级党员领导干部受教育、写心得、谈感悟；每年组织集团和子分公司两级班子成员集体观看省纪委监委摄制的警示教育专题片；2021年12

月启动“以案为鉴，查问题、防风险、促整改”专项整治，以省内某企业典型案件为鉴，深入开展警示教育，推动企业风险防范做实。

编印廉洁从业警示教育读本——《镜鉴》，选取集团内部24个典型案例，用身边事来教育身边人，不仅通报案情，还总结教训、提出警示。

突出廉洁文化园地的警示功能，集团各层级廉洁文化园地均涵盖警示教育主题，总部机关专门依托执纪审查标准谈话室建立了警示教育微基地，集团内部查处典型案例公开上墙展示。

此外，各子分公司纪委通过举办“以案为鉴，警钟长鸣”“以案明纪，学习贯彻新准则条例”展览，组织参观地方监狱、警示教育基地，进行“拒腐防变、廉洁从业”“质量至上、廉洁在心”签名承诺等一系列警示教育活动，进一步让党员干部思想上受到震撼、心灵上得到洗礼，知敬畏、存戒惧、守底线。

4. 因时制宜、因事制宜，精准推送廉洁宣教内容

针对新任职干部推出履新廉洁套餐，即实施“七个一”专项教育：一次廉洁勤政谈话、一次制度学习、一次廉洁测试、一次警示教育、一份廉洁承诺、一本廉洁书籍和一封亲情助廉书信，促进新任职干部勤廉履职。

以“五廉”举措把好节日廉洁关，瞄准重要节日节点，下发一份“廉文”划设纪律红线、运用H5技术举办一次线上“廉展”强化提醒、开通一条举报“廉线”强化震慑、依托廉洁党课、微党课组织一次“廉课”强化线下教育，和进行一次“廉查”监督约束干部行为，确保节日风清气正。

在项目建设、原燃料物流、质量检验、营销采购等系统人员中，通过廉洁从业和预防职务犯罪专题讲座、展览座谈、签名承诺等形式，增强关键岗位干部职工的遵纪守法意识，向供应商发送“廉洁共建一封信”，提醒原燃料、备品备件等供应商诚实守信经营，与企业一起共筑廉洁防线、共建廉洁工程。

此外，在纠正形式主义、官僚主义，专项整治酒驾醉驾，为职工群众办实事等专项活动中，充分发挥文化教育教化作用，精准推送法规条例、警示案例等宣教内容，打出了内容组合拳，助力活动取得预期成效。

（二）做实载体建设，推动廉洁文化建设有形有效

创新载体手段，实现广泛有效覆盖，河钢集团坚持内外联动、线上线下互动，统筹报、台、网、微、刊等各类媒体资源，打造传播矩阵，深入宣传廉洁理念。

1. 打造“五个平台”廉洁宣教传播矩阵

一是打造线上传播平台。组建社交、工作“两个矩阵”，分别组建了涵盖集团党委、子分公司党委、子分公司二级厂矿党委、基层党支部四级的“清廉河钢”微信矩阵和河钢在线App矩阵，形成了自上而下一贯到底的宣教通道。

二是打造网络展示平台。委托河钢数字开发的智慧党建云平台建有“清廉河钢”网络门户和手机App，设有“要闻关注”“以案示警”“廉闻荟萃”“清风影音”四个栏目，及时宣传展示工作动态和廉洁文化，发布警示案例，每季度评选“清廉河钢”好新闻，主要子公司均建有党风廉政建设和纪检监察网络门户，促使广大党员干部学廉知廉崇廉尚廉。

三是打造报刊宣教平台。集团两级纪委分别与河钢报、子分公司自办报纸密切配合，

设立“清风苑”等固定栏目，定期发布党风廉政和纪检监察工作动态、廉洁美文和职工原创文化作品，主要子公司定期编发《纪检监察》《纪检简讯》等刊物，将廉洁文化宣教贯穿到基层班组。

四是打造视话媒体平台。借助企业自建电视台、广播站，适时播放廉政动态、党纪法规知识，进一步巩固宣教阵地。

五是打造新技术展播平台。结合智能手机的普及化，运用 H5 等新的编辑展示技术，制作图文并茂的微信小程序端、公众号端，以及 App 的廉洁文化宣教电子刊物，及时用健康向上、先进的廉洁文化占领新的思想“阵地”。

2. 运用镜头语言讲好“清廉河钢”故事

一是摄制《砥砺的征途——集团全面从严治党和反腐败工作纪实》电视专题片，全片时长 35 分钟，从正风肃纪——和职工群众想在一起干在一起，强根铸魂——扎紧扎牢制度的笼子、震慑常在——严管就是厚爱、淬火成钢——革命理想高于天四个章节，集中反映了集团全面从严治党和反腐败工作，既有正面激励，也有反面警示，既有成果经验，也有方向目标。专题片出炉第一时间，集团各级党组织、纪检机构即组织了一次集体观看学习，并通过专题讨论、撰写观后感和心得体会等多种方式，增强学习教育的针对性和实效性，此后专题片广泛应用于干部教育和党员培训，系统描绘了集团全面从严治党和反腐败工作的历程、经验和成效，发挥了廉洁引领作用。此外，主要子公司均摄制了本单位党风廉政建设、纪检监察工作专题片。

二是自编自导自演预防职务犯罪微电影《简之爱》，瞄准企业易发问题风险点的招投标环节，描绘了企业项目管理干部经受考验、纪检干部铁面监督、不法投标人最终被清出项目的故事，贴近企业实际，融入干部职工生活和工作，在全体干部职工中起到了良好的教育效果，该影片同时代表河北省人民检察院入选全国优秀影片展播。

三是组织“清廉河钢”微视频大赛，活动以“清廉河钢”为主题，运用直观、生动、鲜活的视频影像，多角度、多侧面反映集团及各单位在全面从严治党、严格依法治企，努力营造风清气正发展环境中的新思路、新实践、新探索。共有微电影、纪实短片、公益宣传片、动画片、视频剪辑等 5 类 85 部作品被评为优秀并在全集团展播，这些作品以小见大，贴合企业实际、特点突出；作品形式多样、立意深远、内涵丰富，既有正面典型引导，又有反面案例警示震慑，还有优良家风的发扬传承，具有浓厚的艺术感召力，很好地将廉洁建设和企业文化建设融合在一起，汇聚起企业的正能量，传递出企业的清廉风。

例如：河钢舞钢微电影作品《情之陷》讲述了钢厂采购部门干部面临围猎，不仅自身正，也以良好家风筑起拒腐防变严密护栏的故事；河钢邯钢微电影作品《考验》讲述了新任职的工程科科长在廉洁谈话和廉洁承诺提醒下及时醒悟，拒绝拉拢的故事；河钢唐钢纪实短片作品《小燕说纪律》精选企业易发问题，以故事场景搭配旁白讲解的新颖方式，讲述党纪法规红线；河钢承钢纪实短片作品《正气歌》由各岗位职工共同唱响共建“清廉河钢”之情；河钢唐钢动画片作品《不忘初心》以沙画形式表达了干部职工不忘初心、牢记使命，清正廉洁做表率的坚守。

3. 以廉洁文化示范园地串汇“廉洁地图”

集团和子分公司历来重视廉洁文化园地建设，依托厂区道路、生产现场、服务区、办公楼的廉洁标语条幅、电子屏幕、橱窗板报随处可见。为进一步推进“清廉河钢”建设，搭建廉洁文化建设有效载体，集团决定打造一批具有影响力的廉洁文化特色基地，2021 年启动廉洁文化示范园地创建申评活动，集团总部机关和子分公司准确把握新形势下开展廉洁教育和廉洁文化建设的特点和规律，挖掘所在地域和企业内部廉洁文化资源，创建了一批主题突出、特色鲜明、成效明显的廉洁文化阵地，共有 61 个廉洁文化展室、展廊、展厅、展馆，以及厂区廉洁文化景观、主题公园申报参评，总面积达 22000 余平方米。2021 年首批评选并命名挂牌廉洁文化建设示范园地 6 个、示范点 24 个，这些示范园地和示范点在区域上涵盖了总部及主要子公司所在的石家庄、唐山、邯郸、承德、张家口等城市，所属企业类别上涵盖了冶金、矿山、制造等主营主业，共同绘制了相互联系有所侧重的集团廉洁地图，成为集团廉洁宣传教育的重要阵地、探索创新廉洁从业教育方式方法的重要渠道、展示党风廉政建设和反腐败工作的重要窗口。

例如：河钢宣钢“清风园”廉洁文化主题公园室外廉洁景观面积 5900 平方米，以“清风园”为主题，紧邻河钢宣钢转型升级基地，以“服务职工群众、保障转型升级”为中心理念，寓教于景，共设计党建引领、游园观步道、廉洁文化展示橱窗、岗位廉洁格言警句 4 大版块 30 余项内容；河钢承钢廉政文化教育基地室外廉洁景观面积 700 平方米，由主题形象雕塑、“萌芽”雕塑、热河足迹、宣誓广场、重要指示、文化长廊、廉政观念、警钟长鸣、静思路、养德亭 10 个部分构成，融合红色文化、传统文化和本土文化，自然景观和人文景观彰显钒钛特色，着力推动风清气正、干干净净的政治生态成为钒钛产业高质量发展的“助推器”；河钢矿业司家营北区分公司“清风满矿山”廉政综合文化微基地包括 340 平方米的室外宣誓区和 539 平方米的室内展厅两部分，以“清正在德，廉洁在志”为主题，以“党要管党、全面从严治党”为引言，开启篇章，展厅分为历史沿革、政治教育、法制宣教、交互体验、反思反省、廉洁作品六个区域；河钢矿业中关铁矿廉洁文化示范园地 VR 廉政馆空间 3000 平方米，以智能设备、电子产品等数字化媒介为主要表现形式，集廉政警示教育、VR 廉政馆体验、廉政书籍查阅等于一体的综合性廉洁文化和警示教育基地，包括廉政展室和文化长廊两大部分。

（三）做实理念创新，激发廉洁文化活动创建活力

以品牌化建设思维，创新理念、联合力量、分步骤开展一揽子廉洁文化创建活动，激发广大党员干部参与廉洁文化创建的热情，用好作品宣传“清廉河钢”，打造“清廉河钢”，推动“清廉河钢”建设走深走实。

1. 接续开展廉洁文化作品征集评选活动

自 2019 年开始，采用集团主办、主要子公司承办的模式，分别开展美术、书法、摄影、漫画、微视频、格言警句、公益广告、小小说等职工原创廉洁文化作品征集活动。共有 110 幅美术作品、180 幅书法作品、225 幅摄影作品、180 幅漫画作品、85 部微视频作品、100 条格言警句作品、225 幅公益广告作品和 100 篇小小说作品被评为优秀作品，有关作品被纳入集团廉洁文化作品库，广泛应用于党员干部教育培训和廉洁从业讲座、授课，持续向集团宣传册、集团合规手册、集团社会责任报告书等输出优秀作品并面向全集团和社会各界有力展示了集团的清廉形象。

这些作品主题突出、内涵丰富、导向鲜明，在弘扬颂廉宣廉、崇廉尚廉精神的同时，也全面反映了集团全面从严治党、党风廉政建设和纪检监察工作取得的显著成果。例如：

格言警句凸显企业特色，涵盖各类岗位产线、工序业务和重点领域，寓意丰富、内涵深刻、朗朗上口，接地气、有哲理，警醒人、引导人，“心如轧机牌坊正，身似轨梁正道行”“配料混料精精细细，做人干事清清白白”“转炉火红应防钢水飞溅，廉洁从业当思围猎之殇”“钢铁熔炉铸廉洁之根，钒钛基地育发展之魂”“料无杂方能炼出精品钢水，人无私才可铸出清廉灵魂”“矿历磨选出好铁，人经利诱显真德”等一幅幅作品，倡导了文明新风，培树了廉洁清风，扎根岗位发挥教育、激励、引导作用，强化了干部职工“不敢腐”的内心敬畏和“不想腐”的思想觉悟。

小小说作品突出企业特色，贴近职工群众，运用文学的力量启发人、警醒人、教育人、感化人，因集团该活动恰与由中国纪检监察杂志社、河南省纪委监委宣传部、郑州市纪委监委主办，郑州市文联、《百花园》杂志、《小小说选刊》杂志、郑州小小说学会承办的“初心永恒 忠诚如一”全国廉政小小说征集评选活动同期，集团纪委选送了一批优秀作品参评，得到了评委会的高度认可，荣获活动优秀组织奖。一名职工作品荣获优秀奖，被刊登至《中国纪检监察》杂志和河南省纪委监委网站、郑州市纪委监委网站等平台。

廉政公益广告作品中，河钢矿业职工郝少飞《纪律戒尺》《自省》《变之别》《如此挪用》等作品分别在“清廉中国”作品征集等全国性活动中获奖。

2. 持续提升“清廉河钢”品牌影响力

对近年来集团职工原创廉洁文化作品进行系统梳理，以画报形式集萃编印两辑九册《清廉河钢廉洁文化系列丛书》，第一辑分绚——丹青绘廉、绳——翰墨书廉、定——光影记廉、喻——漫画说廉、镜——视像录廉、昭——广而告廉六部，集中展现河钢职工创作的廉洁从业绘画、书法、摄影、漫画、微视频和公益广告优秀作品，运用绚之耀、绳之度、定之规、喻之辨、镜之映、昭之显朵朵廉洁之花绽放出的文化力量启发人、警醒人、教育人、感化人；第二辑分谨——格言警廉、微——故事讲廉、耕——园地展廉三部，展现格言警句、小小说优秀作品和廉洁文化示范园地，令人清风扑面、正气入怀、文化润心。丛书不仅在集团内部得到了干部职工的广泛赞誉，还分别报送至中央纪委国家监委宣传部、河北省纪委监委、中国钢铁工业协会纪委，得到好评，部分优秀作品在《冶金企业文化》杂志专版刊登。

大力推动廉洁文化资源数字化，在丛书刊印同期开展电子展播，分别开发网络门户版和微信小程序版电子丛书，可分别通过河钢智慧党建云平台“清廉河钢”门户和微信扫码观看，强化传播效果，助力打造了手指尖上的廉洁从业课堂、互联网上的廉洁文化园地，提高“清廉河钢”品牌知名度。

3. 传承红色基因巩固“清廉河钢”本色

将廉洁文化建设融入党的宏大叙事，注重传承发扬优良革命传统，2021 年以来重点巩固拓展党史学习教育成果，统筹推进党史、新中国史、改革开放史、社会主义发展史宣传教育，通过廉洁宣传教育和文化浸润推动理想信念教育常态化制度化，把牢理想信念“总开关”，使党员干部正确对待党和人民赋予的权力，增强对腐败的免疫能力。学习革命先烈，传承优良家风，集团多年来坚持针对新提职干部发送一封亲情助廉书信，各子分公司分别通过组织征文、召开座谈会、开展承诺签字、发放《现代家庭助廉手册》等方式和活动，将廉洁教育范围延伸到干部家庭，提高家庭成员的助廉意识，铸造预防腐败第一道防线。

2022年，集团持续拓展“清廉河钢”品牌内涵，进一步开展了清廉家风家教作品征集活动，将社会公德、职业道德、家庭美德、个人品德有机结合，引导党员干部崇德治家、廉洁齐家、勤俭持家，将家风家教养成融入廉洁教育大课堂，作为干部安身立命为人处世的价值导向和标准。

四、持续深化廉洁文化建设的思考

在加强廉洁文化建设中，应当坚持注重创新谋长远。根据文化传播的特点，单一的内容、单调的形式往往难以打动人，丰富多彩的形式、通俗易懂的方式往往易于被接受并得到广泛传播。在廉洁文化品牌建设和推广的过程中，需要立足企业实际，认真分析干部职工群体特点和思想动态，重点抓好载体革新、内容创新、阵地延伸，综合运用各种文化阵地、艺术表现形式和现代传媒手段，增强廉洁文化品牌建设的针对性和有效性。

一是传播载体不断革新。进一步发挥新媒体优势，打造技术先进、传播快捷、覆盖广泛的新媒体廉洁文化平台。在成熟运用传统媒体的同时，不断加强微信、短视频、客户端等新媒体阵地建设，增强廉洁文化阵地的渗透力，实现受众覆盖面的最大化。

二是传播内容推陈出新。进一步分析传统媒体和新媒体各自的受众群体，针对其不同心理特点和接受习惯来准确制定廉洁文化品牌的传播策略和传播内容。将廉洁教育与红色文化教育、传统文化教育、企业文化教育相融合，通过丰富方式力求达到润物无声的效果。

三是传播阵地扩展延伸。进一步面向全集团、面向基层、面向职工，把廉洁文化辐射到厂矿、车间、工段、产线、岗位，夯实职工群众基础，使广大党员干部职工在潜移默化中受到廉洁文化的熏陶与教育。

五、结语

企业保持风清气正政治生态，必须把加强廉洁文化建设作为基础性工程抓紧抓实抓好，为“三不”一体推进提供强大内生动力。《关于加强新时代廉洁文化建设的意见》从五个方面明确了当前和今后的重点任务，为全党全社会推动廉洁文化建设实起来、强起来提供了实现路径，必须不折不扣落到实处，国有企业作为中国特色社会主义的重要政治基础，在新时代持续做好廉洁文化建设责无旁贷，未来大有可为。

“一总部多基地”管控模式下监督路径的探索和实践

中南钢铁纪委

近年来，中国宝武立足新发展阶段、贯彻新发展理念、构建新发展格局，围绕高质量发展目标，积极探索建立“资本运作—资产经营—生产运营”三层管控架构，加快构建中国特色现代企业制度，管理体系和管理能力建设取得显著成效。在中国宝武的战略部署下，2020年底成立的中南钢铁，作为资产经营层公司，按照“专业化整合、平台化运营、生态化协同、市场化发展”的管理要求，实施“一总部多基地”管控模式。面对新形势新任务，在宝武集团纪委的指导和中南钢铁党委的支持下，中南钢铁纪委迅速构建了与“一总部多基地”管控模式相匹配的“总部纪委+基地纪委+专业纪检监督组”的三维立体监督体系，不断探索和实践监督路径，整合监督资源形成监督合力，紧盯管党治党的政治责任、企业重大发展战略等重点，通过交叉监督、协同监督、智慧监督等方式，有效落实宝武集团纪委提出的“上下联动、区域管理、交叉监督”要求，认真履行“监督保障执行、促进完善发展”的工作职责，为中南钢铁高质量发展提供坚强的政治保障。

一、监督工作面临的现状及问题

（一）区域范围广，监督难度大

中南钢铁下属单位共12家，中南钢铁直接管理子公司为韶钢松山、鄂城钢铁、重庆钢铁三家基地子公司。总部在广州，三家基地分别在韶关、鄂州、重庆，区域范围广，监督难度大，特别是重庆钢铁股权模式是混合所有制，更是增加了监管难度。

（二）纪检监督机构设置存在差异

三家基地的纪检监督机构设置有两种方式，鄂城钢铁和重庆钢铁纪委分别设置了13家、7家下属单位纪委；韶钢松山纪委则在2017年进行了纪检监督体系改革，将下属单位纪委机构调整为三个纪检监督组进行分片管理。总体上，纪检监督机构面宽点多，力量分散。

（三）纪检监督人员素质参差不齐

中南钢铁纪委和三家基地纪委专职纪检监督人员30人，分散在4个地点，平均年龄46岁；平均纪检工作年限7年。部分纪检监督人员对党纪党规的掌握、运用不熟练，监督经验不足，方式方法不多，主动发现问题能力较为欠缺。

二、中南钢铁纪委的探索和实践

习近平总书记在十九届中央纪委六次全会上强调，要完善权力监督制度和执纪执法体系，使各项监督更加规范、更加有力、更加有效。面对"一总部多基地"管控模式，中南钢铁纪委立足监督职责，做实专责监督，贯通各类监督，大胆创新，勇于实践，通过总部"专"的权威、"联"的优势、"智"的手段，健全完善了监督体系，提升了监督治理效能。

（一）突出总部"专"的权威，开展交叉监督，增强监督力度，破解熟人社会监督难题

"一总部多基地"管控模式一个突出的特点是，总部具有各种资源优势和组织权威优势。如何发挥总部优势，破解监督难题，中南钢铁纪委厘清与基地纪委的管理界面，统筹各级纪检监督力量和专业管理力量，在专项监督工作中开展交叉监督，在党委巡察工作中实施交叉巡察，增强监督力度，提升监督质效。

1. 聚焦重点领域和关键环节，集中力量开展专项监督

发挥总部资源优势，握指成拳组建检查组。专项监督是纪委做实做细监督首责的重要抓手。面对基地远离总部的情况，中南钢铁纪委统筹抽调各基地纪检、专业人员，组建了3个专业纪检监督组，由基地纪检部门负责人担任组长，队伍成员相对固定，对基地开展专项监督，作为中南钢铁纪委的日常监督的延伸，这是围绕专业任务或专业化领域开展的分类专项监督，并不替代各基地日常专项的纪检监督工作。

重点领域开展专项监督，拓展基层监督渠道。坚持问题导向，结合各基地、子公司的业务体量、业务属性及风险分布等实际情况，专业纪检监督组对权力集中、资金密集、资源富集的工程投资建设领域、原燃料采购领域、备品备件检维修三大领域，通过信息系统线上查询、现场查阅资料、访谈人员等方式，对各基地进行巡回检查。2021年以来，两个专业纪检监督组完成了对各基地的工程投资建设领域和原燃料采购领域的监督检查，发现问题100多个，督促落实整改措施100多项，诫勉、提醒谈话、批评教育26人次、完善制度20余项。

中南钢铁纪委通过紧盯重点领域、关键环节开展专项监督，推进了监督下沉、监督落地，抓早抓小，防范廉洁风险，规范权力运行。特别是有效解决了基地普遍存在的"熟人社会监督难"问题，强化了总部对基地的风险管控，推动监督融入治理体系，不断增强监督治理效能。

2. 巡视巡察上下联动一盘棋，优化基层政治生态

巡视是党内监督的战略性制度安排。2021年以来，中南钢铁建立了总部和基地巡察"上下联动、一体推进、统筹协调、交叉开展"新格局。聚焦严明政治纪律和政治规矩，工作中采取交叉巡察方式，较为客观公正地对标对表，强化政治监督效果。

对集团巡视反馈问题整改情况，互相"回头看"。2021年抽调鄂城钢铁党委巡察办、财务部人员，组建党委第一巡察组，开展对原韶钢松山托管的襄阳重材党委落实集团党委巡视组反馈问题整改情况的"回头看"；抽调韶钢松山纪委、下属子公司专业人员，组建

党委第二巡察组，开展对鄂城钢铁党委下属3家子公司落实集团党委巡视组反馈问题整改情况的“回头看”。两轮巡察，互相“回头看”，发现整改不到位等问题，督促完成整改措施和追责问责，切实做好巡视巡察“后半篇文章”。

对下属党组织开展交叉巡察。2022年，组建党委第一巡察组，组长由鄂城钢铁党委推荐人员担任，组员以鄂城钢铁人员为主，采取“1托2”方式，对韶钢松山党委下属两家党组织开展常规巡察。组建党委第二巡察组，组长由韶钢松山党委推荐人员担任，组员以韶钢松山人员为主，采取“1托2”方式，对鄂城钢铁党委下属两家党组织开展常规巡察。

通过实施交叉巡察，更加客观真实地反映出被巡察单位的情况，有利于加强对“一把手”和关键少数的监督，促进基层政治生态的优化。中南钢铁党委巡察工作在“三个不变”（各基地巡察管理体系、架构、人员不变）的基础上，持续巩固巡察成效，实现了“四个加强”（加强了政治监督、交叉监督、整改监督、对混合所有制企业的监督），推动总部对基地巡察的高质量覆盖。

（二）发挥总部“联”的优势，强化协同监督，拓展监督广度，形成监督叠加效应

习近平总书记在十九届中央纪委六次全会上强调，纪检监察机关要发挥监督专责机关作用，协助党委全面从严治党，推动党内监督和其他各类监督贯通协同，探索深化贯通协同的有效路径。中南钢铁纪委充分发挥“监督的再监督”作用，督导和督促安全督导、环保督察、财务监督、审计监督等专业监督、职能监督横向协同，三道防线优势互补、协同发力，形成叠加效应，提升监督效能，把全面从严治党要求融入企业治理体系。

1. 与职能部门协同联动，推进重点项目

开展“嵌入式”监督。聚焦“国之大者”，中南钢铁纪委围绕贯彻落实习近平总书记考察调研中国宝武的重要讲话和关于碳达峰、碳中和的重要批示精神，准确把握国家和宝武集团对绿色低碳环保新要求，以“废气超低排”重点项目为监督重点，联合安全环保部门，抽取三家基地的环保重点项目，并督促基地纪委选择环保重点项目，上下联动开展“嵌入式”监督。通过深入一线、靠前监督、跟进监督，发现问题、纠正偏差，促进各级职能部门和管理人员履职尽责，护航重点项目建设，推动宝武集团党委和中南钢铁党委重要决策部署的有效落地。

实施“点穴式”监督。聚焦加固中央八项规定的堤坝，中南钢铁纪委联合总裁办公室、经营财务部，开展“四费”监督检查，紧盯薄弱环节开展“点穴式”监督。今年以来已开展两轮专项监督检查，按照各单位自查、归口管理部门检查，纪委采取随机抽查、明察暗访等方式进行抽查验证，发现问题，督促相关单位修订完善制度和追责问责。

2. 建立监督会商机制，进行问题输出

发挥党风廉政建设协调小组的统筹协调作用。坚持“谁的业务谁监管”，推动职能部门制订年度监督计划，针对突出问题、薄弱环节，明确监督重点，定期进行反馈，推进合规管理，各负其责，筑牢防线。2021年组织职能部门两次监督会商，共享商讨仓储管理等方面苗头性倾向性问题16个，制订下一步职能监督计划。推动纪检监督与审计监督贯通协同。2022年1月份梳理上年度审计发现的问题，组织相关基地纪委进行分析研判，查找问题背后是否存在违规违纪行为，深化纪检监督与审计监督的贯通融合，拓宽线索来源，探索有效路径。

3. 统筹培训挂职，聘请党风监督员，监督向基层延伸

统筹培训挂职，搭建素质能力提升平台。2021 年以来，中南钢铁纪委从基地纪委选调 2 名人员到总部挂职锻炼，拓宽监督视角，提升监督协同能力。组织总部和基地集中培训 3 次，其中"走读式"谈话安全研修、巡察工作实务培训，得到集团纪委、党委巡视办的大力支持，安排了集团同志现场授课，推动纪检队伍有效融合，专业能力、协同能力得到提升。选聘党风监督员，强化基层监督。从各基地的党员代表、基层党支部书记、纪检委员中选聘党风监督员 29 名，通过发送告知权利义务的一封信、发放工作证，组织培训、座谈等方式，鼓励党风监督员对党风廉政建设和反腐败工作开展监督，共同构建大监督体系，共同营造风清气正的良好政治生态。

（三）运用"智"的手段，深化智慧监督，提升监督精度，监督更加规范高效

十九届中央纪委六次全会工作报告明确指出，以信息化促进监督下沉，善于运用信息化手段提升监督水平、规范化水平。中南钢铁纪委通过信息化手段和大数据的运用，与纪检监督工作深度融合，促进监督科技化、智能化，让监督插上科技的翅膀，构建了"线上实时预警、线下精准验证"新模式，不断增强监督靶向性，实施精准监督。

1. 运用大数据筛选和发现异常信息

中南钢铁纪委着力引导和锻炼纪检监督人员，以纪检视角从信息系统数据的异常中分析履职担当问题，从问题中看责任，从问题中分析发现线索。在"四费"监督检查中，纪检监督人员先通过财务系统远程调集整理涉及业务接待费、差旅费等各类费用报账报支数据，从中进行筛选、锁定异常信息后，再前往基地进行验证核实，确认问题。

2. 将纪检监督要求嵌入信息化系统

中南钢铁纪委按照"平台监管、数字赋能、趋势预警、触线拦截"要求，指导韶钢松山纪委探索运用信息化手段，牵头组织相关单位开发原料供应链智慧监督系统，实现对废钢、国内煤、国内矿、合金四类重点物资的五个关键环节实时监控，构建了"线上实时预警、线下精准验证"的工作模式。2021 年针对废钢亏吨事件，及时发现异常点，快速锁定证据，督促公安机关立案、扣押了作案车辆、抓获涉案司机。同时全流程梳理供应链管理问题，采取 14 条措施堵塞管理漏洞，并予以处分 1 人、组织处理 17 人。推进数字废钢系统建设。以探索数字废钢标准化产品，二维码确认重量、质量等关键信息的免检模式为示范引领，推进重要生产物资的全链条阳光采购，运用信息化手段防范重点领域廉洁风险。

三、几点思考

（一）要牢牢把握监督职责，切实增强监督效能

"一总部多基地"管控模式有管理难点，更有管理优势。纪委在工作中要牢牢把握监督是基本职责、第一职责，坚持严的主基调不动摇，针对监督的难点重点，统筹总部资源，发挥管理优势，积极主动把监督的触角延伸到国有企业权力运行、管理治理的各个环节，特别是重要环节、问题易发生环节，强化对权力运行的制约和监督，一体推进不敢腐、不能腐、不想腐。在工作实际中不断总结优化创新监督路径，持续提升监督的有效性

和精准度，围绕管党治党责任落实、企业重要发展战略落地等，有效发挥监督保障执行、促进完善发展作用。

（二）要系统培养纪检力量，不断提升监督能力

打铁必须自身硬。纪检监督人员要坚决落实政治过硬、本领高强要求，锤炼过硬的思想作风、能力素质，不断增强“四个意识”、坚定“四个自信”、做到“两个维护”。纪委要会同组织人事部门，统筹各级纪检监督力量，进行系统设计、统一规划，通过党课教育、专题培训、挂职锻炼、交叉任职等，加强思想淬炼、政治历练、实践锻炼、专业训练，不断增强监督能力，特别是主动发现问题的能力，提升斗争本领，做党和人民的忠诚卫士，以永远在路上的坚定执着，继续打好党风廉政建设和反腐败斗争攻坚战持久战，为宝武集团成为世界一流伟大企业提供坚强的政治保障。

（三）要持续强化监督协同，筑牢各道监督防线

党风廉政建设不只是党委和纪委的事，监督也不只是纪委一家的职责。企业的高质量发展，依靠各专业部门、职能部门的规范管理，监督是部门管理职责的重要内容。“一总部多基地”管控模式打破了传统的管理方式，赋予部门的监督责任更重。纪委要坚持以专责监督为引导，发挥专责监督在各类监督中的穿针引线作用，通过监督会商、联合监督等方式，监督推动各专业部门、职能部门切实落实“谁的业务谁监管”，同时以监督问责为利器，倒逼各个部门主动监督，筑牢各道监督防线。纪委还要着力加强审计监督、职能监督、巡察监督与纪律监督的贯通融合、统筹衔接，立足发现问题、处置问题、整改问题，增强监督总体效果。用好信息化系统和大数据手段提升专业化规范化水平，深化构建大监督体系，切实织密监督网，为国有企业高质量发展保驾护航。

深化标本兼治　做实以案促改
以“三不”一体助推昆钢全面从严管企治企

昆钢公司纪委

习近平总书记多次强调，深化标本兼治，以系统施治、标本兼治的理念正风肃纪反腐，一体推进不敢腐、不能腐、不想腐。十九届中央纪委六次全会强调，深化以案促改，加强廉洁文化建设，完善一体推进不敢腐、不能腐、不想腐制度机制。以案促改，基础在案、关键在促、要害在改，最终实现治的目的，是持续深化标本兼治、一体推进“三不”的重要举措。昆钢公司针对“4.09”系列案件暴露出的问题，深挖问题根源，找准“病灶”，通过做深做实以案促改“通篇文章”，把以案促改工作与全面深化改革、完善制度机制、促进治理成效贯通起来，把严惩腐败与严密制度、严格要求、严肃教育紧密结合起来，持续深化标本兼治、“三不”一体推进，不断修复净化昆钢政治生态，推动全面从严管企治企，助推企业高质量发展。

一、背景情况

2021 年 4 月 9 日，31 名昆钢涉案人员被同时留置，10 天内 25 名管理人员主动向组织说明问题……昆钢公司系列案件信息公布后，在社会上及昆钢公司内部引起了极大反响和震动，涉案人员上至公司领导，下到普通职工，人数之多、层级跨度之大，令人触目惊心。“4.09”系列案件暴露出的严重问题，给公司政治生态、经营环境造成严重影响。昆钢公司党委以对组织负责、对企业负责、对职工负责的政治态度，深刻认识“4.09”系列案件的严重危害和恶劣影响，深入分析当前党风廉政建设和反腐败工作面临的严峻复杂形势，正视自身存在的问题，充分认识开展以案促改工作的重要性、严肃性和紧迫性，以最坚决的态度、最迅速的行动、最有力的举措推进党风廉政建设和反腐败工作，为公司高质量发展助力护航。

（一）“靠钢吃钢”背后的腐败和以权谋私问题

在上级党委、云南省纪委监委的指导帮助下，昆钢公司深刻剖析案情、分析原因、深挖根源，为以案促改工作找准“病灶”：一是在协力、采购、验收、销售、工程建设、招投标等领域，搞权钱交易、利益输送以攫取非法利益；二是暗箱操作、以次充好、贵买贱卖，与不法商人老板勾勾搭搭形成利益输送链；三是亲属、特定关系人违规办企业，搞关联交易、利益输送，侵蚀国有资产；四是利用职务职权与财务人员合谋，在账面上作假，套取费用，转移利润；五是利用职务便利，通过上项目的机会收受红包、回扣。这些问题反映出过去一段时间，昆钢在强化党的领导、全面从严治党、党风廉政建设工作等方面存在薄弱环节，在制度机制、监督监管、规范管理等方面还存在弱项短板，在秉公用权、廉洁从业、廉洁自律等方面意识淡薄，在思想、作风、纪律等方面要求不严，导致昆钢被污染的程度深、范围大、时间久，政治生态遭到严重破坏，急需深化以案促改，纵深推进党风廉政建设工作。

（二）深入开展以案促改工作的重要意义

以案促改，是昆钢重塑政治生态实现涅槃重生的必然要求。“靠钢吃钢”问题不但影响昆钢政治生态，而且极大损害企业利益。“4.09”系列案件的发生，充分暴露出昆钢存在的一些突出问题，是昆钢一次全面检视自身问题涅槃重生的机会，促使昆钢从案件中深刻吸取教训，以“刮骨疗毒”的决心和韧劲，把被颠倒的思想认识和价值理念扭转过来，把被践踏的纪律规矩严立起来，把被带坏的党风政风修复过来，彻底肃清违纪违法案件的污染底泥，激浊扬清、扶正祛邪，涵养健康向上的政治生态，为企业高质量发展营造风清气正的良好环境，实现昆钢涅槃重生。

以案促改，是企业实现高质量发展的必然要求。以案促改的过程，就是一个不断去“腐”除“疴”、挖掉“腐肉”、去除“弊病”、丢掉“包袱”，开展自我革命的过程，通过从案件中深挖问题、查找漏洞、补足短板、促进提升，从根本上提高思想认识、完善制度机制、提升治理效能，才能蜕变成一个焕然一新的昆钢。只有将以案促改工作同公司改革转型发展紧密结合起来，将以案促改融入改革发展、生产经营管理全过程，推动以案促改与中心工作同频共振、融合联动，实现全方位变革，真正改出成效、改出实效，才能实现昆钢的再度奋起和复兴，才能真正实现高质量发展。

以案促改，是严管厚爱干部职工的必然要求。以案促改是贯彻落实“惩前毖后、治病救人”方针的重要举措，既是在雷霆万钧的严惩严治中激浊扬清，更是在和风细雨的严管严教中成风化人，是我们党对党员干部职工真正的关心和最大的爱护。通过“身边人”“身边事”典型案件警示党员干部职工引以为戒、警钟长鸣，通过堵塞漏洞用制度管事、管人，从思想上、行动上筑牢拒腐防变防线，从根本上减少腐败现象的发生，体现的正是严管就是厚爱、治病为了救人。

以案促改，是一体推进不敢腐、不能腐、不想腐的必然要求。一体推进不敢腐、不能腐、不想腐，不仅是反腐败斗争的基本方针，也是新时代全面从严治党的重要方略，以案促改正是一体推进“三不”的重要一环。习总书记在十九届中央纪委五次全会上指出，“把握‘惩、治、防’辩证统一关系，坚持严惩腐败与严密制度、严格要求、严肃教育紧密结合，做实以案促改、以案促治”，就是要严惩腐败，始终保持惩治腐败高压态势，形成不敢腐的强大震慑；就是要严密制度、严格要求，强化对权力运行的制约和监督，扎牢不能腐的制度笼子；就是要严肃教育，涵养清风正气提高思想觉悟，筑牢不想腐的思想堤坝。

二、主要做法

“4.09”系列案件查办以来，昆钢公司坚持严的主基调，在严查严办、严惩腐败的同时，推动以案促改、以案促治、以案促建，将“当下治”与“长久立”有机结合起来，在持续加强党风廉政建设这个软实力的同时不断夯实企业改革发展这个硬支撑，通过一体推进“三不”，以反腐败治理效能提升促公司治理体系、治理能力全面提升，把反腐败成果转化为公司制度成果和治理成效，实现以案促改与企业发展两手抓、两手硬、两促进。

（一）以责促改，全链条推动责任落实

公司党委始终坚持党的领导，推动形成明责定责、督责促责、追责问责的全链条闭环体系。落实主体责任，公司党委将以案促改作为重要政治任务，成立以案促改工作领导小组，研究制定《推进以案促改强化标本兼治工作方案》，细化工作措施，召开以案促改工作会，层层压实责任。落实监督责任，公司纪委将以案促改贯穿纪检监察工作全过程，边监督、边办案、边整改、边教育、边治理，实现查处一案、警示一片、治理一域的综合效应。落实协同责任，各职能部门结合案件暴露出的问题，举一反三查找管理、制度、体制机制等方面存在的问题，通过强化职能监督、健全制度体系、开展专项整治，协助党委纪委落实落细“两个责任”。落实整改责任，各单位尤其是发案单位，主动认领任务，深入查找问题，全面自纠自查自改，确保问题整改到位。

（二）以学促改，筑牢拒腐防变思想防线

通过深化“五位一体”学习教育活动，筑牢思想防线，净化思想源头，夯实“不想腐”的思想基础。以党史学习教育强党性，将党风廉政建设形势任务要求、党纪党规、违纪违法典型案例等内容融入党史学习教育活动，教育引导广大党员坚定理想信念，筑牢思想根基；以政治理论武装强素养，认真落实“第一议题”、理论学习中心组学习、“三会一课”、主题党日等制度，不断提高政治判断力、政治领悟力、政治执行力；以纪律教育强规矩，组织开展党章党规党纪、法律法规及公司规章制度的学习培训及知识测试 1.2 万余人次，切实增强全司员工的纪法意识和纪律规矩意识；以警示教育强震慑，常态化开展形式多样的警示教育活动，突出针对性、震慑性，下发内部案件通报 5 期，拍摄“身边人”警示教育片《蠹蚀之鉴》，以“现场+网络”的方式组织旁听庭审，召开违纪违法案件专题民主生活会，充分发挥“身边人”“身边事”警示震慑作用；以廉洁家风强正气，召开“以案促改进家庭”家风教育座谈会开展提醒教育，督促各级党组织开展家属座谈会、家庭助廉承诺、“家风促企”谈心谈话、家风故事征集等活动，教育引导党员干部职工注重家庭、家教、家风，带头廉洁齐家，以廉洁家风涵养清风正气。

（三）以查促改，严密监督严惩腐败

坚持问题导向，查找问题、查办案件，以严密监督发现问题，以严格执纪、严肃追责问责推动问题解决，深挖彻查背后的腐败问题。一是严密监督体系。围绕权力运行的各个环节、各个领域开展监督，完善“大监督”工作格局。强化政治监督。聚焦“两个维护”，紧盯常态化疫情防控、国企改革三年行动、党史学习教育活动等重点内容，把落实习近平总书记重要讲话和指示批示精神，党中央、省委省政府以及中国宝武重大决策部署，公司重点工作、重点任务推进落实情况，作为重要监督检查事项，推动政治监督具体化常态化。细化日常监督。聚焦腐败易发多发的关键领域、重点环节、关键人员，对专业化整合、百日行动计划、智慧制造工程、全层级经营风险、资金风险排查、钢材成品库清

仓利库等重点项目、重点工作跟踪检查，将日常监督融入企业中心工作；聚焦基层一线，积极践行“一线工作法”，下沉到基层单位、生产一线开展“蹲点式”“穿透式”调研监督检查，主动发现问题、查找问题，督促问题解决；聚焦监督检查和案件查办中发现的典型问题、职工反映强烈的问题，有针对性地下发检查（监察）建议书；聚焦关键少数，对同级党委及班子成员开展“政治画像”监督，对新提任、新任职人员开展任前廉政谈话和廉政考试，做好常态化党风廉政意见回复，开展好领导干部述责述廉工作。深化协同监督。深化协同监督工作机制，推动形成党委政治监督、纪检监察和内部审计专责监督、党的工作部门职能监督、业务部门专业监督、职工群众民主监督的“大监督”工作格局，发挥巡察监督的“利剑”作用、审计监督的“利器”作用、职能监督专业作用，坚持在监督中发现问题、解决问题。二是严肃执纪问责。始终坚持严的主基调，坚持无禁区、零容忍、全覆盖，将查办案件和以案促改统筹谋划、一体实施，对违纪违法案件一查到底、绝不姑息。2021 年 4 月以来，立案 88 件次，给予党纪政务处分 102 人次，收缴违纪款 2854 余万元，移送地方监委采取留置措施 11 人，精准把握运用“四种形态”处理 778 人次。充分彰显严惩腐败的坚定决心、坚强意志和坚决行动，更充分释放了“不敢腐”的强烈震慑。

（四）以治促改，严管严治提升治理效能

坚持举一反三、标本兼治、堵塞漏洞，加快补齐短板弱项，在严管严治中提升企业治理效能。强化重点领域监管。针对采购、销售、质检、验收、协力等关键领域存在的突出问题，组织制定《禁入管理实施细则》，全面清理排查业务往来相关方，形成“禁入名单”247 家；建立“合格供应商”和“合格客户”名录，探索开展“双人会客”制，开展全层级经营管理风险隐患专项排查，坚决斩断“靠钢吃钢”的利益链条。强化重点人员监督。强化对“一把手”和领导班子成员的监督，公司党委书记带头宣贯《中共中央关于加强对“一把手”和领导班子监督的意见》，研究制定专项监督检查工作方案，对“一把手”及班子成员进行全面监督；从严从实监督管理干部员工，制定《关于领导人员受党纪政务处分及组织处理后有关评价和薪酬等事宜处理实施细则（试行）》《员工奖惩管理办法》等制度，深入推进“一人一表”考核，从严从实监督管理干部员工。强化重点问题整治。加强违规经营投资责任追究工作，修订完善制度，2021 年 4 月以来查处案件 4 起，责任追究 30 人，扣减薪酬 200 多万元，挽回经济损失 2500 余万元；持续开展违规借贷、违规经商办企业专项整治，修订完善经商办企业行为的规定，进一步明确禁业范围，以“三个不漏”开展专项学习，严肃追责问责。

（五）以建促改，健全机制完善制度

注重分析和查找管理缺陷和制度漏洞，围绕授权、用权、制权等环节，建章立制，着力形成一批制度机制成果，用制度管权、管钱、管事、管人。健全完善制度体系建设。优化完善党的领导与公司治理有机统一的体制机制，实现“党建入章”应进尽进，修订完善“三重一大”事项决策制度及议事规则，从顶层设计上健全完善决策管控体系；开展纵向分级、横向分类的“制度树”体系建设，规范制度动态管理，营销、采购、财务、生产等各业务板块制定修订专业管理办法，形成制度体系 373 项，最大限度堵塞漏洞。开展清廉

体系建设。把“清廉昆钢”建设作为开创公司党风廉政建设和反腐败斗争新局面的系统工程抓紧抓实，着力构建“1+6”清廉建设体系，推动“清廉昆钢”建设提档升级。强化重点领域管理体系建设。聚焦钢铁主业，成立炼铁、炼钢、轧钢和能源动力四个直管厂，设立物流部，构建“一公司多基地”管控模式；强化重点领域集中统一管理，推进财务、质检、计量、物流“四集中四统一”，建立采产销研一体化运行机制，实现资源的高效配置和各工序的高效运行；全面开展双基管理，以“6S 管理、三岗活动、全员改善日”为抓手，推行“飞检”制、建立两级质量抽查监督机制，推动督查检查常态化，按照“PDCA”方式实现整改，基层基础管理能力稳步提升；推进智慧信息化体系建设，智慧制造系统、标准财务系统、智慧人力资源系统全面上线，从管理和技术方面提高智慧化和规范化防控水平，避开“人为性”干扰因素，开启运营共享管理的新纪元。

三、取得的成效

（一）“靠钢吃钢”腐败乱象得到全面清理

通过以案促改，紧盯资产处置、重点项目、重大工程、重点领域、关键岗位等权力运行的各个环节，着力查处在物资采购、验收、销售、工程建设、协力等领域有令不行、有禁不止及其背后“靠钢吃钢”、关联交易、以权谋私、内外勾结侵吞国有资产、贪污腐败等问题，针对查处的问题举一反三、标本兼治、靶向施治，推动一个问题一个问题解决、一个领域一个领域净化，从根子上铲除“靠钢吃钢”腐败土壤。

（二）经营管理质效不断提升

通过以案促改，管理关系进一步厘清，管理流程不断优化，管理水平有效提升，精细化管理模式逐渐形成，企业管理体系和管理能力现代化水平不断提升。钢铁主业的发展定位不断明晰，“百日计划”取得较好成果，安宁基地二期建设实现投产，各项指标改善明显，多项指标均超越历史最优水平。

（三）发展环境不断改善

通过以案促改，昆钢在中国宝武强大体系能力和协同优势的驱动下，抓住国家“双控”“双碳”以及“钢铁技改项目鼓励”等政策机遇，加快“推进供给侧结构性改革实施环保搬迁转型升级项目”的绿色、智慧、高效建设，不断提升现有装备的升级改造，蓄足能量，阔步向前。

（四）政治生态持续向好向善

通过以案促改，昆钢各级党组织进一步提高了政治站位，明确了主体责任，实现了“要我改”向“我要改”“要改好”的转变；全司党员干部职工以案为鉴，切实把自己摆进去、把职责摆进去、把工作摆进去，受到了深刻的教育警醒，思想认识得到根本转变，党员干部干事创业精气神持续提升，企业风清气正、健康向上的政治生态持续向好向善。

善治病者，必医其受病之处；善救弊者，必塞其起弊之原。在昆钢，“不敢腐”才刚刚开始，“不能腐”“不想腐”还远未达到，党风廉政建设和反腐败斗争依然任务艰巨，修复净化政治生态工作依然任重道远，昆钢公司将持续深化标本兼治，做实以案促改，推动不敢腐、不想腐、不能腐一体贯通融合，推动“惩治”向“善治”转变，从根子上解决系统性、根本性问题，切实把反腐败成果转化为公司治理效能，以全面从严治党从严治企引领保障高质量发展。

参考文献

[1] 陈瑶．做实做细以案促改工作［EB/OL］．中央纪委国家监委网站，2022-5-5.

[2] 冯新舟，胡楠．发挥以案促改治本功效［N］．中国纪检监察报，2021-2-25（1）.

[3] 钟纪言．黑龙江省人防系统腐败案以案促改工作启示［EB/OL］．中央纪委国家监委网站，2021-2-10.

[4] 钟纪言．贵州省委原常委、原副省长王晓光案以案促改工作启示：斩断茅台非法利益输送链　推进名贵特产特殊资源专项治理［EB/OL］．中央纪委国家监委网站，2021-1-20.

国企改革背景下钢铁企业内部“1+N”监督体系的构建与实践

包钢（集团）公司纪委综合室　班彩雯　杨光顺　周小丽

国有企业是中国特色社会主义的重要物质基础和政治基础，是我们党执政兴国的重要支柱和依靠力量。习近平总书记强调：“要坚持有利于国有资产保值增值、有利于提高国有经济竞争力、有利于放大国有资本功能的方针，推动国有企业深化改革、提高经营管理水平，加强国有资产监管，坚定不移把国有企业做强做优做大。”国有企业深化改革要坚持党对国有企业的领导不动摇，发挥企业党组织的领导核心和政治核心作用，保证党和国家方针政策、重大部署在国有企业贯彻执行；要坚持服务生产经营不偏离，提高企业效益，增强企业竞争实力，实现国有资产保值增值。作为企业纪检监察机关需紧紧围绕党中央决策部署，把监督体系与治理体系对接起来，把正风肃纪反腐与深化改革、完善制度、促进治理、推动发展贯通起来，构建国有企业内部监督体系，以强有力监督助推国有企业改革，为深入落实“十四五”战略规划提供坚强保障。本文以包钢（集团）公司具体实践为基础，进行分析研究和探讨。

一、构建钢铁企业内部“1+N”监督体系的提出背景

长期以来，国有资产保值增值意义重大，是保证国有资产不流失，社会稳定和经济发展的重要手段，更是国有企业的重大政治责任。2020 年以来，包钢（集团）公司持续深入推进国企改革三年行动，在 2021 年年底实现了改革主体任务的基本完成，但距离全面完成国企改革三年行动任务还存在差距，过程中存在重视创新不够、研发投入不大、创新成果不多、创新水平不高等问题，探索构建同现代企业制度相适应的企业内部监督体系，对保障改革任务按期完成，做强做优做大国有经济，增强国有企业活力、提高效率，加快构建新发展格局，都具有重要现实意义。具体到包钢（集团）公司深化改革过程，虽然取得了一些成绩，但存在一些党员干部政治站位不高、工作能力不强、改革创新意识不够、干事创业精气神缺乏、担当作为不足、遇事推脱绕，工作作风不实等问题，各级党组织发动职工群众攻坚克难不够，“三项制度”改革、混合所有制改革还需要持续发力。构建全覆盖监督体系，进一步提升企业内部监督工作水平，通过监督保障党中央关于基本经济制度特别是国资监管、国企改革发展方面的决策部署、政策措施贯彻落实到位是实现企业深化改革的关键步骤。

二、构建钢铁企业内部“1+N”监督体系的理论体系和创新要点

从国有企业的情况看，建立与中国特色现代企业制度相适应的内部监督体系，必须坚

持党对国有企业全面领导这一根本原则，在企业党组织统一领导下，由纪检机构牵头，通过成立监督委员会等形式，将企业巡视、审计、财务、法律、人事、党建等各种监督力量有效整合贯通起来，构建起“大监督”的工作格局，确保实现对国有企业党员领导干部、所有行使公权力的公职人员监督全覆盖，确保党的路线方针政策和党中央重大决策部署在国有企业得到全面落实。坚持构建实施在党内监督主导下，做实专责监督，贯通各类监督的“1+N”监督体系，聚焦企业深化改革相关政策落实情况，扩大监督覆盖面，增强监督力量，健全“室组委”联动监督机制，督促推动职能部门梳理急需破解重难点项目，通过定期会商、情况通报、线索移送等方式做好沟通衔接，采取有力措施集中攻坚。

三、构建钢铁企业内部“1+N”监督体系的关键举措和主要做法

（一）构建强化组织领导、明确责任分工的保障性措施

成立包钢（集团）公司党委全面推进监督体系建设工作领导小组，由公司党委书记、董事长任组长，党委副书记、总经理任副组长，其他有关班子成员任成员，各监督单位为成员单位。领导小组围绕构建党统一领导、全面覆盖、权威高效的监督体系，着力加强党对其他各类监督的领导，推动党内监督、审计监督、财务监督、职工监督、舆论监督等各类监督各司其职、各负其责。要求各成员单位要主动作为，强化协调配合，保证监督工作各环节有序衔接、协同高效。

（二）构建“四个坚持”工作原则的指导性措施

坚持党的领导。坚持党的领导、坚持以习近平新时代中国特色社会主义思想为指导，从决策部署指挥、资源力量整合、措施手段运用上，不断强化党对监督体系建设的全覆盖、全方位、全过程领导，始终保持坚定正确的政治方向。坚持服务大局。坚持问题导向、坚持实事求是，融入企业发展战略，重点聚焦公司生产经营、改革创新、转型升级、风险管控、党的建设等领域重点难点，紧密结合企业实际开展监督，确保将上级决策部署和纪律要求贯穿公司治理全过程。坚持全面覆盖。加强事前规范、事中管控、事后问责，构建党内监督、审计监督、财务监督、法务监督、群众监督、舆论监督相互衔接、相互支撑的监督工作格局，形成监督闭环，确保不留死角，做到有权必有责、有责要担当，用权受监督、失责必追究。坚持协同推进。破除监督“藩篱”，在各监督主体分工负责、各有侧重的基础上，实行集中管理、高效协同、信息共享、成果共用，避免出现监督泛化、监督乏力、监督盲区，既要实现精准高效监督，又要为基层减负。

（三）构建“五个建立”工作程序的协同联动性措施

建立联席会商机制。在公司党委统一领导下，纪委牵头，巡察、组织、宣传、人事、财务、审计、法务等部门为主要成员单位，定期沟通信息、交流情况、研究问题、协调工作，相互支持配合，凝聚工作合力。建立信息互通共享机制。纪检监察、巡察、组织、人事等部门将各自掌握的监督信息，对党员干部、职工做出的处理情况等及时相互通报，防止出现处理决定不“落地”、处分决定执行打折扣等问题。巡察、审计进驻前，向纪检、组织、宣传、人事、财务等部门了解被巡察、审计单位领导班子及其成员的有关情况，使

掌握信息更加精准，开展工作针对性更强。纪委牵头建立领导干部廉政档案，各相关部门及时将干部基本信息、述责述廉报告、廉政谈话、约谈情况等材料进行动态更新，确保实时、全面、准确掌握领导干部廉政情况。建立日常联合联动机制。聚焦公司重大决策部署、重点工作任务、重要制度的贯彻落实和重点领域、关键岗位日常监督工作，开展联合调研、联合检查、联合督导，打好“监督”组合拳。根据日常监督和审计情况开展“靶向”督查巡察，结合巡察工作开展选人用人、意识形态、基层党建等专项检查，既实现精准发力、综合施治，又避免对基层单位多头检查、重复检查。建立问题综合研判机制。主责部门对日常监督中发现的问题做好登记、调查和处置，必要时会同相关部门综合分析研判，对涉嫌违纪应给予纪律处分的一律移交纪检监察部门。纪检监察部门在受理检举控告、处置问题线索、执纪审查过程中，可采取委托审计、财务核查、专项督查等方式加大问题线索研判力度，也可协同巡察、组织、财务、审计等部门组成联合审查调查组，最大限度发挥各方面专业优势，提高案件突破能力。建立整改跟踪问效机制。合力抓好日常监督、巡视、巡察、审计等发现问题的整改落实工作。纪检监察、组织人事部门通过述责述廉、考核评议、专项约谈等方式加强对整改情况的日常监督检查。巡察、审计等部门通过建立台账、销号管理、跟踪督办、汇报通报、回访检查等方式，持续推进整改任务落实。其他相关部门和单位立足职能职责，明确整改措施、责任人和完成时限，逐项抓好整改任务落实。对整改不力、敷衍整改、虚假整改的，严肃追责问责，对典型案例予以通报曝光，确保整改取得实效。

（四）构建“四个结合”强化制度建设的基础性措施

制度建设是监督体系建设的基础。坚持党的领导与完善公司治理相结合、长远制度建设与解决突出问题相结合、破除体制机制顽疾同解决新矛盾新问题相结合、整体推进与重点突破相结合，对现有制度体系进行全面梳理，做好立、改、废、释工作，提升制度体系的科学性、整体性、协同性。坚决维护制度的严肃性和权威性，对制度制定不及时、不科学、实施效果差的，对违反制度、破坏制度的，对制度执行不力、监督不力的，发现一起、查处一起，失责必问、问责必严，以问责的利器唤醒各级管理部门和管理者的监督责任。同时要求各板块、单位强化主体意识，在集团公司管控制框架下，建立完善各自的监督制度体系。

（五）构建“两个支撑”强化监督平台搭建的升级性措施

监督数字化、智能化建设是监督体系建设的重要支撑。按照数字化、智能化转型要求，推动企业投资和项目管理、财务和资产、物资采购等管控平台建设。坚持线下监督与线上监督，对关键风险点和异常情况实时预警、重点筛查，促使各项经营管理决策和执行活动可控制、可追溯、可检查。充分运用信息技术和“大数据”分析等手段，扩大监督覆盖面，提高监督实效性，推动监督体系全面升级。坚持业务流程标准化、监督检查可视化，将管控措施嵌入各类业务信息系统，对物资出入、质量检验等关键领域、关键环节，全方位实施电子监控，切实保障国有资产安全。充分运用监督体系信息平台，建立廉情预警机制，通过汇总监督信息，精准排查腐败风险、制定防控措施、建立防控制度。

（六）构建“三个聚焦”强化专责监督的关键性措施

1. 聚焦“两个维护”，开展政治监督

把“两个维护”作为新时代强化政治监督的根本任务，加强对落实党中央、自治区重大决策部署和公司重点工作等情况的监督检查。压紧压实党组织管党治党政治责任和书记第一责任人责任，推动监督下沉、监督落地、监督于问题未发之时，强化对“一把手”和领导班子监督。健全完善监督机制，加强制度建设和执行力度，发挥基层监督力量作用，创新监督方式方法，常态化开展约谈提醒、批评教育、诫勉谈话等，推动监督触角前移。

2. 聚焦作风问题，做实日常监督

运用廉政谈话、明察暗访、随机抽查、突击检查等方式，加大对重点领域、重要时间节点“四风”问题的监督检查力度。以整治形式主义、官僚主义“十个画像”为重点，驰而不息强化作风建设。强化对不落实、不担当问题的监督检查，坚决查处消极懈怠、萎靡不振；花拳绣腿、搞表面文章；不敢作为，不愿负责等问题，引导党员干部靠前站、听指挥、挑重担、顾大局，以对组织负责、对职工负责、对事业负责的态度，坚定不移推动公司各项工作。准确把握习近平总书记“三个区分开来”重要论述要求，对党员干部立案审查调查、做出处理处分决定前，综合考量政治效果、纪法效果、社会效果，精准运用“四种形态”、准确定性量纪、恰当处理处分。研究制定尽职免责实施办法，为公司发展营造支持改革创新、宽容失误、保护干事创业的良好环境。

3. 聚焦监督效果，强化纪检监察机关自身建设

强化集团公司纪委对下级纪委的领导和管理，紧扣推动纪检监察队伍规范化、法治化、正规化建设，围绕监督检查、审查调查等关键环节，切实加强对基层纪检监察队伍履职情况的监督指导，推动各级纪委纪检工作高质量发展。健全“室组委”联动监督、联合办案机制，强化联系指导职能，提升监督效果。持续推进监督检查审查调查工作的规范化、法治化、正规化，实现纪检监察工作高质量发展。严格落实《纪检监察机关监督检查审查调查措施使用规定》，进一步规范问题线索查办流程，严格审查调查措施使用，提升案件查办质量。规范议事、决策、审批程序，健全完善监督执纪执法权力运行内控机制。始终把“三不”一体推进的理念贯穿自身建设，自觉接受严格的约束和监督，坚决查处执纪违纪、执法违法、失职失责行为。

四、构建钢铁企业内部“1+N”监督体系的实施效果

保障国企改革三年行动重点任务完成率达到 97%，提前完成自治区国资委下达任务，综合完成率走在区属企业前列。深化三项制度改革在全区率先推行经营管理团队市场化选聘和契约化管理，引导 100 家子企业全部参与，制定科学合理、富有挑战的年度契约化目标，实现“跳起来摘桃子”；深化瘦身健体改革，推进两级机关“末位优化、竞争上岗”；进一步提高人力资源效率，全员劳动生产率提高 89.58%，实物劳动生产率提高 8.75%。持续深化混合所有制改革，引入宝钢股份、金石资源、安泰科技等行业头部企业，实现引资本、转机制、增活力，打造新的经济增长点。大力推进“资产处置、减亏治亏”工作，处置盘活闲置产线 12 条、低效无效资产 109 项。

推动财务人员牢固树立风险意识，提高市场应变能力，客观分析财务风险的特征、成

因及具体表现，建立有效的风险预警指标体系和风险防范处理机制，进一步加强筹资、投资、资金运营及收益分配等各环节的风险控制，优化资本结构，避免出现管理漏洞，将风险控制在最低水平，努力实现效益最大化。

持续建立健全信息化、标准化、规范化采购体系建设，积极推进采购供应链系统、蓝凌督办系统、电子门禁卡办理系统以及部分电子签章上线运行，极大提升了采购成效和服务质量，最大限度降低人为因素影响，营造了阳光、公平、公正的采购营商环境，为全面实现“三个百分之百”目标奠定了坚实基础。

推进内控体系建设。进一步优化职能职责，加大授放权力度，推动集团总部下放权力51项，板块向所属单位下放权力80项。加强规章制度体系建设，修订《规章制度管理办法》，形成规章制度分级分类分层管理格局，建成集中统管、覆盖全员的规章制度信息化平台，将全公司1000余项现行有效制度全部纳入平台管理。

有效防范招投标工作中存在的廉洁风险。通过制度建设、流程梳理、电子平台建设、专项工作推进、人员管控，有效保证了采购合规，充分发挥竞争机制，降低采购成本，科学防范了招标、投标、开标、评标、定标五个主要环节，从招标委托到中标通知书发放的全流程业务组织中的廉洁风险。

紧紧围绕新时代推进全面从严治党的新要求和公司生产经营、改革发展中心任务，充分发挥了纪检监察机关监督保障执行、促进完善发展作用。2021年共受理信访举报270件，立结案53件，给予党纪政务处分101人，其中处职干部22人，挽回经济损失共计935万元，推动政治生态持续好转。整合巡察审计监督力量，保障各项权力规范运行。围绕贯彻落实习近平总书记重要讲话重要指示批示精神、上级重大决策部署、公司重点推进任务，开展政治监督，对12家单位党组织进行政治巡察，开展审计项目29项，为公司高质量发展提供了坚强保障。

攀钢对外埠企业强化监督的探索与实践

攀钢集团有限公司纪委

攀钢经过多年的改革发展，已形成跨区域、多基地的产业布局，以成都区域为重点设立了多家外埠单位。这些单位既是公司新的经济增长点，又是经济问题的风险点。在投资力度大、经济活动多、人际交往复杂的对外环境中，设立专门纪检机构对于进一步加强外埠企业党风廉政建设，提升领导人员和重要岗位人员拒腐防变能力，杜绝违纪违规行为，净化发展环境，提升发展成效，具有极其重要的意义。

一、攀钢对外埠企业强化监督工作实施背景

（一）对外埠企业强化监督是攀钢落实全面从严治党向基层延伸的必然要求

国有企业是全面建成小康社会的重要力量，是中国特色社会主义的重要支柱，是公有制为主体的经济基础的重要体现。落实全面从严治党任务，国有企业尤为紧迫，任务更为艰巨。攀钢对外埠企业加强监督，是加强党内监督、推进全面从严治党向基层延伸的必然要求。通过设立外埠纪检机构，充分发挥职能作用，实现监督不留死角、不留空白，真正把权力关进制度的笼子，确保攀钢健康快速发展，做优做大做强。

（二）对外埠企业强化监督是督促其落实管党治党责任的有效举措

从以往党委巡视巡察发现的问题来看，攀钢外埠企业党组织落实管党治党政治责任与上级要求还存在差距。比如，有的企业党组织贯彻上级党委决策部署态度不坚决、执行不到位；党的建设与本埠单位相比较为薄弱，党的领导作用发挥不到位；违背党的组织原则，用人不守纪律、不讲规矩，“党管干部”变成“一把手”管干部；权力运行监管和制约机制不够完善，关键领域、关键环节缺乏监督，极易滋生腐败；党员干部的纪律和规矩意识普遍不强，中央八项规定颁布后，有的仍然顶风违纪。这些问题引起了攀钢党委、纪委的高度重视。通过设立外埠纪检机构，充分发挥上级纪委领导权威，以及与监督对象工作接触多的优势和特点，有利于及时发现、查处和解决这些问题，督促外埠企业党组织担当起管党治党政治责任，为企业健康发展提供重要保证。

（三）对外埠企业强化监督是解决“上级监督太远、自我监督缺位”的迫切需要

一方面攀钢外埠企业由于受空间距离等因素影响，纪委等监督部门对这些单位的工作督促检查指导不够，容易导致上级监督太远的尴尬局面。另一方面，这些企业设立的监督

部门或人员（监督主体）受制于监督客体，这种不合理现象严重束缚了其功能的发挥，最终导致监督主体缺乏主动监督、主动发现问题、主动问责意识，不想、不敢、不能监督的问题越往基层越突出。在权力制衡中，只有同等的权力或无隶属关系的权力才能真正相互独立并相互监督。在有外埠企业的区域内，设立由上级纪委直接领导的纪检机构，其主要目的就是从领导体制和工作机制上保证监督者与被监督者之间相对独立，加强对反腐败工作的统一领导，防止权力失控、决策失误、行为失范，使教育的基础作用更牢固，使制度的保证作用更可靠，使监督的关键作用更有效，从而推动惩治和预防腐败体系建设取得实效。

二、攀钢对外埠企业强化监督工作理论依据

此项工作以权力制衡理论为依据，该理论起源于亚里士多德的政治学说。在马克思主义描述的权力观中，对权力制衡具有更加直观的实践指导性，即概括为“权为民所用、权为民所赋、权为民所控”。健全权力运行制约与监督体系，是马克思主义中国化的具体体现，与马克思主义权力观一脉相承。在十九届中央纪委六次全会上，习近平总书记深刻指出，腐败和反腐败较量还在激烈进行。就当下国有钢铁企业腐败形势来看，需要结合国情和企业自身实际，不断加强和完善独特的权力监督体系。

攀钢对有外埠企业的区域设立纪检机构，集内部监督与外部监督特征于一体，垂直监督与平行监督形式于一体，是保证监督权实现的有效形式和载体。外埠纪检机构作为上级监督部门，实现了“以权力制约权力”的监督体制。对上负责、对下监督、直接介入，既可以俯看全局，也可以微观细节，起到上级监督部门和下级驻外单位自设监督部门都难以完全替代的作用。

三、攀钢对外埠企业强化监督工作做法

（一）攀钢对外埠企业强化监督的有效性分析

上述“实施背景”中提到攀钢外埠企业存在自我监督缺位问题，其产生原因主要有以下两点。

一是独立性不强。目前，攀钢外埠企业中有部分单位未设立纪委，其监督乏力问题不言而喻。还有部分单位设立了纪委，但这些单位纪委在同级党委的领导下开展工作，这实际上就使纪委的监督权受制于党委的执行权，很难独立负责地行使监督权。所属纪检干部的配备、任免、调动主要由同级党委或企业行政来决定，而上级纪委的领导则主要是业务工作的指导。

二是权威性不够。许多信访举报件，大多是向上级甚至更高层的纪检部门反映，对本单位纪检部门缺乏信任。这些基层单位明知本单位的某些人有某些问题或苗头，但是没有上级批示转来的信访举报，没有上级部门的督办，没有本单位领导批示就不便过问或查办。

与上级纪委对下级党委的监督权相比，同级纪委对同级党委的监督权是不完整的，“看得见管不了”，是一种受到限制的监督权。同级纪委监督同级党委，客观上是监督主体受制于监督客体，有人把纪检干部受制于被监督者的尴尬，形象地称之为“站得住的挺不

住，挺得住的站不住”。因此，对外埠企业来说，通过设立由上级纪委直接领导的纪检机构，发挥上级对下级监督的权威性，使名义上的监督变为实实在在的监督。

（二）攀钢对外埠企业加强监督的方式确定

在充分调研、立足实际的基础上，攀钢以增强外埠纪检机构独立性和权威性为原则，进行了机构及人员的设置。

一是监督对象的确定。攀钢选择监督对象的基本原则主要把握三点：

（1）在历次检查结果反映其党的建设薄弱、党组织作用发挥不到位的外埠企业；

（2）权力集中、资金密集、资源富集、资产聚集等易滋生腐败问题的外埠企业；

（3）新组建或监督体系需进一步强化的单位。

根据以上原则，经攀钢党委研究决定，目前选取了7家驻成都区域的直属外埠单位作为试点，统一接受外埠纪检机构的监督。

二是机构的设置。由于攀钢纪检系统队伍现有人员无法实现对每个单位进行“点对点”监督，因此，按照“精简高效”的编制原则，从现有纪检队伍中择优选取2人成立“成都纪检室”。

（三）攀钢对外埠纪检机构管理机制的建立

攀钢从管理机制、职责定位等方面进一步明确了成都纪检室的组织关系和职能权限，为其开展监督执纪问责提供了坚实的组织保障和制度保障。

1. 攀钢对外埠纪检机构的管理机制

管理架构：成都纪检室列为攀钢集团公司纪委内设机构，受上级纪委领导，保证监督者与被监督者之间的相对独立。其工资福利由攀钢纪委统一发放，后勤服务统一保障，党群关系统一管理，实现选调录用、选拔任用、轮岗交流、教育培训、经费保障和党建工作“六个一体化”。

考核评价机制：每月书面提交月度工作完成情况，攀钢纪委领导通过月度例会予以点评；每半年书面提交一次工作总结，年终向攀钢纪委机关党支部进行述职述廉，始终保持组织上、思想上、工作上的联系。奖惩机制，对工作业绩突出的人员，作为年度先进表彰推荐人选；对工作失责失职，尤其是该发现的问题不能及时发现，发现问题不及时报告的，予以严肃问责；对自我监督不到位，存在违纪违法行为，以“零容忍”态度严肃处理。

2. 攀钢外埠纪检机构的职责和权限

主要职责：监督检查外埠企业党组织和领导人员贯彻执行党的路线、方针、政策、决议和国家法律法规以及公司党政各项决定、决议及各项规章制度的情况；检查外埠企业党员和所有干部违犯党纪、政纪的案件，对案件处理提出意见；受理各单位党员干部和群众的检举、控告及不服纪律处分的申诉；督促各党组织加强党员特别是领导人员的廉政教育；围绕生产经营管理重点，督促和指导各单位开展专项监督工作；围绕经营决策、采购销售、工程项目、资金管理等重点领域深入开展监督检查。

主要权限：行使《党章》和上级组织规定的监督权力，监督的重点是外埠企业各级党员领导人员特别是主要领导人员；根据工作需要，参加或列席外埠企业党政方面有关会议，也可召集有关会议、查阅相关会议记录、文件、档案、财务凭证及各类报表等资料，履行上级纪检机关赋予的其他一切权限；对党员和领导人员在生产经营及其他活动中违犯党纪党规、损害党和国家及企业利益的行为进行调查；对问题严重的及时向上级纪委报告；对各单位选拔、任用干部和评优等工作进行监督检查。

（四）成都纪检室工作运行模式的实践

在实践过程中，成都纪检室结合外埠企业实际情况，探索建立了上级主动督查与督促下级履职结合的工作运行模式，既当好能够发现问题、敢于发现问题的“前哨”和“尖兵”，牢牢把监督主动权握在手上，又做好推动外埠企业纪检工作与上级纪委要求保持同步的“指导员”和“联络员”，形成了上下联动抓党风廉政建设和反腐败工作格局。

1. 统筹整合监督力量

面对成都区域各单位经营业务截然不同的现状，攀钢纪委授权成都纪检室全面整合外埠单位监督力量，从21名基层单位纪检人员中择优选拔优秀人员进入办案人才库，并由4名骨干带领其他纪检人员，采取横向联合、交叉监督、提级监督等方式，对重点事项靠前监督、集中研判、挂牌督办，既解决了人手紧张、办案能力不足等问题，又将以往“力量分散、单兵作战”转变为“联合行动、协同作战”，逐步形成纵向到底、横向到边的纪检监督网络和集群优势。

2. 当好“前哨”和“尖兵”

在监督检查方面，牢固树立“不能发现问题的监督就是搞形式主义”，主动从监督检查、审计报告中发现问题，确定监督重点。采取“四不两直”监督方式，着力获取第一手资料；主动列席被监督单位重要会议，了解领导班子落实全面从严治党责任情况，进一步聚焦监督重点；公布举报邮箱和举报电话，广泛收集问题线索。在案件查办过程中，紧扣“六大纪律”，灵活运用谈话、询问、查询、调取等措施，不放过任何蛛丝马迹，认真细致锁定证据，逐步找出有价值的线索，为纪律审查工作打开突破口。

3. 建立联动工作机制

在履行专责机构职能作用的基础上，成都纪检室把推动外埠单位纪委落实上级党委决策部署、上级纪委工作要求作为督导重点，围绕经营决策、采购销售、工程项目、资金管理等重点领域关键环节，指导开展专项监督、纪律审查、廉洁教育等工作；自制党规党纪课件，利用外埠单位干部大会、党风廉政建设大会等形式广泛宣讲；与被监督单位纪检工作人员建立调研督导、“例会+协调会”、学习研讨、案情分析等工作机制，形成上下“一盘棋”工作格局。

四、攀钢对外埠企业强化监督工作成果

（一）外埠企业纪检工作较好地实现了一盘棋目标，向着一个积极主动的方向良性发展

成都纪检室作为攀钢外埠监督机构，通过建立上下联动工作运行模式，不断完善与外埠企业相关内设部门的工作督办、学习研讨和监督信息共享等机制，实现了对外埠企业纪检工作纳入一体化管理，有效解决了攀钢纪委对成都区域单位的监督执纪问责工作督促检

查指导不够问题。根据攀钢纪委对 24 家直属单位纪检工作考评结果看，试点的 7 家单位中有 5 家单位排名已由末位提升到了中间档次，还有两家单位跻身前三名。

（二）外埠纪检机构充分发挥监督职能，为外埠企业全面完成经营契约化目标提供了坚强纪律保障

成都纪检室成立以来，进一步加大了监督执纪问责的力度，由以往的同级监督转变为“同级+上级”同步监督，排除了干扰，收集和掌握问题线索信息渠道更宽、更广，拓展了问题线索查处的范围，更加有利于案件的突破。具体表现如下。

一是查办案件从无到有。通过不断延伸拓宽问题线索来源，执纪审查调查中的各项数据呈现“五个明显上升”态势：2018 年至目前，处置问题线索数从 12 件增加到 63 件、立案数从 2 件增加到 46 件、处分人数从 15 人增加到 74 人，主动报告问题 35 人、留置 3 人，实现了“从无到有”。

二是监督工作从虚到实。随着发现问题的难度不断提高，成都纪检室积极拓宽监督思路，形成“梳理重点、专项监督、循线深挖”的监督检查模式，呈现“五个明显上升态势”：三年来开展的政治监督、日常监督、专项监督从 9 项次增加到 72 项次，发现各类问题从 25 项增加到 95 项，下发监督建议书 8 份、监督发现问题转立案 14 件，实现“零突破”，收缴违纪款、挽回损失从数万元增加到 375 万元。

（三）作为鞍钢集团公司下属第一家设立外埠纪检机构的企业，攀钢敢于先行先试，朝着实现监督全覆盖的目标迈出了重要一步

攀钢在成都区域设立纪检机构，是贯彻落实党的十九大精神、完善党内监督体系、推动全面从严治党向基层延伸的重要举措。从总体效果来看，成都纪检室能够充分利用自身与监督对象工作接触多的特点，以高度的政治站位推动外埠企业管党治党责任的落实，深入开展经营决策、采购销售、工程项目、资金管理等重点领域和关键环节的各种监督检查，强化了对外埠企业领导人员的党风廉政建设责任制、“三重一大”的项目、资金运行情况的监督，实现了“以权力制约权力”的监督体制。这些单位在自上而下的监督约束下，落实全面从严治党要求形成了良好工作势头，党组织主要领导抓党风廉政建设责任意识有了明显增强，党员领导人员纪律意识、制度意识有了明显提升。

坚持五个强化 抓好五个聚焦
探索构建“一把手”和领导班子监督常态化机制

酒钢集团公司纪委 李月强 郭 昊

党的十八大以来，习近平总书记围绕加强对“一把手”和领导班子监督做出了一系列重要论述，深刻阐明了“为何监督、监督什么、谁来监督、怎么监督”等一系列重大问题，为健全党内监督体系、推动全面从严治党提供了科学指南和根本遵循。2021 年 3 月，中共中央印发《关于加强对“一把手”和领导班子监督的意见》，这是党中央首次聚焦对“一把手”和领导班子监督制定的专门文件，集中体现了党的十八大以来强化自我监督的理论、实践和制度成果，彰显了党中央破解党内监督难题的坚定决心。

国有企业是社会主义市场经济的重要支柱，是国民经济的“稳定器”“压舱石”。“一把手”和领导班子在企业生产经营发展中居于核心地位，是最难监督也是最需要监督的对象。为此，必须将国有企业“一把手”和领导班子作为开展日常监督、专项监督的重点，以强有力的监督促使其做到位高不擅权、权重不谋私。对国有企业来说，加强对“一把手”和领导班子的监督，只有切实做到“五个强化”，才能促使国有企业各级“一把手”和领导班子增强政治意识，不断提高政治判断力、政治领悟力、政治执行力，管好班子、带好队伍。纪检监察机关也必须主动对标对表，一体履行好协助职责和监督责任，通过有力有效的监督，推动“一把手”和领导班子自觉践行忠诚干净担当，营造国有企业风清气正的政治生态，夯实做强做优做大国有企业的政治基础。

一、深刻理解加强“一把手”和领导班子监督的重大意义

（一）加强对“一把手”和领导班子监督是坚持党的全面领导、维护党中央集中统一领导的必然要求

“一把手”肩负着组织协调社会政治经济建设改革的重任，是贯彻落实中央指示、决策精神，组织推动改革创新的决定性力量。加强“一把手”监督，就是要确保各级“一把手”和领导班子成员不断提高“政治三力”，在思想上、政治上、行动上始终同以习近平同志为核心的党中央保持高度一致，始终沿着正确的道路，团结带领广大干部群众顽强奋斗，把改革事业向前持续推进，确保党的路线方针政策在国有企业得到有效贯彻落实，促进国有企业在百年变局和世纪疫情交织叠加的复杂严峻形势下切实担负起应有的责任，真正成为国民经济的“稳定器”和“压舱石”，成为我们党执政兴国的重要支柱和依靠力量。

（二）加强对“一把手”和领导班子监督是推动全面从严治党向纵深发展、破解监督难题的迫切需要

党的十八大以来，党中央坚持思想从严、监督从严、执纪从严、治吏从严、作风从严、反腐从严，推动落实管党治党主体责任和监督责任，全面从严治党取得了历史性成就，反腐败斗争取得压倒性胜利并全面巩固，但对“一把手”的监督仍然是一个薄弱环节，各级纪检监察机关查处的腐败分子中，“一把手”所占比例长期居高不下。根据网上公开的信息统计，2020 年全国纪检监察机关共立案审查调查县处级及以上“一把手”5836 人。党的十九大至 2020 年底，中央纪委国家监委网站“审查调查”栏目通报的受党纪政务处分的厅局级及以上领导干部中，曾担任“一把手”的占总人数的八成以上。梳理“一把手”任性滥权的众多案例，决策“一言堂”、用人“一句话”、花钱“一支笔”，成为落马“一把手”共有的问题。以上事实说明，加强对“关键少数”特别是“一把手”的监督，已成为深入推进全面从严治党过程中迫切需要解决的一个重大课题，必须通过加强“一把手”监督，使其用权得到规范，腐败得到有效遏制，使反腐败和党风廉政建设取得新成效，党内监督再次跃上一个新台阶。

（三）加强对“一把手”和领导班子监督是健全完善党和国家监督体系、构建一体推进“三不”体制机制的重要举措

党的十八大以来，党中央高度重视完善党和国家监督体系，把加强对“一把手”和领导班子监督作为一体推进不敢腐、不能腐、不想腐方针方略的重要内容。十九届六中全会进一步强调，强化对“一把手”和领导班子的日常监督，纠正贯彻落实党中央方针政策和工作部署存在的政治偏差。“一把手”岗位特殊、权力最大，是监督的重中之重，也是难中之难，加强对“一把手”和领导班子监督，明确职责任务，健全制度机制，压实监督责任，有利于推动中国特色社会主义监督制度优势更好转化为治理效能，促进“三不”一体化推进取得更多的制度性成果和更大成效。

二、酒钢集团近年来的探索与实践

酒钢集团公司党委坚持和加强党的全面领导，坚持党要管党、全面从严治党，充分发挥政治功能和组织功能，把党的领导落实到公司治理各环节，推动党的主张和重大决策转化为企业的战略目标、工作举措、广大职工的自觉行动和企业改革发展实际成效。集团公司党委书记定期与纪委共同分析反腐败形势，研判政治生态，研究问题线索，推动反腐败斗争深入开展。班子其他成员认真履行“一岗双责”，抓好职责范围内的管党治党责任。确保党中央决策部署和习近平总书记重要指示批示精神在企业贯彻落实，确保企业改革发展的社会主义方向，确保企业全面履行经济责任、政治责任、社会责任。

（一）聚焦政治监督，把牢政治方向

酒钢集团公司党委始终从讲政治的高度深刻认识加强对“一把手”和领导班子的监督工作的重大意义，不断增强其政治自觉、思想自觉、行动自觉。强化对标对表，做到“两个维护”。坚持把学习贯彻习近平新时代中国特色社会主义思想作为首要政治任务，严格

落实“第一议题”制度，及时跟进学习习近平总书记发表的重要讲话、做出的重要指示、提出的重要论述。时刻同党中央精神对标对表，研究部署并压茬推进“政治要件”落实措施。集团公司党委主要负责人和领导班子其他成员严守政治纪律和政治规矩，在履行管党治党责任、严格自律上当标杆、做表率，主动如实向上级党组织请示报告工作，严格按照有关要求如实报告个人有关事项，切实做到有令必行、有禁必止，确保与党中央步调一致、行动统一。注重精准施策，抓实政治监督。酒钢集团公司纪委从制度执行、决策落实、履职尽责、权力运行4个方面着手，制定精准开展政治监督实施方案，细化41项具体监督内容和8种监督方式，实现政治监督具体化常态化。对“一把手”贯彻落实习近平总书记重要指示批示精神和党中央决策部署、遵守政治纪律和政治规矩、贯彻执行民主集中制等情况开展监督检查，让“一把手”时刻感受到用权受监督。制定修复净化党内政治生态实施方案，分三个阶段，从6个方面制定22项具体措施，着力清除政治生态“污染源”。配套出台政治生态评估研判办法，明确对各级领导班子特别是“一把手”进行“精准画像”的72项具体指标。指导近年来发生腐败案件的单位制定政治生态修复净化方案，督促其修复净化政治生态，切实做到层层推进、分类处置、全面修复、巩固提升。坚持全面从严，开好“三个会议”。以高标准严要求组织开好民主生活会、组织生活会和述责述廉会，集团公司党委领导班子坚持把职责摆进去、把工作摆进去、把自己摆进去，“一把手”带头严肃开展批评和自我批评，自觉接受班子成员监督。集团公司纪委派员督导基层党委民主生活会，对不落实相关规定的严肃指出并督促纠正。领导班子成员严格落实相关要求，常态化以普通党员身份参加所在党组织的组织生活会，接受支部党员“近距离”监督。建立“一把手”述责述廉机制。各部门、单位主要负责同志每年向集团公司党委述责述廉、接受评议，述责述廉报告在一定范围内公开，评议结果与干部年度考核结果挂钩。对民主测评结果为“一般”“较差”等次或问题较多的领导干部，由公司纪委主要领导对其进行约谈，面对面指出问题，提出整改要求。

（二）聚焦履职尽责，压紧压实“一岗双责”

加强对“一把手”和领导班子的监督，党委承担主体责任，只有主体责任到位到底，监督才能做深做实。纪委为党委履行主体责任提供保障、当好参谋，推动“一把手”和领导班子对标对表、纠正偏差。酒钢集团公司探索建立落实“两个责任”PDCA闭环工作模式，推动形成“纵向到底、横向到边、动态管理、持续改进”的全面从严治党工作机制。压紧压实党委主体责任。集团公司党委常委会率先垂范，每年至少2次专题研究党风廉政建设和反腐败工作，年初对全面从严治党工作进行全面安排部署，并与班子成员、基层单位签订《全面从严治党责任书》。动态调整《落实全面从严治党主体责任清单》，配套设计制作《落实全面从严治党主体责任职责工作纪实本》。直属党委、纪委每半年向集团公司党委、纪委报告履行主体责任和监督责任情况，重要情况随时报告。年底对各部门各单位责任落实情况进行系统考核评价，考核结果作为领导班子和领导干部年度政治素质和经营业绩考核评价的重要依据。制定《加强对“一把手”和领导班子监督的实施方案》，明确8个方面的监督重点和6项监督责任，细化22项监督措施，形成全方位、多层次、全覆盖、无死角的“一把手”和领导班子监督体系，让“关键少数”时刻感受到用权受监督。切实履行纪委协助监督职责。牵头抓好全面从严治党和反腐败工作组织协调和工作任务分解落实，督促有关部门对班子成员履责情况实行全程纪实，对各部门各单位“两个责任”落实情况进行常态化监督检查。参加或列席公司“三重一大”事项等重要会议，对决策过程实施全程监督。协助党委对公司加强党的领导和党的建设、履行全面从严治党主体责任和党风廉政状况等做出“画像”评价，为公司决策提供参考。制定《日常监督工作实施方案》，配套制定《日常监督工作清单》，持续推动各类监督体系集成、协同高效，着力消除监督空白和盲区，使日常监督更具体化、系统化、规范化。会同组织部门定期分析研判信访举报情况，督促信访举报比较集中的“一把手”和领导班子查找分析原因，提出解决措施。对干部群众反映突出、评价较差的领导干部，及时报告相关情况，并提出调整建议。推动班子成员履职尽责。集团公司党委主要负责人经常性通过开展谈心谈话等方式切实履行教育、管理、监督责任，每年至少对下级党组织主要负责人约谈 1 次，每年至少与班子成员和分管部门负责人开展 1 次谈心谈话或集体约谈，定期听取领导班子其他成员履行管党治党责任的情况汇报，发现责任落实不到位的随时进行约谈。党委书记经常与纪委书记就公司作风建设、廉洁风险、问题线索等交换意见，认真研究解决日常监督中暴露的普遍性问题或者突出问题。领导班子成员之间能够经常交换意见，发现问题坦诚向对方提出，纪委书记发现领导班子成员有苗头性、倾向性问题的，及时予以提醒，真正体现对自己、对同志、对班子、对党负责。集团公司纪委在日常监督检查、专项监督检查和巡察中发现的重大问题，及时向集团公司党委报告、向分管领导通报或由党委书记批转至领导班子其他成员，督促其认真履行“一岗双责”。精准问责倒逼责任落实。始终坚持“严”的主基调，针对作风建设松懈、落实中央八项规定精神不力、党的纪律建设抓得不严、推进党风廉政建设和反腐败斗争不坚决不扎实、全面从严治党主体责任和监督责任落实不到位等情形严肃追责问责。如 2021 年，公司纪委对基层单位一起履行全面从严治党责任不力典型问题对该单位党委书记、纪委书记进行了严肃问责。疫情防控期间，对 9 起因思想麻痹大意、制度执行不严、监督检查不到位等履行疫情防控工作主体责任不力的基层单位予以问责通报。

（三）聚焦监督质效，构建大监督工作体系

酒钢集团公司党委积极探索，推动构建“大监督”格局，积极破解“一把手”监督和同级监督难题，精准发力提升监督质效。构建“大监督”体系。建立党委统一领导、纪委牵头主抓，监事会、财务、审计、法务、巡察、工会等六大监督主体协同联动的监督委员会，每季度召开会议，听取相关部门监督工作情况，针对监督工作中存在的重点难点问题，加快推进解决。促进各类监督贯通融合，不断增强监督治理效能，推动党内监督和其他各类监督贯通协同落地见效，保障公司各项决策部署落地见效。强化巡察监督。把“一把手”作为巡察重点，着力查纠政治偏差。巡察前，深入了解“一把手”和班子成员的职工群众口碑、信访举报、线索处置等情况。巡察中，将“一把手”和班子成员工作、生活情况作为必谈内容，全面进行掌握；对反映的重要问题深入了解，发现其涉嫌严重违纪违法问题线索，及时报告并移送。巡察结束后，与公司纪委、组织部门“三方联动”督促整改问题，做实“后半篇文章”。强化审计监督。在开展经济效益、财务收支、工程项目、内部控制、整改专项等常规审计同时，持续加大对境外公司、混合所有制改革、股权投资、资产处置、金融衍生品等专项重点领域、关键环节的专项审计力度，将领导干部任中

经济责任审计与离任经济责任审计相结合，全过程监督“一把手”尽职履责。健全审计整改责任机制，明确主要负责人为审计整改第一责任人，推进落实整改。强化财务监督。牢固树立“企业管理以财务管理为中心、财务管理以资金管理为重心”的理念，通过不断深化改革，不断健全完善与现代企业治理相适应的财务管理体制机制和信息化、智能化财务管理手段，严防资金管理中的风险隐患，经认真排查梳理，发布《财务管理领域十大合规红线底线》编制财务分类风险清单，明确关键控制节点和控制措施，推进财务管理重点领域合规风险管理，组织开展资金内控风险排查及整改，着力构筑源头防控，过程管控的运行机制，积极发挥“垫脚石”“绊脚石”作用，促进防范化解资金管理风险。

（四）聚焦权力运行，提升治理效能

在国有企业运行过程中，各级领导干部无疑发挥着“火车头”的引领作用。如何健全完善现代企业制度，完善内控体系，确保权力运行得到有效监督制约，便成为“一把手”和领导班子监督的重中之重。健全完善权力运行制约机制。把加强党的领导和完善公司治理统一起来，加快建立各司其职、各负其责、协调运转、有效制衡的公司治理机制。通过动态调整不断优化党委会前置研究及决策、董事会决策事项、董事会向经理层授权事项、经理层经营权限“四个清单”，配套制定10余部董事会运行支撑性、基础性制度，严守党委会、董事会、经理层职权边界，确保各治理主体不缺位、不越位，不相互替代、不各自为政，推动形成系统完备、科学规范、运行高效的现代国有企业治理体系。健全完善权力运行监督机制。规范完善党务企务公开制度，充分利用宣传栏、网络等载体，自觉接受干部职工群众的监督，让职工群众感受到参与监督有结果、有价值。纪委加强对制度执行的监督，坚决杜绝做选择、搞变通、打折扣现象，每年组织对基层单位开展制度执行情况监督检查，严肃查处阻碍制度执行、损害制度权威的行为，查处制度空转背后的责任问题，保证制度的权威性和执行力，不断推动制度优势转化为企业治理效能。严格执行选人用人制度。制定中层干部选拔任用管理办法和选拔任用纪实工作管理办法，持续规范选人程序，确保选任过程可追溯、可倒查、可追责。动态更新领导干部廉政档案，制定党风廉政意见回复工作实施办法，防止带病提拔使用，拦住“自带增量”的干部，确保上游来水清澈。着力强化工程项目全程监督。结合近年来酒钢集团公司建设项目多、投资强度大、廉洁风险高的特点，探索建立工程建设项目防范廉洁风险工作机制，采取纪委领导分工包抓监督、派驻“巡察专员”驻点监督、邀请地方纪委监委延伸监督、基层党委纪委日常监督等方式，对集团公司工程建设项目开展全程监督、跟踪监督、精准监督，有效防范项目建设决策、招投标等过程中的廉洁风险。督促“一把手”和同级领导班子在项目建设中履行党风廉政建设“两个责任”实起来、硬起来。围绕公司改革发展中的短板和弱项，深入开展高质量发展督察，每季度挑选3至5个重点项目进行督察，进一步防范和化解廉洁风险，有效堵塞管理漏洞，不断提升企业治理能力和水平。加大境外腐败治理。制定境外腐败治理工作任务推进落实方案，建立并持续更新《境外项目风险排查台账》，加大对境外企业主要负责人和关键岗位监管力度，对境外企业主要负责人和关键岗位人员进行提级管理。做细做实境外投资的日常监督检查，健全源头管控长效机制，加强对境外企业和对外投资的动态监测，抓住“关键少数”。盯住重大项目立项、签约等关键环节，及时发现、掌握、移送境外违规违法问题线索，坚决落实国有企业资产保值增值责任，防止资产流

失。防范化解重大风险。建立“大风控”体系，建机立制强化管理，制定全面风险管理制度规范风险管控流程、明确风险管理主要任务，制定风险评估管理办法和风险预警处置管理办法，把风险管理和合规管理的要求全面嵌入业务流程，加强系统集成和在线监管，不断提升依法合规经营管理水平。

（五）聚焦教育监督管理，强化上级监督

上级“一把手”必须抓好下级“一把手”，及时督促下级“一把手”履行全面从严治党责任、做到廉洁自律，运用述责述廉、任前谈话、主动约谈、专项督查等方式，对存在苗头性、倾向性问题的进行批评教育，加以纠正。常态化开展监督检查。制定《酒钢集团公司上级纪委监督下级党组织实施细则（试行）》，常态化开展对基层单位落实中央决策部署和习近平总书记批示指示、履行党风廉政建设责任制、“三重一大”决策制度执行、廉洁自律等情况的检查，对发现的重大问题采取会议反馈、书面反馈、谈话反馈等形式，及时向被调研、检查单位反馈，及时补齐短板、加强弱项、堵塞漏洞。分众化抓好警示教育。以关键部门、重要岗位人员为重点，通过推送“廉政手机报”、编印“政策法规学习手册”“酒钢纪检”、展播“廉政公益广告微电影”、落实“纪委书记讲廉”等经常性、多渠道的日常教育措施，有效增强党员干部的纪律规矩意识。延伸监督触角，制定党员领导干部“八小时之外”行为规范，使领导干部全天候感受到组织就在身边、监督管理就在眼前。开展“当好贤内助、涵养好家风”家庭助廉教育系列活动，为改革发展营造风清气正的良好氛围。闭环化用好纪检监察建议。针对日常监督、案件查办、巡察反馈等过程中发现基层党组织和“一把手”在全面从严治党存在的风险和问题，通过制发纪检监察建议，督促相关部门和单位举一反三堵漏洞、系统施治强管理，以建议“小切口”推动党组织落实全面从严治党主体责任。2020 年以来，集团公司纪委制发涉及干部选拔任用、领导班子作风建设、招投标管理、项目管理等纪检监察建议 16 份，达到发出一份建议，解决一类问题，完善一批制度的效果。项目化抓好各类问题整改落实。围绕省委巡视、审计以及内部巡察等发现问题，督促基层单位列出清单、压实责任、明确时限，实施“项目化”推进、“折子化”管理，逐项抓好整改落实，做到整改工作可量化、可检查、可评估，既大力整改具体问题，又注重加强建章立制，定期不定期通过“回头看”巩固整改成效，并将整改情况纳入基层单位民主生活会、组织生活会和述责述廉，作为年度干部考核、党建工作考核的重要内容。

三、进一步强化“一把手”和领导班子监督工作的思考

通过近几年加强对“一把手”和领导班子的全方位监督，初步形成了以“一把手”带动“一班人”、以“一班人”监督“一把手”的良好局面。但通过日常监督检查和基层调研发现仍有一些问题和不足。一是“上级监督太远，同级监督太软，下级监督太难”的问题仍然不同程度存在，对“一把手”监督的“度、质效”仍需不断探索。二是有的班子成员认为“同在一个班子，监督抹不开面子、放不开手脚”，主动监督的意识不强。三是个别基层纪委对监督同级党委班子成员特别是“一把手”存在畏难情绪，开展同级监督方法措施少，对班子成员的问题不能精准发现、及时提醒。基于以上困难和问题，今后将重点从以下几方面探索实践。一是突出监督重点。强化“一把手”监督，必须突出重点、

盯紧难点、疏通堵点，让“一把手”自觉做政治上的明白人、工作中的带头人、德行上的模范者，加强监督是必要手段。要突出政治监督，关注思想动态、政治表现；突出履职尽责监督，关注个人工作实绩，围绕“一把手”在指挥决策、统筹部署、责任传导等方面的表现，严格执行全程监督；突出作风形象监督，加强在廉洁自律、权力执行、干群关系、品德操守等方面对“一把手”实施重点监督。二是坚持抓常抓长。对“一把手”的监督，不是一朝一夕，而须久久为功。要统筹好监督方式，既要注重同级班子间的监督，又要加强上下级关系间的监督；既要规范制度化监督，也要保持常态化监督。注重“多点式”监督，既要加强“八小时内”监督，也要注重“八小时外”监督，确保严日常与抓经常有效结合。注重全流程监督，把整体工作进程与重大任务、关键节点结合起来，把指挥部署与落实落地结合起来，把决策决心与职工口碑结合起来，确保监督“全周期”覆盖。三是拓宽监督力量。注重完善监督机制、健全监督体系、把握监督方向、整合监督力量，既要让监督对象自觉接受监督，也要让监督对象主动参与监督。组织监督重在突出整体性、联动性，充分发挥好纪检监察、审计、巡视巡察等多方面联合效力，完善好信息共享、互联互通、合心合力的联动机制。通过带动职工群众监督，拓宽畅通基层监督渠道，广泛收集职工群众意见，切实发挥好上下监督合力，激励“一把手”带头尽责、示范引领，形成各级干事创业的良好局面。

考核方式创新　推动山钢纪检工作高质量发展

山钢集团纪委　徐　峰　刘烈涛　李　梁　宋雷明

为加强对各单位纪检机构的直接领导、统一管理，推进全面从严治党、党风廉政建设和反腐败工作向纵深发展，山钢集团纪委在协助党委开展党风廉政建设责任制检查考核的基础上，深入学习贯彻习近平新时代中国特色社会主义思想，认真研究落实省管企业纪检监察体制改革新要求，创新开展纪检工作考核，突出“主责主业”，凸显关键指标和亮点特色，引导各单位纪检机构突出监督“主责主业”，凸显关键指标和亮点特色，有力激发了干劲，推动了纪检工作高质量发展，在集团公司改革发展中发挥了监督保障执行、促进完善发展作用。

山钢集团纪委坚持边学习、边调研、边工作、边总结，对近年来山钢集团纪委开展纪检工作考核情况认真总结，梳理了考核工作的基本原则和主要做法，对取得的初步成绩进行了全面回顾，对推动国有企业纪检监察机构加强规范化、法治化、正规化建设，深入推进纪检监察工作高质量发展具有借鉴意义。

一、研究背景及意义

创新纪检工作考核是落实新时代全面从严治党要求的题中应有之意。2020 年 3 月 9 日实施的《党委（党组）落实全面从严治党主体责任规定》第二十一条指出：建立健全落实全面从严治党主体责任考核制度，在年度考核和相关考核工作中突出了解全面从严治党责任落实情况。2020 年，山钢集团党委将党建工作责任制和党风廉政建设责任制一并纳入全面从严治党考核评价，集团纪委出台专门办法加强对纪检工作考核，压紧压实全面从严治党监督责任。

创新纪检工作考核是推动企业实现高质量发展的现实需要。山钢集团 2008 年成立，受主客观因素影响，一度巨额亏损、命悬一线，多名原领导班子成员严重违法违纪，政治生态遭到严重破坏，2016 年为省管企业中唯一亏损单位。2017 年以来，集团纪委树牢政治生态与企业绩效正相关理念，强化薪酬职务与个人绩效正相关意识，充分发挥考核“指挥棒”作用，督促各单位纪检机构将全面从严治党监督责任落到实处，为企业高质量发展提供坚强纪律保障。截至 2021 年底，山钢集团盈利水平连续四年稳定在百亿级，净利润创历史新高，跻身“世界 500 强”第 384 位，党的领导不断加强，政治生态持续优化，走上了持续健康发展的快车道。

创新纪检工作考核是全面提升纪检干部队伍素质的必然要求。纪检监察权是重要的公权力，是治权之权，必须明确权力边界、健全内控机制，确保运行有约束、受监督。集团纪委坚持把政治标准摆在首位，建立日常检查和年度检查相结合、重点事项考核和民主测评相结合的考核评价体系，将党章规定的各级纪委的3项主要任务和5项经常性工作完成情况纳入考核。尤其在纪检监察体制改革后首次开展的2021年度集中考核中，集团纪委细化16项考核内容、36项考核标准，突出纪检监督“主责主业”，凸显纪检工作关键指标和亮点特色，在集团纪检系统形成了“各项工作都要争第一”的浓厚氛围。在省纪委监委对25家省管企业纪检监察机构2021年度工作考核中，山钢集团纪委获得优秀等次。

二、主要内涵

（一）牢牢把握全面从严治党、党风廉政建设和反腐败工作之间的关系

习近平总书记指出，“党风廉政建设和反腐败工作是全面从严治党的一部分，党的建设必须全面从严”。十八届中央纪委六次全会报告指出，党的建设有着丰富的内涵，全面从严治党是党的建设的重要组成部分，但不是全部；党风廉政建设和反腐败斗争是全面从严治党的重要组成部分，但也不是全部。创新开展纪检工作检查考核，不仅仅是方式的转变，更重要的是全面从严治党党委主体责任、纪委监督责任检查考核工作责任更加明确，边界更加清晰，内容更加聚焦，进一步增强全面从严治党责任考核评价的科学性、实效性，有效督促引导各级纪委履行监督责任不缺位、不越位、不错位。

（二）贯彻“三不”一体推进方针方略，推进标本兼治

失去了强力惩治这个坚固后墙，治本就无从谈起，只有治本才能巩固治标的成果。集团纪委积极向党委提建议、针对监督检查发现问题开展专项整治等典型做法，将有关要求融入考核细则，对本单位党委管理的干部立案审查、通过日常监督主动发现问题线索并立案查处、发现企业人员涉嫌职务犯罪并及时报告、发出或提请集团公司发出纪检监察建议督促整改并取得实际成效等情况，均给予加分奖励，推动制度优势、思想政治工作优势更好地向公司治理效能转化。

（三）着力推进更高层次、更高水平的“三转”

十九届中央纪委四次全会强调，要推进更高水平、更深层次“三转”，增强“主动转”的自觉。但调研发现，集团各级纪委还不同程度存在“三转”不到位的问题。转职能方面，有的对政治监督的内涵和方式方法把握不精准，有的开展日常监督发现问题线索数量不多、质量不高。转方式方面，有的监督手段单一，开展专项监督针对性不强，效果不够突出。转作风方面，有的斗争精神不足，主动作为不够，将本应由纪委核查的问题分办到职能部门。推进更高层次、更高水平的“三转”，必须创新纪检工作考核方式，把纪检工作高质量发展要求体现到纪检工作检查考核每一条细则中，使“三转”工作更加自觉转、转到位。

三、主要做法

（一）始终坚持党的领导

纪检工作考核办法开宗明义，强调开展纪检工作考核，是为了坚持和加强党的全面领

导，加强对各单位纪检机构的直接领导、统一管理，推动集团公司深化改革，实现高质量发展，推进全面从严治党、党风廉政建设和反腐败工作向纵深发展。强调要以习近平新时代中国特色社会主义思想为指导，贯彻落实新时代党的建设总要求和新时代党的组织路线，坚持把政治标准摆在首位，以强化监督为核心、以线索处置和案件查办为重点，激励担当作为、狠抓落实，全面推进新时代纪检工作高质量发展。

（二）聚焦考核重点内容

1. 开展政治监督

聚焦“两个维护”强化政治监督，是纪检监察机关肩负的特殊历史使命和重大政治责任。集团纪委牢牢把握“两个维护”根本任务，具体化常态化开展政治监督，正确把握政治监督与日常监督、政治监督与业务监督的关系，健全发现问题、督促整改、查处问责、以案促改闭环机制。着重考核以下六方面的内容。一是督促、推动本单位学习贯彻习近平新时代中国特色社会主义思想，遵守党章党规党纪和宪法法律法规，增强“四个意识”、坚定“四个自信”、做到“两个维护”等情况。二是监督检查本单位贯彻落实习近平总书记重要批示指示精神，贯彻执行党和国家路线方针政策以及重大决策部署等情况。三是督促推动本单位党委履行全面从严治党主体责任，加强党风廉政建设和反腐败工作，构建一体推进“不敢腐、不能腐、不想腐”体制机制，精准运用监督执纪“四种形态”特别是“第一种形态”等情况。四是准确分析研判本单位政治生态，督促本单位党委严肃党内政治生活，落实意识形态工作责任制，定期开展政治生态建设情况自查，及时发现解决突出问题等情况。五是监督检查本单位贯彻落实中央八项规定及实施细则精神，对违反中央八项规定精神问题予以查处、通报曝光，坚决整治“四风”，特别是形式主义、官僚主义等情况。六是监督检查本单位领导班子及其成员贯彻执行民主集中制、选人用人、廉洁自律等情况。

2. 开展日常监督

监督是各级纪委的第一职责、首要职责，是落实全面从严治党、实现自我革命的重要路径和基础，必须在考核中予以重点体现。80 分基础分、16 项考核内容中，监督检查占了 35 分、6 项，有力突出监督的重要地位。集团纪委把围绕中心深化专项监督、推动国有资产保值增值政治责任落实的经验做法进行总结和细化，体现在考核上，将“探索创新监督方式方法，主动发现和纠正问题”情况、“发出或提请集团公司发出纪律检查建议、监察建议，督促整改并取得实际成效”情况、“采取有效措施为企业避免、挽回经济损失”情况等内容纳入考核重点，引导各单位纪检机构立足各自实际，忠诚履职尽责，督促各级党组织和党员干部更好履行国有资产保值增值政治责任，推动山钢资产质量根本改善、运营水平的持续提升。日常监督着重考核以下五个方面的内容。一是定期汇总、分析本单位领导班子及其成员党风廉政建设情况，重要情况及时报告等情况。二是贯通运用监督执纪“四种形态”，精准把握政策，常态化开展约谈提醒、批评教育、责令检查、诫勉谈话等情况。三是针对重点领域和关键业务开展监督检查，主动发现和解决突出问题，发现和堵塞管理漏洞，加强同级监督，提出纪律检查建议、督查督办、推动整改等情况。四是建立并落实重要情况报告、本单位领导班子会议研究问题情况报告、政治生态年度报告制度等情况。五是督促落实上级党组织各项工作安排，保障改革不断深化，推动企业高质量发展，实现国有资产保值增值等情况。

3. 开展执纪审查

惩治这一手决不能放松。只有持续以“零容忍”的态度惩治腐败，坚持无禁区、全覆盖、零容忍，坚持重遏制、强高压、长震慑，才能起到震慑作用。执纪审查情况着重考核以下四方面内容：一是严格信访举报和问题线索管理，对问题线索集中管理、动态更新、集体研究、及时处置、定期报告等情况。二是坚决遏制、严肃查处本单位腐败问题，办理集团公司纪委交办的重要案件等情况。三是初步核实、立案审查违纪违法案件，提出党纪处分建议，开展处分决定执行情况监督检查、对受处理处分人员回访等情况。四是加强办案安全管理、遵守工作纪律等情况。

4. 开展问责处置

有权必有责，有责要担当，失责必追究。精准规范问责，是推动管党治党从宽松软走向严紧硬的有力抓手。问责处置情况着重考核以下三方面内容：一是依据《中国共产党问责条例》、集团公司《问责管理办法（试行）》，对本单位党组织和党员领导干部作出问责决定或者提出问责建议等情况。二是开展“一案四查”，倒逼主体责任、监督责任和领导责任落实等情况。三是协助督促本单位党委开展党内问责等情况。

5. 督促协调

协助党的委员会推进全面从严治党、加强党风建设和组织协调反腐败工作，是各级纪委的重要工作任务。将履行协助职责和监督责任有机结合，才能促进全面从严治党党委主体责任和纪委监督责任贯通协同。督促协调情况着重考核以下五方面内容。一是针对发现的问题，分析研判本单位廉洁风险，及时向本单位党委汇报等情况。二是协助本单位党委定期研究党风廉政建设和反腐败工作，重要情况及时向本单位党委汇报等情况。三是配合做好上级巡视巡察工作，督促党委抓好巡视巡察问题整改，协助本单位党组织开展巡察工作等情况。四是推动开展警示教育，深化以案促改，督促建章立制等情况。五是督促指导下级单位纪检机构工作等情况。

6. 加强自身建设

建设一支政治素质高、忠诚干净担当、专业化能力强、敢于善于斗争的纪检监察铁军，是纪检工作高质量发展的重要组织保障。自身建设情况着重考核以下五方面内容：一是加强政治建设，严肃党内政治生活，坚持民主集中制，加强党建工作，落实管党治党政治责任等情况。二是加强能力建设，认真抓好全员培训，开展常态化学习、调研等情况。三是加强作风建设，持续深化“三转”，力戒形式主义、官僚主义，密切联系职工群众，自觉接受监督等情况。四是加强纪律建设，把握运用监督执纪“四种形态”，突出抓早抓小等情况。五是加强制度建设，健全内控机制，强化权力运行监督制约等情况。同时设置了否决项，本单位纪检干部被给予党纪政务处分的，扣除基本分。通过正向激励、底线约束，引导广大纪检干部始终敢于担当、敢于监督、敢于负责，自觉接受最严格的约束和监督。

7. 开展宣传教育和探索创新

着重考核以下内容：党章党规党纪和廉洁从业教育，宣传廉洁从业先进典型，引导党员干部崇廉尚廉，不断增强党员干部党性观念、纪律观念和廉洁自律意识等情况。提高政治站位，把准职责定位，立足实际，围绕中心，紧盯新形势，新任务、新情况，聚焦高质量发展，坚持与时俱进，积极作为，对标赶超，持续创新工作思路、工作措施、工作手段，形成先进经验，取得明显成果，并具有一定的影响力和推广价值等。

（三）注重考核结果运用

考核工作在集团纪委统一领导下进行，考核结果经纪委常委会研究后报集团党委确定，并作为各单位主要负责人年度考核的主要依据，与绩效薪酬挂钩。考核总分为120分，重点事项考核基本分80分、加分20分，民主测评总分20分。年度考核结果分为优秀、良好、一般、较差4个等级。其中优秀比例不超30%。考核结果为一般或较差的，其纪检机构主要负责人在干部绩效考核中不能评为优秀等级；连续两年考核结果为末位的，对相关纪检机构主要负责人进行诫勉谈话；连续三年考核结果为末位的，对相关纪检机构主要负责人提出组织调整或其他问责处理建议。

（四）用好“四边”工作法

纪检监察机关要坚持边学习、边调研、边工作、边总结，及时总结经验、把握规律，不断提高工作质量和水平。山钢集团纪委运用“四边”工作法，及时查找并改进纪检工作考核中的问题，解决现实问题，固化改革经验。考核办法起草及首次考核过程中，就一并开展调研，听取各单位意见建议。纪委常委会审议2020年度考核结果时，一并研究考核细则的修订完善。2020年，集团纪委探索党委巡察、党风廉政建设责任制检查考核、纪检工作检查考核同步推进、成果共享。2021年，同步检查各单位党组织、纪检机构落实党风廉政建设责任制情况。通过不断探索和改进考核工作，真正做到了在调查研究中深化学习，在总结提炼中探求规律，进一步形成了更加成熟定型的考核工作机制、更加自觉的实事求是态度，把考核的过程变成统一思想、深化认识、完善机制、推动发展的过程。

四、初步成效

（一）强化政治监督保障了改革发展方向

聚焦上级重大决策部署，以监督到位力保改革顺行，做到企业每一项改革方案的实施，都伴随着相应监督检查措施落地，让改革与监督检查始终同向而行。以有力监督确保济钢产能调整政策平稳有序落地，济钢钢铁产线安全有序关停，平稳分流近2万名职工，省委主要领导同志对此项艰巨工作给予了高度评价。以有力监督确保企业深化改革措施落实，印发关于加强深化改革实施方案落实情况监督检查的意见，保障重大改革高效推进，做到党委决策部署到哪里，监督检查就跟进到哪里，为企业全面深化改革保驾护航。以有力监督确保国有资产不被侵蚀，对一权属单位混合所有制改革中擅自变更股权比例、无偿使用销售渠道、改制公司分红不到位等问题果断叫停，及时纠偏，强化监管，避免了国有资产流失。以有力监督保障疫情防控，新冠肺炎疫情发生后，山钢集团纪委迅速贯彻落实党中央、省委和集团党委决策部署，提出“三个聚焦”“三个到位”要求，开展现场监督检查，2020年、2021年全集团共查处违规聚餐、隐瞒高风险地区旅居史、疫情防控工作中擅离职守、落实上级关于疫情防控期间保密工作要求不力等问题6起，处理处分10人。

（二）反腐败斗争战果巩固扩大

近年来，山钢集团各级纪委反腐成果凸显，2017年至今共处理、处分1564人次，其中集团党委管理干部60人，占总数的1/3。在省纪委监委指导下，在全省探索实施“室企地”联合办案机制，2021年查办了全省“室企地”第一案，山钢股份营销总公司原总经理刘立华严重违纪违法案，查办了李振涛、王亮、任君沛、刘丰业等靠钢吃钢、内外勾结严重违纪涉嫌犯罪问题。2021年移送涉嫌严重违纪违法问题线索20人，是2020年的2.2倍，其中批捕6人，采取留置措施5人，判刑2人。2022年以来，又有5人被采取留置措施。在全集团通报曝光钢材销售领域6起严重违法案件、山钢股份围标串标典型案件，取得了前所未有的震慑效应。

（三）公司治理效能有效发挥

专项监督特色鲜明。在有力监督和强力问责推动下，集团各部门各权属单位履行职责，开展督促推进“阳光购销”平台建设，山钢集团在省国资委“阳光购销”平台上线率连续两年排名第一，2019年至2021年，三年降低采购成本120多亿元；督促提升内部产业协同，年协同金额增幅50%以上，年增加效益10个多亿；开展资金统管专项监督，资金归集度提高50%，迅速解决了资金归集不到位问题，每年仅节约资金成本就近3个亿。对资产减值准备财务核销事项涉及的资产损失问题，按照“责任不清不核销、有责未追不核销、追责不到位不核销”原则，2021年全年对直接责任人、主管责任人、领导责任人共计30人次予以追责问责。以案促改提升监督治理效能。认真落实省纪委监委纪检监察建议，协助集团党委开展营销领域突出问题专项治理，责成案发单位以案为鉴，剖析管理根源，聚焦顽瘴痼疾靶向施治，修订完善管理制度88项、细化规范工作流程23项，交流干部270人次。以案促改堵漏洞、补短板、促增效，仅型钢、特钢吨材销售价格由查处前低于行业平均水平近80元，提升至高于行业平均水平100元，年增效益10亿元以上。政治生态和运营生态持续优化。以坚定决心、顽强意志加强党的领导、推进全面从严治党治企，刹住了一些过去被认为不可能刹住的歪风，纠治了一些多年未除的顽瘴痼疾，党的意识、党员意识明显增强，党建工作成为引领高质量发展的“红色引擎”，营造了风清气正的良好政治生态和阳光规范的高效运营生态。

（四）大监督体系成效初显

各级党组织深入贯彻集团党委《关于加强大监督体系建设的实施意见》，把监督工作置于企业改革发展大局统筹谋划，纪检机构主动担当作为，各监督主体各司其职、多管齐下、协同发力，形成了全面推进、各具特色的格局。山钢股份畅通群众监督渠道和反馈渠道，发挥党风廉政监督员作用，对职工群众反映的13件基层管理不公开不透明问题进行了从严查处。山钢国贸职能部门向纪委移送问题线索5件，已处理处分16人。山东耐材注重发挥监事会作用改进管理，深化7项监督建议落实，降低财务费用206万元，挽回损失30余万元。淄博张钢利用联席会工作机制，组织特约监督员开展监督，发现招标采购不规范、存在潜亏风险等多项问题。山钢金控、山钢国贸、山东耐材、山信软件等单位探索利用大数据促进监督，实现可视化管理和透明化操作，从流程上堵住“暗门”，关上“天窗”。

（五）作风形象全面提升

山钢集团纪检监察工作走在了省管企业前列，纪委书记在省纪委监委理论学习中心组集体学习研讨班上作为省管企业代表作主题发言，专项监督、“室企地”联合办案等做法多次在省纪委监委、省国资委组织的专题培训、座谈交流中做典型发言，多次受邀到省管企业介绍经验做法，树立了山钢纪检工作品牌。坚持“工作写实”，搭建“强素质、练本领”网上学习考试平台，派员参加省委巡视、省纪委监委双向学习锻炼、地方纪委监委学习培训，拓宽视野、增长才干，集团纪委机关 1 人入选省纪检监察案件审理骨干人才库。圆满承办全国钢铁企业纪检监察工作研究会第十七次年会，中钢协纪委用七个“第一次”做出高度评价，学习强国、大众日报 App 等媒体刊文宣传集团纪检监察工作经验，在全国钢铁行业和全省纪检系统树立了良好形象，擦亮了山钢品牌。

多管齐下提升日常监督治理效能

宝钢股份营销系统纪委

习近平总书记指出，要加强国有企业党风廉政建设和反腐败工作，要完善权力监督制度和执纪执法体系，使各项监督更加规范、更加有力、更加有效。纪检监察机关要发挥监督专责机关作用，协助党委全面从严治党，推动党内监督和其他各类监督贯通协同，探索深化贯通协同的有效路径。

近三年来，宝钢股份营销系统纪委在党委和上级纪委的领导下，坚持推进监督全覆盖、着力在日常监督上探索实践，体系化推进完善制度、项目化管理透视流程、信息化支撑形成合力，标本兼治、努力将监督效力转化为治理效能，更好的发挥好监督保障执行、促进完善发展作用。为了进一步发挥监督在一线的实时特点，突出试点作用，北方公司纪委、南方公司纪委、钢贸公司纪委等地区公司纪委坚守职能定位、践行职责使命，在具体工作中掌握共性、辨识个性、定向施策、精准施治，把握方式和载体、聚焦目标和任务，相互统筹、联动推进，使监督工作更具体、更深入。

一、把握人事纽带，聚焦“关键人”与“关键事”有机统一

（一）加强对“一把手”和领导班子监督

作为营销一线的法人单位，党政“一把手”和领导班子责任重大、权力集中，在日常监督中设置一些“探头”，使“一把手”和领导班子置身于党组织、党员、群众监督之下。把政治监督摆在首位，坚决维护习近平总书记党中央的核心、全党的核心地位，坚决维护党中央权威和集中统一领导，通过党委会、经理书记办公会、三会一课、专项监督检查、区域预警巡检等载体督促推动党的路线方针政策和重大决策部署在各地区、各单位落到实处。牵住党风廉政建设责任制的牛鼻子，季度检查责任任务清单的项目化推进情况；紧盯“三重一大”决策和执行的薄弱环节，全年自查自纠会前会中会后决策程序执行的合规情况；建立健全政治生态分析研判机制、做好廉政“画像”，通过廉政档案建设、信访举报及案件信息梳理、履职待遇专项检查等方式，把握班子成员依规依纪依法履职用权、担当作为、廉洁自律等情况。

（二）加强对敏感岗位人员监督

营销领域从业人员在履行日常业务工作中，具有业务建议权、审核权、决策权、决定权等一项及以上权利职责，存在一定的廉洁从业风险。各地区公司纪委聚焦销售管理、物

流/仓储管理、委外加工管理（含业务外包）、费用管理等核心业务流程，抓住关键环节，全面排查风险，做到风险清楚、岗位清楚、人员清楚，将廉洁风险防控措施嵌入经营管理各项工作和业务操作各个环节同步管控。基于“关键环节”、聚焦“廉洁风险”、做实“防控措施”，组织全体员工积极参与全流程、全岗位廉洁风险辨识，着力推进廉洁风险“动态识别”及“措施落地”。将敏感岗位人员对应的岗位敏感度、主要廉洁风险点、主要防控措施纳入岗位说明书，落实岗位廉洁风险告知。对新聘任到敏感岗位、转聘到更高等级敏感岗位的人员，进行任职廉洁谈话。由相应责任管理者以“一对一”的方式开展敏感岗位人员廉洁从业约谈提醒工作。切实加强敏感岗位人员的廉洁从业状态的跟踪和评估，分析廉洁从业状态，对不适合继续从事敏感岗位工作的应进行岗位交流。

二、把握时空交叉，聚焦“关键时”与“关键处”有机统一

（一）深化对外业务交往时的监督

作为一线的业务经营单元，日常与供应商、用户的沟通、接洽、谈判是工作常态，过程中坚持阳光诚信、透明经营、廉洁从业，对违规违纪行为零容忍。针对营销人员对外交往、商务接待较多的客观现实情况，各地区公司纪委组织开展差旅费、业务招待费、会议费、培训费等的自查自纠，建立业务部门负责人审批把关、财务人员审核把关、纪检内控人员审查把关三道防线，三道防线协同发力、健全完善费用管理监督制约机制。针对节假日期间易发多发的“四风问题”，组织开展元旦、春节、五一、十一等期间的专项检查，紧盯公务用车使用管理、礼品礼金管理、接待用餐管理，紧盯“四风”隐形变异和苗头性倾向性问题，及时掌握情况、发现问题、导正纠偏，严查快处。北方公司纪委结合实际进一步将供应商廉洁管理纳入常态化的管理范畴，2021 年各单位对经辨识后确定为开展高、中风险点相关业务（如原料采购、物流、社会贸易、资材备件、外包业务等）的 263 家供应商进行告知、划出双方行为红线，同时要求供应商反馈《廉洁自律函告事项回访调查》，反馈率 100%，着力构建亲清的合作关系。

（二）深化经营决策执行时的监督

聚焦把握新发展阶段、贯彻新发展理念、构建新发展格局、防范化解重大风险等重点任务，加强监督检查，推动部署落实落地。2021 年钢贸公司纪委做好决策前中后的实时监督检查，区域累计研究三重一大决策 111 项，其中重大决策 95 项，重大项目安排 1 项，重大人事任免 15 项，各责任单位均已按照要求落实决议内容。结合实际深化“阳光销售”运行体制建设，2021 年北方公司纪委重点针对社会贸易、资源流向、经销商管理及无去向材销售等开展并完成各单元等的阳光销售专项检查工作，提出管理建议 9 项并推进整改；开展代理订货委托自查及“三方协议”推进转化工作，完成不符合规范要求代理委托整改 83 条，完成三方协议签订 32 份。2021 年南方公司纪委经过现场调研分析，结合实际操作，融合区域力量编制了《南方区域废次材阳光销售管控操作指南》，实现统一管控标准、明确管控重点，降低廉洁风险及业务风险，提高业务管理效益。各单位项目化推进经营决策的实时监督工作，强化过程跟踪管控，通过推进发现问题整改落实、修订完善制度流程，进一步强化了权力规范透明运作。

三、把握信息支撑，聚焦主动出击与智慧监督有机统一

（一）坚持抓铁有痕，依托信息化系统深化区域预警巡检，注重发挥第一种形态的积极作用

近年来，营销系统大力推进智慧营销建设，通过系统整合重构和大数据应用，面向客户涉及慧创电商服务系统、面向业务涉及工贸一体化、销售一体化、物流一体化等系统，面向决策与管理涉及管理可视化系统、BMI 以及区域 BI，在此基础上实现深度数据挖掘、做好前期准备，进一步强化区域预警巡检的机制建设。2021 年北方区域预警巡检紧紧围绕中心任务，聚焦责任落实和风险防控，专注重点事和高风险业务岗位，检查内容包括习近平总书记考察马钢讲话精神的落实情况、费用报支、六阳光建设、阳光物流、委外加工、管理者党风廉政建设一岗双责履职情况等方面，分两个时段完成 5 家单位的预警巡检工作。过程中发现问题，及时解决、固化流程、优化系统、落实 PDCA 闭环管理，特别关注是否存在基础管理弱、监督不到位、业务权力过大、不相容岗位没分离等，共计发现问题 17 个，提出改善建议 16 个，已完成整改闭环 17 个，抓早抓小、充分运用“第一种形态”、给予提醒谈话 3 人次，同时对巡检中发现的好的做法予以肯定并在区域内推广，发挥好监督的基础性、长期性作用。

（二）坚持问题导向，加快反应速度跟紧业务需求强化自查自纠，构建风险防控防火墙

在营销系统纪委的推动下，通过全面业务风险梳理，形成业务执行层面、移动审批层面和总部管理层面三层风险管控防火墙，建立了刚性约束管控、审批权限配置、异常预警提示三级风控机制，降低经营风险。利用大数据技术实现用户征信外部风险提示，包括严重违法，经营异常，行政处罚等 11 项内容，并通过在订货卡营销评审、合同强制生效、欠款发货等 9 个业务场景的嵌入式风控管理，将可能的风险管控前移至实际业务处置点，降低风险事件发生率，进一步充实了风险三层防控体系的内涵。2021 年南方区域各党支部自查自纠工作以去年工作薄弱点为切入口，重点关注党建重点工作、“一岗双责”履职情况以及经营中可能发生违规违纪等内容，按照聚焦、少而精的原则确定项目，各单位全年按照计划的时间节点推进，强化过程管控、关注工作质量，对党建重点工作的过程管控起到监督和助推作用，对加强和改进公司风险内控管理工作起到了积极的促进作用，通过管理可视化系统的功能丰富及实施，实现实时监测、统计分析，进一步提升职能管理人员的在线管控能力，实现从事后审计向事中监控的转变。2021 年南方区域自查自纠工作检查内容 73 项，发现问题 68 个，完成整改 68 个，切实做到末端监督常在、形成常态。

四、把握长效治理，聚焦建章立制与制度执行有机统一

（一）监督优化制度建设

营销业务开展网点分布离散、成长周期不同、客户需求不同，要切实贯彻宝钢股份一贯式管理要求，需要解决业务效率灵活性与风险管控凝滞性之间的矛盾，标准化的流程制

度与个性化的实际运行之间的矛盾。监督推进制度体系建设，针对股份、营销中心（宝钢国际）制度改版、制度传承要求及管理要求变化，结合公司现行管理要求和管理流程的适宜性、充分性及有效性等方面进行了梳理，督促制订并推进修订计划；2021 年北方公司全年修订完成并发布 27 个包括销售政策、物流价格、经销商、业务授权、费用管理等管理制度文件，其中 13 个人力资源管理制度文件通过公司“三重一大”上会审议及民主评议。各地区公司纪委驰而不息推动构建系统完备、科学规范、运行有效的制度体系，把权力关进制度的笼子里，确保监督工作有章可循，切实增强工作的严肃性和规范性。

（二）监督强化制度执行

在全面推动制度转化的同时，探索构建制度执行监督机制，把制度执行和监督贯穿法人单位治理的全过程，坚决杜绝在制度执行上做选择、搞变通、打折扣，坚决防止“破窗效应”，坚持解读释义、通报曝光、检查指导等多措并举抓制度落地实现效果叠加。认真组织学习中国宝武《经营风险控制十条禁令》《廉洁从业八条禁令》《营销中心（宝钢国际）员工廉洁从业典型负面行为清单》等，确保学习宣贯覆盖各级管理层及各相关岗位；通过抽查验证和专项指导，将执行“10 条禁令”作为管理要求与问责的重要依据，持续强化经营风险控制。围绕疫情防控、生态环境保护、安全生产、违规经商办企业等，组织开展专项监督检查，促进相关制度持续完善和业务过程透明规范。2021 年北方公司纪委根据近三年巡视巡察、预警巡检、自查自纠反馈和发现的问题，汇总并编制问题题库和制度清单，进行全区域举一反三答题竞赛活动，覆盖全体党员和敏感岗位人员，把整改成效向第一道防线推进，确保制度时时生威、处处有效。

五、把握入脑入心，聚焦正面引导与从严警示有机统一

（一）增强正面引导的及时性和有效性

党中央高度重视廉洁文化建设，强调要靠治本，正心修身，涵养文化。由此，找准员工的关注点、难点问题，发挥典型引领作用，寓理于情、把要求式教育管理，转变为参与式、互动式主动行为，让员工感受到正面引导的温度，最大限度激发内生动力源。畅通员工诉求反映渠道，积极主动解决员工“三最”问题，以开诚布公座谈讨论的方式广泛摸排所在单位落实中央八项规定精神情况、“三重一大”决策以及经营风险控制禁令等制度执行情况，重点领域、关键环节权力运行情况，领导人员、管理者、敏感岗位人员廉洁从业情况，领导人员作风建设情况等。

（二）增强廉洁教育的针对性和系统性

发挥好廉洁教育基础作用，强化形势教育、纪法意识、警示震慑，把握好时度效，把准时机、节奏，把准力度、范围，实现有效发力。常态化组织学习中国宝武《纪检监察工作交流》，开展身边典型案例警示教育，用身边的事教育身边的人，发挥案件震慑功能，让大家明底线、知红线、不碰高压线。2021 年南方公司纪委开展“严以律己、守正笃行”的廉洁教育月活动，通过警示案例教育、廉政专题党课、纪法警示教育、廉洁知识在线测试、制作廉洁教育宣传展示板等形式，对区域全员进行了形式多样的廉洁教育。区域各单

位分层分类开展“讲流程、讲风险、讲防控”活动，确保敏感岗位人员100%全覆盖，在主体上让员工自己走上讲台，既自我教育、也教育他人，既监督他人、也接受他人监督，进一步强化“廉洁三讲”的穿透力和影响力。针对营销人员出差频繁、时间不定、廉洁教育及时提醒率不足的情况，2021年北方公司纪委经过系统策划与协同开发，实现手机App请假出差申请时的廉洁教育提示，已经在全体系推广应用，进一步发挥价值导向、行为约束、网络覆盖等定向实时功能。

后续，宝钢股份营销系统纪委将进一步加大基层纪检组织日常监督的探索和实践，着力解决日常监督最后“一公里”的难题，管好关键人、管到关键处、管住关键事、管在关键时，把监督工作逐步延伸到权力运行的每个角落，督促各级领导干部自觉接受监督、带头开展监督，推动各类监督有机贯通、相互协调，以有力有效的监督提高发现和解决问题的能力，带动整个监督体系不断巩固、深化发展。

抓好政治监督　助推“双核”战略
为建设世界领先资源开发企业提供坚强纪律保障

鞍钢集团矿业有限公司纪委

政治监督是党和国家的根本性监督，是党的自我革命的重要实践形态。党的十八大以来，以习近平同志为核心的党中央以前所未有的勇气和定力推进全面从严治党，探索出一条解决自身问题、跳出历史周期率的成功道路。习近平总书记在十九届中央纪委六次全会上强调“要强化政治监督，确保完整、准确、全面贯彻新发展理念，确保执行不偏向、不变通、不走样”，深刻指出了政治监督具体化常态化的重点内容、基本遵循和实践路径。2020年以来，矿业公司纪委始终坚持以习近平新时代中国特色社会主义思想为指导，把加强政治监督作为坚决拥护“两个确立”、做到“两个维护”的具体实践。特别是近年来鞍钢集团立足于世界格局和国家战略，以勇当铁矿资源产业链“链长”为己任，确立了“双核”战略，矿业公司也开启了打造“双核”中的硬核的奋斗历程。在这一进程中，矿业公司纪委始终按照两级公司部署，聚焦国之大者，牢牢把握政治监督“四个着力点”，推动政治监督具体化常态化，为建设世界领先资源开发企业提供坚强政治保障。

一、推动政治监督具体化常态化的坚持原则

（一）坚持问题导向和目标导向原则

坚持把发现问题、找准问题、解决问题贯穿政治监督始终，把督促各级管理人员规范履行职责、行使权力作为开展监督工作的目标，以上率下、自上而下推动落实，逐级压实政治责任，督促各级党组织切实履行政治监督主体责任和纪委监督责任，实现上下贯通联动。

（二）坚持实事求是和依规依纪原则

精准把握政治监督的尺度和标准，甄别好政治问题和专业管理问题，对苗头性、倾向性问题，善于用好第一种形态及时整改；对履行管党治党责任不力的，精准追责问责；对性质严重的问题，坚决予以查处。

（三）坚持因时因势和头雁效应原则

牢牢把握政治监督的核心和根本是“两个维护”，紧扣习近平总书记重要指示批示精神开展政治监督。同时坚持抓领导干部这个“关键少数”，发挥头雁效应，引领“绝大多

数”，重点加强对各级领导干部、权力资源集中岗位的监督，发挥正向示范作用。

（四）坚持抓早抓小和关口前移原则

增强敏锐性和鉴别力、判断力，将问题隐患解决在萌芽状态。对党员领导干部履职、担当、作为开展监督，抓早抓小，防微杜渐，实现从“抓早抓小、避免小错变大错”中体现对党员干部的严管与厚爱的结合。

二、推动政治监督具体化常态化的具体抓手

习近平总书记在十九届中央纪委四次全会上的重要讲话，第一次系统阐述开展政治监督的四个着力点。2020年以来，矿业公司纪委始终坚持把强化政治监督放在监督工作的首位，通过抓牢“四个着力点”，将政治监督与加强党的领导、全面从严治党、促进企业改革发展等工作有机融合，实现政治监督具体化常态化，为矿业公司高质量发展提供了坚强政治保障。

（一）着力坚持中国特色社会主义制度不动摇，聚焦加强矿业公司党的建设和发挥领导作用情况开展政治监督

1. 开展政治监督专项检查

对照《鞍钢纪委（监察专员办）政治监督检查重点内容清单》108个是否，制定矿业公司政治监督工作方案，形成了《党委履行党风廉政建设主体责任清单》《党委班子成员履行党风廉政建设“一岗双责”职责清单》《纪委工作考核评价检查内容清单》和《矿业公司纪委政治监督检查重点内容清单》四张清单，紧紧围绕党中央决策部署，聚焦把握新发展阶段、贯彻新发展理念、构建新发展格局、推动高质量发展等重大战略，聚焦全面深化改革、促进共同富裕、推进科技自立自强、防范化解重大风险等重点任务，定期深入基层开展政治监督检查，通过督促整改，提高了基层党委主动履职尽责的政治自觉。

2. 开展常规巡察和专项巡察

将巡察工作作为开展政治监督的重要手段，坚持“发现问题、形成震慑、推动改革、促进发展”工作方针，对被巡察单位开展全面政治体检。制定了党委巡察工作规划（2018—2022年）、巡察领导小组工作规则、巡察工作办法等7项制度。对33家基层党委（党总支）实现了全覆盖常规巡察，发现“四个落实”问题1337余项，督促各基层单位党委列出清单，挂号销账，“举一反三”进行整改，完成整改1218项，建立巡察整改成果运用长效机制，修订完善管理制度221个。先后组织开展工程领域违规转包分包、“五违反”“扶贫惠民”领域回头看和某单位干部作风等4个专项巡察，进一步加强了党的领导，推动了党的建设上水平。

3. 开展“一把手”和党委班子成员监督检查

聚焦“一把手”和“关键少数”开展监督，形成4张“一把手”监督责任清单，明确责任部门，重点围绕贯彻落实民主集中制、“三重一大”决策、领导干部家属从业行为、选人用人等工作开展监督检查，对“班子成员”述职述廉制度、领导干部插手干预重大事项记录制度、党委提醒谈话制度等制度贯彻落实情况开展检查，同时做实年度纪委书记给“一把手”和党委班子成员“画像”工作。

（二）着力推动党中央重大决策部署落地见效，聚焦矿业公司改革发展重要任务开展政治监督

矿业公司纪委坚持政治标尺，紧盯基层党组织学习、贯彻、落实中央重大决策情况，及时纠正偏差，确保党中央重大决策部署到哪里，监督检查就跟进到哪里。

1. 围绕贯彻总书记重要指示批示精神开展监督

按照矿业公司党委《关于进一步完善贯彻落实习近平总书记重要指示批示工作机制的通知》要求，督促各部门建立学习传达、研究部署、调研督查运行机制，形成落实习近平总书记重要指示批示精神工作台账。每季度对 32 家基层单位党委工作台账落实情况进行检查通报，对检查出的工作台账措施操作性不强等问题，要求立行立改。

2. 围绕党中央及上级党委战略部署开展监督

建立重点工作督办机制和协同管控信息系统，通过会议督办、数据督办、调查督办等方式，督促重要任务落地见效。立足国家资源战略和鞍钢“双核”战略，督促加大矿产资源开发力度，推动“三个一批”项目落地，先后有 10 余个项目取得实质性成果，解决了多年想解决没有解决的难题；立足以“人民为中心”的发展思想，开展“安全防火再监督”，深入查找领导干部履行安全责任的政治偏差，发现安全防火方面问题 1699 项，督促完成整改 1391 项，累计考核 42.42 万元，同时，严肃查处安全事故背后的形式主义、官僚主义问题。立足疫情防控战略，联合相关部门多次采取“四不两直”等方式，围绕疫情防控政策传达落实、预案制定、重点人员排查、干部值班等情况，对车辆运输、环境消杀、职工通勤、门禁、浴池、食堂以及重点岗位开展督导服务式检查，开展疫情防控物资专项检查，确保疫情可防可控。

3. 围绕企业全面深化改革开展监督

围绕“国企改革三年行动”“双百行动”有关部署，紧盯“3+2+N”综合改革方案推进开展监督。矿业公司纪委通过每周督导、派驻监督组、开展约谈等方式，全程监督改革过程。彻底解决了历史遗留的涉及 45000 余人厂办大集体改革，矿业公司厂办大集体改革工作一直走在鞍钢集团前列；完成了 3 个三级公司混合所有制改革；国企改革三年行动、“双百行动”各项任务按照时间节点实现稳步有序推进。

（三）着力督促落实全面从严治党责任，聚焦责任落实情况开展政治监督

全面从严治党是“四个全面”的重要组成部分，是保持党的先进性和纯洁性，增强党的凝聚力和战斗力的根本政治保障。矿业公司纪委坚持从严主基调，将落实全面从治党责任作为政治监督的重要内容，压实责任，细化分工，不断提高各级党组织自我革命、自我净化能力。

1. 压实“两个责任”

协助党委制定《矿业有限公司党委关于学习贯彻党委（党组）落实全面从严治党主体责任规定》《全面从严治党重点工作任务清单》，进一步明确细化全面从严治党的责任。将全面从严治党任务细化成 7 个方面 106 项具体工作，并结合实际动态调整。每年对基层党委开展落实“两个责任”检查，将检查结果专题向公司党委汇报，并督促制定整改措施，有力促进全面从治党责任有效压实。

2. 构建大监督体系

制定下发《矿业公司党委构建大监督体系实施意见》，形成涵盖43个方面的大监督体系责任清单，明确专业职能监督的内容、要素、对象、方式、周期，按照“谁审批、谁负责”“谁主管、谁负责”的原则，充分发挥各监督主体作用。各职能部门对照清单，及时进行监督检查，每个季度将发现的管理问题及督促整改情况报送党政督查办备案，实现了以监督促进管理、用规范提升管理。

3. 开展专项治理

开展“靠钢吃钢”专项治理。组织领导人员和关键重要敏感岗位人员填报本人、亲属及特定关系人经商办企业有关事项，对违反规定的领导人员进行了处理。通过查办“靠钢吃钢”案件，立案并处理5人。组织开展“四风”问题专项检查，重点查找2019年以来的各级管理人员“四风”及其隐形、变异问题和形式主义、官僚主义问题，发现管理问题19个，发现问题线索1个。开展群众身边腐败问题专项治理工作，重点围绕职工群众身边的薪酬分配、奖金发放、党务经费和工会经费等费用使用、公车私用等微腐败问题开展监督检查，发现并整改管理问题40余个，全部立行立改。查办群众身边腐败问题案件线索2件。

（四）着力保证权力在正确轨道上运行，聚焦群众身边腐败问题开展政治监督

各级领导干部手中的权力都是党的执政权的一部分，如果权力没有用来为人民谋幸福，表面上看可能是领导干部个人的问题，但最终危害的是党的领导。矿业公司纪委坚持以“人民为中心”的思想，聚焦职工群众关心的热点、难点问题，确保权力为职工谋幸福。

1. 开展下放权力监督工作

结合鞍钢集团“一企一策”权利放行工作，对下放权力科学配置情况、有关制度和流程执行情况、公开情况、信息化情况等4方面16项重点开展专项监督检查，督促职能部门对144项鞍钢集团下放的权力进行梳理汇总实行清单管理，明晰权力边界、明确部门管理范畴，制定完善相关管理制度113项，规范运行管理流程251项，向基层单位实施差异化授放权核心业务178项，实现应放尽放。

2. 督促完成专项服务行动

强化对矿业公司“践行共享理念、关爱一线员工”专项行动的督导推动，聚焦职工群众关心的热点、难点问题，联合相关部门加强项目进展情况的跟踪落实，督促各单位及时推进，按时竣工，解决了职工关心的澡堂子、饭缸子、休息室等问题。各基层单位党委共制定110个项目，其中鞍钢级15项、公司级30项、基层级65项，已全部完成。

3. 围绕精准扶贫开展监督

督促各相关部门制定消费扶贫工作安排，采取党务活动、工会活动、福利费、以购代捐四种消费扶贫渠道，分三批实施消费扶贫采购计划，2020年矿业公司消费扶贫超额完成鞍钢集团下达计划目标。

三、推动政治监督具体化常态化的认识体会

（一）必须抓住重点领域，紧盯突出问题

始终坚持问题导向和目标导向，紧盯党中央重大决策部署落实情况，打通“最初一公

里”和“最后一公里”，确保政令畅通。要善于抓住重点关键领域、关键环节发现问题，善于抓早、抓小、抓准问题，以“小切口”推动“大监督”。同时坚持深入一线，靠前监督，确保了解真情况，发现真问题。

(二) 必须优化方式方法，提升工作质效

根据政治监督事项的不同，科学采取实地检查、明察暗访、听取汇报、查阅资料等方法开展监督。同时针对新形势、新情况动态改进监督方式方法，要善于将政治监督的任务合理分解，分清重点和一般，把专项政治监督与日常政治监督结合起来，切实提高工作效率。

(三) 必须强化督促整改，实现监督闭环

精准梳理监督发现问题，有针对性提出意见建议，通过监督检查报告、下发检查建议、跟踪督导检查等方式，督促相关部门和单位深入开展整改，确保各类问题整改到位。

以“四责协同”提升管党治党工作合力的探索实践

马钢集团纪委　课题组

党的十九大报告强调，要坚定不移全面从严治党，不断提高党的执政能力和领导水平。面对严峻复杂的反腐倡廉形势和繁重艰巨的改革发展任务，如何强化领导班子成员责任担当，形成“心往一处想、劲往一处使”的工作合力，成为新时代国有企业管党治党的一项重大课题。在解题答题的过程中，马钢集团党委、纪委以增强领导班子政治自觉、强化“关键少数”引领示范作用为主导，紧扣“责任”两字，针对责任分工不够明确、担当意识不够强、协同措施不够细、沟通协调不够充分等实际问题，探索推进“四责协同”体系建设，激励各级领导干部协同发力、同题共答，变“一家做”为“一起做”，形成横向协同、纵向贯通、同频共振的管党治党工作合力，全面提升了党风廉政建设和改革发展各项工作实效。

一、“四责协同”体系建设的基本内涵

“四责协同”，即党委主体责任、纪委监督责任、党委书记第一责任、班子成员“一岗双责”责任协同一致开展工作。推进“四责协同”体系建设，既是坚持和加强国有企业党的领导、提高基层组织领导水平的重要抓手，也是落实全面从严治党、深化党风廉政建设领导体制工作机制的首要环节，还是强化党员领导干部政治责任督促协同发力的创新举措。在“四责协同”体系中，党委主体责任是“牛鼻子”，政治引领、总揽全局，统一领导、协调各方；纪委监督责任是保证，跟进协调、监督检查，发现问题、纠正偏差；党委书记第一责任是关键，牵头抓总、目标导向，以身作则、示范带头；班子成员“一岗双责”是基础，协同作战、分工合作，勠力同心、形成合力。

抓好“四责协同”，就是让协同体现在贯彻落实中央决策部署、推动全面从严治党管各个环节，让党委、纪委、党委书记、纪委书记、班子成员在管党治党中协同发力；就是通过建章立制、分解责任、传导压力、督促落实，构建“知责明责、履责督责、评责问责”的责任落实闭环体系，形成同频共振的效果；就是推动各责任主体担当尽责、贯通协同、形成合力，打通责任落实“最后一公里”，推动全面从严治党向纵深发展，为企业发展提供有力的政治保证和风清气正的政治生态。

二、国有企业“四责协同”方面存在的主要问题

“落实党风廉政建设责任制，党委负主体责任，纪委负监督责任”是党章赋予的根本

职责，是管党治党的现实需要。各级党组织尤其是领导班子必须进一步增强使命感紧迫感，在思想认识、责任担当、方法措施上团结一心、协同发力。但对照新时代新要求，国有企业各级领导班子在“四责协同”方面仍然存在不少问题。

（一）从工作体制机制来看，协同作用尚未充分发挥

各责任主体监督的职责界面不够清晰，以问题为导向的会商协调、联动协作、联合惩戒等工作机制的协同作用不明显，造成主体责任缺位、监督责任越位；一些领导人员对党内监督、职能监管的主体责任认识不清，对强化职能监管作用重视不足，遇到问题有时直接甩给纪委处理。

（二）从责任落实来看，担当意识和能力有待提升

在落实党风廉政建设责任制上重部署、轻落实，布置工作时讲的是振振有词，但是怎么做、做得怎么样却很少过问，只挂帅、不出征；有的自认为是业务干部，把履行“一岗双责”看作是捎带的工作，只在开会时布置一下；落实“一岗双责”只闻其声不见其身，追责问责不主动、缺力度；责任考核流于形式，问责基层化，没有对照查找体制机制、领导方面的问题。

（三）从日常监督来看，有形覆盖与有效覆盖还有差距

基层单位依规依纪开展工作，没有结合实际制定监督执纪工作规范、实施细则，对责任如何具体落实、如何考核评价、如何成果应用，缺少系统思考，工作内容与措施缺乏针对性和可操作性；有的领导人员和纪检人员对监督工作缺乏斗争精神，存在本领恐慌，心里发虚、怕人抵触，出现“不便监督”“不善监督”“不能监督”等问题；有些领导干部执行制度缺乏较真勇气，对分管工作监管不严，甚至出现打折扣或搞变通。

（四）从横向贯通来看，信息分析和沟通协调不充分

一些单位党委对党风廉政建设和反腐败工作缺乏统一领导，党委书记当“甩手掌柜”，“一岗双责”出现“空转”；班子成员相互之间不沟通、不交流、不提醒，各执一词、各行其是，承接上级要求、执行有关制度自以为是存在选择性；监督的手段和途径有限，对廉情信息掌握不够全面、沟通不及时，各监督资源的工作成果也没有得到充分应用。

三、马钢推进“四责协同”提升管党治党合力的主要举措

面对新形势新问题，马钢集团党委、纪委聚焦形势任务、聚焦工作职责、聚焦措施成效，以厘清责任分工强化党风廉政建设责任落实为切入口，以强化“关键少数”政治自觉和引领示范作用为主导，以形成“知责明责、履责督责、评责问责”的责任落实闭环体系为目标，以强化纪检机构协助职责、监督责任、推动作用为手段，主动对接中央和中国宝武党委党风廉政建设责任制规定，修订落实党风廉政建设责任制的实施细则，进一步明确和细化各级领导班子、领导人员的责任，探索推进“四责协同”的具体措施，体现鼓励开拓有为、支持善作能为、问责无所作为、惩治腐败行为的鲜明导向，全面提高党风廉政建设和全面从严治党工作执行力和有效性。

（一）明晰责任，建好协同体系

把管党治党责任具体化、项目化，列出责任清单，明确责任主体，解决好“谁来做”“做什么”的问题；建立工作台账，细化工作标准，解决好“怎么做”的问题；明确责任要求，能实施、好检查，方便后续督责、评责、问责，解决好“做到什么程度”的问题。构建横向联动、纵向一体的工作体系，党委履行好主体责任，定目标、把方向，加强对其他三个责任履行的全面领导和组织；纪委履行好监督专责，协助党委推进全面从严治党的职责，把检查主体责任落实情况作为监督执纪重点，抓好问责追责，推动其他三个责任落实到位；党委书记履行好“第一责任人”职责，以身作则、当好表率，抓好党委部署的组织落实，对纪委监督责任和班子成员“一岗双责”进行引领和督促，及时把责任传导到班子成员和下级党组织负责人；班子成员履行好“一岗双责”职责，切实承担起分管领域全面从严治党职责，管好“责任田”，推动业务工作与全面从严治党有机融合、协调发展。成立三个纪检监督组，在公司纪委领导下开展分片监督和协同检查，形成“上下联动、区域管理、交叉监督”的工作体系，建立纵向贯通、横向协同、区域内监督联动机制，构建各负其责、密切协作的“大监督”格局。

（二）抓住核心，发挥引领作用

深刻领会习近平总书记关于“党的委员会是党执政兴国的指挥部，‘一把手’是党的事业发展的领头雁”等方面的重要论述，激励领导干部在增强“四个意识”、坚定“四个自信”、做到“两个维护”上必须做表率、打头阵，并把“严格贯彻落实党中央决策部署和习近平总书记重要讲话和指示批示精神”增加到各级领导班子、领导人员的领导责任中，要求对标对表建账落实，既要报告结果也要报告过程。强调“一把手”自上而下的监督最有效，督促各级党委加强对所管理的领导干部特别是主要领导干部的监督，完善领导班子内部监督，建立党委主要领导与下属单位“一把手”监督谈话、新提拔人员任前谈话，分管领导与管理范围内相关负责人、敏感岗位人员监督谈话，纪委书记与班子成员、下属单位党组织和机关部门负责人、重要岗位人员等监督谈话等工作机制，依据问题及时对直管人员进行诫勉谈话、提醒和约谈。强调破解同级监督难题关键在党委，督促用好批评和自我批评武器，增强主动监督、相互监督的自觉；要求各级党委注重发挥各级领导干部在党风廉政建设责任制中的示范引领、带班子、带队伍作用，督促各级党委特别是主要领导把主体责任记在心上、扛在肩上、抓在手上，带领班子成员严格落实“一岗双责”，形成齐抓共管的工作格局和工作合力。

（三）拓展方式，压实监督责任

强化政治监督，把“政治监督及日常监督开展情况”作为对主体责任考核评价的主要内容，及时跟进中央决策部署，纪委会同相关部门督促推进年度重点任务、对标世界一流管理提升行动实施方案、改革三年行动实施方案、碳达峰碳中和重要批示精神行动方案落实进行“月度跟踪、季度评价”，促进各项措施落地见效。采取“自查+抽查”方式，定期对基层单位学习传达、制定方案、项目化推进、监督检查、问题整改等情况，开展政治监督情况现场综合督导验证。统筹巡察监督和执纪监督力量，紧盯干部队伍抓作风，紧盯重点领域抓防范，紧盯执纪办案抓惩戒，扎实推动日常监督与执纪问责、审查调查相衔接，强化近距离、常态化、全天候的监督，实现公权力监督“全覆盖”和“无盲区”。注重运用信息化、大数据等方式，探索智慧化监督的有效方式，提高监督检查效率和质量。深化推进纪检监督体系建设和规范化建设，进一步厘清纪检监督管理界面、责任界限、工作规范，激活纪检委员、纪检干部岗位责任意识，提高纪检监督人员履职能力。通过开展政治生态分析、廉情抄告、纪律检查建议等方式，把执纪和巡察监督贯通起来，既严查问题，追究责任，又举一反三，及时预警，妥善排除重大风险隐患，实现政治效果、纪法效果和社会效果相统一。将“四责协同”要求纳入干部考核评价体系，建立有效的责任倒逼机制，确保问责有力、正向激励。抓住问责这个利器，完善“一案双查”制度，探索开展直接责任人、领导责任干部同步问责，主体责任、监督责任同步问责和“第一责任人”“一岗双责”责任人同步问责，让失责必问、问责必严成为常态，以强有力的问责倒逼责任落实。

（四）协同联动，形成工作合力

加强横向协同，针对企业重大事项、重点工作和重大活动，分工协作、相互监督，促进企业重大决策、改革举措和管理制度落地生效。结合阶段性重点工作，公司纪委会同相关部门开展专项督查、专项清理、专项整治，协调解决重点领域和关键环节存在的问题。推动纵向贯通，加强上级对下级的领导，深度融入和服务生产经营，与改革发展中心工作目标同向、措施同心、工作同行，同频共振、共同发力，全面加强党的思想建设、组织建设、作风建设、反腐倡廉建设和贯穿其中的制度建设。推动横向协同与纵向贯通相结合，强化自上而下的组织监督，改进自下而上的民主监督，发挥同级相互监督作用，加强对党员领导干部的日常管理监督；把上级监督、同级监督、下级监督结合起来，把事前监督、事中监督、事后监督贯通起来，把党内监督、舆论监督、监事会监督、法律监督、财务监督、审计监督、职工民主监督等手段利用起来，整合利用各类监督资源，形成监督合力。健全完善廉情分析、报告评议、约谈提醒、责任追究等制度，班子成员在履行“一岗双责”过程中，对发现的影响管党治党苗头性、倾向性问题或有关落实“一岗双责”的创新举措等，及时向党委书记提出意见建议；纪检机构在监督过程中发现的管党治党突出问题和共性问题，第一时间向党委提出召开工作研究、评议、推动的会议，形成责任联动工作合力，必要时向上级纪委报告，借力强化上级领导和工作指导的精准力度。

四、马钢推进“四责协同”提升工作合力的实际成效

经过一年多的实践，马钢推进“四责协同”提升工作合力取得显著成效，公司上下普遍认为各级领导班子责任担当意识、系统联动思维、协同推进能力明显增强，马钢纪检机构“监督保障执行、促进完善发展”作用更加明显，为促进管党治党、企业治理、经济效益能力和水平提升提供了有力的保证。

（一）落实党风廉政建设责任制、推进全面从严治党“四责协同”体制机制全面形成

明确了党委主体责任、纪委监督责任和各级领导班子、领导人员以及各职能机构在党

风廉政建设和反腐败工作中的责任分工和应当承担的领导责任，一体构建了组织领导、责任分解、监督检查、考核评价、问责追究等落实党风廉政建设责任制的完整链条，增强了党风廉政建设和管党治党工作的执行力和有效性；进一步明确了公司党委落实党风廉政建设责任制责任清单、落实党风廉政建设党委主体责任和纪委监督责任的工作方式和流程，从年初谋划党风廉政建设重点工作任务，年中加强日常监督检查，到年末考核评价，验证和总结党风廉政建设落实情况，促进工作形成闭环，提高工作实效。在此基础上，完善领导班子内部监督、“一把手”监督、同级监督和对下级监督各项工作机制，进一步增强了守责、担责、尽责的政治担当。

（二）各级领导人员“四责协同”的思想和行动更加自觉

各级领导班子自觉把学习贯彻落实总书记重要讲话精神作为首要政治任务，贯彻到生产经营、改革发展和党的建设全过程，确保马钢集团“二次创业、转型发展”沿着总书记指明的正确方向阔步前进。把常态化学习贯彻落实习近平总书记重要讲话作为第一议题，开展党委理论中心组学习、专题研讨、领导干部上党课、“三会一课”、主题党日、编发辅导材料、集中宣讲、“万人”实地学习参观等活动，形成了党委牵头组织、纪委协助督促、党委书记带头落实、班子成员踊跃行动、党员职工积极参与的学习实践热潮；制定《关于深入学习贯彻习近平总书记考察调研中国宝武马钢集团重要讲话精神的行动方案》，明确15项51个任务的责任领导、协助领导、责任单位、措施和目标，定期检查工作进展和实际成效；开展“大学习、大宣传、大调研、大落实、大督查”五大行动，做到事事有人盯、有人管、有人干；建立项目化推进机制，实行一人一表，确保任务到岗、责任到人，专人盯办；把贯彻落实情况纳入年度考核，作为督导检查和综合考核的重要内容，形成工作闭环；建立案例式分享机制，及时总结和推广基层典型做法和经验，激励新作为，形成“四责协同”、齐抓共管的行动自觉。

（三）纪检机构协助职责、监督责任、推动作用更为明显

持续保持监督执纪和惩治腐败高压态势，加大信访举报受理和问题线索研判、处置力度，重点围绕采购、销售、工程建设等领域，坚决查处各种违规违纪行为，严肃查处侵害企业利益和职工合法权益的腐败问题。2021年受理各类信访举报和问题线索194件，研判为问题线索143件，办结139件；立案37件，全部办结；运用监督执纪“四种形态”，处置267人。同时，做好监督执纪“后半篇文章”，落实“一案双查”、以案促改等要求，督促指导责任单位落实整改、追责问责，堵塞管理漏洞。坚持抓早抓小，经常性开展纪律教育、案例警示教育，指导基层单位开展廉政专题教育、廉洁从业及法治宣传教育等。持续开展正风肃纪，运用大数据技术对招待费、会议费、差旅费、培训费和公车使用情况开展专项检查，对存在问题及时进行核实查处。深化推进“靠企吃企”、违规经商办企业专项治理，发布马钢禁入名单，禁入企业133家。

（四）“四责协同”为生产经营和改革发展提供了有力支撑和保障

一年来，马钢上下铭记总书记殷殷嘱托，持续深入学习贯彻讲话精神，“一年当作三年干、三年并为一年干”，交出了一份出彩的“马钢答卷”，在大疫大考、整合融合中展

示了国有企业经济强大韧性，实现历史性突破。主责主业进一步聚焦，加快实施新一轮产品产线规划项目，推进产能配套、产品升级和结构调整，打造优特钢精品基地，高炉利用系数、综合铁钢比等一批重点指标创历史最好水平，重型 H 型钢成功用于夏威夷港口建设、加拿大 LNG 等项目，动车组车轮依托中车株机首次以整车方式出口欧洲市场。绿色智慧进一步赋能，绿色发展和“四个一律”指数进步速度居宝武前列，马钢智园、幸福大道等成为马钢靓丽的名片，厂容厂貌成为城市新的景观。

总之，推进“四责协同”，落实全面从严治党各项要求，提高管党治党工作合力，必须紧紧抓住“责任”这个关键，充分发挥党委、纪委、党委书记、班子成员以及相关职能部门的协同作用，细化实化强化党委主体责任、纪委监督责任、党委书记“第一责任”和班子成员“一岗双责”责任，激励各级领导干部协同发力、同频共振，形成工作合力，才能真正把“全面”“从严”贯彻到位，更好地发挥好组织优势，划出“同心圆”、唱响“一支歌”，为实现企业高质量发展提供坚强的组织力和领导力。

紧盯关键少数　突出监督重点　增强监督实效

——首钢长钢公司纪委关于加强对二级单位（部门）“一把手”和领导班子监督的思考与实践

首钢长钢公司纪委　李金柱　申红岗　靳　军

对“一把手”和领导班子的监督，始终是各级纪委监督的重中之重。2021 年，中共中央、北京市委相继印发了《中共中央关于加强对“一把手”和领导班子监督的意见》《北京市关于加强对“一把手”和领导班子监督的若干措施》。两个文件的下发为我们破解“一把手”监督难题，提供了制度依据和方法措施，同时也对我们国有企业基层纪委如何加强“一把手”和领导班子的监督提出了更高要求。为此，首钢长钢公司纪委就落实《意见》《措施》，深入领会精神实质，在加强二级单位（部门）“一把手”和领导班子的监督上，进行了深入的思考和实践，并取得了初步成效。

一、充分认识加强对二级单位（部门）“一把手”和领导班子监督的重要性

二级单位（部门）“一把手”是领导集体的“班长”，是一个单位贯彻公司重大决策部署的第一责任人。领导班子是党员干部队伍的领头羊，是带领和组织干部职工干事创业的带头人。抓住“一把手”和领导班子监督这个关键环节，就抓住了监督工作的“牛鼻子”。上级和公司重大决策部署能不能得到有效贯彻落实，关键在于二级单位（部门）“一把手”和领导班子的认识是否到位、工作是否到位、责任是否到位。“一把手”和领导班子成员的党性修养、思想觉悟、纪法意识，对一个单位（部门）的政治生态和干部职工队伍的作风面貌有着重要的示范引领作用。他们品高行端，就能带动党员干部风气正、纪律严、士气高，反之，则可能给单位政治生态和风气带来消极影响和伤害。首钢长钢公司近年来发生的一些案例也充分证明了这一点。2015 年原销售公司经理张某某因履职尽责不到位，导致下属违规签订“三方协议”，给首钢长钢公司造成重大经济损失，其本人连同涉案的 2 人均被开除党籍，并受到相应法律制裁。此案虽已过去 6 年之久，但给企业造成的影响至今仍未消除。

纲举目张、执本末从。强化对二级单位（部门）“一把手”和领导班子的监督，是确保公司重大决策部署能够落到实处的关键环节，是坚持和加强党的领导、深化全面从严治党的必然要求，是完善监督体系，强化对权力运行制约和监督的重要内容。我们要站在政治和全局的高度，充分认识这项工作的重要性。

二、首钢长钢公司加强对二级单位（部门）“一把手”和领导班子监督的主要做法

首钢长钢公司围绕对二级单位（部门）“一把手”和领导班子监督，形成了一些行之有效的制度机制和方式方法，“一把手”和领导班子自觉接受监督的意识明显增强。

（一）强化教育引导，让监督更有温度

“身之主宰便是心”。习近平总书记多次强调，坚定理想信念，坚守共产党人精神追求，始终是共产党人安身立命的根本。对领导干部来说，思想上的滑坡是最严重的病变，“总开关”没拧紧，缺乏正确的是非观、义利观、权力观、事业观，必然出现各种违纪违法问题。“不教而杀谓之虐，不戒视成谓之暴，慢令致期谓之贼”，因此，强化对“一把手”和领导班子的监督，首先就要从思想上入手，在立根固本上下功夫，教育引导他们筑牢思想堤坝，守住思想底线，拧紧“总开关”。首钢长钢公司纪委每季度组织公司党委成员和二级单位党组织负责人观看警示教育片，并进行学习研讨，交流心得体会；每年举办中层干部警示教育培训班，邀请市纪委、市党校专家教授，为中层干部开展警示教育；组织开展送党规党纪下基层活动，成立宣讲小组，小组成员结合党规党纪，通过先进典型正面引领、反面典型警示警醒，对二级单位“一把手”和领导班子进行教育引导，督促“一把手”和领导班子成员主动把自己摆进去，认真对照身边人、身边事，设身处地反思，不断增强纪律规矩意识，筑牢不想腐的思想堤坝，让监督更有温度。2021 年共赴二级单位送党规党纪 60 余场次近 200 课时。

（二）建立政治生态分析研判机制，让监督更有依据

2021 年 8 月，为进一步压实全面从严治党主体责任，督促二级单位领导人员特别是“一把手”发挥“头雁效应”，做营造良好政治生态的表率，构建“积极向上、干事创业、风清气正、人和气顺”的良好政治生态，首钢长钢公司印发了《政治生态分析研判工作实施办法》，围绕全面从严治党的九个方面，设立了“学巴钢经验 促指标提升”“加强对权力运行和监督”等 30 项评价指标。首钢长钢公司纪委牵头组织党委办公室、组织部、宣传部、法务审计处、武保处、工会等七个部门对 25 个直属党组织及其班子成员每季度开展一次评价，每年进行一次综合研判。分析研判坚持目标引领、问题导向、综合考量的基本原则，既实现精准评价，又起到正向引导作用；既实现有效评价，又有利于发现和解决问题。对照指标评价体系，点出特色做法、显著成效，指出突出问题、风险隐患，形成《政治生态建设工作评价表》，评价指标结果好的亮绿灯，正常的亮蓝灯，警示的亮黄灯。另一方面强化结果运用，研判评价情况每季报公司党委，便于公司党委全面掌握情况，为加强政治生态建设提供决策依据。对直属党组织政治生态分析评价发现的问题，建立问题清单，在基层书记例会中进行通报并督促整改落实。

2021 年，首钢长钢公司共开展季度政治生态研判 2 次，评价结果为好（绿灯）事项 3 个，涉及 8 个党组织，评价结果为警示（黄灯）事项 7 个，涉及 10 个党组织，其余事项评价结果均为正常（蓝灯），并将评价结果在基层党组织书记例会上进行了通报。首钢长钢公司逐步完善政治生态评价研判机制，通过对直属党组织政治生态情况研判分析、对班

子成员精准“画像”，既见“树木”又见“森林”，让监督更有依据。

（三）开展廉政工作“六必谈”，让监督更加有效

2021年7月，为加强党组织自上而下的监督，充分发挥各级党组织和纪检组织近距离监督作用，督促二级单位领导班子其他成员履行“一岗双责”，推动上级“一把手”抓好下级“一把手”，落实好“一把手”第一责任人职责，贯通运用监督执纪“四种形态”。首钢长钢公司纪委主动作为，从实际出发，紧盯“关键人”“关键岗”“关键点”，把深入开展廉政谈话作为监督的切入点和着力点，制定了《廉政工作“六必谈”工作方案》，对开展“六必谈”的情形、内容、程序及结果运用进行了明确规定。要求针对不同的谈话对象的不同特点、不同情况，采取不同的方式和方法，层层开展监督，层层进行谈话。

公司各单位谈话根据不同情形，坚持纪法情理融合，切实提高警示谈话质量，提升监督质效。当遇到干部选拔任用、“两委”换届的必谈，既谈政治、专业学习，也谈人格修养；廉政风险较高的关键岗位人员、重大工程项目相关责任人履职前、因公因私出国（境）人员必谈，2021年首钢长钢公司计划对8号高炉实施大修，为保证项目廉洁安全高效稳顺实施，采购中心、设备处党政负责人，严格按照“六必谈”要求，对8号高炉系列大修工程项目涉及的50余人进行了廉政谈话，既谈了廉洁从业之责，也谈了安全生产之责，坚决防止工程“上马”，干部“下马”；重要节假日必谈，既谈制止餐饮浪费行为，也谈严防“四风”问题反弹；发现苗头性、倾向性问题的必谈，2021年10月，首钢长钢公司纪委针对废钢采购、验收、使用等环节存在的廉政风险及暴露出的问题，就如何防范化解廉政风险，专门约谈提醒了采购中心、质量监督站和炼钢厂党政“一把手”，既谈了存在的问题，也谈了问题可能导致的后果；办理婚丧事宜的必谈，既谈应该遵守的相关制度规定，也谈违反婚丧相关制度会受到的处理；受到党纪处分、公司通报考核的必谈，既谈受到党纪处分、公司处理后的整改落实情况，也谈受党纪处分、公司处理人员的思想动态。2021年，各二级单位共进行廉政工作“六必谈”280余次，1140余人次接受廉政谈话。通过廉政“六必谈”工作的开展，二级单位“一把手”及班子成员主动监督、靠前监督意识明显增强，切实提升了监督质效。

（四）完善派驻纪检组长工作机制，让监督更加精准

首钢长钢公司不断完善派驻纪检组长工作机制，充分利用派驻纪检组长距离近、情况熟、手段活的优势，发挥其“前哨”“探头”作用，对廉政风险较大单位“一把手”和领导班子实施精准监督，破解了高风险单位监督难题。

2021年，首钢长钢公司纪委在总结前期派驻纪检组长工作经验的基础上，根据《中共中央关于加强对“一把手”和领导班子监督的意见》《北京市关于加强对“一把手”和领导班子监督的若干措施》及集团公司纪委要求，进一步明确了派驻纪检组长要把驻在单位“一把手”和班子成员作为监督的重点，靠前监督、重心下沉，创新监督方式，紧盯权力运行的关键环节，抓牢提升监督质量的“牛鼻子”。

各派驻纪检组长从正、反两方面入手，结合党史学习教育，为驻在单位班子成员讲授党规党纪7次，督促引导驻在单位“一把手”和领导班子成员用党的科学理论武装头脑，坚定信仰信念，增强政治定力；因地制宜开展警示教育，督促驻在单位用身边事教育身边

人，开展警示教育进班组活动20余次，常敲警钟，常打“疫苗”，常学纪法，切实筑牢思想防线。

各派驻纪检组长瞄准关键点、盯紧关键处，强化对“关键少数”监督。一方面，紧盯驻在单位制度执行是否有力，权力运行是否规范，尤其是“一把手”是否在执行制度中存在开“天窗”。盯紧“三重一大”事项这个“一把手”行使权力的关键环节。通过列席会议、下发提醒、听取汇报、抽查检查等方式，对各驻在单位“三重一大”事项集体决策制度落实情况进行全方位“体检”。2021年，各派驻纪检组长列席驻在单位党委、支委会、厂处长办公会70余次。对采购中心经理办公会未严格按程序审议的两项议题提出了整改建议，进一步规范了集体决策过程。另一方面，紧盯驻在单位制度是否严密。2021年10月20日，派驻采购中心纪检组长，在对废钢验收环节进行日常监督时发现，采购中心、质量监督站、炼钢厂对某供货商掺杂杂质超标的一车重型废钢，严格按制度规定进行了整车拒付处理，但对当日该供货商已进厂未卸车的剩余两车同类废钢，如何处置？制度和合同均没有规定，而以往处置类似情况，是由采购中心、质量监督站、炼钢厂各自派主管领导商议后形成处理意见，不排除会存在人为因素。针对此管理漏洞，结合此次现场处置情况，提出了监督建议，验收人员如发现同一废钢供货商出现整车拒付的情况时，对该供货商已进厂未卸货的车辆，不得作退货处理，按质量标准进行验收。并要求采购中心在合同中进行了明确约定。这一处置方式的建立，不仅堵塞了管理漏洞，防范了廉政风险，实现了用制度管权，按制度办事，靠制度管人，同时也对废钢供货商形成了有效震慑。

三、实践中存在的主要问题

随着监督工作的不断深入，首钢长钢公司围绕对二级单位（部门）“一把手”和领导班子监督，一些行之有效的制度机制和方式方法初步形成，但我们也要清醒地看到，对“一把手”和领导班子监督问题依然存在。

（一）“一把手”主动接受监督的意识还不强

个别“一把手”不能正确对待和处理对自己的监督，接受监督的自觉性较差。

（二）监督能力还有待提升

个别纪检干部政治敏锐性和鉴别力还有待提升，业务工作上还存在薄弱环节和不足。

四、加强对二级单位“一把手”和领导班子监督的思考

（一）严格落实监督职责，增强“一把手”接受监督的自觉性

严肃惩处和警示教育相结合，对涉及“一把手”的问题线索，要严查快办、优先处置；采取通报曝光、警示教育、廉政谈话等多种形式，督促党组织“一把手”强化自我监督，使“一把手”明纪法、知敬畏、守底线。健全完善“一把手”履职权力清单，明晰权力边际，减少推诿失责和不作为担当现象，减少权力失控，防止腐败问题滋生。

（二）强化上级和同级监督，增强权力监督的针对性

坚持和完善“三重一大”集体决策机制，加强上级“一把手”对下级“一把手”和

领导班子监督。严格落实廉政“六必谈”，各二级单位纪委书记要加强对同级领导班子成员履职尽责和廉洁自律情况的谈话提醒工作，公司纪委每季度听取二级单位纪委书记开展谈话提醒工作的汇报。不断完善政治生态分析研判工作机制，构建“一人一档”廉政档案库，切实做到全方位监督、立体化监督、全程化监督。

（三）做实民主监督，增强权力监督的广泛性

进一步明确“一把手”权力公开清单的内容，对重大问题决策、重要事项的处理、监督结果公开、涉及职工群众利益等问题，要充分发挥职工群众、舆论监督作用，织密监督网。

（四）加强纪检干部队伍建设，提升监督能力和质效

通过开展业务培训、讨论交流等活动，加强纪检干部队伍思想建设和能力建设，切实增强监督执纪问责能力，使纪检干部做到敢监督、会监督、善监督，进一步提升监督质效。

“室企地”联合办案模式的实践与思考

山钢集团纪委　秦立彬　张春宝　张　明

在十九届中央纪委四次全会上，习近平总书记指出，要坚决查处各种风险背后的腐败问题，深化金融领域反腐败工作，加大国有企业反腐力度，加强国家资源、国有资产管理，查处地方债务风险中隐藏的腐败问题。为落实习近平总书记“加大国有企业反腐力度”的要求，山东钢铁集团有限公司纪委、山东省监委驻山钢集团监察专员办公室（以下简称“山钢纪委”）在全省率先实践“室企地”联合办案模式，积极探索联合办案模式下的实施路径。

一、课题提出的背景

国有企业是国家发展和建设的中坚力量，深入推进国有企业纪检监察体制改革，是解决国有企业管党治党突出问题的有效举措，也是健全和完善党和国家监督体系的重要内容。党的十九大以来，随着国有企业纪检监察体制改革持续推进，各级监察委员会向国有企业派驻监察专员，授予国有企业纪检监察机构一定的监察权。从实践来看，国有企业监察机构被授予了一定的职务违法调查的权限，但在涉嫌职务犯罪案件的调查方面权限、力度受限，需联合或上级监委指定地方监委共同办理。国有企业涉嫌职务犯罪案件往往通过指定管辖、协商管辖等联合办案的方式进行办理，但实践中仍存在联合办案运行机制不够完善、信息沟通不够顺畅、程序衔接不够精准等问题。如何落实习近平总书记对国有企业提出的反腐败要求，做好国有企业职务犯罪案件办理过程中的协作配合和程序衔接，是摆在我们面前的现实课题。

二、主要思路和做法

（一）强化初步核实精准到位，确保“室企地”联合办案站得住、立得稳

初步核实是案件办理工作的起点，既衔接问题线索处置程序，又衔接立案审查调查程序，做好初步核实工作，提高初步核实质量，严谨细致、审慎稳妥处置问题线索，能很好地预判案件的走向、规模和复杂程度，影响着“室企地”联合办案的成效。山钢纪委充分发挥初步核实工作的“桥头堡”作用，为后续立案工作打下坚实基础。

1. 精挑细选成立初核组

根据规定，纪检监察机构采取初步核实方式处置问题线索，应当制定工作方案，成立核查组，履行审批程序。初步核实工作做得好不好，能否取得成功的关键在于选优配强核

查组成员，山钢纪委按照"选硬人、打硬仗"的选人思路，一方面按照忠诚、干净、担当的要求，挑选有相当资历和经验的同志担任核查组组长；另一方面根据初步核实期间工作保密要求高、取证限制多、安全风险大、敏感性强的特点，选派政治素质强、专业水平高的精干力量充实到核查组中。

2. 找准初核工作重点

初步核实的任务，就是要了解、核实所反映的主要问题是否存在，以及是否需要追究审查调查对象纪律法律责任，为立案提供依据。面对纷繁复杂的情况和线索，要对已经掌握的材料进行认真分析，寻找案件突破口，查实后即可立案，这是初步核实阶段的主要任务。结合山钢纪委初核工作实践来说，工作重点首先是从反映的众多问题中筛选出事实整体轮廓较清晰、掌握信息较全面、情节较完整的问题点，作为突破口；其次，从最易查清、取证难度较小、容易取得客观证据的问题点入手，作为突破口，如某个招投标项目、某笔资金开支，房产、车子等价值较大的资产等，有迹可循，有物可依。如山钢纪委联合地方监委办理的庄某某受贿案中，举报反映其问题很多，核查组经过分析研判，其受贿的一辆汽车容易取得客观证据，于是通过调取其购买汽车的发票、转账信息、付款人信息等客观证据，迅速证实了线索的真实性。

3. 及时采取有关措施

《中华人民共和国监察法》规定的监察机构有权在初核阶段采取的措施有谈话、询问、查询、调取、勘验检查、鉴定6种，还可以提请有关机关采取技术调查、限制出境2种措施。山钢纪委结合国有企业实际，初步核实工作中主要采取查询、调取等措施。通过查询、调取，了解掌握被核查人员个人信息、家庭情况、资产情况、房产车辆等信息，了解掌握有关涉案人员、单位工商注册信息以及会议纪要、工程资料、项目审批材料等信息，关注重点人、大额钱、重要事，结合线索分析涉案信息、资金交易，寻找突破口。如山钢纪委联合地方监委办理的董某某涉嫌受贿、渎职案中，通过查询、调取，发现有些供应商与董某某及家人存在大额资金往来，且所开展业务在其任职期间、职权范围之内，迅速建立了利益输送和请托事项的关联图，提高了初步核实质效。

4. 把握工作方式方法

在初步核实工作中，保密工作是第一位的，一旦信息泄露，可能出现各种对抗组织审查的情况，有的转移隐匿财产、销毁物证书证、唆使重要涉案人员串供逃匿，有的到处说情、施加压力，有的甚至出现被核查人员自杀、自残等极端情况。实践中，山钢纪委通过掩护作业，如在调取企业内部干部人事信息、廉洁档案、会议纪要等书证时，同时调取多份或多人，把实际需要的夹杂其中，或者以巡察工作为掩护，调取案件的相关资料等，避免和减少初步核实过程中的阻力和干扰。

（二）明晰协作配合机制，确保"室企地"联合办案分工明、效率高

1. 上级纪委监委领导和支持是"室企地"联合办案成功的保证

"室企地"联合办案，首先要准确把握上与下的关系，必须始终坚持查办腐败案件以上级纪委监委领导为主的原则。初步核实工作完成后，对于涉嫌职务犯罪的监察对象，国有企业纪检监察机构要及时向上级纪委监委汇报。上级纪委监委可以根据案件具体情况进行指定管辖，也可以根据管辖权的相关规定，指导企业纪检监察机构和地方纪委监委协商

确定管辖。案件办理过程中，上级纪委监委统筹协调，明确工作思路，做好督促指导，为案件的顺利办理提供坚强后盾。在“室企地”联合办案实践中，山东省纪委监委对山钢纪委提报的初核报告十分重视，特事特办，使案件能够在较短时间内得以报批。案件办理过程中，省纪委监委领导及时听取阶段工作进展情况汇报，就案件办理和“室企地”联合办案模式提出指导性意见，确保审查调查稳妥扎实，为案件高效办理提供了坚强保障。

2. 企地协作配合是“室企地”联合办案成功的关键

“室企地”联合办案，关键在于各方要心往一处想、劲往一处使，国有企业纪检监察机构发挥掌握案发单位政治生态、了解权力运行特点、熟悉内部业务流程、掌握审查调查对象具体情况的优势，地方纪委监委发挥统筹资源能力强、精通审查调查业务的优势，各司其职、各展所长，协作配合推进案件查处。

在“室企地”联合办案中，一般由国有企业纪检监察机构对涉嫌违纪问题立案，地方纪委监委对涉嫌职务违法、职务犯罪问题立案，由地方监委采取留置措施。国有企业纪委与地方监委组成联合审查调查组的，联合审查调查组的人员组成、职责分工等，由双方协商确定并形成书面意见。如在董某某案中，山钢纪委与地市监委协作配合，在地市监委对董某某采取监察调查措施的同时，山钢纪委也对其进行纪律审查措施，随后由地市监委对其采取留置措施。山钢纪委抽调8名政治能力强、业务素质高的纪检监察干部与地市监委审查调查人员组成联合专案组集中办公，明确职责，统一指挥，探索人员混合编组、措施交叉渗透、信息交互共享，形成优势互补、合力攻坚的格局和态势，保证了案件快速突破和顺利推进。

（三）厘清纪法贯通衔接，确保“室企地”联合办案配合好、程序顺

习近平总书记多次强调，要严格依照纪律和法律的尺度，把执纪和执法贯通起来。“室企地”要充分发挥联合办案优势，增强纪法思维，运用好党章党规党纪和宪法法律法规“两把尺子”，履行好监督执纪问责和监督调查处置双重职责，在执纪审查和依法调查、适用纪律和适用法律、执纪审理和执法审理等方面实现有机融合，同向发力，精准发力。一是国有企业纪检监察机构应当全面梳理所掌握的审查调查对象问题线索及相关材料，如未处置的问题线索原件、已处置但尚未办结的问题线索及办理材料原件、已办结问题线索的原件及办理情况、初核阶段调取或查询的证据资料、初核报告等，建立明细，分门别类，经批准后将相关材料移交联合专案组。除了对初核报告反映出的问题进行对之外，对前期初核过程中的合理怀疑、正核实尚未完结的问题以及企业的政治生态、行业特点、管理流程等进行深入沟通，确保准确研判。二是审查调查过程中，对于审查对象涉及的违纪问题，参与联合办案的国有企业纪检监察人员要及时固定相关证据，如审查对象笔录、证人笔录、查询和调取的书证材料等，核对违纪事实材料，撰写审查报告，为下一步移交审理创造良好条件。三是地方监委案件审理后，需要国有企业做出处分决定的，应当将审理报告、起诉意见书、忏悔反思材料、涉案财物报告以及审查调查对象见面核对的违纪违法事实材料等移送国有企业纪检监察机构。国有企业纪检监察机构根据规定审理并履行有关处分程序，其中，对于已经地方纪委监委审理认定的涉嫌职务犯罪问题，国有企业纪检监察机构不需要再进行审理。审理谈话、宣布处分决定，以企业纪检监察机构为主，地方监委全力配合。

（四）做好案件“后半篇文章”，确保“室企地”联合办案有力度、有成效

做好以案促改、以案促建、以案促治，促进企地双方政治生态向上向善，是推进“室企地”联合办案机制的关键一环。省纪委监委相关监督检查室发挥信息全、政策熟的优势，对涉案单位、国企领域存在的廉政风险、制度漏洞作更加细致、系统的分析研判，指导国有企业纪检监察机构通过制发纪检监察建议书、督促有关企业开展警示教育、完善内部管理制度等。国有企业纪检监察机构、地方纪委监委地要发挥距离近、情况明的优势，加强对案发单位或重点领域落实纪检监察建议要求的全过程监督，做到一案一分析，结合当地国有企业实际和政治生态，开展有针对性的警示教育等，发挥案件办理的最大效应。做实案件办理“最后一公里”。如在“室企地”联合办案查处山钢集团营销领域系列案件中，省纪委监委监督检查室系统分析了山钢集团营销领域存在的廉洁风险和制度漏洞，从全面从严治党、党性锻炼和纪律教育、权力运行机制、监督体系等方面查找案发原因，有针对性地向山钢党委提出了关于进一步强化营销领域廉洁风险防控的纪检监察建议。山钢党委高度重视，专门召开党委会研究，责成案发单位做好纪检监察建议的落实工作，山钢纪委充分发挥距离近、情况明的优势，对纪检监察建议的落实情况进行全过程监督，案发单位深刻吸取案件教训，坚持靶向整治与抓源治本相结合，严格贯彻落实省纪委监委、集团党委要求，以案为鉴广泛开展警示教育，突出问题导向深剖案发原因，强化制度防控堵塞管理漏洞，深入开展营销领域突出问题专项治理，在全面提升治理效能、精准深入推进重点领域反腐败斗争等方面再加压再加力，重塑风清气正的政治生态，取得较好的政治效果、纪法效果和社会效果。

三、几点启示

（一）“室企地”联合办案，必须紧紧依靠上级纪委监委和同级党委的坚强领导和有力支持

加强党对国有企业反腐败工作集中统一领导，推进企地协作配合，是一体推进党的纪律检查体制改革、国家监察体制改革和国有企业纪检监察机构改革，构建权威高效的反腐败体制机制的重要举措。重要时段和关键节点省纪委监委精心指导，协调推动，集团党委书记全力支持，及时做出批示和要求，是“室企地”联合办案取得成功的根本保证。

（二）“室企地”联合办案，必须建立完善协作配合机制

一方面建立完善协商管辖、移交案件和指定管辖，审查调查，案件审理和移送起诉，以案促改等方面的协作配合机制。另一方面对“室企地”联合办案的对象、方式、工作程序等进行规范，明确规定室、企、地应当围绕联合办理的案件，按照各自职能职责承担工作任务，取得 1+1+1>3 的效果。

（三）“室企地”联合办案，必须坚持治建并举、标本兼治，把反腐败成果转化成国有企业治理效能

坚决克服单纯办案思想，从查办案件开始就把推动“改”和“治”的理念贯通到联

合办案全过程，做到既要查清问题，又要深挖根源、提出对策。督促相关党委、行业主管部门切实扛起主体责任和监管责任，在支持配合纪检监察机构查办案件的同时，同步思考谋划整改治理和监督警示。针对案件暴露的深层次问题，研究制定既管当下、更治长远的措施，进一步放大查处一案、警示一片、治理一方的治本效果。

四、结束语

随着国有企业党风廉政建设和反腐败斗争的不断深入推进，派驻或者派出国有企业的监察机构、监察专员要行使好监察职权，就必须不断研究新情况、提出新思路、解决新问题，把国家监察体制改革中要求“实现执纪审查与依法调查有效统一”“把制度优势转化为治理效能”在国有企业落到实处，这样才能为国有企业的健康发展提供坚强有力的组织保证和法律保证，推进国有企业反腐倡廉工作和治理体系、治理能力迈上新台阶。

运用守正创新理念推动国有企业纪检监察工作高质量发展的思考和举措

河钢集团纪委　卢耀豪　李　嘉

中央纪委常委会多次强调，坚持实事求是、守正创新，持续推进新时代纪检监察工作高质量发展。守正创新，即坚守正道、勇于创新。守正是创新的前提和基础，创新是守正的目的和路径，二者辩证统一、相辅相成。坚持守正创新是落实稳中求进工作总基调的内在要求，旨在以守正把牢“稳”的基调和大局，以创新实现“进”的目标和结果。河钢集团纪委全面对标对表党中央决策部署，坚定不移推进全面从严治党和严格依法治企，以守正把握“实事”基础，以创新“求”履职尽责之“是”，积极探索和思考了国有企业纪检监察机关从理念思路、体制机制、方式方法、能力作风等方面，推动纪检监察工作不断开创新局面、迈上新台阶、再上新水平的工作思路、把握原则和具体举措。

一、国企纪检监察守正创新的主要思路

以习近平新时代中国特色社会主义思想为指导，深入贯彻党的十九大和十九届历次全会精神，落实中纪委十九届六次全会精神，结合企业党委工作部署，增强“四个意识”，坚定“四个自信”，做到“两个维护”，在继承中坚守初心担当使命，在发展中与时俱进开拓创新，一以贯之、坚定不移推进全面从严治党和严格依法治企，充分发挥监督保障执行、促进完善发展作用，推动纪检监察工作闯出新路子、展现新作为、彰显新担当、谱写新篇章，开创企业党风廉政建设和反腐败工作新局面，为企业转型升级和高质量发展做出新的更大贡献。

二、国企纪检监察守正创新的基本原则

纪检监察工作是不断深化、巩固、发展的过程，高质量发展不可能一蹴而就，必须在坚持中巩固、在巩固中发展，在量变的积累中实现质变，国企纪检监察守正创新需做到三个“一以贯之”，三个“探索创新”。

一是一以贯之学懂弄通做实习近平新时代中国特色社会主义思想，不断探索创新学习方式方法，武装头脑、指导实践、推动工作，在正风肃纪反腐实践中提高政治判断力、政治领悟力、政治执行力。

二是一以贯之督促党员、干部坚决捍卫“两个确立”、深入践行“两个维护”，不断探索创新政治监督方式，健全完善全面从严治党和严格依法治企监督体系，全面提升监督治理效能。

三是一以贯之贯彻落实全面从严治党方针和要求，不断探索创新把“三不”一体推进贯彻正风肃纪反腐全过程，始终保持“不敢”的有力震慑、强化“不能”的规范约束、养成“不想”的高度自觉。

三、国企纪检监察守正创新的工作举措

（一）坚定政治方向，创新思维理念

在系统谋划、统筹推进的基础上，不断改变思考和处理问题的固化观念和习惯，增强善于研究新情况、解决新问题的能力，增强纪检监察工作的创造性和实效性。

一是进一步提升战略思维能力。充分认识做好新时代纪检监察工作的重大意义，心怀“国之大者”，坚决做到“两个维护”，善于从政治上发现、分析、解决问题，从政治高度理解和把握国际国内的形势变化，以强有力的政治监督推动各级党组织政治生活气象更新、政治生态向善向好。坚持党中央重大决策部署到哪里，监督检查就跟进到哪里，找准找实服务党和国家工作大局的着力点。充分发挥纪检监察机关监督保障执行、促进完善发展作用，督促党员干部以更加严实的作风贯彻工作要求，落实任务目标，以监督促进各级党组织固初心、强根本，勇担当、善作为，防风险、守底线，有力激发各级单位推进高质量发展的动能，全面推进国企改革三年行动和企业转型升级取得显著成效，为加快企业改革发展做出新贡献。

二是进一步提升系统思维能力。推动集团纪检监察干部习惯以系统观念、系统思维更好地从整体上认识和把握纪检监察各项工作的本质特征、内在联系和发展规律，增强工作的前瞻性、全局性。把主体责任、监督责任、协助职责统筹起来，履行好监督责任、发挥好协助职责，为同级党组织履行主体责任当好参谋助手，同时加强对党组织特别是“一把手”和领导班子成员的监督，实现“两个责任”贯通联动、一体履行。把监督体系与治理体系对接起来，把监督融入企业治理之中，在权力运行过程中发现问题、纠正偏差、防范风险，充分释放监督治理效能。把正风肃纪反腐与深化改革、完善制度、促进治理、推动发展贯通起来，把查办案件与推动深化改革、堵塞制度漏洞结合起来，把整治作风突出问题与完善体制机制、强化监督监管结合起来，实现查处一案、警示一片、治理一方的效果。

三是进一步提升辩证思维能力。推动纪检监察干部善于抓住纪检监察工作中的主要矛盾和矛盾的主要方面，确保各项工作统筹协调有序推进。把握“稳”与“进”，坚持稳中有进、进中求好，保持政治定力，坚持无禁区、全覆盖、零容忍，坚持重遏制、强高压、长震慑，坚持改革变革，以改革创新激发内生动力，努力在关键领域、薄弱环节上有所突破。把握“常”与“长”，着力在日常监督、长期监督上大胆探索、实现突破，注重从小事抓起、从细节入手，做到监督常在、形成常态，切实形成监督与接受监督的浓厚氛围和良好习惯。坚持问题导向，一个节点一个节点盯住，一个问题一个问题突破，一个阶段一个阶段推进，做到久久为功、化风成俗。把握“标”与“本”，既坚持不枉不纵、严惩腐败，又通过思想感化促使犯错误的人真心悔过，通过以案促改，完善制度机制，加强思想教育，不断巩固发展反腐败斗争压倒性胜利。

（二）坚守职责使命，创新体制机制

主动适应治理体系和治理能力现代化要求，不断总结经验，探索创新，健全监督体系，完善“三不”一体推进的体制机制，促进制度优势向治理效能转化。

一是进一步健全监督全覆盖体系。健全完善以党内监督为主导的监督机制，推动党委全面监督、纪委专责监督、党的工作部门职能监督、党的基层组织日常监督、党员民主监督等有机结合、融为一体。推动巡视巡察、纪检监察、财务稽核、独立审计、法务合规、职工民主等各类监督贯通融合、一体发力，构建上下协调联动，决策权、执行权、监督权既相互制约又相互协调的“六位一体”监督体系。发挥好监督工作联席会议作用，构建监督体系信息平台，持续健全完善监督力量联动、监督信息共享、监督成果运用等工作机制，形成权力运行和风险防控监督贯通体系。进一步深化效能立项监督工作，以“提升企业管理、提高经济效益，促全员廉洁从业”的“两提一促”为目标，探索把监督融入企业发展全过程，聚焦体制性障碍、机制性梗阻、政策性创新，通过监督发现问题、督促整改、完善制度机制，推动企业全面从严治党和严格依法治企制度优势转化为治理效能。

二是进一步完善“三不”一体推进机制。把一体推进“三不”理念融入纪检监察工作全过程各方面，坚持整体把握、一体谋划，同向发力、同时发力，系统施治、标本兼治。突出惩治功能，持续释放“不敢腐”的强力震慑，坚持把“严”的主基调贯穿始终，重点查处政治问题和经济问题交织的腐败案件，着力整治职工群众身边腐败和作风问题，精准运用“四种形态”，净化政治生态。加强监督制约，织密压实“不能腐”的制度机制。完善权力配置、运行、监督和责任追究的制度机制，构建齐抓共治工作格局，积极探索对一把手监督和同级监督的有效办法，完善重点领域监督机制改革和制度建设，形成靠制度管权、管事、管人的长效机制。实施查结典型案件的通报、剖析、警示、建议、回访“五步工作法”，做实监督执纪和审查调查“后半篇文章”，深化以案为鉴、以案促改，从正反两方面典型中吸取经验教训，筑牢思想防线，推动查处、整改、治理贯通融合，形成“三不”互相支撑、共同推进的局面。

三是进一步深化纪检监察体制改革。带头加强政治建设，始终铭记打铁必须自身硬，从严从实强化自我监督，打造一支忠诚干净担当的纪检监察铁军，推动纪检监察改革创新和高质量发展向深处推进。认真落实双重领导体制，严格执行请示报告制度，鼓励所属各单位结合自身特点，兼顾地理区位、工序划分和业务类型等，积极探索区域化派驻监督的有效形式。进一步优化查办案件工作领导体制，完善实施“集中联合交叉办案”和“交流培养挂职锻炼”工作，巩固“两个为主”生命力。突出专业能力提升，锤炼过硬作风，学习贯彻《中国共产党纪律检查委员会工作条例》，坚持以案为教、以干代训，边学习、边调研、边工作、边总结，开展重点课题研究，办好讲堂、论坛等能力提升平台，组织模拟办案练兵赛，增强纪检监察干部单兵实战能力和兵团作战能力。强化自我约束，弘扬忠诚履职、知重负重、脚踏实地、苦干实干的奋斗精神，涵养严实深细的工作作风，对执纪违纪、执法违法者“零容忍”，严防“灯下黑”，以政治过硬、本领高强的素质能力不负重托。

（三）坚持实事求是，创新方式方法

牢牢把握实事求是这一新时代纪检监察工作的生命线，创新正风肃纪反腐方式方法，

精准发现问题、处置线索、把握政策，保障纪检监察各项工作高质量发展。

一是进一步聚焦监督主责。监督企业重点工作扎实有效，助推各级党组织既把方向作部署，又抓监督管落实，确保企业重点工作落地见效。建立健全政治生态监测评估体系，着力深化落实政治生态监测评估工作，努力使政治生态建设任务具体化、项目化，推动各单位党组织切实履行全面从严治党政治责任。坚持以问题为导向，以问责为抓手，把政治监督融入日常、抓在经常，综合运用专项检查、党建核查、巡察整改、年度考核等手段发现问题、精准问责、应用成果。规范纪律检查建议书、监察建议书、效能监督建议书和工作提示函等“三书一函”，充实监督手段。推动监督融入企业治理，积极交流监督有效做法和经验，研究解决存在的问题，以点带面助推企业治理效能提升。深化大数据和信息技术应用，依靠科技赋能不断提升监督质效。

二是进一步强化作风建设。持之以恒落实中央八项规定及其实施细则精神，党风党纪一起抓、正风肃纪一体抓，破立并重、纠树并举，大力弘扬新风正气。深入开展纠正“四风”和作风纪律专项整治，紧盯在推进高质量发展过程中敷衍应付、应景造势，特别是搞“包装式”“洒水式”“一刀切式”落实、“穿新鞋走老路”等问题，强化监督、严格执纪，推动各项工作部署落地见效。从基层一线岗位员工以及老同志中选聘一批正风肃纪监督员，进一步让职工群众知道监督、参与监督，让党员干部感受到监督、习惯被监督。探索创新作风建设新的有效途径，继承弘扬党的光荣传统和优良作风，把好传统带进新征程，将好作风弘扬在新时代，让求真务实、清正廉洁的新风正气在企业不断充盈。

三是进一步规范审查调查工作。精准把握审查调查在纪检监察工作格局中的定位，牢固树立“审查调查是强而有力的监督形式”的理念，牢牢把握政治性、政策性和实践性要求，惩戒与教育相结合，将思想政治工作贯穿始终，既体现惩治腐败力度，又体现治病救人温度。坚持实事求是、依规依纪依法，完善监督执纪执法程序文书，守牢安全底线，全面强化纪律意识、法治意识、程序意识和证据意识。准确稳妥运用“四种形态”，综合考虑事实证据、思想态度、量纪量法标准，切实把监督和纪律挺在前面，对苗头性、倾向性问题早发现、早处置、早纠正，实现政治效果、纪法效果和社会效果的有机统一。坚持“三个区分开来”，紧盯重点人、重点事和关键领域、关键环节，坚决查处各种风险背后的腐败问题，对明知故犯和无心之过、肆意违规和改革失误、蓄意谋私和因公差错等区别对待、恰当处理。

四是进一步凸显巡察利剑作用。贯彻巡察工作方针，牢牢把握政治巡察职能定位，全方位、全流程、全要素接受上级巡视办指导督导。在企业内部实施党委巡察全覆盖，进一步健全完善巡察工作系列制度，提升巡察工作科学化、制度化、规范化水平。准确把握政治和业务的关系，坚持从政治上看业务，从问题上看责任，督促各级党委提高政治站位，把职能责任履行到位，推动上级决策部署在基层不折不扣贯彻落实。实施上下联动、分类推进，在组织常规巡察的同时，结合企业实际需要和专业领域特点，建立与其他监督贯通融合、协同高效的监督工作机制，综合用好巡察成果，精准处置巡察移交线索，压紧压实巡察整改主体责任。

五是进一步巩固廉洁从业根基。凝聚各方合力，建立健全党委统一领导，党政齐抓共管，纪委组织协调，相关部门各司其职，干部职工共同参与的廉洁文化建设领导体制和工作机制。完善廉洁教育融入领导干部培养、选拔、管理、使用全过程机制，培育党员干部的政治气节、政治风骨和纪法意识。创新党纪国法和思想道德教育方式方法，上好讲好纪委书记专题党课和纪检委员微党课，筑牢党员干部思想道德防线。开展廉洁文化作品征集活动，将社会公德、职业道德、家庭美德、个人品德有机结合，打造各具特色的廉洁文化载体和廉洁示范园地，推进“清廉企业”文化建设。遵循传播规律，聚合主流媒体资源优势，发挥网络媒体作用，推动化风成俗，持续打造手指尖上的廉洁从业课堂、互联网上的廉洁文化园地，发挥企业网站清廉门户，纪检监察系统“公众号”、手机报的宣教作用，促进廉洁文化建设从“指尖”到“心头”。

守正是创新的基础和前提，创新是守正的继承和发展，二者相伴相随、互促共进，创新体现了认识论、方法论、实践论的有机统一。国有企业纪检监察守正创新应当立足国企属性，准确把握形势任务的变与不变，锚定新时代企业全面从严治党和严格依法治企目标接续前进，在坚持好传统、好做法基础上，准确识变、科学应变、主动求变，不断推进理念创新、制度创新、实践创新，引领纪检监察工作在守正创新中高质量发展。

新时代国有企业推动政治监督具体化常态化的探索与实践

中钢集团纪委

党的十八大以来，以习近平同志为核心的党中央在推进全面从严治党的实践过程中，把“政治监督”作为一个明确概念和重要任务提出，并在实践中不断丰富政治监督的内涵。习近平总书记多次对加强政治监督提出明确要求，在十九届中央纪委六次全会上，习近平总书记强调“要加强政治监督，确保完整、准确、全面贯彻新发展理念，引导督促党员、干部真正悟透党中央大政方针，时时处处向党中央看齐，扎扎实实贯彻党中央决策部署”。“时时处处”和“扎扎实实”突显出对政治监督常态化和具体化的要求。如何在国有企业有效落实政治监督、推进政治监督具体化常态化是国有企业在实践中需要探索和回答的时代课题。中国中钢集团有限公司纪委（以下简称中钢集团纪委）认真学习贯彻落实习近平新时代中国特色社会主义思想，在日常工作中积极探索推进政治监督具体化常态化的做法和经验，着力提升政治监督的质效。

一、新时代国有企业推动政治监督具体化常态化的重要意义

（一）政治监督具体化常态化是“两个维护”的应有之义

新时代强化政治监督的根本目的是坚持和加强党的全面领导，政治监督的根本任务就是“两个维护”。“两个维护”不是抽象的而是具体的，要落实到具体行动中，要加强对坚持中国特色社会主义制度、落实党中央重大决策部署和习近平总书记重要指示批示精神、落实全面从严治党责任情况的监督检查，严明政治纪律和政治规矩，确保党中央政令畅通，确保权力在正确轨道上运行，就离不开具体化常态化的政治监督。

（二）政治监督具体化常态化是在企业改革发展中发挥监督保障执行、促进完善发展作用的必然要求

监督保障执行、促进完善发展，是党的十九大以来管党治党经验的深刻总结，为新时代国有企业纪检工作指明了路径方向。要把监督工作与企业履行职责使命、实现高质量发展的内在要求贯通融合起来，就要找准服务党和国家工作大局、服务企业改革发展的切入点着力点，推动破解体制性障碍、机制性梗阻、政策性创新等方面的具体问题，以具体化常态化的政治监督，保障习近平总书记重要指示批示精神和党中央决策部署在企业落地落实，推动国有企业改革发展取得高质量成果。

（三）政治监督具体化常态化是完善企业监督体系的要求

政治监督在党内监督中居于根本和统领地位。要完善现代国有企业监督体系，必须坚持党的集中统一领导，建立健全党中央统一领导，党委全面监督，纪律检查机关专责监督，党的工作部门职能监督，党的基层组织日常监督，党员民主监督的党内监督体系，推动各监督主体把“讲政治”与具体化常态化的政治监督工作统一起来，推动企业党建、纪检、巡视、组织人事、财务、审计、法律等监督力量形成合力，为企业高质量发展保驾护航。

二、推动政治监督具体化常态化的实践做法

近年来，中钢集团纪委聚焦政治监督的重点任务、工作机制和方法路径三个方面积极探索提升政治监督的质效、推进政治监督具体化常态化，建立政治监督方面的专门制度，明确政治监督的主要内容，推动做到方向明确、内容具体、与日常监督同向发力；完善政治监督的工作机制，推动做到机制常态、监督动态、与日常监督工作机制嵌合；优化政治监督的方法路径，推动做到路径明确、着力精准、与日常监督成效结合融合。

（一）明确政治监督的主要内容

一是推动跟进学习贯彻落实习近平总书记重要指示批示精神。中钢集团党委制定《中钢集团党委深入贯彻落实习近平总书记重要指示批示精神的实施办法》，建立了学习贯彻落实习近平总书记重要讲话指示批示精神督办工作机制。各级党组织以“第一议题”形式认真学习贯彻落实习近平总书记考察调研中国宝武重要讲话精神、关于疫情防控和复工复产、中央企业和钢铁行业、碳达峰碳中和等指示批示精神，以及国企改革三年行动等党中央重大决策部署，结合企业实际制定具体落实措施并跟踪督办。

二是研究制定《中钢集团纪委关于全面加强政治监督工作的指导意见》，总结了政治监督 8 个方面主要内容，包括监督中国特色社会主义制度的根本制度、基本制度和重要制度在集团贯彻执行情况，监督党章党规党纪执行情况，监督用党的创新理论武装情况，监督习近平总书记重要讲话和重要指示批示精神贯彻落实情况，监督党中央重大决策部署和集团党委的落实措施落地见效情况，监督履行全面从严治党政治责任情况，监督保证权力在正确轨道上运行，以及监督各职能部门和所属企业履行职责使命情况，为中钢集团各级纪委上下联动、同向发力明确了跑道。

三是坚持年度规划、动态调整。中钢集团纪委坚持在年度重点工作计划中对标中央纪委和上级纪检组织要求，明确年度政治监督重点任务，并开展“挂图作战”，每月总结分析工作情况，按照新形势要求及时动态调整补充政治监督重点任务，以月度监督报表和季度工作会为抓手对所属企业纪委政治监督工作情况开展动态总结和分析研判，就查漏补缺及时开展跟踪提醒。

（二）完善政治监督的工作机制

一是以制度形式明确构建政治监督的责任体系，着力避免“政治监督只是纪委的事”等惯性思维。《中钢集团纪委关于全面加强政治监督工作的指导意见》对各企业党委、纪

委、党的工作部门、基层党组织、全体党员对应的政治监督职责进行了进一步明确，推动进一步健全党委全面监督、纪委专责监督、党的工作部门职能监督、党的基层组织日常监督、党员民主监督的政治监督体系。中钢集团党委、纪委在党风廉政建设责任制基础上，制定落实全面从严治党“两个责任”的责任清单，建立了各级企业领导班子成员每半年专题汇报一次“一岗双责”、党组织书记做点评的工作机制。

二是健全完善纪检监督与巡视监督贯通融合的工作机制，推动纪检监督与巡视监督在政治监督方面重点聚焦、同向发力。完善纪检和巡视巡察上下联动监督网，聚焦政治监督重点内容，协助党委加强对巡视工作的统筹谋划，通过纪委参加巡视、督导巡视整改专题民主生活会、巡视整改督查、问题线索移交、联动开展日常监督和专项监督等方式，推动巡视监督与纪检监督密切协作配合，共同推进全面从严治党向纵深发展。大力推动国资委巡视反馈问题整改，坚持整改台账、整改实效清单月报跟踪机制，对巡视整改成效开展专项抽查验证，推动全集团修订制度1802项、新建制度1876项，亏损企业户数下降26%。

三是健全完善“大监督”工作机制，推动职能部门在政治监督中形成工作合力。中钢集团纪委坚持每季度组织召开“大监督”工作会议，发挥职能部门职能监督和纪委综合协调作用，各相关职能部门认真执行党风廉政倾向性问题报告制度，推动企业党建、纪检、巡视、组织人事、财务、审计、法律等监督力量形成合力，在针对安全生产、疫情防控、国企改革三年行动、境外反腐、“化公为私”“靠企吃企”专项整治、参股企业治理、企业负责人履职待遇业务支出、乡村振兴等开展的多个专项监督中协同配合，针对经营业务合规管理等七个专项开展综合治理，精准发现问题并推动整改，一体推进不敢腐、不能腐、不想腐。

四是健全完善执纪问责工作机制，把讲政治的要求贯穿于监督执纪问责全过程。完善执纪问责相关工作制度，不断优化执纪问责工作文书模板，细化工作要求，推动把思想政治工作贯穿执纪审查、审理和处分执行等各阶段。对政治监督中发现的违规违纪问题严肃查处问责，针对所属企业个别负责人在疫情防控工作中失职失责的问题，给予党内严重警告处分1人次，约谈提醒1人次，印发纪律检查建议书1份，强化以案促改。

五是建立健全政治生态分析研判机制，引导各级党委把政治监督的触角延伸至基层。研究制定《中钢集团纪委关于党委与纪委定期会商的工作办法》，中钢集团各级纪委书记每年至少两次向同级党委书记报告监督执纪问责工作及巡视巡察工作，重要事项随时沟通报告，互通信息，同向发力。探索制定《政治生态分析研判参考指标》模板，中钢集团和所属企业纪委协助同级党委每年不少于一次集体分析本单位政治生态状况，认真查找领导班子自身存在的突出问题，对本企业生产经营、敏感岗位等领域党风廉政建设情况进行分析，形成专题报告，在党委召开的政治生态分析会上予以通报。

（三）优化政治监督的方法路径

一是深化对全面从严治党责任落实情况的考核指导。在党建责任制考核、党委书记抓党建述职考评中设置相应考核比例，在纪委书记年度履职专项考核中将政治监督重点任务落实情况所占考核比例提升至25%，突出政治监督的重要性。中钢集团纪委赴所属企业开展政治监督调研，把检查党委履行主体责任情况和纪委落实监督责任情况结合起来，增强政治监督协同性。根据调研结果，推动党委印发《关于进一步加强政治监督工作的通知》，对进一步完善学习贯彻落实习近平总书记重要指示批示精神的督办机制、提升党的领导融入公司治理制度化规范化水平、全面从严加强对政治巡视整改落实的监督力度、充分发挥“大监督”作用等具体方面提出改进要求，为推进政治监督具体化常态化提供有效保障。

二是对重点任务实施靶向政治监督。中钢集团纪委在政治监督中，心怀“国之大者”，针对中钢集团和所属企业分类施策，对中钢集团债务重组、业务整合、管理变革、国企改革三年行动、创新驱动发展等重点工作开展政治监督，对所属企业党组织贯彻新发展理念、服务国家重大战略、关键核心技术攻关、安全环保责任落实、疫情防控、乡村振兴等党中央决策部署落实落地情况开展监督检查。对个别企业存在的个性问题，运用纪检建议、约谈提醒等方式及时督促整改；对一定范围内存在的共性问题，及时开展专项检查、集中整治、综合治理，既见“树木”又见“森林”，增强政治监督综合效果。

三是对违反政治纪律问题优先处置。切实发挥纪委专责监督作用，把政治监督贯穿监督执纪问责全过程、各方面，综合运用执纪问责、组织处理、纪律处分等手段，精准运用监督执纪“四种形态”，对违反政治纪律的检举控告，优先办理、优先处置、优先答复。审查审理处置违纪违法案件时，把违反政治纪律方面问题放在首位，做到必查必审。

四是运用信息化手段助力政治监督。运用每月上报的日常监督表，探索建立集团纪委政治监督情况数据库。持续更新完善领导干部“廉政档案”，健全完善监督对象的基础信息数据库。积极探索“智慧监督”，对公务用车安装 GPS 并开展线上监督，通过 ERP 系统实现禁止交易企业的监督和管理，积极推动集团和所属企业提升采购工作电子化水平，为政治监督工作提供数据支撑。

三、推动政治监督具体化常态化的经验启示

党的十九大以来，中钢集团纪委不断深化政治监督实践，推动政治监督具体化常态化，已初步建立开展政治监督的制度体系和工作机制，政治监督的方式方法不断丰富，政治监督的质量逐年提升，总结概括出三点经验启示。

（一）制度建设是企业政治监督具体化常态化的有效保障

制度是公司有效运转的保障，也是监督的重要依据。中钢集团纪委针对加强政治监督制定专门制度，进一步明确了政治监督的主要内容，初步总结了当前中钢集团政治监督工作机制和方法路径，为所属企业党委、纪委全面、规范、准确开展政治监督提供了基础工作指引。配套衔接学习贯彻落实习近平总书记指示批示精神督办机制、党风廉政建设责任制和全面从严治党责任清单等相关制度，推动企业形成动态跟进学习、研究部署、贯彻落实、跟踪督办、报告反馈的工作闭环，初步回答了“监督什么、怎么监督”的问题，为政治监督具体化常态化提供了有效保障。

（二）企业经营管理和改革发展成果是检验政治监督具体化常态化效果的重要指标

监督只是手段，落实才是目的。中钢集团纪委坚持通过监督党中央决策部署落实推动企业改革发展取得成效，以企业提质增效、改革发展的实在成果检验政治监督具体化常态化的实际效果。近三年来，中钢集团不断深化改革，推动业务重组、科技创新和管理提升，连续两年荣获国家科技进步一等奖，多项“卡脖子”攻坚工程取得突破，中钢集团改

革三年行动主体任务完成率超过 80%，2021 年当期经营创十年最好水平，债务重组取得突破性进展。2022 年一季度，中钢集团党委深入贯彻落实党中央、国务院和国资委关于稳增长、防风险、促改革、强党建一系列决策部署，实现了“开门红、开局稳”，新增 5 家“科改示范企业”，现有 11 户“双百企业”和“科改示范企业”，充分发挥示范带动作用。中钢集团安全生产形势总体保持平稳，所属中钢富全矿业创造了连续 4500 余天无工亡事故的记录。

（三）完善企业监督体系是政治监督具体化常态化的重要抓手

纪检监察机关是履行监督专责的政治机关，但不是政治监督的唯一主体。中钢集团纪委坚持以政治监督督促各监督主体更好地履行职责使命，针对企业党委、纪委、基层党组织、党的工作部门等监督主体如何在政治监督中发挥作用分类提出要求，在构建“大监督”工作格局过程中对各相关职能部门的监督职责进行了梳理，有利于推动各监督主体加强在政治监督方面的主体意识，为进一步完善企业监督体系提供基础。运行有效、衔接紧密的企业监督体系也为企业纪委提供了深入了解实情、迅速发现问题、分析解决问题、督促落实整改的更多渠道和角度，为政治监督具体化常态化提供了多元监督主体的有力支撑。

财务公司大监督体系建设探索与实践

宝武集团财务纪委

宝武集团财务有限责任公司（以下简称财务公司）成立于1992年6月，作为持牌金融机构，近年来，随着国家治理体系建设、治理能力提升和全面从严治党持续深入推进，企业接受的外部监督检查和自行实施的内部监督检查频次和类别明显增多给企业的正常生产经营造成一定的影响。为减少多头监督、重复监督、交叉监督对经营业务的影响，根据中国宝武大监督体系建设的统一部署要求，在中国宝武纪委和有关职能部门的指导下，先行对内部监督检查的整合进行了探索与实践。

一、财务公司构建“大监督”体系建设的必要性

（一）构建大监督体系是党中央、国务院的战略部署

党的十九届四中全会审议通过的《中共中央关于坚持和完善中国特色社会主义制度、推进国家治理体系和治理能力现代化若干重大问题的决定》，提出必须坚持和完善党和国家监督体系，强化对权力运行的制约和监督。中纪委十九届四次、五次、六次全会工作报告，多次强调持续深化纪检监察体制改革，构建系统集成、协同高效监督机制，充分发挥企业内部监督力量。国务院国有资产监督管理委员会（以下简称国资委）也于2019年印发了《关于加强中央企业内部控制体系建设与监督工作的实施意见》，要求中央企业要充分发挥企业内部监督力量，通过完善公司治理，健全相关制度，整合企业内部监督力量，不断完善企业内控体系建设。

（二）构建大监督体系是金融行业防风险防腐败工作所需

近年来，人民银行、银保监会持续深入推进金融体制改革，健全金融机构公司治理，完善现代金融监管体系；持续强调要统筹好发展和安全两件大事，稳妥处置重点领域和重点机构风险，牢牢守住不发生系统性金融风险底线。回顾历年银保监会官网发布的监管处罚通报中，银行业金融机构有不少“信贷资金未按约定用途使用”“重要空白凭证管理不审慎”“保理业务的应收账款真实性审查不严”等内控隐患导致的违规案件，且部分案件伴随利益输送、贪污受贿等员工违法、腐败案件，给金融机构造成较大的损失。因此，在内部监督工作机制和工作方法上不断总结创新，努力构建适合财务公司的大监督体系，实现高效、有效的监督，既监督住“事”，也监督住做事的“人”非常必要。

（三）探索大监督体系建设是中国宝武的重点工作

中国宝武党委、纪委也多次对推进大监督体系建设进行了部署，也做出了实质性改革。如2022年集团纪委工作中就提出了："集团公司纪委牵头落实好大监督体系研究课题，着力探索构建与'一总部多基地'运营管控模式相匹配的具有中国宝武特色的大监督体系，在党内监督主导下做实专责监督、贯通各类监督，进一步推进大监督体系的有形覆盖与有效覆盖"。2022年5月，实行监督机制改革，将党委巡视办与审计部合署办公，为整个监督工作进行了顶层布局。

（四）推进大监督体系建设和运行是财务公司内在需要

财务公司作为持牌金融机构，受到人民银行、银保监会、外管局的金融监管和国资委、集团公司的国资监管，近年来按照规定要求开展的各项监督检查明显增多。据统计，2020年和2021年接受外部监督检查和开展内部监督检查分别达15次和23次，这对一家员工人数仅160人，风控审计监督条线人员仅20人的小规模公司，以及承担十万亿级的结算量和千亿级的金融服务业务的财务公司来说，监督检查以及发现问题的整改、持续改善所带来的影响较为明显，业务单元时有怨言，从业人员压力较大。因此，整合公司内部监督资源，高效实施监督，既满足合规要求、又尽量减少重复检查，势在必行。

二、财务公司大监督体系基本框架

（一）深入分析公司现有治理体系特点

1. 公司治理体系优势

财务公司按照金融监管要求，自成立之初就非常重视公司治理框架的构建，经过30年的经营实践，固化为由股东会、董事会、监事会、党委会、总经理办公会，以及决策层、管理层和执行层组成的"五会三层"治理结构，配套近年来国企改革过程中不断完善的"三重一大"决策机制，各类决策主体议事决策机制运行有效，形成了一套融合金融机构和国资央企子公司管理要求的治理体系，从业人员依法治企、依规治企的意识较强，这为财务公司构建大监督体系奠定了良好的管理基础。

2. 内部风控和监督特点

财务公司按金融监管要求，公司总部在部门设置上严格划分为前中后台三个序列共计10个部门，对应内控体系中的三道防线，职能监督、风控监督以及审计稽核/纪检监督专职监督也都各司其职，在对日常业务和员工行为的监督上，形成了有效的风控管控体系，合规文化、监督文化深植于心、外化于行，对监督常态有了正确认识，但也希望能够有所整合。公司党群工作部、党委组织部、综合管理部合署办公，审计稽核部、纪检监督部、党委巡察办合署办公，从组织机构上保证了领导的统一性、工作策划和设计的统一性，也为统一实施监督、统筹成果共享创造了有利条件。

（二）搭建大监督工作体系框架

财务公司在认真分析上级要求及公司现有治理体系、监督体系特点基础上，确定了分步走策略，即先整合内部监督资源和监督工作，包括党内和经营行政方面的监督，并与公司三道防线相结合，暂时将公司法人治理层面的监督不纳入，如图1所示。

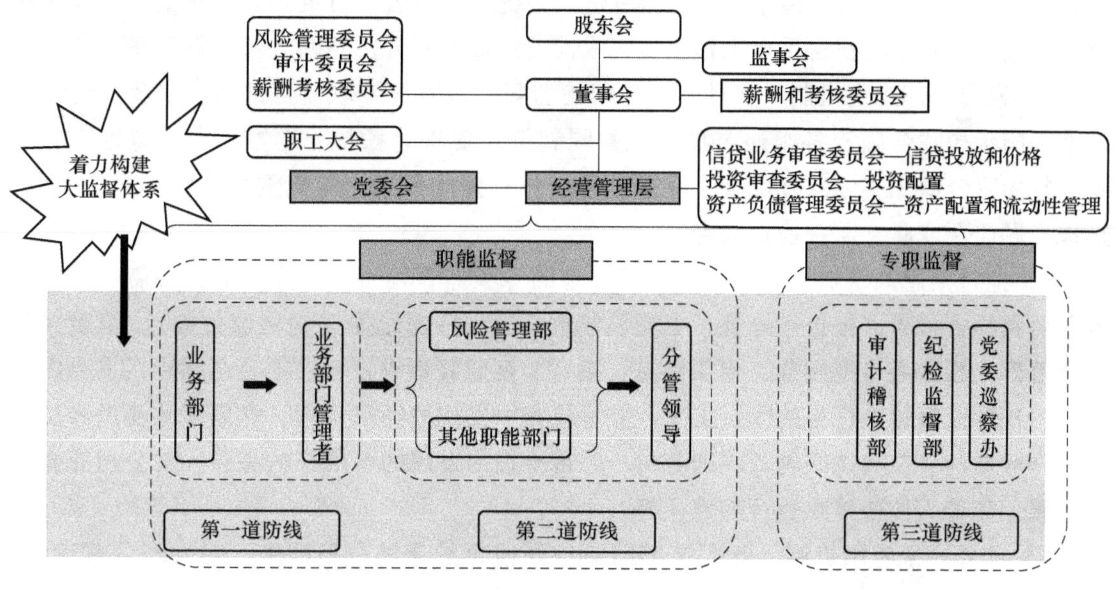

图1 大监督体系框架图

（三）制定《大监督体系工作实施意见》

为确保规范有序整合，公司制定《大监督体系工作实施意见》，明确对象、范围、监督方法、配套机制等内容，具体包括如下。

（1）监督对象范围，财务公司总部及各下属单位。

（2）监督业务范围，公司党政工团等涉及责任落实、用权、用钱行为的业务，包括“人”和“事”。

（3）主要监督方法：

1）领导监督，公司领导班子成员对各基层单位贯彻落实重点工作情况进行了解跟踪、督导指导；

2）督查督办，根据领导班子成员“一人一表”、公司党政工作重点项目及责任分解情况，建立月度跟踪报告、季度例会讨论的工作机制，实施督查督办；

3）监督检查和巡察，把贯彻落实重点工作情况列入审计稽核、纪检监督机构日常监督和巡察重要内容，每年度至少开展一次监督验证；

4）考核评价，每年度绩效评价时，将贯彻落实重点工作情况纳入党建工作责任制考核评价内容。

（4）配套工作机制如下。

1）定期会议研究机制。每季度通过召开风险管理会、审计稽核会，分别对风险管理、审计稽核发现的问题进行研究、讨论、汇报、统筹和任务调整，听取风险管理、审计稽核职能监督工作报告，讨论并提出检查中发现问题的解决方案。

2）督查督办工作机制。经营财务部、综合管理部根据公司党、政确定的重点工作项目，建立项目化跟踪督办清单，每月跟踪进展情况，并在公司月度经营分析会、党群工作例会上报告；每季度报告重点工作项目完成情况，揭示和分析问题，及时研究解决。

3）监督一体推进机制。审计稽核、纪检监督、巡察等专职监督部门，以及其他专业职能部门年初联合确定各类检查项目，共同制订年度审计稽核、巡察、专项监督检查计划；年中联合组织实施监督检查，注重监督工作一体化推进，避免重复监督和多头监督，形成专题监督或联合监督检查报告。

4）监督信息共享机制。各职能部门实施的专项监督检查项目完成后，均需及时形成专题监督检查报告。报告经分管、主管领导审定后，抄送纪委（纪检监督部）。纪委（纪检监督部）根据各专题报告，牵头汇总、撰写年度监督检查报告，报公司领导，主要内容包括：年度监督检查任务的执行情况，监督检查中发现的经营管理、党风廉政建设和反腐败工作倾向性、苗头性问题及原因分析，监督检查中发现的可推广的亮点，对公司完善管理体系、完善大监督体系运行的建议等。

5）监督成果应用机制。各职能部门要加强监督结果的分析研究，对发现的普遍性、系统性问题，分析原因，举一反三，推进整改。对整改不力的，通过专业职能部门追责问责倒逼整改落实。对发现的重大经营风险和廉洁问题，及时移送相关部门核查。对先进经验和优秀事迹，积极总结推广。

6）监督考核评价机制。把贯彻落实情况纳入对各二级党组织党建工作责任制考核评价内容，每年实施考核评价，并与领导人员绩效评价相挂钩。

大监督实施意见示意图如图2所示。

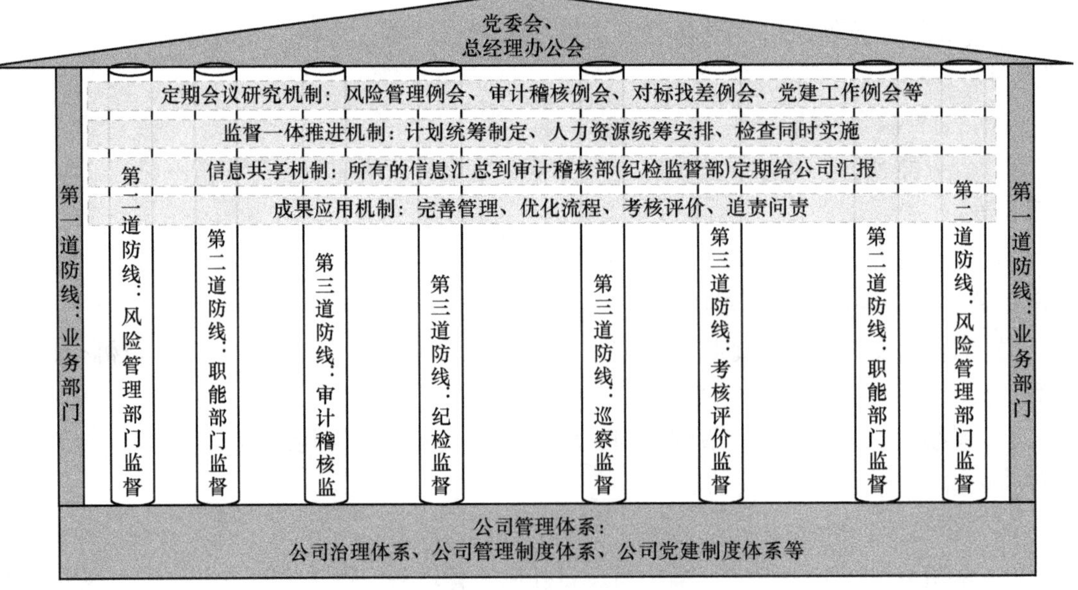

图2　大监督实施意见示意图

三、大监督体系运行情况

（一）党委及班子成员督导成为常态

2021 年以来，党委班子成员赴基层联系点及各分子公司调研督导 24 次，包括巡视整改、办公环境整改、队伍建设、自有商务大楼管理等各个方面，有力促进各项重点工作落实落地。

（二）职能监督作用发挥，监督成效明显

（1）综合管理部（党群工作部）建立了《督办工作管理办法》，每周例会事项、专题会议重要事项均会以抄报、督办的方式督促公司班子领导和相关责任部门推进落实，定期报告落实情况。《实施意见》发布以来，党委会+班子会，共下发督办事项 312 条，有效促进了重大决策事项的落实落地。

（2）经营财务部建立了商业计划书及对标找差重点工作跟踪督办工作机制，2021 年对标找差重点工作 30 项，2022 年对标找差重点工作 35 项。2022 年，牵头开展综合治理专项工作并组织各项自查，具体包括国有产权问题、产权登记及境外产权管理自查报告（3 份）、民企挂靠国资问题综合治理自查报告、蚂蚁集团业务专项排查报告、会计信息质量专项自查及回头看、依法纳税专项自查、ROE 自查分析、票据业务自查等方面。

（3）风险管理部对年度制度修改、基础管理夯实年等运行改善方面的重点管理工作进行了跟踪督办。2021 年跟踪督办完成制度新增、修订 82 项；2022 年结合工作基础管理夯实年主题，牵头制定了 35 项公司级整改项目及各部门制定的整改措施 200 余项，按月持续开展跟踪督办。

（三）专职监督整合实施，监督合力提升

大监督体系试运行以来，公司从人力资源、工作任务、实施计划和成果共享等方面进行整合实践。监督检查项目安排上：按照监督整合实施要求，如费用使用管理、信贷业务合规情况、采购业务管理等审计稽核、纪检监督、巡察共同关注的领域，在年初策划时，一并制订工作计划，并分别在审计、纪委和巡察工作方案中体现，年中一并实施，但其检查成果分别向班子会、党委会等决策机构汇报，实现共享。非共同关注项目如领导人员管理者及其亲属经商办企业情况检查、重大节假日贯彻落实中央八项规定精神情况检查等，由纪检监督部和其他职能部门组织，但与审计稽核计划时间统筹设计，能一起实施的一并实施，减少对被检查单位的影响。2021 年，审计稽核部在年度工作计划中有 6 个项目检查成果作为纪检监督关注重点领域（审计稽核、专项检查、巡察工作融合实施（2021 年）），如图 3 所示。

人力资源安排上，每次有整合的监督检查项目时，统筹安排审计稽核、党建、纪检监督、巡察的人员组建检查组，进驻被检查单位，按照原定设计任务一次检查完成。

目前试运行效果良好，减少了对分子公司现场检查的次数，统一了问题披露标准，既对重点领域关键环节的“事”实施了有效监督，也对员工行为、做事的“人”实现了常态监督，利于公司持续合规经营、健康发展。

序号	时间	检查名称	方式	是否有检查报告	检查发现问题数
1	3月	业务招待费专项检查	稽核部与纪检监督部联合	是	6
2	2月—3月	防疫工作专项检查	纪检监督部	无	0
3	3月	档案管理专项检查	纪检监督部	是	7
4	4月	同业业务专项检查	稽核部与纪检监督部联合	是	1
5	5月	反洗钱和反恐怖融资管理专项检查	稽核部与纪检监督部联合	是	5
6	6月	人力资源和协力管理专项检查	综合管理部与纪检监督部联合	是	6
7	10月	信贷业务授信管理与贷后管理	稽核部与纪检监督部联合	是	11
8	10月	领导人员、管理人员及其亲属经商办企业情况专项治理	纪检监督部与风险管理部联合	是	0
9	全年	形式主义、官僚主义专项治理	纪检监督部与党群工作部联合	是	0
合　计					36

图3　工作任务整合计划示意图

四、下一步努力方向

大监督体系运行近一年来，过程中也存在监督人员的专业能力不强、职能监督的主动性不够、监督检查的基础管理相对薄弱等不足。为更好应对多变的外部环境，满足更加多元的“一总部多分支”运营需要，确保大监督体系的有效运行，推动专项监督和内部巡察高质量开展，财务公司大监督体系将从以下三个方面进一步完善和提高。

（一）加强监督人才队伍建设

大监督工作得以顺利实施的关键还在于打造一支忠诚干净担当、专业的人才队伍。为此，财务公司正在加紧研究出台《财务公司大监督人才库建设实施方案》，从制度上加强对入选人才库人员的筛选、管理、使用，提高保证监督队伍的人员素质能力。在此基础上，对大监督体系的政策要求、制度和主要工作进行系统性培训宣贯；并以审计稽核条线人员为主要对象，针对性开展检查方案设计、问题发现、问题锁定、问题描述以及检查报告编制等专业方面培训，特别是纪检监督、巡察等的专业知识培训，提升专业队伍能力。

（二）加强职能监督的主动作为和闭环管理

进一步整合职能监督资源：一是要求各职能监督结果报告，向纪检监督部（大监督牵头部门）进行备案，由纪检监督部汇总各项监督成果，形成体系化的监督成果共享库，从而避免重复监督、多头监督的情况发生，提高监督效率；二是要求各职能监督部门将外部监管要求的监督事项梳理固化为自身的常态化监督工作项目，形成更加完备的监督工作覆盖面。

（三）持续强化监督工作的基础管理

一是进一步梳理各类监督检查涉及的制度体系，结合公司制度树体系建设，及时制订完善相关制度；二是审视已有制度中对归档资料格式及保存期限等是否有明确要求，梳理监督检查资料管理要求，加强大监督体系档案资料管理，逐步形成可检索、可备查的监督资料库，将历史工作档案转化为监督知识、案例库。

五、结束语

财务公司大监督体系任重而道远，习近平总书记多次强调："全面从严治要坚持'三个不能有'，即'不能有差不多了，该松口气、歇歇脚的想法，不能有打好一仗就一劳永逸的想法，不能有初见成效就见好就收的想法'"。面对复杂多变的市场经济形势，如何更好落实健全大监督机制，需要以更坚定的决心和更坚强的毅力推进和发挥这一机制的作用，才能更高效为企业的运行保驾护航。

推动打造在线监督“数据铁笼”提升日常监督的精准性时效性探究

八钢公司纪委　周　灵

十九届中央纪委五次全会提出，做深日常监督，推动监督下沉、监督落地、监督于问题未发之时，强化对“一把手”和领导班子监督。利用信息化手段对权力运行在线监督是大势所趋。

近年来，宝钢集团新疆八一钢铁有限公司（以下简称八钢公司）“一总部多基地”管控半径加大、地域范围延伸、钢铁生态圈的业务形态更加多样，监督力量虽然实现有形覆盖，但存在面宽点弱、力量分散，因岗位交流产生新手能力不足等问题，靠人为监督检查很容易出现人手少缺乏持久性、熟人社会监督缺乏力度、新手监督工作质量不高等情况，亟待探索创新监督方式、打造精准监督“最强大脑”实现突破。但是，八钢公司在依托信息化手段强化日常监督方面还存在短板，“监督没有插上科技的翅膀”，特别是业务、职能角度的智慧化监督应用还不充分，尚需要统筹结合予以破题。

一、有序推动专业平台找到廉洁风险卡控点，织密在线监督数据网，为夯实“一岗双责”促进履职尽责服务

八钢公司信息化平台基本做到了应上尽上，但对权力过于集中、自由裁量权过大以及不相容岗位还没有形成强有力的相互制约；信息化平台关键数据提取、相关数据关联度分析不够，不能实时对廉洁风险进行预警、拦截。

八钢公司纪委边调研、边学习、边思考，结合八钢公司内控制度调整、信息化平台运用与升级等情况，以及对典型案例、巡视巡察发现的问题、廉洁风险动态辨识等进行分析，给各业务口抛出问题、提出解决方案，以问题为导向，积极引导将关键环节的廉洁风险嵌入信息化系统中进行防控，同时从有效减负的角度、夯实“一岗双责”促进履职尽责的角度说服各业务部门共同集思广益，打破常规监督检查的步骤和方法，找到各专业平台系统廉洁风险卡控点，通过关键数据相互关联，系统标识异常点，进行预警、拦截、逻辑校验，打造闭环的网络监督链条，为各项权力打造在线监督“数据铁笼”。

在“靠企吃企”治理中，根据集团“靠企吃企”长效治理的要求，每年要排查领导人员和管理者及其亲属、其他特定关系人经商办企业违规与集团公司发生业务往来的行为，集团范围内供应商较多（仅八钢公司合格供应商4000余家），一一对比耗时耗力。天眼查、企查查等系统没有身份证核对功能，且同名同姓人员过多，难以核实（八钢公司领导人员、管理人员、专家、采购销售管理及亲属2800余人，网络查询系统同名者甚多）。

每年各单位收集领导人员、管理者、采购销售人员的亲属信息工作重复（仅少部分亲属有变化）。

纪委推荐了解决方案（组织部门已采纳推进实施），将领导、管理人员、关键岗位人员申报的亲属经商办企业信息，固化、增加到“干部管理系统”模块（无须每年重新填，只需签字确认，修改有变化的部分）；补充收购企业（财务尽调报告）高管关联企业信息；增加离职或退休不满3年的领导、管理人员身份信息等，系统自动选取关键信息字段（“姓名”“企业名称”“单位统一社会信用代码”），与各个业务系统如大宗原料采购、设备资材采购、工程采购、物流承运业务所在平台客商信息实时比对，出现同名即报警，提示进一步研判是否禁止业务。待集团公司“统一合同信息管理平台”成熟运行，所有业务上合同平台，可直接比对，提取“签约客商名称”“签约客商代码”关键字段比对领导、管理人员、关键岗位人员申报的亲属经商办企业信息，一旦发生业务，系统立即进行报警，提示研判禁止业务。

所有的业务往来最终要经过财务结算，财务系统也会留下供应商信息痕迹。如果前期预警把关失效（人为因素），纪委可以利用信息比对，领导人员、管理者亲属经商信息（包括离职未满3年）与“供应商业务交往账务信息”比对“户号名称”，就能发现瞒报、违规业务往来等线索。遵循以上逻辑，线下实践，很快排查到一名管理人员爱人经常与该管理人员单位发生业务往来；一家应当禁入（3年期）的原高管关联公司与八钢公司签订了业务合同（目前高管离职、单位及时终止合同与业务）。综上所述，最关键的数据是供应商信息，如果能将最关键的数据固化在各业务系统模块中实时比对，很快就能找到解决的办法。

2021年，八钢公司纪委牵头梳理了在线监督廉洁风险防控项目18个，集中在“靠企吃企”治理、监督落实中央八项规定精神、授权授信管理、选人用人、人事薪酬管理、采购、检化验、工程、物资、物流、销售、财务付款等重点业务领域关键流程。公司纪委与职能部室、业务单位反复沟通，启发、推动业务部门开展在线监督廉洁风险点，线上监控不仅能有效减负，也能轻易实现行为留痕迹、过失可追溯，改进经营管理流程的监管方式和途径，各部门打好在线监督“主动仗”意识逐步增强。

在梳理在线监督廉洁风险防控项目的基础上，八钢公司多次召开专题会议，力求廉洁风险点挖全、挖深，实现业务全覆盖。所有部门（含生态圈欧冶工业品乌鲁木齐分公司）针对自身业务流程、日常管理、业务系统使用过程中可能存在的风险点进行梳理，并依托信息化技术梳理提出有针对性的信息化改善功能需求。要求各部门（单位）一把手亲自抓，完成风险点和功能需求梳理，向公司党委书记董事长、纪委书记汇报。由于领导高度重视，各部门（单位）一把手积极推动，在关键领域、薄弱环节的突破上迈出了新步伐，呈现了新局面，各部门项目不断得到丰富。

在选人用人、人事薪酬管理方面，巡察发现新并购单位存在选人用人考察不严，基本资格条件放宽，程序不规范（公示时间不够、缺少动议方案、考察材料），不执行回避原则等问题。薪酬管理、专项奖发放方面，个别干部试用期不按规定发奖金，管理人员年终绩效奖励提前发放；少数单位通报的各类考核扣款不执行；集体攻关创新获奖，奖励他人或奖励不公等。绩效管理方面，受行政和党纪处分的人员，要求年度综合评价结果不得高于“称职”，实际评价结果为“优秀”及党员评价结果为“优秀”，引起职工不满等。组织、人力资源部门针对自身业务流程、日常管理活动陆续设计了若干在线监督模块，如干部选拔任用监督、专家人才队伍监督、干部处分应用监督、干部兼职报备监督、干部因私证件监督、驻村工作管理监督、干部薪酬结算监督、协力结算管理监督等。系统设定流程管控点、选用类型及流程步骤，上一流程未完成前无法开启下一流程，从源头杜绝流程缺失、倒置等原则性问题。织密了在线监督数据网络，力求线上材料归档、便于查阅，大数据统计、高效精准。

二、主要实践与探析

（一）启发业务人员找准、找全问题症结

发现风险的前提是熟悉业务，只有当业务部门的负责人成为线上廉洁风险防控的驱动者时，在线防控才能落地、见效。纪委人员掌握了大量廉情、案例，业务人员最清楚实际情况，纪委人员与业务人员互相信任、不断沟通、反馈，博采众长，更有利于找准、找全问题症结，多维度找到解决问题的办法。

采购招标寻源、比价执行环节，实际控制人、关联控制人围标、陪标，业务员串标，利益输送等廉洁风险较高。为防范围标、串标舞弊风险，业务人员提供了较为可靠的经验，一般为竞标企业高管相同或竞标 IP 地址相同、投标文件相似、项目团队成员相同、不同服务商的投标保证金从同一单位账户或个人账户转出等，可以利用系统进行分析、预警。通过启发交流，业务人员在长期工作中还发现，供应商若成立子公司或委托关联公司进行围标、陪标，会将每家“董、监、高”设置为不同的人来反排查，由于地域或其他原因，实际控股人相同的供应商厂家，往往使用相同的业务人员（为节约开支），如财务人员、办事人员、司机，也可能进厂车辆牌照都相同。有关联关系（亲戚、朋友）的供应商厂家指派同一人办业务的也常有。针对以上情况，纪委启发制定了相应的对策方案。

串标舞弊除了采用设置条件量身定做，经常采用紧急采购。公司纪委查信办案中发现采购平台系统未限制（规定）采购业务窗口开放时间，业务人员可人为修改，存在廉洁风险，立即推送给业务平台进行管控（物流、工程、设备），招投标时间窗口时间按文件规定锁定，业务人员无权限修改，紧急采购需要设置提示预警，便于各级审批监控。

（二）注重规划引领，统筹平台集控

一些重点业务领域，包含关键流程较多，尤其是“物”的管控“杂症”“难症”较多。如：设备物资管理中机旁库管理一直是个难题，原有系统仅能实现人工记录物资入库、出库信息，待到一定周期后，库存管理人员将入库、出库信息录入系统手工入库、出库。这样可能出现机旁库入库、出库人工管理记录过程中，账、物不符或流向不一致现象，存在接收入库、出库物资挪为他用或形成账外物资的风险。

经过走访发现，设备管理业务各管一段，申报领用、返修、租赁、报废之间没有形成一定的联系。报废物资账目只能按基层申报，如果未按报废流程进行报废，就会不知去向或与相关方进行倒卖。巡察发现，某单位拟报废停用闲置固定资产数量较大，净值上亿，其中近三年未使用的存在拟报废之列。租赁业务管控也不完善，出现自有特种设备闲置，却外委租赁业务的现象；还有设备租赁给其他单位长时间不收回的现象。

纪委与相关业务人员集思广益，大家形成共识，设备物资应当实现全生命周期管理，才不至于账物不符、不清，系统跟踪一般设备物资应当为在线使用、下线备用、返修、报废四态，从使用到报废应当建立联系，平台进行全生命周期跟踪、集控。根据设计实施，机旁物资目前实现股份版 PSCS 系统与 EQMS 系统物料代码库同步，建立 PSCS 系统与 EQMS 系统对照关系，规范岗号代码，对照 PSCS 系统岗号，重新对照库区代码，领用数据根据对照关系，自动抛入机旁库。调整逻辑，检修预出库功能，由之前的出库后关联，改为出库前关联，检修项目申请增加备件出库维护功能，库管员可查询到预出库信息，出库确认核销库存数据。当设备不能再用（无须返修），就应当进入报废流程，全线管控，才能防范设备不合理的闲置、停用（不断申报新品），报废后不知去向等问题。特种设备也应当设置四态，在用、租赁、返修、报废，在系统进行管控。其中向外租赁设备环节因新发现了廉洁风险点，目前进一步完善了在线管控的设计，已推进实施。

（三）利用原有系统做优化，避免重复建设和投入

八钢公司纪委依托现有业务应用系统升级改造契机，对在线监督功能需求、监管的方式和途径进行优化，避免重复建设。

在落实中央八项规定精神方面，发现个别新并购单位还存在同一批人重复招待多次宴请、集中报销连号发票（虚开发票风险）等现象。差旅报销使用差旅小秘书 App 中机票、火车票信息与员工差旅标准不能自动比对、限制，造成超标准情况。“吃拿卡要”案例如：个别供应商车辆长期出入厂区为管理人员办私事，送礼，接孩子接配偶上下班等。针对上述问题，纪委督促公司办公室利用现有的办公系统招待费申请平台，完善功能自动识别同一批人重复招待情况，推送报警，后期与集团大数据审计系统建立接口，将其业务招待费模型结果导入。建议共享中心财务提需求，将差旅小秘书程序中增加功能，机票、火车票信息与员工差旅标准自动比对，列示超标准情况。针对个别供应商车辆长期为管理人员办私事，送礼问题，利用安保部门的门禁系统提取供应商车辆进厂频次做推送（相关单位纪委继续查证是否为某些领导、管理者私人服务）。

（四）设置逻辑校验，自动识别异常

在线监督，除了利用信息关联比对，还可以设置逻辑校验。财务付款，存在人情付款廉洁风险。标财资金计划系统每笔合同类型字段标识不明确，容易造成错付以及错付之后无法反查。巡察发现合同预算费用与实际存在偏差，重复支付协力人员劳保费；日常检查发现有单位合同过期仍在执行。

在八钢公司纪委的推动、协调下，目前实施了在标财资金计划模块 AYAY05/合同信息画面增加合同类型、最大支付比例字段；在标财资金计划 AYAY45-资金室平衡画面与 EQMS 系统及 BPMS 工程管理系统之间做效验逻辑，即合同总金额×合同最大止付比例-合同累计付款额>工程进度款申报金额。

（五）发挥监督合力，形成日常监督隐形网

用“网”贯穿，必须变单打独斗为互联互通，发挥监督合力。许多项目要通过整合纪检、组织人事、企划部、财务、数智办等部门的力量，发挥职能部门的作用，实现信息关

联，拓宽预警信息采集渠道，搭建横向、纵向交织的信息采集网络。

授权授信管理，业务自查发现个别线上系统存在多账户单人使用，没有做到岗位不相容业务分离；人员内部调动后原岗位权限和新任岗位权限并存。个别单位经济业务合同授权过大，授信逾期仍占用等。

纪委与数智办、企划部、组织部一一沟通后，共同商议，对各单位业务系统账户，尤其是有审批权限的账户设置、分级授权设置逻辑进行线上系统授权授信管理。与《重要业务领域及关键环节岗位人员设置和重要资产保管人情况表》动态比对，主要对多个账户单人使用的情况进行报警，对岗位不相容业务未做到分离的进行报警。人力资源管理系统建立、完善离职、离岗及内部调动人员信息库。系统操作授权账户新增、变更、注销等情况与离职、离岗及内部调动人员信息关联比对，发生未及时变更，原岗位权限和新任岗位权限并存情况进行报警。对资金、资产类账户 U-Key 管理员、账户操作员离职、离岗及内部调动后的权限交接不及时的进行预警提示。企划部对经济业务授权授信管理，统一合同信息管理平台合同人员授权模块增加功能，对离职、离岗及内部调动人员业务授权收回；对授权期限内离职、离岗、内部调动且无法及时收回授权书的情况进行备案；对授权过大业务进行报警；对授权逾期业务进行报警。

（六）建立预警模型，深化示范引领

八钢公司纪委还制作了《日常监督重点业务领域数据预警模型方案》内含近 30 个关键业务流程管控要点，推送给数智办，包括对重点业务领域关键业务廉洁风险识别、防控要求和措施、关键信息及信息化功能需求。对关键业务廉洁风险的整体描述，力求完整、准确、简洁；防控要求和措施从发现与预防、改进与固化等方面制定解决措施；关键信息及信息化功能需求把握问题特征和本质，从已固化的业务系统，优化或新增功能模块，对可能发生违纪违规行为的苗头性、倾向性问题进行动态预警。每个项目涉及多个部门的，明确各部门提取关键信息及监督功能需求，防控逻辑和行动指南。

三、结束语

八钢公司为提升在线监督能力，将党风廉政建设和反腐败工作与深化改革、融合发展同步推进，把廉洁风险防控作为"一岗双责"的主要工作抓手，大力推动信息化手段监督，打造"数据铁笼"植入各业务系统，增强了廉洁风险防控顶层布局与整体谋划性，提高了监督的精准性和时效性，得到公司领导的大力支持，公司领导牵头和主动参与度高，形成纪委牵头、专业协同、基层主动、创新支撑、协同奋进的良好氛围。

本着让数据"跑腿""机器换人、机器助人"思想，实现各类资源与需求之间的"对等"，解决监督难题，公司纪委不断推动各业务部门挖掘关键数据和信息，让数据、信息比对在业务监督中发挥最大作用。后期，八钢公司还将建立统一的数据监督平台和监督体系，开启八钢智慧监督数智化新篇章。

运用信息化监督　提升企业治理效能

——新钢公司信息化监督的探索与实践

新钢集团公司纪委　陈　浩

党的十九届中央纪委六次全会明确提出"要善于运用信息化手段提升监督水平、规范化水平"。在网络化、数字化、智能化高速发展的今天，运用信息化监督俨然已经成为推动纪检监察工作高质量发展的重要途径。如何增强信息化助力监督的能力，提高运用大数据发现问题、纠正偏差的本领，对国有钢铁企业探索提升治理腐败效能，具有十分重要的意义。近年来，在新钢集团公司大力发展数字化工业的背景下，新钢集团公司纪检监察部门乘着改革的东风，积极探索"数字赋廉"监督模式，充分运用大数据和信息化技术，用科技的力量提升监督实效，努力实现由被动监督、事后监督向主动监督、精准监督的转变，为新钢集团公司实现"三极新钢·数智新钢"建设战略目标，提供有效的监督保障。

一、新钢集团公司探索运用信息化监督的意义与作用

（一）运用信息化监督手段是助推公司实现高质量发展的迫切需要

2021 年新钢集团公司如期完成转型升级冲千亿目标，实现了历史性突破。站在千亿新钢新起点上，集团公司提出了"五年创新倍增，再造一个新钢计划"，要实现这一目标，营造良好的政治生态环境是基础。然而，随着时代的快速发展，腐败的形式变得更加隐蔽，腐败和反腐败的斗争也变得更加激烈，运用传统的监督手段已经很难满足当前发展的需要。所以，必须加快信息化手段的运用，使信息化监督成为新时代反腐的重要利器。

（二）运用信息化技术是推进监督关口前移的动力所在

纪检监察工作运用信息化技术，可以把制度防范与技术监控有机结合起来，加强对权力运行的监督，使纪检监察方式更好地实现事前、事中、事后监督相统一，从而实现超前预防、全程监督、硬性约束，对提高纪检监察工作效率，不断拓展从源头上预防腐败的工作领域等具有重要作用。

（三）运用信息化技术是整合监督资源的有效方法

信息技术运用可以打破各部门之间信息沟通壁垒，增强信息流动的准确性和及时性，横向上可以加强公司纪委与党委组织部、审计部、财务部、运营改善部等部门的信息资源交流，纵向上可以贯穿上级纪委与下级纪委的信息沟通，加强信息资源的整合，从而有利

于“大监督”格局的形成。

（四）运用信息化监督是探索一体推进“三不”机制的有效途径

运用信息化监督可以深挖国有钢铁企业经营管理方面的腐败问题线索，通过严厉整治腐败，强化“不敢腐”的震慑；通过信息化强有力的监督，倒逼管理部门完善规章制度，建立“不能腐”的机制；通过融媒体平台加强教育引导、开展警示教育，筑牢“不想腐”的思想堤坝，最终达到“三不”一体推进目标。

二、新钢集团公司探索信息化监督的主要做法和成效

新钢集团公司作为长流程的大型国有钢铁企业，在生产经营管理上具有点多面广线长的特点，正是这一特点致使在管理、工艺、岗位等环节上容易产生廉洁风险。为了有效防控各类生产经营风险，堵塞管理漏洞，发挥监督实效，新钢集团公司在探索信息化监督上：一方面把运用“图像识别+大数据分析”技术作为推动信息化监督有效抓手；另一方面不断强化信息化建设与其他监督的贯通融合，在有效发挥监督合力的同时，推动信息化监督与制度建设、企业治理、风险廉能管理有机结合，从而达到提升企业治理效能的目的。

（一）推进“图像识别+大数据分析”技术运用，着力打造监督天网

1. 建立智能综合管理平台，防控廉洁风险

智能化管理是现代化企业用于规范经营秩序、提升治理效能的重要手段。2019 年公司启动智能综合管理系统建设项目，着力打造集智能门禁、智慧交通、人员及相关方管理于一体的智能化综合管理平台，通过在厂区敷设监控探头，采集职工、相关方及进出厂区车辆信息，组成庞大的“监督数据库”，对厂区作业人员行为、车辆运动轨迹进行实时监控，利用图像识别、数据比对和关联分析功能，精准发现问题和各类风险。自该系统上线以来，公司纪检监察部门联合职能部室借助庞大的“数据池”和分析预警功能，共查处违纪违法案件 20 余起；发现违反公司经营管理规定供应商 10 余家，及时列入门禁“黑名单”，做到严格限制进入，彰显了信息化监督的强大力量。

2. 打破“信息孤岛”，建立监督天网

打造庞大的信息化监督网络，采集、扩充数据库是关键。依托大数据监督平台，将原来分割“沉睡”在公司数十家单位的视频监控信息数据进行整合，打破“信息孤岛”，实现视频监控数据采集全覆盖，推动监督工作与大数据信息深度融合，目前公司大数据监督平台已接入视频监控信号 400 余个，50 多个风险岗位纳入监控范围，在有效防控岗位廉洁风险的同时，使各种操作流程在阳光下进行。2021 年，在公司进厂原燃料验收专项监督过程中，公司纪检监察部门借助视频监控的图像识别功能，从异常数据中排查出供应商弄虚作假线索数十条，判定进厂废钢、铁屑、烧结精粉、烧结无烟煤质量严重偏离 16 批，避免公司利益受损合计创效 1042.6 万元。

（二）坚持系统集成，推进信息化与各类监督融合，不断增强监督合力

1. 推动信息化与日常监督深度融合

为进一步发挥信息化监督优势，公司纪检监察部门借助公司 OA 网上办公系统平台，

将监督嵌入公司网上办公流程，一方面从问题内容、涉及领域和主体责任等着手，探索建立分级委托授权制度，逐一对公司各项业务建立分级授权审批流程，推动公司各职能部门对权力清单、业务流程、审批环节、廉政风险等进行数据化分析整合，做到业务可查询、过程可监督、责任可追溯，为强化纪检监察日常监督提供有力数据支持；另一方面，为规范公司党委常委会会议流程，集团公司纪委在督促集团公司党委逐步完善“三重一大”制度的同时，要求会议议题改用线上方式进行征集，通过OA网上办公系统建立“酝酿、沟通、征求意见、讨论”的议题征集流程，做到科学合理地确定上会议题。通过建立完善一系列配套的体制机制，从而形成了“数据分析、发现问题、及时预警、推动整改”的运用大数据促进日常监督的完整链条。

2. 推动信息化与专项监督紧密结合

专项监督是纪检监察机关集中靶向开展监督的重要方式。近年来，公司陆续组织开展了“小金库”专项清查、物资管理专项监督、职工身边微腐败整治、“三不吃请”专项治理等专项检查，使有关问题的增量得到有效控制、存量得以明显减少。而进一步将大数据监督与专项治理结合后，有力推动了专项治理的深化，为从根本上清除并解决问题创造了条件。以物资管理专项监督为例，在未运用大数据监督之前，公司各类设备物资申报品名多达10万余条，每年重复申报备品备件导致库存积压；在运用大数据监督后，仅通过大数据检索功能就整合了8万余条同类设备物资品名，清退“零库存”物资价值上千万元，有效避免了公司诉讼风险。

3. 推动信息化与群众监督相互融合

坚持以人民为中心，走群众路线是监督工作的必然要求。利用互联网扁平化、交互性的优势，进一步畅通职工群众监督渠道，通过创建“廉洁新钢”微信公众号，设立微信信访举报平台，不断拓展信息化收集信访举报线索问题来源的渠道；在公司内网开辟“三有家园”论坛并设立“跑冒滴漏”专栏，公司职工均可通过“跑冒滴漏”专栏向公司纪检监察部门反映“四风”问题，充分发挥群众监督的广泛性优势，把群众监督和党的自我监督有机结合起来，推动监督更加广泛精准。

4. 推动信息化与“四项监督”有机贯通

加强信息化监督是推进纪律监督、监察监督、巡察监督、派驻监督相互融合的重要载体，一方面通过加强与审计部、财务部、党委组织部、运营改善部等部门沟通协作，打通信息数据交互通道，不断从各部门所管理的信息化平台中（产销质财系统、铁前MES系统、财务系统、人力资源等系统等）获取大数据信息，实现信息共享，攥指成拳，聚力攻坚，提升监督合力。另一方面通过整合业务数据、问题数据及相关数据，并将数据进行共享，为“四项监督”提供更精准的抓手。在日常监督中，公司纪检监察部门可以通过业务部门随时调用所联系单位和部门的相关数据，深入了解政治生态、项目资金情况并准确画像，找准监督切入点；在审查调查中，经严格的审批程序，可以调用被调查人员和涉案人员的数据，以利于打开案件突破口。同时，在巡察工作中，公司党委巡察办在每轮巡察开始前依托大数据监督平台，能够及时了解被巡察单位所涉及的专项资金、重点人、重点事等相关信息，不断提供巡察工作的针对性，从而精准发现问题，促进整改落实。

（三）坚持信息化监督与管理相融合，不断提升企业治理效能

1. 以信息化建设为抓手，推动制度体系建设

一方面通过加快信息化建设，进一步提高精准发现问题的能力，查找制度建设、权力运行、体制机制方面的漏洞，通过完善制度、修补漏洞，不断提高企业合规性管理；另一方面加快对信息化配套制度的建设，根据信息化平台的功能需求、作用流程等，建立配套有效的制度文件，不断促进信息化平台的规范化管理。目前公司已出台信息化建设配套制度30余个，通过信息化监督督促各单位完善管理内控制度300余项。

2. 聚焦关键领域、重点岗位强化监督

加强对物资采购、产品销售、招投标、设备工程等领域的监督管理力度，加快推进信息化建设进程，有力推动关键领域、重点岗位等管理工作更加制度化、规范化、程序化、透明化。

（1）采购中心积极探索信息化管理途径，通过开发设备采购系统平台，设立经商办企业申报人员数据库和客商信息数据库，建立供应商评价体制机制，强化对供应商的动态管理，实行一年一评价，对年度内评价不合格的供应商及时列入供应商黑名单并上传至系统，从而实现对劣质供应商的自动预警拦截。

（2）检测中心融合质量管理、智能一体等系统，聚焦原燃料、废钢进厂检验等重要物资，紧盯采购、运输、检测等关键环节，采取“线上监督+线下抽验”的方式，对重要原燃料、中间产品全方位、全流程、全周期实施穿透式监督，进一步防止腐败问题的发生。

3. 强化数据精准运用，持续规范权力运行

紧盯企业廉政风险的薄弱环节，将“监督”深度植入廉洁风险管理，精准分析权力运行中易发生腐败行为的廉洁风险点，强化对权力运行的制约和监督。目前，已梳理出岗位廉洁风险点3551个，督促责任单位对廉洁风险事项进行分解，针对不同廉洁风险点，按照等级权限、权责范围，制定相应防范措施，有效防范了各类廉洁风险的发生。

三、新钢集团公司推进信息化监督的感悟与启示

（一）要以系统思维推进信息化监督建设

信息化监督并不是游离于监督体系之外的监督，而是新时代信息化发展背景下赋予的监督手段，是传统监督体系的拓展和延伸。要以系统思维，从信息化发展的理念、思路和方法上去把握和运用信息化监督手段，推进信息化监督手段同其他监督手段的有效融合，不断完善和扩大监督覆盖体系。

（二）运用信息化监督要注重提升企业治理效能

要深刻理解把握运用信息化监督手段是为了发现问题、防控风险、整治腐败、形成震慑，从而最终达到提升企业治理效能的目的。要注重把信息化监督贯穿于全面从严治党、企业生产经营全过程，同正风肃纪反腐、深化改革、完善制度、促进治理贯通起来，不断将信息化监督优势转化为企业的治理优势，护航企业高质量发展。

（三）既要注重信息化监督运用，也要发挥信息化助力纪检监察规范化发展的作用

充分认识信息化建设是推动纪检监察工作实现法治化、正规化、规范化的重要途径。利用信息化手段将党纪处分条例、监督执纪工作规则、监督执法工作规定、检举控告工作规则等法规制度要求，细化为信息项、工作流、模块组件，通过设置运转流程、审批权限、办理时限、文书样式等进行固化控制、超期提示，实现全程留痕和制度约束，推动建立内部权力运行可查询、可追溯的反馈机制，促进依规依纪依法履职，助力纪检监察工作高质量发展。

（四）坚持底线思维，不断提高信息化安全意识

随着信息技术广泛使用，数据安全已经成为信息化建设的重要内容和基本前提。探索大数据监督，必须守好安全保密这个底线，依规依纪依法做好有关平台运行工作，切实做到数据传输安全、数据管理安全、数据应用安全。

“三位一体”监督联动　以高质量监督为企业高质量发展清障护航

山钢集团山东钢铁股份有限公司纪委/巡察办
赵智珠　姜广忠　高洪亮　卢建刚　常　骁

一、背景提出

习近平总书记指出，要健全党和国家监督体系，以党内监督为主导，不断完善权力监督制度和执纪执法体系，各种监督协调贯通，形成常态长效的监督合力。十九届中央纪委六次全会强调，要按照党统一领导、全面覆盖、权威高效要求，在党内监督主导下做实专责监督、贯通各类监督，推动完善中国特色社会主义监督制度。收官“十三五”，步入“十四五”，山东钢铁股份有限公司（以下简称山钢股份）按照党中央和上级党委关于全面深化监督体制机制改革的重要工作部署，提高站位，审时度势，把准方向，充分认识构建覆盖全面、运行高效的监督体系在维护“两个生态”、提高企业内部治理效能、加强权力运行制约监督、保障职工群众切身利益、促进企业实现高质量发展方面的监督保障执行、促进完善发展作用，着力构建党内监督、行政监督、群众监督“三位一体”大监督体系，将其纳入企业改革发展总体布局，着力加强对党中央和上级党委决策部署落实情况、党纪国法和企业规章制度执行情况、业务流程运行情况、重点岗位和关键人员履职尽责等情况的监督检查，实现大监督体系全面融入现代化公司治理体系，努力推动企业管党治党科学化水平和应对市场严峻风险挑战能力实现新提升，为山钢股份高质量发展注入强有力的政治保障和监督保证，为山钢集团做强做优做大钢铁主业、打造中国北方最具竞争力的钢铁强企提供坚强支撑。

二、重要意义

（一）加强监督体系建设是深化全面从严治党的一贯要求

打铁必须自身硬。持续深化党内监督，是坚持和加强党的领导，推动党自我净化、自我完善、自我革新、自我提高，实现党科学执政、民主执政、依法执政的重要保障。党的十九届六中全会总结的十条重要经验中，“坚持党的领导”和“坚持自我革命”首尾呼应，更加体现了强化监督对加强党的领导的重要支撑和保障作用。股份公司内部，管党治党失之于宽松软的问题还个别存在，违规违纪甚至违法犯罪问题仍有发生。只有坚定不移坚持党的领导，构建全面高效的监督体系，才能确保管党治党责任层层压紧压实，将全面从严的要求一贯到底，才能始终以高度的政治责任感和使命感构建企业风清气正政治生态，持续提高应对挑战、抵御风险、克服阻力、化解矛盾的能力水平，以全面从严治党新成效推动构建企业改革发展新格局。

（二）加强监督体系建设是提高企业治理效能的重要保障

习近平总书记强调，要坚持和完善党和国家监督体系，强化对权力运行的制约和监督。监督是规范公司治理的重要组成要素，是制度执行的重要问效手段，是权力规范运行的重要基础保证。山钢股份深化推进规范化一体化运行以来，持续推动公司治理体系和治理能力现代化，制度建设持续健全，治理结构更加完善。但是从集团公司党委巡察反馈和典型案件中暴露的一些问题来看，规章制度落实不严、履职尽责不够到位等问题还时有发生，对公司生产经营和治理效能造成一定影响。加强监督体系建设，是构建权责边界更加明晰、流程运转更加顺畅、监督制衡更加有效的公司治理体系的需要；是引导公司各监督主体强化制度意识，带头维护制度权威，做制度执行表率的需要；是带动各级干部职工自觉尊崇制度、严格执行制度、坚决维护制度，提高规范治理水平的需要。

（三）加强监督体系建设是巩固和发展反腐败斗争压倒性胜利的有力保证

党的百年奋斗历程启示我们，腐败是我们党面临的最大威胁。十八大以来，党中央坚定不移推进党风廉政建设和反腐败斗争，取得了压倒性胜利并持续巩固，这与党中央加强对反腐败工作的集中统一领导，健全完善国家监督体系密不可分。但同时，政治问题与经济问题交织、传统腐败与新型腐败交织、腐败问题与"四风问题"交织等问题依然存在。在山钢股份内部，腐败问题存量尚未清底，增量依然还有发生，擅权谋私、损公肥私、违反中央八项规定精神等案件屡禁不止，影响山钢股份风清气正政治生态的同时，也表明监督的"死角""空白"还没有彻底消除。持续强化监督体系建设，充分发挥监督制度优势，对于监督权力始终在正确轨道规范运行，巩固"不敢腐、不能腐、不想腐"一体推进综合效果，促进构建风清气正的政治生态和阳光高效的运营生态，具有重要作用。

三、主要做法

山钢股份党委强化政治引领，按照党统一领导、全面覆盖、权威高效要求，将构建大监督体系作为深化全面从严治党，一体推进"不敢腐、不能腐、不想腐"的重要举措，建立健全公司内部"党内监督、行政监督、群众监督""三位一体"监督体系，强化自上而下的组织监督，改进自下而上的民主监督，发挥同级相互监督作用，强化对权力运行的制约和监督，为高质量发展提供有力保障。2021 年各级监督主体通过各类监督发现问题 5400 余项，推动建章立制 843 项，实现监督把关效益 2.59 亿元，推动更多监督优势持续转化为更大治理效能，助力山钢股份在高质量发展新征程上迈出新步伐。2021 年累计生产生铁 1187 万吨、钢 1478 万吨、钢材 1449 万吨，实现营业收入 1108.51 亿元，归属上市公司股东净利润 12.28 亿元，同比分别增长 26.95%、69.95%，公司生产经营绩效实现新的跃升。

（一）提高站位，重点部署，党内监督不断加强

党内监督全面覆盖。山钢股份党委坚持以党内监督为主导，统筹协调，上下联动，突

出重点，闭环管控，形成党委全面监督、领导带头监督、职能部门业务监督、专职部门重点监督的一体化全覆盖立体工作格局。建立领导体制，成立由党委书记和总经理任组长、公司党政领导班子成员共同参与、各职能部门分工负责的大监督体系组织机构，进一步强化党内监督主导作用。加大统筹力度，贯通行政监督、审计监督、财务监督、群众监督、舆论监督等各类监督，持续构建党委统一领导、职责分工明确、统筹协调有效的监督体系。明确党内监督重点，聚焦落实习近平总书记重要指示批示精神、党中央重大决策部署、集团公司党委各项任务加强政治监督，聚焦各级“一把手”等关键少数加强日常监督，聚焦企业改革发展、国企改革三年行动、“三重一大”决策等重点事项、重点环节加强重点监督，以精准的监督指向提升党内监督实效。建立“监督工作领导小组例会+监督部门月度联席会”工作机制，公司党委定期听取监督工作情况汇报，总结成效，部署任务，推动各类监督更加协同有效。

巡察监督高质量推进。以规章制度细化规范工作规则、工作流程、协作配合等各方面工作，建立健全股份公司党委《巡察工作实施意见》《巡察移交办法》等 7 项管理制度，构建科学完善的巡察制度体系，为不断深化巡察监督提供了有力制度保障和基本遵循。定期开展上下联动巡察与内部专项巡察，2021 年，与山钢集团党委巡察办上下联动，上借下力、下借上势，围绕阳光购销、五位一体、财务及实物资产管理等五个专题开展专项巡察，从政治高度审视透视问题背后的体制机制、制度执行、流程运行等深层次问题，与山钢集团党委同步向 4 个被巡察单位反馈问题 172 项，对重点领域和关键环节实施了一次全面“政治体检”，巡察利剑震慑效应持续释放。落实巡察“后半篇文章”，坚持上下两级巡察整改相统筹、新反馈问题整改与存量问题整改相兼顾、短期立即整改与长期系统整改相结合，对巡察反馈问题整改严格审核把关，两级巡察新反馈的 172 项问题全部达到整改进度，48 项巡察存量问题实现清仓见底。截至目前，巡察整改累计新建和修订制度 58 项，避免和挽回经济损失 3299. 42 万元。

纪委专责监督持续增强。以最高意识、亮最明态度、下最大决心、按最严标准推进正风肃纪反腐，以猛药去沉疴。“不敢腐”的震慑越来越强。加大对资金密集、资源富集、资产聚集领域案件的查办力度，配合集团公司纪委和地方纪委监委坚决查办各类“靠企吃企”“靠钢吃钢”案件，去年共对 11 人采取强制措施，2022 年以来又配合上级纪委监委对 4 人采取留置措施，重拳反腐、强力治腐。股份公司内部采取交叉办案等方式查办违规违纪案件，2021 年共严肃查处 138 人失职失责、36 人违反中央八项规定精神、12 人损害职工利益等典型问题，释放“越往后越严”的强烈信号。去年公司各级纪委共处置信访举报和问题线索 129 件，立案 22 件，精准运用“四种形态”批评教育帮助和处理 224 人次。“不能腐”的笼子越扎越牢。发挥查办案件的治本功效，开展营销领域突出问题专项治理，从思想认识、责任落实、制度设计、流程约束、风险防控、权力监督、作风强化、文化引领等各方面开展大梳理、大排查、大整顿，推动建章立制，堵塞管理漏洞，以深层次根源治理重塑股份公司风清气正政治生态。“不想腐”的警钟越敲越响。公司党委书记为 270 余名管理 6 级以上干部讲授警示教育专题党课，120 余名中层及以上干部到山东省廉政教育馆接受警示教育，364 个基层党支部开展“学党史、守清廉”主题党日活动，大力创建廉洁示范点，《廉洁莱钢》《清风护航》《廉心桥》等廉洁教育阵地持续传递廉洁正能量。

（二）整合力量，优化职能，行政监督持续发力

抓业务就要抓监督、管业务就要管风险。公司党委推动行政监督融入各项业务管理，把职能监督作为第一道防线，左右贯通、上下联动，构筑一体化监督防线。公司各职能部门对照主责主业，系统梳理管理落脚点、制度关键点、廉洁风险点，持续校准“监督靶向”。股份公司风险合规部将审计业务中发现的问题线索主动移交纪委，办公室对各单位疫情防控、业务招待、公务用车等工作检查中的有关问题及时与纪委沟通，运营管控部对纪委提出的阳光购销意见建议跟踪落实，实现较好监督效果。

以问责问效促进提质增效。针对集团公司党委和股份公司党委巡察反馈的172项问题，充分发挥大监督体系作用，督促问题发生单位从制度制定、制度执行、工作作风等方面深入分析发生原因，各业务管理部门从业务和管理角度严格审核把关，各级纪委从政治和业务融合角度再次审核把关，确保原因分析切中问题要害。对其中涉及制度执行不严格、履职尽责不到位、工作作风不严肃等83项问题，启动了追责问责程序，对210人次和57个单位进行了追责问责，经济考核13.45万元，促进紧盯问题、严抓细节、落实制度、强化管理、责任压实，提升管理效能。

（三）激活末梢，优化网格，群众监督不断深化

畅通群众监督举报渠道，建设特约监督员队伍，鼓励和引导职工对各级管理人员违规违纪问题及管理不公开不透明等问题依规依纪信访举报。2021年共对群众监督举报的13件基层管理不公开不透明问题从严从快进行了查处。各级工会建立民主恳谈会、职工代表座谈会等制度，加大对厂务公开、民主管理等工作的督导力度，广泛收集职工建议诉求并督促整改，有效保障了职工的知情权、参与权、表达权和监督权。各单位对薪酬发放、单项奖等重点公开事项不定期开展专项督查，对检查发现的职工大会和民主管理会召开不规范、评先树优民主推荐程序缺失等问题强化督促整改，进一步优化监督环境，凝聚监督合力。

（四）上下联动，创新方式，监督机制持续完善

上下联动延伸监督内涵。监督的“生命力”在于凝聚思想、约束权力、发现问题、堵塞漏洞，山钢股份把调动各级治理主体的监督积极性作为重中之重，将大监督体系建设向前沿延伸、向基层集聚、向岗位拓展，推动监督体系建设在企业生产一线焕发蓬勃生机。莱芜分公司探索“1+5+X+86”大监督体系建设路径、日照公司建立“1234”大监督体系创建模式、营销总公司构建“四位一体”大监督体系，为股份公司深化大监督格局提供了强有力的支撑，赋予了更多时代和实践内涵，一些落实上级决策部署不到位、规章制度执行不严格、漠视侵害群众利益等问题被及时发现、及时整改，抓早抓小、防微杜渐的功效得到充分显现，广大基层组织开展监督更加自觉主动、方式方法更加灵活多样，广大职工群众对监督的认同感、参与度显著提升，“大监督”从有形覆盖向有效覆盖持续转变，股份公司监督格局实现了由上到下、由内至外，横到边、纵到底的贯通联动，监督实现质效双增。

创新方式提升监督效能。紧盯政策支持力度大、资金密集、资源富集、资产聚集领

域，创新探索专项稽查监督工作模式，抽调各领域专业人才组建专门稽查队伍，围绕进厂废钢、合金、储运外发、进口备件、循环水处理、进出厂物资、进厂外购焦、检化验等各环节流程开展专业监督稽查，实现了由点到面的全覆盖监督。通过“5+2”“工作日+节假日”的全天候、全覆盖监督稽查，发现并督促整改上百项问题，实现直接把关效益 2.59 亿余元。其中莱芜分公司稽查仅废钢扣杂一项，就为公司挽回损失累计 1414.34 万元，推动废钢生态圈建设取得显著成效。

四、工作启示

（一）推动监督体系取得更大治理成效必须坚持党的领导

坚定不移坚持党的领导，坚持把政治建设摆在首位，坚持全面从严，是国有企业抵御市场严峻风险挑战、实现高质量发展的最大制度优势。只有坚持和加强党的领导，以党内监督为统领，督促各级党组织切实扛起“把方向、管大局、保落实”政治责任，推动管党治党政治责任层层压紧压实，切实推进全面从严治党，才能有效衔接贯通其他各类监督聚合发力，形成合力，才能构建党委领导、覆盖全面、权威高效的监督格局。

（二）推动监督体系取得更大治理成效必须坚持系统联动

各监督主体相对独立，监督资源和监督信息相对分散，如果不加强贯通协调，极易形成专业孤岛、信息孤岛，对统筹全局推进监督将形成无形阻滞。只有加强党内监督、行政监督、群众监督的贯通协调，加强与上下级之间的纵向协调，加强纪检、巡察、审计、财务、组织人事等部门的横向协调，才能压实各方面监督责任，按照权责划分和规章制度更好履行监督职能；才能将各方面反映的问题进行有效集中，将监督资源聚集到重点关注事项，放大监督效果；才能实现监督精准“点穴”，问题靶向纠治，推动实现监督责任全覆盖，监督重点全覆盖，监督环节全覆盖，提高公司监督质效。

（三）推动监督体系取得更大治理成效必须坚持标本兼治

发现问题是着力点，解决问题是落脚点，监督发现问题后如果不积极推动解决，监督效果将无法实现。只有坚持把及时发现问题与彻底整改问题结合起来，把“当下改”与“长久立”统一起来，运用“大数据”理念和思维，对监督中发现的各类问题进行整理归纳、分析提炼，着重从体制机制、建章立制、科技监督、营造氛围等多方面着力，以“高严细实快”作风推动问题务实解决，实现标本兼治，才能有效控制经营管理风险，保障制度体系规范运行，推动公司治理依法合规，为做强做优做大钢铁主业，推动企业实现高质量发展提供更加坚实的监督保障。

“三位一体”踔厉骏发

——山钢国贸大监督体系建设探索实践

山东钢铁集团国际贸易有限公司　李强笃　张海鹰　李宪华

党的十九届四中全会明确提出健全党统一领导、全面覆盖、权威高效的监督体系。中央出台了相关的国企改革指导文件，要求通过加强纪检监察、出资人监管等方式来建立更加完善的监督机制，更加有效提升国企监督管理水平。当前，国企改革不断深化，如何汇聚各类监督力量、发挥综合监督效能，进一步增强竞争力、创新力、控制力、影响力和抗风险能力，探索构建“大监督”体系，已成为新时代不可回避课题。山东钢铁集团国际贸易有限公司（以下简称山钢国贸）结合实际，创新实施党内监督、行政监督、群众监督“三位一体”大监督运行机制，这一实践探索对于国有企业破解管理人员监督难题具有启示意义。

一、课题提出背景

企业在改革发展中面临投资决策、生产经营、选人用人、制度建设、廉洁从业、法律合规等各种风险，任何一个方面或环节出现问题，都会让风险转变为损失，造成国有资产的流失。而以往国企各监督主体孤军奋战、各自为政，监督缺乏有效的沟通，监督成本高、监督效率低下，监督的范围存在交叉重复及监督盲区。各监督主体间合作机制不健全、信息不共享，导致被监督主体压力较大，相同问题被重复监督检查，相同整改报告重复上报，无法形成有效监督闭环。

“大监督”体系构建可以有力扭转企业事后监督、被动监督局面，通过关口前移、防线前置、主动防御，构建从传统的事后问责向事中控制、事前预防延伸的监督模式。构建“大监督”体系就是让党内监督和企业管理监督深度融合，充分发挥党建工作和企业治理双优势，让各监督力量互补，聚焦企业发展薄弱环节，研究问题整改思路，形成业务纵向监督和部门监督横向联合，交互嵌套的立体化监督体系。

二、课题实施可行性

（一）监督工作领导主体相同

党的统一领导是国企独特政治优势，“大监督”体系就是在企业党委统一领导下，汇聚监督力量，明确监督目标，制定监督工作分工、衔接与合作机制，让监督嵌入各流程、全过程，确保让国企全面从严治党的“严”、依法治企的“治”和科学管理的“管”形成科学标准和依据，不断监督督促企业决策者履职尽责、规范用权。

（二）各类风险防控导向相同

围绕企业发展战略，通过发挥各部门监督能动性，加强经营、廉洁、法务风险管控排查，让监督同步企业改革发展，推动“三不”一体推进，不断实现“企业经营安全、干部履职安全”总目标。通过风险查找、识别、评估，明确监督重点和关键环节，最大程度减少企业决策风险和廉洁风险。

（三）内控机制建设目的相同

无论是监督部门监督还是业务部门监督，都属于企业管理的控制环节，监督一旦发现问题，就要从源头查找问题、制定整改措施、完善企业相关管理规章制度。“大监督”体系就是把加强控制、防范风险、预防腐败要求贯穿工作全过程，通过不断完善制度，实现用制度管人、管权、管事。

三、课题理论支撑

《中央关于坚持和完善中国特色社会主义制度、推进国家治理体系和治理能力现代化若干重大问题的决定》《山东省委关于加强和改进国有资产监督防止国有资产流失的实施意见》《山钢党委关于加强大监督体系建设的实施意见》是我们创新开展大监督体系建设的制度保证。习近平总书记关于坚持和完善党和国家监督体系重要论述为我们创新开展大监督体系建设提供了根本遵循。

四、课题实施

近年来，按照山钢集团部署，山钢国贸党委大胆探索党内监督、行政监督、群众监督“三位一体”大监督体系建设，综合监督成效凸显，为企业营造清风正气发挥了积极作用。

（一）“一盘棋”统筹推进

一是突出顶层整体设计。公司党委将大监督体系建设纳入“工作要点”统筹推进。成立大监督工作领导小组，在纪委设立大监督办公室（简称大监督办），明确工作责任，规范责任落实。确立了大监督“目标统一、优势互补、步调协同”工作目标，明确了“顶层设计、面向全局，盯紧关键、形成拳头”工作思路，细化党内监督、行政监督、群众监督“三位一体”大监督具体内容。

二是构建立体响应机制。公司党委统一指挥，大监督工作领导小组对大监督工作负总责，大监督办负责大监督工作统筹、协调、指导，纪委、巡察办、党群部、管理部、风控部、工会等监督职能部门既密切配合又各负其责，各单位负责客观反映情况、认真抓好整改等。大监督工作构建了公司党委、领导小组、大监督办、纪委、职能监督部门、各单位协调配合的大监督响应机制，形成了横向协同密切联动、纵向全面贯通的大监督“一盘棋”格局。

三是坚持“一体化”推进。建立了“公司党委会定期研究大监督工作、书记专题会和大监督领导小组会议听取大监督工作汇报”领导机制、大监督办与有关部门“协同联动、问题分类处置、信息共享、监督成果运用、问题整改"工作机制，初步实现大监督办牵头组织、各监督主体具体实施、各单位积极参与的党内监督、行政监督、群众监督"三位一体"大监督"四责协同"运行机制一体推进，成果一体运用。

（二）"一条龙"强化保障

一是构建"1521"制度体系。公司形成了以《山钢党委关于加强大监督体系建设的实施意见》为统领，山钢集团《问责管理办法》《职工违规违纪处理暂行规定》山钢国贸《制度管理办法》《违规经营投资责任追究实施细则》《廉洁风险防控管理工作实施办法》5项基本制度作支撑，涉及党内监督、公司治理、风险管控等21项重要制度保落实的"1521"制度体系，扎紧制度"笼子"，科学配置权力，合理分解权力，明确权力边界，避免"牛栏关猫"，搭建起党内监督、行政监督、群众监督"三位一体"大监督体系。

二是数智化无缝管控。优化BMS信息系统，植入"探头""触角"，构建智慧监督平台，利用大数据促进监督执纪。研发移动审批办公平台，规范业务审批流程及各层级管理权限，将管控措施嵌入各业务信息系统，促使管理决策、执行可控制、可追溯、可检查。坚持贸易流程标准化、监督检查可视化，加强流程监控和数据研判，对关键风险点实时预警、重点筛查，科学研判、及时处置，提升监督信息化水平。

三是夯实监督文化根基。树立"谁破坏党规党纪，谁砸国贸牌子，就砸谁的饭碗"导向，倡导树立"监督是管理应有之义"等监督理念，为大监督体系营造良好政治生态。通过"阳光国贸"教育平台开展条规解读、形势任务教育等100余次；设立《国贸之窗》廉洁专栏，开展"清廉国贸"主题微视频、书画作品征集26项；开展职能监督履责、廉洁从业教育600余人次；编发《业务管理制度汇编》人手一册，开展领导人员廉洁从业若干规定等法规解读，浸润监督文化滋养。

（三）"一揽子"创新举措

一是创新开展"体系联合贯通"。在工作侧重点上，以执纪监督为主导，专业化监督和业务监管协同配合。纪委履行监督执纪问责职责，协助党委推进全面从严治党、党风廉政建设和反腐败工作，检查党的路线方针政策执行情况，对各级党组织、党员领导干部履行职责监督。巡察办以抓实上级巡视巡察整改、抓牢内部巡察全覆盖为抓手，对贯彻执行国家方针、政策、法律、法规及企业规章制度等履职行为进行监督检查。董事会、工会及风险控制等部门，通过董事会、职代会等形式，对法人治理机构的履职行为和企业生产经营决策进行监督。管理部、财务部、综合部等职能管理部门，履行阳光购销、贸易经营、招投标等业务监督和管理职责。

二是创新开展"工作联动配合"。在工作协调上，加强执纪监督与专业监督部门、业务监管部门组织协调，明确责任分工，强调密切配合，按照"专而不独、分而不离"原则，各司其职、协同作战，构成纪委牵头，管理、风险控制等部门提供政策支持，各职能部门提供专业支持的监督检查新模式，从权力运行、管理流程和业务指标变化中发现问题线索，实现信息共享、优势互补，促进执纪监督、巡察监督与法人治理监督和职能部门监督有机融合。

三是创新开展"问题联合治理"。从工作运行上，完善各部门间信息共享与问题通报机制，各监督部门坚持问题导向，按照各自职能职责，主动介入所负责领域，监督检查发现管理漏洞和突出问题，纪委不定期召开督导会议，共同研究，突出重点，有针对性下达整改建议书。监督职能部门开展监督检查发现问题线索，及时移交纪委。纪委在案件查办、专项监督中发现存在管理漏洞，下达纪律检查建议书，要求相关部门修订完善制度，制定整改措施，落实整改。

五、课题实施效果

山钢国贸持续提升监督合力，主动、善于监督氛围日渐浓厚，监督成果不断转化为经营和廉洁风险防控能力。

（一）统筹联动、全面覆盖的系统性更加明显

公司完善了以《公司章程》《董事会议事规则》《董事会专门委员会工作规则》及系列清单为核心的“公司章程、议事规则、治理体系文件、公司管理制度”四级制度体系，构建监督责任体系，形成了从制度明责、清单定责到督责、追责的完整链条。公司两级董事、监事围绕决策前、决策中、决策后三环节，实现“沟通汇报、审议决策、执行反馈”决策闭环，从流程上堵“暗门”关“天窗”。公司大监督体系建设既有专业监督，如公司风控部及日照国贸、莱钢国贸、营销中心风控室全流程监督，也有党内监督、行政监督、民主监督准确定位各要素功能，相互配套、相互促进，达到系统监督目标。坚持把大监督机制优势融入巡察工作之中，统筹谋划，在山钢集团率先实现内部巡察全覆盖和对境外党组织巡察，反馈问题137个，清收违规款23.42万元、移交问题线索4个，处理处分26人次，绩效考核12人，督促“立改废”制度109项。在大监督体系中发挥了“中枢”“串联”作用。

（二）防治并举、标本兼治的针对性更加凸显

针对公司贸易量大、业务市场化程度高等特点，聚焦中心工作，强化公司党委会、总经理办公会、董事会；监事、总法律顾问等顶层监督管控，建立“年度情况报告、规范性审查、通报考核”三步法监督机制，加强二级公司运行指导监督；深化公司风控、财务、管理等部门职能监督，在日照国贸、莱钢国贸、营销中心三个业务主体单位创新设置风控室，监督关口前移，监督重心下移，强化监督力量，突出内控合规管理、加强合同执行、紧盯业务过程监督、把牢高风险业务防控，实现清单式、切片式监督，突出监督重点和“小快灵”，融合性、穿透性更强。发挥大监督机制优势，实施专项工作立项督导，成功化解3项历史问题，“中玻大型A公司案件”比仲裁申请金额减少1.18亿元，“郑煤机B公司股票案”全部处置后累计盈利1000余万元，鲁银外部C公司欠款1.44亿元全部追回。

（三）相融并进、同步实施的主动性更加彰显

公司巡察办、财务部发挥部门职能监督作用，向纪委移送问题线索5件，受处理处分16人次。在巡察及执纪监督中，针对发现管理漏洞，提出55项监督建议得到采纳，主动约谈95人次，下达《纪律检查建议书》和《巡察建议书》共11份，责成相关责任部门单位完善制度，强化整改落实。开展27次专项检查，发现67个问题，提出97条整改建

议。与客户签订《廉洁互保协议书》，构建外部客户监督体系，主动接受外部监督。组织各级党组织纪检委员跨区域参与各类监督检查、线索办理等 40 余人次，发现 10 余项问题。

（四）用权受监督、失责必追究的震慑性更加彰显

公司创新形成"一台账、两清单、双责任、双问责"监督机制，处置问题线索 8 个，运用监督执纪四种形态处理处分 25 人次，对公司党政班子成员问题责任人批评教育帮助 5 人次，其中诫勉 4 人；紧盯疫情防控、选人用人等政治责任落实，对中层正副职批评教育帮助 15 人次，其中诫勉 2 人、党纪处分 2 人；集体约谈中层正副职责任人 17 人，追责问责巡察整改不力中层正职 2 人，主动约谈单位领导班子、重点岗位人员 95 人次。查处违反中央八项规定精神案件 2 起，处理处分 22 人次，收缴违规款 19.07 万元；明察暗访 11 次，纠治 14 项问题，通报曝光 6 次，疫情防控不力问责 3 人。

六、经验启示

（一）持续提高站位，凝聚共识

必须长期坚持"严"的主基调，深刻把握大监督体系建设对于全面从严治党、从严治企的重要意义，凝聚干部职工思想共识，上下联动、才能纵深推进大监督体系建设，以监督绩效全面提升，彰显监督机制实效性、系统性。

（二）始终围绕中心、服务大局

构建三位一体大监督格局，必须坚持以实现国有资产保值增值为出发点和落脚点，准确把握企业内部各种权利类别特点及其运行规律，把加强对权力制约和监督贯穿管理全过程，才能做到相互兼容、同步推进、协调发展。

（三）坚持聚焦发力，真抓严抓

必须坚持企业党委对监督工作的统一领导，以党内监督为主导，坚持有形覆盖与有效覆盖相结合，推动各类监督左右互联、上下互通，把有效防范、及时发现问题与彻底整改问题结合起来，"当下改"与"长久立"相统一。

（四）狠抓深挖一层，从严问责

企业各监督主体必须着力发现解决深层次问题，严查问题背后的责任问题，严查管理的监督责任是否到位，让监督"长牙""带电"，做到有权必有责、有责要担当、用权受监督、失责必追究，确保监督更有制衡力、惩治更有威慑力、干事创业更有活力。

建立“四点一线”双向贯通融合监督机制提升国企监督治理效能

河钢唐钢纪委　陶立国　于春渊　姬颖玉　户桂彬　刘　维

监督在企业管党治党、从严治党和依规治企中发挥着重要的保障作用，以监督促进治理是纪检监察工作高质量发展的必然途径。十九届中纪委六次全体会议提出“坚持全面从严治党战略方针，坚定不移将党风廉政建设和反腐败斗争进行到底，持续深化不敢腐、不能腐、不想腐一体推进，惩治震慑、制度约束、提高觉悟一体发力，努力取得更多制度性成果和更大治理成效”，为我们在贯通融合中提升监督治理效能提供了遵循和方向。

一、建立双向贯通融合监督机制的背景

党的十九大以来，河钢唐钢纪委学习贯彻全面从严治党方针，按照上级纪委部署，健全完善大监督体系，立足监督职责定位，始终坚持监督工作与企业生产经营深度融合。特别是新区投产成为唐钢历史上重要的里程碑和转折点，为企业发展带来全新动力。河钢唐钢完成退城搬迁，进入转型升级和高质量发展的关键阶段，纪检监察工作守正创新显得尤为重要。河钢唐钢纪委顺应新发展阶段要求，认真贯彻党的十九大和中纪委十九届历次全会精神，落实监督执纪工作规则，不断实践创新，拓展监督融合模式，以“严”的主基调，突出双向贯通融合监督，以高质量监督为企业强“根”铸“魂”，助推企业实现高质量转型发展。

二、双向贯通融合监督机制的实践探索

新形势下，国有企业纪委监督工作应把握好“制度优势转化为治理效能”方向，在加快构建各类监督贯通体系中体现出企业特色。

（一）五向发力，高效统筹效能立项监督和廉政风险防控，强本固基

河钢唐钢纪委聚焦监督基本职责、第一职责，创造性地把效能监察工作方法和企业项目管理工具相结合，实施效能立项监督，每年平均开展效能立项监督 50 余项，提出监督建议 70 余条；把权力运行监控机制和风控管理相结合，实施廉政风险防控，梳理重点职权 200 余项，识别廉政风险点 500 余个，制定廉政风险防控措施 900 余项。围绕五方面共同点，统筹推进效能立项监督和廉政风险防控，进一步强化日常监督和精准监督。

一是以生产经营为中心，涵盖物资进厂、资产处置、产品营销、技术升级、资金管控、基建工程、招标管理、选人用人、奖金分配、公务用车、公务招待、门禁保卫等企业

生产经营不同层面、不同领域。河钢唐钢纪委围绕这些领域立项，对重大决策部署落实和重要专项工作效能情况开展监督检查，同步梳理关键岗位重点职权，结合问题线索和同类案件，进行廉政风险评估，识别廉政风险点，先期制定防控措施。

二是融入企业管理，是制度流程的再造和“监督的再监督”。河钢唐钢纪委立足“专业人管专业事”，把精准监督和精细化管理相结合，实施效能立项的过程监督，对立项监督发现的管理漏洞，及时提出意见建议，修订完善管理制度和操作规程。对资源富集、资金密集、权力集中的关键岗位重点职权廉政风险点，加强日常监督，根据职权运行中不同情况，运用建章立制、优化流程、权力制约、谈心谈话、考核问责等廉政风险防控措施，超前防范风险。

三是依托大监督体系，推进完善“四责协同”工作格局，强化党委主体责任、党委书记第一责任人责任、班子成员“一岗双责”、纪委监督责任，职能部室监管职责，推进管理人员廉洁履职、担当尽责。

四是与全流程管理结合，运行事前预防、事中跟踪、事后改进的全过程效能立项监督，以及前期预防、中期监控、后期处置的全链条廉政风险防控。

五是与廉政教育、制度建设、问题线索处置、查办案件等其他纪检监察工作综合推进，对监督过程中发现的苗头性问题，综合运用警示教育、谈心谈话、个人事项报告、问题整改、执纪问责等党内监督和效能监督手段，做到源头预防、关口前移。对问题线索，综合运用厂纪处分、经济考核、“四种形态”等手段处理相关人员，抓早抓小。

（二）四点一线，建立双向贯通融合监督机制，守正创新

随着河钢唐钢退城搬迁的完成，新、老区融合和机构调整以来，部室架构、产线匹配、岗位设置、业务流程均发生变化，呈现出新的监督点和问题点，河钢唐钢纪委以“纪检监察工作守正创新年”活动为契机，探索用“四点一线”的方法，以发挥监督保障执行、促进完善发展为主线，将效能立项监督和廉政风险防控“穿袖”，达到互相融合、相互贯通，增强监督合力，扩大监督效应。主要做法如图1所示。

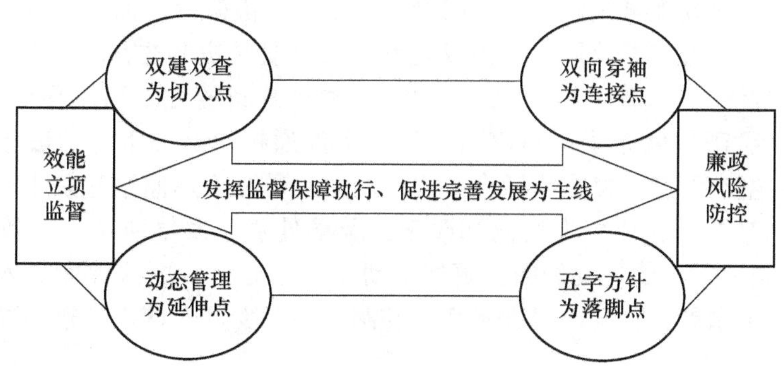

图1　“四点一线”方法

1. 以“双建双查”为切入点，同向联动

建立“12345”（一个方向、两个责任、三个成效、四个维度、五个结合）效能立项监督机制，坚持问题导向，监督过程中狠抓重点项目跟踪督导，紧盯违规违纪问题，查找

问题背后深层次原因，堵塞管理漏洞。建立全过程廉政风险体系，先后印发实施方案、管理办法，坚持查摆与整改相结合，从工作机构、体系运行、职权梳理、措施运用等六个方面，组织各单位开展“六查六看”，进行自查自纠整改，查出一项整改一项，落实一项销号一项，确保廉政风险防控体系动起来，各项防控措施用起来。

2. 以“双向穿袖”为连接点，互促互进

效能立项监督的“问题点”与廉政“风险点”互相融入，同时强化了精准监督和日常监督。今年以来，河钢唐钢纪委加大督导力度，仅一季度，通过立项调研、实地走访、查阅资料等，实施效能立项 77 项，发现问题并整改 13 项。同向建立“廉政风险库”，对新的岗位、流程重新梳理重点职权 269 项，绘制重点职权运行流程图近 300 张，找出廉政风险点 500 余个，制定防范措施 1000 余项。纪委强化统筹分析研判，对廉政风险库中吃拿卡要、奖金分配、废钢采购、产品客户服务、工艺副产品处置等业务中 11 个廉政风险点实施立项监督，拓宽立项监督渠道，更有效的减少企业生产经营过程中的不廉洁行为。同时，把效能立项监督过程中发现线上招标、非招标采购、资产处置过程中财产评估、资产拍卖中近 10 项问题点纳入廉政风险库，重点进行监控，更有效的防控风险。两者进一步互融互促，最大限度发挥监督效应。

3. 以“动态管理”为延伸点，长效管理

通过建立效能立项监督台账、绘制重点职权流程图和“廉政风险库”，对年度立项、季度立项、即时立项监督过程、发现问题、整改建议及时记录留痕，把各业务流程重点环节问题点、风险点、管理漏洞“暴露”出来，督促相关人员整改落实；把风险岗位、重点职权事项“晾晒”出来，从制度、流程、方面进行监督，规范人员行为。两项管理做到定期对照、动态更新，形成持续查找问题、制定措施、提前预警、自查自纠、及时整改、“回头看”的一体长效管理机制，最终促进问题线索的减存量、遏增量，廉政问题点的“动态清零”。

4. 以“五字方针”为落脚点，提升成效

河钢唐钢纪委提出“早、严、准、实、效”五字方针，旨在强化日常精准监督，严抓严管，问题早发现早处理早预防，并形成责任机制、惩治机制、监督机制、作风机制、效果机制。效能立项监督和廉政风险防控双向贯通融合监督机制立足“五字方针”，监督关口前移，做实监督“前半篇文章”。针对性改进和提升制度建设和流程优化，填缝堵漏，严明纪律规矩，织密制度笼子；与信访举报和案件通报、财务审计、法务合规、职工民主、专业监管、生产调度、民主生活会等协同发力，通过下达监察建议书、组织调整、追责问责等手段，对具体管理行为纠偏和改正，及早处置，及早防范，有效践行“四种形态”，全力打破查办案件的被动局面，更加主动、更全方位、更深程度介入到各生产经营关键环节，防患于未然，将问题线索和案件控制在相对少发的状态，逐步减少同类案件再发生。

（三）初见成效，双向贯通融合监督机制转化监督治理效能，突显优势

贯通融合，要在“贯通”和“融合”上下一番功夫，要“通”的自然流畅，“合”出优质高效。河钢唐钢纪委从自身实际出发，围绕环保工程、废钢质量、供应商大数据监督、工艺创新和技术升级等新领域，深入开展效能立项监督和廉政风险防控双向贯通融

合，积极协调解决相关问题，提出监督建议 17 项，制定了 21 项风险防控预警措施，修订完善制度 25 项，建章立制 31 项，改进业务流程 35 项，助推企业在加强党风廉政建设、生产经营成果、疫情防控等方面取得成效。

1. 党风廉政建设全面加强

与深化纠正"四风"和作风纪律专项整治、公车管理专项整治、巡察整改、专项检查、党建核查、年度考核相结合，开展重点节期"四风"监督检查和明察暗访 332 次，处理"问政唐山"平台信息 300 余项，督促完成门禁保卫、采购销售、干部作风等领域 10 余项问题整改，发现公车管理存在问题并提出整改建议 7 项。结合对高强汽车板等 3 个子公司巡察，发现问题 23 项，围绕市场形势和内部管理，提出营销考核、奖金分配、产品结构升级、客户服务等整改意见建议 17 项，堵塞管理漏洞 15 个，督导问题整改 25 项，移交并协助查处违规违纪问题 3 个，加快推动无效低效资产处置 35 项。

2. 企业生产经营成果显著

为环保项目和设施建设提供监督保障，助推河钢唐钢成功获评环保绩效 A 级企业，被国家工信部授予"第一批绿色工厂"荣誉称号。以技术升级为引领，监督工艺创新过程，保障河钢唐钢主产品结构和客户结构全面改善、持续优化，主要产品拓展为汽车板、家电板等中高端钢材，品质钢比例升至 70%以上，镀铝硅、锌铝镁、高建钢、桥梁钢等产品成为亮丽品牌，终端客户直供比达到约 60%，战略客户越来越高端，汽车用钢供应到宝马、通用等众多顶级车企生产线，企业成功跻身中高端钢铁材料综合服务领域第一梯队。

3. 疫情防控成效明显

三月份以来，面对严峻复杂的疫情形势和当地政府严格的封控措施，河钢唐钢纪委坚决贯彻党中央各项决策部署，闻令而动、主动作为，科学精准稳慎有效开展疫情防控监督。在双向贯通融合监督机制作用下，与唐钢疫情防控办联合组成 4 个督导检查组，对涉及生产主体单位、公辅单位等 20 家单位 10 余个门禁点，围绕防疫人员在岗、外来车辆进厂、保卫检查、重点人员防控措施落实情况开展督导检查，推动疫情防控责任和措施落实到位，实现疫情防控和生产经营的"双战双胜"。

三、下一步工作思考

效能立项监督和廉政风险防控是综合性监督管理工作，双向贯通融合机制是一项系统性工程，要想真正推动制度优势转化为治理效能，为企业全面从严治党和严格依规治企提供有力支撑，还需要完善以下工作。

一是"单打独斗"向"联合作战"转变。要融入企业中心、服务大局，服务纪检监察工作高质量发展，打破"工作界限"意识，凝聚各方面力量，最大限度发挥机制效应，唱响"合奏曲"。

二是传统做法向"机制+平台"转变。强化"平台"联动，贯通信、访、网、电"四位一体"举报平台，"问政唐山"、党建网格化管理"正风肃纪"平台等问题渠道，以及物联宝、财智云、废钢验质等智能化平台，盯住"两个责任"落实、党员干部作风、职工心声诉求以及基层微权力运行，快速解决问题。

三是建机制向盯违纪转变。重点放在从职权运行和流程控制、技术经济指标异常变化和管理责任事故、职工群众舆情、领导干部对照检查等领域发现苗头和问题线索，加强教育早预防，违纪现象早发现，批评常在早提醒，及时遏制苗头性、倾向性问题，实现“管住大多数”。

四是上级主导向“探头”作用转变。河钢唐钢现有40余个二级单位，400余个基层科室、车间，300余个业务流程，10000余名党员干部。全流程、全覆盖的监督，需要充分发挥二级纪委的“探头”作用，提高对生产运行和企业管理流程的分析和诊断。

五是重实施向重考核转变。结合党群绩效考核，强化双向贯通融合考核机制的运用。特别是因落实不到位导致发生违规违纪问题的，应严格给予批评教育、谈话提醒、约谈等追责问责措施。

建立“四点一线”双向贯通融合新模式，把效能立项监督和廉政风险防控贯穿于一体推进不敢腐、不能腐、不想腐全过程，是新时代国有企业以高质量纪检监察工作引领高质量发展的生动实践，河钢唐钢纪委将进一步完善双向贯通融合各项工作，交出纪检监察工作守正创新和高质量发展的成绩单。

科学精准推进巡察监督　保障企业高质量发展

山钢集团山东钢铁股份有限公司纪委/巡察办
高洪亮　董思慧　荣振宇

党的十八大以来，巡视巡察作为“国之利器”，为推进党的自我革命、提升国家治理能力和水平发挥了重要作用。山东钢铁股份有限公司（以下简称山钢股份）深刻认识和把握“三新一高”要求，以“成为中国北方最具竞争力钢铁强企”为愿景，以“成为中国北方绿色低碳智能高效钢铁制造引领者，支持服务国家黄河流域环境保护和高质量发展”为公司使命，致力于打造比较优势和提升核心竞争力，明确了高质量发展方向。科学精准推进巡察监督，找准制约企业改革发展的重点领域、重点问题，推动集团公司、股份公司各项决策部署的贯彻落实，提升各级党员干部的责任意识，解决企业改革发展中的难点堵点问题，更好地体现了监督保障执行、促进完善发展的作用，为企业实现高质量发展提供了坚强保障。

一、科学精准推进巡察监督的重要意义

科学精准推进巡察是深化全面从严治党的需要。全面从严治党是一切工作的统领。近几年，在山钢集团党委及上级党组织的正确领导下，山钢股份全面从严治党、生产经营、改革发展等方面都取得了较大改进，但是各级党组织不同程度存在贯彻落实决策部署“中温下冷”的情况，各级党员干部不同程度存在责任意识不强、担当意识不够的问题，甚至部分领域还存在老问题新问题交织、推进改革发展进入快车道的动力不足等问题。实施精准巡察，将严的主基调贯穿到山钢股份管党治党的各个方面，体现在每个党组织、每个岗位，有利于激发党员干部责任意识、担当意识和干事创业热情，营造风清气正的良好政治生态，推动企业改革发展。

科学精准推进巡察是一体化规范化运营的需要。“发现问题、形成震慑、推动改革、促进发展”是巡视巡察工作的方针，也是出发点和目的。目前，山钢股份管理部门与管理单位之间、上下级管理部门之间的管理还不够系统，有的管理不严不细，有的制度执行不力，有的作风不严不实，甚至个别关键岗位人员内外勾结损害企业利益，严重制约了公司高质量发展。科学精准推进巡察，突出问题导向，找准各个领域存在的问题和薄弱环节，围绕企业管理的重点领域，紧盯权力集中、资金密集、资源富集、资产聚集的部门和岗位，一个领域一个领域地巡，一步一个脚印，充分发挥巡察利剑作用，不断深化标本兼治，坚决遏制企业管理中的“跑冒滴漏”问题，坚决铲除滋生腐败问题的不良土壤，推动形成公司上下“一盘棋”“一个声音”，营造阳光高效的运营生态。

科学精准推进巡察是改进巡察方式方法、提高巡察质量的需要。实践证明，巡察工作是治标之举，也是治本之策，必须在坚持中深化、在深化中坚持。随着全面从严治党的逐步深入，对巡察工作的要求也逐渐提高，巡察不能满足于只是对一个个具体现象个案的披露，还要置身于企业改革发展的背景、环境来认识、分析、思考，查找和揭露管理体制机制方面的不足、查找权力的制约和监督问题，督促干部职工和岗位人员认真履责，推动体制机制和制度创新，减少腐败现象滋生蔓延的土壤和条件。巡察工作要体现工作价值和意义，就要有效发挥“探照灯”和“显微镜”作用，改进巡察方式方法、提升巡察工作质量，把巡察的过程作为了解研判企业改革发展进程、专业管理领域治理情况的过程，作为校准思想、调整行为、绷紧作风、严密制度的有力抓手，更好地适应企业高质量发展的需要。

二、探索实施“四个结合”，科学精准推进巡察监督

山钢股份党委巡察工作对上承接山钢集团党委的巡察联动，对下指导股份公司所属单位党委的巡察工作，必须找准工作定位、突出政治属性，紧密结合企业工作实际科学精准推进巡察，推动全面从严治党向基层延伸。为增强巡察监督的针对性和实效性，山钢股份党委巡察主动跟进集团公司及上级巡视巡察新做法、新要求，及时提炼总结工作经验和实践成果，充分发挥专业人员的优势，集中力量在重点人、重点事、重点问题上下功夫，探索形成“四个结合”的科学精准巡察模式。

领域轮动与点穴式安排相结合。自2020年以来，山钢股份党委相继开展了大宗原燃料采购与管理、物流管理、阳光购销、财务及实物资产管理等8个重点领域的专项巡察，每轮巡察突出三至五个领域，发现系统性、全局性问题。同时，聚焦贯彻落实山钢集团、山钢股份重要决策部署中的问题和职工群众反映问题比较集中的基层单位，安排“点穴式”巡察，直奔要害，形成震慑，推动问题解决。

常规巡察、专项巡察与巡察“回头看”“机动式”巡察相结合。对体量较小的管理单位以常规巡视为主，如对冶金机械厂、山钢研究院侧重于全面巡察、全面整改；对莱芜分公司、日照公司、营销总公司等三个管理单位采取专项巡察方式，适时选择其下属的生产单位和重点部门开展巡察“回头看”，并结合“机动式”巡察，通过形式多样的巡察手段增强震慑效果。

巡察办负责组织与巡察组交叉巡察相结合。每轮巡察，采取“一托二”或“一托三”方式，组建两至三个巡察组。在巡察办的统一领导下，指定由各管理单位一名领导干部带队，组成一个7~8人的巡察组，对一至两个被巡察单位开展巡察，形成有分有合、统分结合的工作模式。采用交叉巡察的方式，每名组长带领的工作小组，原则上不在本单位开展巡察，这样既保证了巡察工作效率，又有效破解了“熟人社会”中“巡不深、察不透”的难题。

巡察与专项检查相结合。巡察中，注重巡察工作的上下贯通，既承接上级党组织巡察上下联动的要求，又统筹了各管理单位巡察力量，实现了巡察工作上下一体谋划、一体部署、一体推进。同时，注重与专项检查上下衔接，有效借助各管理部室的专项检查成果，从业务问题深挖一步看问题，看责任落实、看干部担当、看作风形象，快速精准查找“病灶”“病根”，提高巡察发现问题的精准度。

三、聚焦科学精准推动，环环相扣凸显巡察“利剑”作用

（一）精心组织准备，奠定良好巡察基础

一是精心选题。每年年底，股份公司党委巡察办早谋划、早部署，从全面从严治党全局出发，广泛征求党委班子成员和巡察领导小组办公室成员单位意见，通过信息比对、关联分析、集中研究、分析研判，以数据说话的方式，筛选出需要聚焦的这三个重点，做到哪里问题凸显就建议巡察哪里，谁问题突出就建议巡察谁，为巡察工作领导小组确定巡察对象、部署巡察内容，提供有分析、有论证、有研判的基础数据和决策支撑。系统梳理出招标采购、物流运输、资金管理和工程建设等方面反映突出的具体事例，作为重点事；梳理出“三重一大”、审核把关、权力制约等方面反映强烈的问题，作为重点问题；梳理出原有巡察中发现问题多、整改不到位的党组织，作为巡察“回头看”的重点对象。二是精心组织精干力量。巡察组的人员既配备有一定经验的专兼职巡察干部，又要配备纪检机关从事纪律审查的业务骨干，还要从审计、财务、招标、物流等领域选择专业干部，三方面精兵强将各尽所能。既突出政治巡察内涵，发现党的领导弱化、党的建设缺失、全面从严治党不力等方面问题；又运用专业知识、技能，通过由浅入深的剖析，透过业务问题看政治，发现隐藏在表象背后的本质问题所在。三是精心做好巡察对接。进驻前，巡察组在熟练巡察工作流程、权限的同时，广泛听取纪委、组织部、审计、风险管控、运营管理等部门的情况介绍，深入分析被巡察单位和人员的特点，研究潜在问题所在及其表现形式、规避监督的方式方法等事项，进一步明确重点人、重点事、重点问题。

（二）带着问题去、盯着线索查，精准发现问题

一是精准聚焦重点。高质量的巡察坚持形式为内容服务、时间服从质量，简化环节和程序，针对特定病灶，深度扫描、全方位体检。紧盯“重点人”，着重发现监督制约缺失、与管理服务对象交往不当等典型问题，触动被巡察党组织大多数党员干部自查自纠、警醒起来。紧扣“重点事”，着重发现招标采购、财务管理、企业改革等损害企业和职工群众利益的问题，带动被巡察党组织扎牢制度笼子、管党治党严起来。紧抓“重点问题”，着重发现执行制度不严、业务流程不合理等突出问题，推动被巡察党组织即知即改、立行立改，夯实党执政的政治基础。二是精准摸清实情。改进个别谈话，主动联系实名举报人，点名约谈知情人，带着问题听，针对疑点问，营造宽松氛围，打消谈话人顾虑，深入谈、反复谈，引导其讲真话、吐实情，实现巡察工作的“同题共答”。发挥专业干部的专长和优势，深入查阅与专项巡察内容有关的财务账簿、原始凭证、文件资料、案件卷宗、会议记录、合同文书等，瞪大眼睛，不放过任何蛛丝马迹，努力寻找决策、审批、执行、监管等环节中存在的不合理、不正常的可疑点，拎出问题所在，由浅入深、追根溯源，了解清楚问题的来龙去脉，使发现的情况接近客观、趋近实质。三是精准锁定证据。巡察组紧紧围绕巡察的重点领域，借助巡察前掌握的有关问题，注重梳理“事”与“人”之间的关系和指向，深挖细查，由表及里、由事到人，“刨根问底”查利益链条关系，着力发现隐藏在“事”背后的“人”的违纪违法问题线索，进而为纪律审查做好充分准备。自2020年，股份公司开展三轮巡察以来，向各级纪委移交问题线索13件。

（三）精确运用成果，推动“病情”定点清除

一是精确报告情况。注重提高政治站位，通过解剖麻雀、见微知著，着力发现企业重大决策部署是否真正落实落地、企业改革发展是否受到阻碍、业务领域管理是否权力制约不当、干部职工作风是否严细实快等问题，深入揭示产生问题的原因，从防范系统性、领域性廉洁风险的角度提出对策建议，为全面从严治党提供支撑。二是精确反馈问题。对巡察发现的问题，原原本本、一针见血地向被巡察党组织反馈，点名道姓通报典型问题，让有问题的干部对号入座、深刻反思、及时整改。对巡察发现的全局性、领域性、普遍性问题以及深层次矛盾和体制机制问题，及时向党委、分管领导和相关部门通报，推动深化改革，助推企业治理体系和治理能力现代化。三是精确移交成果。对巡察组发现的违规违纪问题，坚持边巡察、边移交、边查处，进一步放大巡察的强大震慑效应，增强被巡察党组织边巡边改的实效，让干部职工深刻感受到巡察工作力度，更加积极主动地配合巡察工作。四是精确开展追责问责。股份公司党委巡察把巡察整改的过程变成改进提升管理、加强作风建设的过程，要求被巡察单位在整改的基础上，对巡察反馈的所有问题必须分析发生原因、必须追责问责，巡察与巡察整改形成合力，共同促进企业管理提升。2021 年，山钢股份党委巡察反馈问题中，68 人次和 19 个单位给予了追责问责。

（四）精细抓好巡察整改，促进企业管理提升

股份公司党委巡察办在巡察整改阶段持续发力，促进被巡察单位立改立行与完善长效机制相结合，持续提升巡察工作质效。通过日常管控、每月调度、每季验证等方式，将巡察整改融入日常，抓在经常，压实压紧被巡察党组织整改主体责任，督促其建立问题清单、责任清单、任务清单，推动班子成员举一反三、抓好分管领域内整改任务的落实，做到“件件有着落、事事有回音”。对巡察整改情况，协调股份总部部门对巡察整改情况逐一实施验证审核，将整改不到位等问题第一时间反馈责任单位，督促落实整改、真抓实改。截至目前，2020 年、2021 年，股份公司巡察反馈问题全部按计划整改完成。

四、实施效果

科学精准推动巡察监督，山钢股份各级党组织和党员干部管党治党意识明显提升，公司及上级的各项决策部署在各管理单位和管理领域得到较好的贯彻落实，改善了部分单位和党员干部长期固有的思维模式，较好地解决了一些多年存在的老问题，营造了山钢股份凝心聚力谋发展的良好氛围。股份公司所属各单位通过巡察整改，逐项梳理工作流程、权限、制度等，进一步堵塞管理漏洞、提升管理水平，2020 年以来，山钢股份巡察整改避免和挽回经济损失达 15695.11 万元。此外，通过巡察指出问题和追责问责的跟进，有效改进了重点领域、重点岗位人员的工作作风，“严细实快”的钢铁作风逐渐养成和巩固，为企业改革发展提供了坚强的作风保障。

坚守政治监督职责定位　护航企业高质量发展

酒钢集团公司纪委　常成武

国家治理的关键是治权，治权离不开监督。监督是治理的内在要素，没有监督就没有善治。近年来，酒钢集团公司纪委坚守政治站位、时势方位、职责定位，坚持稳中求进工作总基调和严的主基调，围绕“两个维护”，聚焦“国之大者”，准确把握进入新发展阶段，贯彻新发展理念，构建新发展格局的大局大势，充分发挥监督保障执行、促进完善发展作用，以强有力的政治监督护航企业高质量发展。

一、课题背景

（一）政治监督是保证党的领导在国有企业得到全面落实的根本要求

国有企业是中国特色社会主义的重要物质基础和政治基础，是我们党执政兴国的重要支柱和依靠力量。近年来，酒钢集团公司纪委深刻认识新时代国有企业的战略定位和历史使命，督促企业始终以“产业兴国、实业报国”为己任，坚持把政治建设摆在首位，强“根”铸“魂”，充分发挥党组织把方向、管大局、促落实的领导作用，坚定不移把酒钢做强做优做大，不断夯实中国特色社会主义的重要物质基础和政治基础。

（二）政治监督是保障国有企业高质量发展不偏航的必然要求

党的十八大以来，习近平总书记关于国有企业改革发展和党的建设工作，做出了重要论述和重要指示批示，为深化国有企业改革发展指明了方向、提供了根本遵循。近年来，酒钢集团公司纪委聚焦中心、服务大局，督促企业始终坚持“党建统领、改革统揽、创新驱动、提质增效、转型升级”工作思路，围绕产业基础高级化、产业链现代化，坚持两个“一以贯之”，切实把提高企业经济效益、增强企业竞争力、实现国有资产保值增值作为一切工作的出发点和落脚点，确保国有企业改革发展始终沿着正确道路前进。

（三）政治监督是确保党中央重大决策部署在国有企业落地见效的具体要求

习近平总书记在十九届中央纪委四次全会上首次系统阐述政治监督的根本任务和着力点，并强调要强化政治监督保障制度执行，增强“两个维护”的政治自觉。近年来，酒钢集团公司纪委坚持把“两个维护”作为政治监督的“纲”和“魂”，准确把握其内涵要义，明确政治监督的对象、内容和任务，紧盯习近平总书记重要讲话和指示批示精神和党中央、省委省政府重大决策部署落实情况，深入开展监督检查，督促各级党组织和党员干部把“两个维护”落实到工作上、体现在行动中。

二、主要做法和初步成效

（一）聚焦中心大局精准开展政治监督，坚决扛牢“两个维护”的特殊政治使命和重大责任

作为党内监督专责机关，坚持守住政治监督根本定位，把“两个维护”贯穿纪检监察工作全过程。坚持把党的政治建设摆在首位。督促各级党组织严格落实“第一议题”制度，坚持把习近平总书记重要讲话和指示批示精神作为最重要的政治要件，用心用情用劲抓好贯彻落实。2020 年以来，酒钢集团公司党委理论中心组集中学习 52 次，围绕贯彻党的十九届五中、六中全会精神、党史学习教育、习近平总书记“七一”重要讲话、“国企改革三年行动”“双碳”目标等重点内容专题学习研讨 12 次，做到对“国之大者”心中有数，在学思践悟中坚定正确政治方向。坚持以政治监督为统领。紧盯制度执行、决策落实、履职尽责、权力运行 4 个方面 41 项具体监督内容，制定《精准开展政治监督实施方案》，推动政治监督具体化常态化。协助制定《关于加强对“一把手”和领导班子监督的方案》，落实纪委书记同下级“一把手”谈话制度，让“关键少数”时刻感受到用权受监督。紧盯重大决策部署强化责任落实。加强落实“三新一高”要求的监督，着力防范搞“包装式”“洒水式”“一刀切式”落实、“穿新鞋走老路”等问题，推动完整、准确、全面贯彻新发展理念。聚焦常态化疫情防控、三大攻坚战、扫黑除恶专项斗争、“六稳”“六保”、复工复产以及巡视审计问题整改等重点工作制定监督工作意见，督促各级党组织和广大党员干部严守纪律规定和工作要求，确保党中央重大决策部署和省委工作要求贯彻落实。持续修复净化政治生态。针对近年来酒钢集团公司发生的重大违纪违法案件，坚持从政治上看，研究制定《关于进一步修复净化政治生态实施方案》，围绕加强思想建设、加强党的组织建设、坚持正确选人用人导向等 6 个方面制定 22 项具体措施，推动净化政治生态往深里挖、向实里做、从根上治。同时，配套建立《修复净化党内政治生态评估研判办法（试行）》，精准设置评估研判指标，推进酒钢政治生态、政治生活、政治文化一体净化、一体培育、一体建设。

（二）认真履行监督第一职责，压紧压实全面从严治党政治责任

深入贯彻全面从严治党战略方针，紧盯责任落实强化监督检查，坚持不懈推进全面从严治党向纵深发展。推动“两个责任”一体落实。协助党委出台《落实全面从严治党主体责任清单》，制定《上级纪委监督下级党组织实施细则》，党委书记、纪委书记每年年初开展集体约谈、传导责任压力，逐步形成并固化了党委定期谋划部署、责任压力层层传导、廉政约谈常态开展、领导干部联系基层、履责情况跟踪问效、一案双查问责倒逼等六项履职尽责工作机制。履责考评做到“四个同步”。即党风廉政建设重点任务与企业中心工作同步细化分解；定期考核评价与党建工作责任制评价同步进行；年度考核和领导干部述责述廉与各单位领导班子及干部年度综合考核评价工作同步开展；考核评价结果与集团公司对领导班子和领导干部年度综合考核结果同步运用，使“两个责任”得到有效落实。探索构建“大监督”体系。建立党委统一领导、纪检监察、监事会、财务、审计、法务、

巡察协调联动的“六位一体”大监督格局，酒钢纪委每季度牵头召开督查联席会议，发挥主管监管部门力量和优势，前移监督关口，保障企业各项决策部署落地见效。在做实做细日常监督上持续发力。紧盯中心、聚焦重点，制定《日常监督实施方案》、建立《日常监督工作清单》，明确专项检查监督、线索排查监督、蹲点联系监督、提醒约谈监督等 8 种具体监督方式及适用要求，确定 27 项监督内容 79 项监督具体举措，为日常监督“明路径”“划重点”“列标准”“划红线”，消除监督空白和盲区，推动监督工作始终在系统化、具体化、规范化轨道上运行。

（三）找准找实监督切入点着力点，推动企业高质量发展

酒钢集团作为国有企业，地处内陆、两头在外，面对当前错综复杂的国内外经济形势和发展环境，能不能在推进企业高质量发展的“大考”中，把“活下来”“站得稳”“立得久”这三件大事抓好抓实抓出成效，这关系到新中国第一批钢铁产业的荣耀荣誉，关系到几万职工的就业和几万个家庭的稳定生活，必须紧扣“三新一高”要求，坚持精准“靶向”监督，全力全速全面推动企业各项事业高质量发展。以强有力的政治监督护航“十四五”新征程。把“三新一高”等党中央重大决策部署与纪检监察工作职责有效结合起来，充分发挥监督保障执行、促进完善发展作用，以正风肃纪反腐新成效护航企业高质量发展。近年来，酒钢集团公司牢牢把握“三新一高”导向，坚持高质量发展主线，构建了“531”三级规划管理体系，做到“看五年、想三年、干一年”。坚持创新赋能，科技投入强度年均保持在 2.6%以上，锌铝镁产品市场占有率达到 25%以上；高端剃须刀用马氏体不锈钢市场占有率 80%以上；“弱磁性难选铁矿高效预选技术示范工程项目”入选国家重点专项。落实“链主企业”责任，打造高品质碳钢、不锈钢、铝产业、电力能源、装备制造 5 条重点产业链，形成“1 张图谱”和“5 张清单”。用“绿色”绘就发展“底色”，全面落实“碳达峰、碳中和”战略目标，制定《酒钢落实碳达峰碳中和实施方案》，稳步推进超低排放改造，积极推进能源转型，目前酒钢智慧电网及新能源就地消纳示范项目已纳入国家第一批沙漠、戈壁、荒漠重大风光基地建设项目。围绕重大工程项目建设加强监督。结合企业“十四五”项目建设多、投资强度大、廉洁风险高等特点，每年制定项目建设监督工作方案，统筹各类监督资源和力量，聚焦项目实施进展、项目负责人履职尽责、项目管理人员廉洁自律等情况，采取提出整改建议、约谈责任人、谈心谈话等措施，坚持做到工程项目建设和防范廉洁风险“两手抓、两手硬，两结合、两促进”。扎实开展高质量发展督察。紧盯企业改革发展中的短板和弱项，每季度挑选 3~5 个重点项目进行督察，督促建章立制、堵塞漏洞。同时，围绕违规经营投资责任追究、境外腐败治理、防范和化解重大金融风险、“硬骨头”项目推进、安全津贴发放等重大课题，“解剖麻雀”找症结，“对症下药”补短板，及时提出意见建议，推动企业依法依规管理。

（四）坚持“首先从政治上看”的根本要求，一体推进不敢腐、不能腐、不想腐

将“惩前毖后、治病救人”方针贯穿政治监督全过程，突出严管厚爱结合、激励约束并重，实现政治效果、纪法效果、社会效果有机统一。保持“严”的震慑。坚持严的主基调，严肃查处违纪违规行为，力戒贯彻落实重大决策部署中的形式主义、官僚主义，以严厉惩处促政治监督落到实处。2020 年以来，立案审查 59 件，党纪政务处分 98 人次，组织

处理 114 人次，移送司法机关 3 人次。用好“宽”的策略。落实“三个区分开来”，用好“四种形态”，把思想政治工作贯穿政治监督始终，制定了《失实检举控告澄清工作实施办法》《鼓励改革创新干事创业担当作为实施容错纠错实施办法》《尽职合规免责事项清单》等系列制度，引导党员干部轻装上阵、干事创业。强化“治”的功能。深化以案明纪、以案促教，通过常态化开展警示教育、向新提拔领导干部赠送“廉洁礼物”、组织“一把手”携配偶参加“助廉主题座谈会”等方式，强化以身边案教育身边人的警醒震慑。同时，注重以案促改、以案促治，坚持“当下改”和“长久立”相结合，围绕省委巡视、审计以及内部巡察等发现问题，既大力整改具体问题，又注重加强建章立制。近年来，酒钢集团公司先后制定修订各类制度 261 部，废止与管理要求不相适应的制度 84 部。培育“廉”的风尚。制定《关于加强新时代廉洁文化建设的实施方案》，着力推动崇廉尚洁“进机关、进支部、进班组、进项目、进培训、进家庭”，努力打造“政治生态清明、干事风气清朗、权力运行清廉、干部队伍清正”的浓厚氛围，切实把“廉”字“融入现代企业治理体系、融入企业愿景使命和价值理念、融入企业合规管理和职工行为规范”，形成以“六进四清三融入”为主体架构的新时代酒钢廉洁文化体系。

（五）持之以恒纠“四风”转新风，推动作风持续好转

作风凝聚党心民心，作风决定事业成败，聚焦作风顽疾督促广大党员干部养成雷厉风行、狠抓落实的好习惯，从而推动企业的各项事业高质量发展。坚持转作风树新风。制定《“四学四比四提升”深化作风建设活动实施方案》，围绕政治素养、思想观念、担当精神、严格自律等 7 个方面 23 项作风突出问题，从 2021 年 1 月开始至 2023 年 12 月底结束，用三年时间、分三个阶段，以知耻后勇的态度、壮士断腕的勇气、刮骨疗伤的决心彻底祛除作风积弊。自活动开展以来，通报典型作风问题 62 件，考核作风问题 153 项 375 人次，有效发挥了通报曝光警示震慑作用。力戒形式主义为基层减负。紧盯精文简会、督检考、调查研究、重迹留痕、指尖上的形式主义等整治重点，切实做好基层减负工作。截至 2021 年底，集团层面文件数量同比下降 16.6%；召开会议数量同比下降 10.5%；各基层单位微信、钉钉等工作群得到有效的清理整合，总体数量下降了 30%；业务接待费、会务费较计划节支 31.21%、20.45%。紧盯重要节日节点正风肃纪。通过教育引导、警示提醒、明察暗访等方式，对落实中央八项规定精神、疫情防控责任落实、安全生产履职、形式主义、官僚主义等开展监督检查。2020 年以来，先后查处 18 起违反中央八项规定精神的问题，对 12 起典型问题进行通报曝光。

三、工作体会

第一，强化政治监督，最根本的目的就是要坚持和加强党对国有企业的全面领导。督促企业各级党组织认真贯彻习近平总书记关于两个“一以贯之”的要求，牢固树立“抓好党建是最大的政绩”的鲜明导向，全面贯彻落实《中国共产党国有企业基层组织工作条例（试行）》，切实把党的领导融入公司治理各环节，把党组织内嵌到公司治理结构之中，把党要管党、全面从严治党落实到党的建设全过程，厘清党组织与其他治理主体的权责边界，发挥了党组织“把方向、管大局、促落实”的领导作用，保证党和国家方针政策、重大部署在企业贯彻执行。

第二，强化政治监督，最首要的任务就是要坚决做到“两个维护”。督促企业各级党组织和党员领导干部旗帜鲜明讲政治，不断提高政治判断力、政治领悟力、政治执行力，忠诚拥护“两个确立”，坚决做到“两个维护”，深刻认识国有企业进入新发展阶段面临的新形势新任务，持续深入推进国企突出问题专项整治和惩贪治腐以及靠企吃企、关联交易、设租寻租、利益输送等问题，真正把党中央决策部署和省委省政府要求转化为企业高质量发展的具体举措，在全面建设社会主义现代化国家新征程中坚定政治方向、把准职能定位、展现担当作为。

第三，强化政治监督，最重要的就是要抓住国有企业领导干部这个“关键少数”。政治路线确定之后，干部就是决定的因素。国有企业领导人员是党在经济领域的执政骨干，是治国理政复合型人才的重要来源，肩负着经营管理国有资产、实现保值增值的重要责任。精准开展政治监督，聚焦“关键少数”，督促企业各级党员干部特别是领导干部必须做到“对党忠诚、勇于创新、治企有方、兴企有为、清正廉洁。”牢记自己的第一职责是为党工作，面对严峻复杂和艰巨繁重的改革发展任务，用酒钢人优秀品质的“基因密码”——“铁山精神”，激发奋进动力，不忘初心、牢记使命，迎难而上、开拓进取，以上率下、层层示范，发挥“头雁效应”。

第四，强化政治监督，最有效的方式就是要运用好党纪党规这个标尺。在党的纪律中，政治纪律是第一位的，是纪律之基、纪律之纲、纪律之魂，任何违反其他纪律的行为，最终都会影响到党的政治根基。推进政治监督，就是要以政治监督捍卫党纪党规，坚持惩前毖后、治病救人，严管厚爱结合、激励约束并重，综合考虑事实证据、思想态度和量纪执法标准，注重标本兼治，精准运用好监督执纪“四种形态”，发扬斗争精神、增强斗争本领。

国有企业纪检监察组织履行协助职责的探索与实践

三钢集团公司纪委　吴植升

《中国共产党章程》明确党的各级委会其中一项主要任务是“协助党委推进全面从严治党、加强党风建设和组织协调反腐败工作”。2020年3月9日印发的《党委（党组）落实全面从严治党主体责任规定》明确，党的纪律检查机关在履行全面从严治党监督责任同时，应当通过重大事项请示报告、提出意见建议、监督推动党委（党组）决策落实等方式，协助党委（党组）落实全面从严治党主体责任。这为各级纪检监察机关协助党委推进全面从严治党提供了基本方向和实现路径。2021年12月24日印发的《中国共产党纪律检查委员会工作条例》在第二十六条全面规定党的各级纪委协助同级党委推进全面从严治党的8项具体任务，总结党的十八大以来的成功经验，进一步丰富纪委协助党委任务的内涵，使协助任务具体化制度化。因此如何有效落实党章赋予的职责使命，坚持履行协助职责和监督责任有机结合，促进党委主体责任和纪委监督责任贯通协同，推进全面从严治党向纵深发展，是国有企业纪检监察组织面临的重大课题。

一、国有企业纪检监察组织履行协助职责存在的难点和不足

（一）对协助职责定位把握不准，党委主体责任和纪委监督责任贯通协同仍存在梗阻

协助职责重在督促和推动党委及其书记在全面从严治党中履职尽责，做好自己该做的事，不能混淆你我，模糊界限。但在实际工作中，有的单位部门认为纪委书记是党委委员、领导班子成员，习惯于把全面从严治党工作整体打包交给纪委，把责任全部推给纪委，分解给纪委。有的二级纪委对协助职责把握不准，对“协助”的边界把握还不够准确，要么泛化、虚化协助职责，要么直接把“协助”变“专责”，违背“三转”要求，导致“协调变牵头、牵头变主抓、主抓变负责”，难以发挥应有的职能作用。

（二）履行监督责任仍存在短板，致使“协助”的效果打折扣

在企业具体实践中，有的纪检监察干部存在“等、靠、要”的想法，被动执行上级文件精神，监督检查流于形式，未能及时发现一些苗头性、倾向性的问题，或者生搬硬套集团公司下发的《廉洁风险防控指引》，未能结合本单位实际采取有效措施强化廉洁风险防控，致使少数基层敏感岗位“微腐败”仍时有发生；或者对于工程项目、招投标、中央八

项规定精神、子公司等重点领域和关键环节一些屡屡发生的问题，未采取有效措施加以防范。在智能化信息化的大背景下，有的纪检监察干部仍因循守旧，采取传统的监督方式，监督效能、执纪效果大打折扣。有的以政治监督保障推动上级重大决策部署落地见效的效果不佳。

（三）协助能力尚有欠缺，纪检监察干部能力素质与履行职责不完全匹配

纪检监察干部兼职多、专职少，身份意识不强，专业素养和履职能力不足等问题。少数纪检监察干部政治站位不高，思想认识跟不上形势发展要求，不善于从企业发展全局去发现问题、研究问题、提出建议，难以督促和推动党委切实解决问题；有的纪委同志奉行好人主义、缺乏斗争精神，对监督“一把手”有顾虑，协助党委履行管党治党主体责任的力度不够。

二、对策与措施

一要讲政治。国有企业纪检监察组织讲政治是第一要义，必须自觉把国有企业纪检监察工作置于党的绝对领导之下。作为国有企业的纪检监察干部必须不断提高政治判断力、政治领悟力、政治执行力，深学细照笃行习近平新时代中国特色社会主义思想和习近平总书记在十九届中央纪委六次全会提出的关于党的自我革命的重要论述，深刻领会新时代推进自我革命的政治方向、思想武器、有效路径、制度保障，深刻领会国有企业纪检监察组织在党的自我革命中的职责与任务。在履行监督责任的过程中，立足监督的再监督的工作定位，敢抓敢管、真抓真管、常抓常管，协助和推动党委和党委书记在全面从严治党中履职尽责，营造风清气正的国有企业政治生态。

二要会协助。党章中的“协助”二字，要求的是纪委，突出的是党委，强调的是管党治党、反腐败必须坚持党的领导这一正确政治方向。国有企业纪检监察组织要聚焦主责主业，在协助中强化监督，切实做到协助不包揽、推动不代替、到位不越位。要结合日常监督、案件查办、巡视巡察等发现的问题，深入分析研判本企业本地区的政治生态，查找管党治党的薄弱环节，及时向党委和党委书记提出具有建设性和务实管理的建议对策，主动当好党委全面从严治党的参谋助手。要注重发挥党章所赋予纪委的协调职能，强化与本企业党委职能部门、审计、法务、财务等监督力量横向协调，做好各级责任主体之间的纵向协调，深化与本地区纪委监委、公安机关及司法部门的对外协调，增强管党治党的合力。

三要严监督。要始终紧盯关键人、关键事、关键点，敢于坚持原则动真动硬，保持反对和惩治腐败的强大的力量常在。综合运用座谈、列席会议、现场检查、谈心谈话、听取工作汇报和述责述廉、开展党风廉政意见回复、建立党员领导干部廉政档案等方式做实日常监督。针对落实上级决策部署的突出问题、本企业管党治党的重点问题、职工反映强烈的问题，特别是损害职工利益问题深化专项监督、集中治理。加强对监督检查发现问题的整改落实情况再监督再检查，加大问责力度，推动问题整改常态化，加强责任落实，确保管党治党各项工作有部署、有落实。

四要强本领。坚持边学习、边调研、边工作、边总结，把握特点规律，创新方式方法，更好地适应形势任务的需要。增强发现问题的能力，深入剖析、综合判研，及时向党委提出对策建议，在发现问题、解决问题的良性循环中把管党治党引向深入。增强运用法

治思维、法治方式的能力，坚持纪在法前、纪法贯通、法法衔接，用好纪律和法律两把尺子，释放管党治党的刚性力量。增强抓落实的能力，坚持实事求是，做到知行合一，出实招、办实事、求实效，协助党委一以贯之把党中央全面从严治党的方针和要求落到实处。

五要管队伍。打铁必须自身硬，监督别人的同时，要自觉接受最严格的监督。坚持用习近平新时代中国特色社会主义思想武装头脑、指导实践、推动工作，教育引导国有企业纪检监察干部践行“两个维护”，敢于善于斗争，做到忠诚干净担当。永葆自我革命精神，自觉以党性立身做事，加强纪律建设、作风建设，以更高标准、更严的纪律把教育监督管理抓在经常、融入日常。涵养严实深细的工作作风，秉公用权、廉洁自律，自觉维护可亲可信可敬的良好形象。

三、三钢纪检监察组织履行协助职责的探索与实践

（一）党委深化主体责任落实，为纪委履行协助职责提供保障和支撑

党的十八大以来，三钢集团公司党委明确企业全面从严治党领导者、决策者的定位，彰显责任担当，推动全面从严治党向纵深发展。公司党委书记履行好第一责任人职责，既要挂帅、更要出征，对重要的工作亲自部署，重大的问题亲自过问，重要的环节亲自协调，重要的案件亲自督办，形成上下各负其责、党政齐抓共管的良好局面，为纪委履职尽责提供坚强保障和支撑。

1. 加强对全面从严治党的领导

一是加强部署。公司党委书记、纪委书记等主要领导在党风廉政建设工作会议、党政办公会及生产经营例会等场合对党风廉政建设重要工作进行常态化部署，推动二级党委“四责”贯通联动、一体落实。

二是以上率下。在重要节点开展廉政提醒，要求各级党员领导干部要以身作则，发挥头雁效应，带头廉洁自律。通过在挂点联系或分管领域党支部上党课、参加主题党日活动等形式，有力推动管党治党责任向基层延伸。

三是注重整改。通过有力推动巡视巡察及上级党委全面从严治党检查发现问题的整改，倒逼党员领导干部把管党治党责任切实担当起来。

2. 建立全面从严治党机制

一是加强制度建设。持续修订完善《三钢贯彻落实全面从严治党主体责任实施办法》《三钢党委落实全面从严治党主体责任清单》《三钢纪委落实全面从严治党监督责任清单》《领导班子成员“一岗双责”责任清单》，使履责有了具体遵循。

二是构建责任体系。通过召开年度党风廉政建设工作会议，总结上一年度领导班子和成员履行主体责任和“一岗双责”情况，查找存在问题，谋划全面从严治党的工作思路。每年对二级党委开展全面从严治党主体责任和党建工作检查，形成问题清单、强化结果运用，深化以查促改，形成检查-整改-提升的责任落实良性循环。

三是加强日常监督。全面落实谈心谈话制度，建立干部日常交心谈话、干部职务调整及考察考核反馈谈话、后备干部谈话、提醒谈话及诫勉谈话五大谈话种类，确实让“咬耳扯袖、红脸出汗”成为常态。2019 年以来，公司党委纪委书记开展各类谈话 94 人次。

（二）纪委强化协助职责、监督责任，推动管党治党责任落实落细

公司纪委把协助职责与监督责任有机结合，主体责任与监督责任贯通协同，充分监督保障执行、促进完善发展的作用，着力纠正落实全面从严治党责任有温差、有落差、有偏差的问题，形成党委纪委严管所辖、互相协调、心齐气顺的共治格局，进一步凝聚管党治党合力。

1. 增强“协助”定位，坚定政治方向

着力探索“一把手”监督方式，公司纪委书记经常与公司党委书记交心谈话，及时报告党风廉政建设工作，就落实主体责任提出个人建议，积极为党委落实主体责任找准切入点、做实支撑点；同时与其他班子成员做好日常廉政谈话，就履行“一岗双责”责任进行提醒，督促其履行分管领域内的党风廉政建设责任。综合运用“1+X”专项检查、谈心谈话等方式，及时传达上级部署要求，持续加强对各二级单位党委落实主体责任情况的督导。2021年以来，公司纪委领导深入9家关键单位部门开展调研式监督，先后11次对异地子公司开展检查督导及廉政培训，开展廉政谈话15次，促进公司党风廉政建设水平整体提升。

2. 明确“协助”重点，强化担当作为

一是强化政治监督。公司纪检监察部门始终严明政治纪律和政治要求，做到公司党委的工作部署到哪里，协助职责就跟进到哪里，围绕贯彻新发展理念、构建新发展格局、碳达峰和碳中和等上级重大决策；围绕三钢“十四五”、公司转型升级、超低排放改造及公司组织结构调整等生产经营的战略目标；围绕智能制造、疫情防控、安全环保、科技创新等生产经营部署要求，突出“见人见事见效”抓好政治监督，推动各级党组织和广大党员干部步调一致，强化落地见效。

二是强化“一把手”监督。用制度管权管事管人，推动制定《三钢集团公司党委会议事规则》《三钢集团公司经营班子议事规则》《招标投标活动领导干部“说情打招呼”情况记录表》《关于严肃开标评标纪律的通知》等文件，密实权力运行的防控体系。开展国有企业领导人员违规为近亲属和其他特定关系人经营提供便利问题的专项整治工作，把权力运行全过程置于党组织和干部群众监督之下。

三是加强“四风”监督。健全长效机制，扎紧制度笼子，督促修订完善《业务接待管理办法》《差旅费管理办法》等规章制度，强化制度刚性约束。紧盯重要节点的“四风”问题，强化通报典型案、约谈关键部门领导、深入明察暗访，及时打招呼、发信号，形成节日期间正风肃纪的高压态势。深化运用“1+X”专项督查机制，开展“天价”茶背后“四风”和腐败问题集中整治，聚焦市内交通办公费报销、业务接待、工会采购、公务用车等方面的隐形变异问题开展专项检查，推动建章立制、落实责任，深化治理成效。

3. 创新“协助”路径，提升工作质效

一是建立廉洁风险防控机制。始终找准靶心要害，明确“1（关键领导）+1（敏感岗位）”防控重点。制定下发《三钢关键岗位和敏感岗位廉洁风险防控管理办法》《三钢廉洁风险防控指引》，指导推动二级单位加强廉洁风险防控。持续完善《三钢廉洁风险防控审计督查问责办法》，细化问责情形及标准，用活用好廉洁风险防控督查建议书，进一步完善明责、履责、督责、问责的责任落实链条，推动监督有效发力。公司纪委监察室围绕

工程项目、大宗物资、备件辅材、招标投标等重点领域存在的薄弱环节深化再监督再检查，形成一级抓一级，层层抓落实的廉洁风险防控机制。2019 年至 2021 年，通过有效监督，发现廉洁风险点 98 个，下发廉洁风险防控督查建议和监察建议 57 份，提出整改建议 132 条，督促完善制度 70 项，挽回经济损失 1065.91 万元。

二是加强廉洁从业教育。以廉洁从业教育作为推动党风廉政建设的重要抓手，坚持每年一个主题，连续六年开展廉洁从业宣传教育月活动，在公司范围内开展旁听职务犯罪案件庭审、“以案为鉴”警示教育巡回授课、编辑《三钢廉洁文化宣传手册》、推出《情与廉》《一念之间》《赌渊》廉政系列微电影等活动。建立“钢城方圆”微信订阅号，传达各级文件精神，汇编通报近年来企业发生违规违纪违法典型案例，展示纪检监察工作动态。坚持送课下基层，公司纪检监察人员深入生产单位和各权属企业开展党规党纪及廉洁风险防控专题培训 54 场次，累计 3537 名党员领导干部和关键敏感岗位人员接受教育。

4. 提升“协助”能力，深化自我革命

2021 年，公司新任纪委书记结合上级纪委和公司党委的要求，向全公司纪检监察干部提出四点要求：一是要始终心系职工、企业至上、履职尽责、担当作为，时时处处以企业利益为重，坚决同损害企业利益的行为做斗争；二是要坚定理想信念、振奋精神、冲锋在前、顽强拼搏，确保党的各项政策、方针、路线落到实处；三是要不断开拓创新、敢破敢立、直面困难、改革进取，积极回应新时代新阶段的新要求、新考题；四是要做到清正廉洁、干净做事，树好旗帜、立好标杆，恪守廉洁从业的各项规定，严防“灯下黑”，打造忠诚、干净、担当的纪检监察队伍。

一年来，公司各级纪检组织深入开展党史教育学习活动，全年组织专题学习 15 次，用伟大建党精神滋养党性修养。保持和发扬纪检监察队伍的优良作风，把三钢特有的精细化管理理念融入日常，坚持周早会、月例会、绩效考评等特色工作，规范公文管理、档案管理，营造团结上进的工作氛围，队伍凝聚力、战斗力进一步增强。完善学习培训机制，推出纪委“十分钟微讲堂”，针对业务难点，解读政策法规，分析实操案例，提升专业能力，至今已推出 12 期。公司纪检监察部门全年申报改善提案 7 个、管理创新项目 2 个，《多角度风控监察，护航公司改革脱困》等 19 个廉洁风险防控项目获得公司表彰。

四、党委旗帜鲜明支持纪检监察队伍建设

公司党委始终注重打造一支高素质专业化的纪检监察干部队伍。在工作上压担子、严管理，在政治上多关心、重厚爱。

（一）加强领导干部职数、机构设置配备

党的十八大以来，公司纪检监察队伍不断发展壮大，配备专兼职纪检监察干部 65 人，其中中层副职以上干部 24 人、副科级以上干部 15 人。公司本部纪委监察室下设纪检科、监察一科、监察二科 3 个科室，配备纪检监察干部 13 人。加强二级纪委的机构设置和人员配备，公司本部 17 个二级单位均设立纪委，配备专兼职纪检监察干部 34 人；针对泉州闽光、罗源闽光、小蕉实业、山西曲沃焦化等重要子公司成立纪委或设立监察室，配备纪检监察人员 18 人。

（二）选优配强纪检监察干部

公司党委对纪检监察干部高看一眼，厚爱一层。2015 年至今，选拔 9 名政治素质高、业务水平强的同志充实到公司纪委监察室，其中硕士研究生学历 1 人、其余 8 人均为本科学历。16 名纪检监察干部得到提拔与交流，其中 2 名提拔为中层正职干部并交流到重要岗位任职、2 名提拔为中层副职干部、5 名提拔为科级干部、2 名交流到冶控纪委任职、5 名交流到异地子公司任职。同时 1 名同志推荐为三明市优秀共产党员，3 名同志获得冶控优秀党务工作者称号，1 名同志被评为三钢三个文明建设标兵。公司纪委监察室先后获得三钢 2016 年度“三个文明”建设先进单位、2017 年度“六好党支部”荣誉称号。

（三）充分保障纪检监察工作

凡是工作必需的，充分保障；凡是需要支持的，重点倾斜。加强对纪检监察办案及党风廉政宣传教育的支持，如公司党委拨付资金全力支持纪委谈话室建设，于 2019 年初投入建成使用。2021 年，公司党委拨付专项经费支持纪委拍摄《情与廉》《一念之间》《赌渊》廉政系列微电影。

推进大数据穿透式在线监督平台建设的实践与探索

欧冶工业品纪委

习近平总书记强调，善于获取数据、分析数据、运用数据，是领导干部做好工作的基本功。各级领导干部要加强学习，懂得大数据，用好大数据，增强利用数据推进各项工作的本领，不断提高对大数据发展规律的把握能力，使大数据在各项工作中发挥更大作用。十九届中央纪委五次全会对扎实推进纪检监察信息化工作提出具体要求，指出信息化是提升监督治理效能的重要手段。欧冶工业品纪委深入贯彻习近平总书记讲话精神、落实党中央决策部署，准确把握纪检监察信息化工作“做好助手、当好推动力”的职能定位，服务完善权力运行和监督机制，促进监督协调贯通，不断提升监督治理效能。在中国宝武纪委的指导下，欧冶工业品纪委着力构建大数据穿透式监督体系，通过挖掘各类数据资源，探索建立数字赋能、趋势预警、触限拦截、深度分析、数据推送的监督平台，对采购营销、平台电商、仓储物流等重点领域和关键环节实施穿透式精准在线监督。

一、推进大数据穿透式在线监督平台建设必要性

（一）推进大数据穿透式在线监督平台建设是企业完善治理体系的需要

欧冶工业品起步于对宝武工业品专业化采购的积累和沉淀，整合、融合中国宝武采购资源和能力组建而成，致力于建设全新工业品供应链生态平台服务公司。自成立以来，快速构建了“一总部多大区 N 基地”的运营管理体系，高标准完成了 16 个基地工业品采购专业化整合任务，建立了全场景、全品类、全流程、全链路、全数据、全透明的“六全”欧贝工业品生态平台，向合作伙伴提供四流耦合系列平台产品，公司已快速跻身国内工业品供应链行业头部企业，向着工业品产业互联网领军企业快速前进。但随着集中采购供应业务专业化快速整合，工业品供应链生态平台迅速发展，各基地企业文化、管理水平、内控基础和人员能力差异化的矛盾凸显，管理幅度和难度不断加大，要实现横向到边、纵向到底的全方位监管的难度扩大。如何破解这一难题？那就是推进大数据穿透式在线监督平台建设，通过大数据监督有效识别和控制管理漏洞，防范和化解风险，促进风险防控责任从上到下、层层压实、力量递增、关口前移，不断完善公司治理体系。

（二）推进大数据穿透式在线监督平台建设是提升监督效能的需要

欧冶工业品纪委在监督检查、巡察中发现的问题显示，有业务处置权人员执行制度不

严的问题时有发生，存在一线服务员工“吃拿卡要”苗头性、倾向性问题等，反映在监督体制机制建设方面，整合监督资源，发挥监督合力还任重道远。主要表现在：一是监督的方式还不够完善，方法路径比较单一，监督质量还需进一步提高，员工违规违纪现象时有发生，存在个别职工在与供应商交往中，违规与供应商发生借贷关系的问题，存在有个别职工违规经商办企业的问题；二是在日常监督中，存在关键领域和重要环节监督的不够精准和全面，存在业务处置权人执行制度不严的情况。在采购管理中，虽然总体规范、风险可控，但在拟选拟签、价格核定、合同签署、合同执行、验收及异议处理、货款支付、系统授权等业务环节，存在公开采购报名及报价时间过短、应招未招、设备合同变更金额不当、合同交货期与招标要求不一致、未按合同规定交付尾款、未按技术协议要求完成设备验收考核项目、PSCS 系统中合同拟签审批授权与授权文件规定不一致等问题。很明显，现有的以人工监督为主的监督方式，与欧冶工业品互联网供应链生态平台建设不相匹配，在监督效能上不能满足“一总部多大区 N 基地”的监督需要，必须结合实际，充分运用大数据和平台优势，创新监督方式，探索智慧监督，增强监督的穿透力。

（三）推进大数据穿透式监督平台建设是一体推进不敢腐、不能腐、不想腐的需要

欧冶工业品信息化程度高，拥有海量的数据规模、多样的数据类型，以云计算、大数据、AI 技术、人工智能等新兴计算机技术对业务过程进行监督，通过数字赋能，监督模式由离线事后监督为主转变为在线事前事中监督为主、事后监督并重，促进监督信息共享，推进“一岗双责”应用、“日常监督”应用和“监督执纪”应用，实现“一库三应用”大数据赋能目标，促进一体推进“不敢腐、不能腐、不想腐”机制落地生根。

二、推进大数据穿透式在线监督平台建设的实践与探索

（一）明确总体目标与建设思路

欧冶工业品结合实际，提出推进大数据穿透式在线监督平台建设的总体目标：以提高经营活动的合法性、合规性、适当性和有效性为原则，以规范权力运行和促进公司高质量发展为目标，以云计算、互联网、大数据分析、人工智能等新兴 IT 技术为手段，关注公司运营管理的全过程，尤其是重点领域和关键节点，实现对公司商流、物流、资金流和信息流的在线持续监督，强化对公司资金、项目、物资、决策、权力人的事前控制、事中监控和事后监督，推进公司监督责任和主体责任落实，完善公司监督体系与治理体系，增强公司风险防范能力，营造“专业、共享、阳光、信赖”的生态平台环境，为工业品供应链互联网生态平台的行稳致远提供保障。

根据总体目标，欧冶工业品纪委统筹纪检、审计、风控、财务、业务等各类监督需求、整合各种监督模型，实现大数据穿透式在线监督的整体规划和统一呈现，形成监督合力。分阶段实施推进监督平台建设，第一阶段，建成大数据穿透式在线监督平台 V1.0 版，对资材备件及工程设备采购、电商平台、仓储物流、费用管理等业务，通过“触限拦截、平台监控、问题推送、风险预警、线索移交”等方式进行穿透式监督，大幅提升监督效率，实现“一岗双责”应用、“日常监督”应用、“监督执纪”应用等协同合力应用目标，确保公司人员廉洁从业、业务风险可控。第二阶段，建成大数据穿透式在线监督平台

V2.0 版，综合运用大数据分析、人工智能等技术，建立监督规则引擎、实现自主建模，不断提升穿透式监督的智能化水平，提升监督效率及效果。

（二）明确平台建设内容和系统结构

监督平台的数据主要来源于公司治理体系，数据输出结果应用于公司监督体系和治理体系，表现为可视化监督大屏、即时监督提示、周期性监督报告、专题分析报告等。平台建设的主要内容主要是以下六个方面。一是治理工业品采购数据域。整合股份 PSCS、集团共享 PSCS、设备采购 BPMS 的采购数据统一建模，满足企业监督共享需求。二是打造欧冶工业品大数据监督平台。统筹纪检、审计、风控、财务、业务等各类监督需求、整合各种监督模型，形成监督合力。三是建设关键业务过程的数据主题。识别潜在风险点，加强穿透监控。四是支持自主分析与自定义监督建模。加强全方位风险发现，提升筛查能力。五是实现风险预警揭示。结合授权分层分类推送信息：向业务人员推送与本人相关的疑点信息，向纪检、审计、财务、风控、职能管理等各类监督人员推送相关疑点信息，向公司领导、管理者推送相关经营数据、疑点信息的分析结果。六是形成监督应用闭环。针对潜在疑点、线索，推动在线跟踪，及时记录处理方案与监督结果。

大数据穿透式在线监督平台以欧冶工业品数智中台为基础，采集、清洗、加工业务系统数据、友方平台数据、公共开放数据，建立遵循宝武大数据中心统一数据标准的数据清理层和数据主题层，结合数据模型、应用技术，研发各业务过程监督模型，打造监督平台。建设扩展性的监督平台，建设统一的异构模型调度服务中心，满足静态模型、动态规则模型、预制智能模型的配置、管理、计算监控和结果查看的功能。支持基于规则定制、复杂 SQL 或 AI 模型的不同类型的监控模型，以及审计前期的明细数据探查功能。

（三）梳理关键领域风险，建立监督模型

开发监督模型是推进大数据穿透式在线监督平台建设的关键。欧冶工业品纪委从各类监督角度，分业务系统梳理业务对象、业务对象涉及的业务过程，以及业务过程中可能存在的风险表现，建立监督模型。通过对模型输出结果进行核实，确定是否存在问题及风险，研究系统改进措施，实现“总体分析，发现疑点，分散核实，系统研究”的数字化监督模式。

欧冶工业品纪委根据目前核心和管理的重难点，共设置了采购、电商、物流、纪律及作风四个监督模块。采购模块主要从供应商管理有效性，寻源规范性、有效性、经济性，招投标合法合规性，合同签署规范性，合同执行规范性，库存管理规范性，物料管理规范性，结算及资金收付规范性，授信执行规范性，授权规范性、合理性等方面建立监督模型；电商模块主要从供应商管理规范性，会员管理规范性，寻源规范性、有效性、经济性，贸易模式合理性，销售价格执行规范性，合同签署规范性，合同执行规范性，授信执行规范性，合同结算及资金收付规范性、及时性，收发货规范性，授权规范性、合理性等方面建立模型；物流模块主要从供应商管理规范性，仓储管理规范性，合同执行规范性，合同结算及时性、准确性，授权规范性等方面建立模型；纪律及作风模块主要从员工经商办企业、公务车管理的规范性、各类费用管理的合规性等方面建立监督模型。

每个监督模型开发过程中，欧冶工业品纪委都与相关业务团队、技术团队逐个交流确

认监督需求，边开发边测试边应用。各领域模型运行一段时间后，根据使用效果及公司管理的变化，不断优化完善相关的模型并建设新的模型，对模型发现的普遍性、倾向性问题核实后通过业务系统进行自动控制或加强预警提，促进监督模型不断完善。

三、推进大数据穿透式在线监督平台建设的启示

推进大数据穿透式在线监督平台建设还在深入推进之中，但从我们边开发、边建设、边使用的情况来看，有以下成效和启示。

（一）大数据监督实现监督质效的提升

大数据监督可以进行跨流程、跨系统、跨产品、跨周期、跨单位的数据挖掘，打破管理层级，穿透到基层、穿透到敏感业务终端，横向到边、纵向到底，使公司内部监督从“分散条线”拓展为“整合贯穿”，实现对监督边界、监督方式和监督效果的“穿透”，识别和控制管理漏洞，防范和化解廉洁风险，促进经营风险和廉洁风险的防控责任从上到下、层层压实、力量递增、关口前移。

（二）大数据监督破解了不愿监督、不敢监督等突出矛盾

在以往的监督中，监督者与被监督者在一定程度上是对抗博弈的关系，给监督者在工作上和精神上造成双重障碍和压力，逐渐形成不敢监督和不愿监督的为难情绪。大数据穿透式在线监督模式，凝聚了监督力量、拓展了监督的宽度与深度，穿透了监督与被监督者之间的隔阂和制度障碍，内部管理、风险控制和依法履职水平得到提升。

（三）大数据监督筑牢了“三道防线”

大数据监督平台使大监督体系中的各个业务单位和职能部门能够充分应用信息化、标准化建设成果，加大对业务领域纵向管控力度，实现重点业务、关键流程的在线监控，关口前称，超前防范、及时纠偏。业务人员通过业务驾驶舱，评估监控业务运营健康状况，增加业务系统的触限拦截功能、平台的监控警示功能等，守住了“第一道防线”；职能部门通过系统信息推送，对分管领域内的异常经营指标、疑点信息处理结果进行跟踪了解，可以有针对性地完善管理制度、规范管理流程，构建“第二道防线”；审计对疑点问题进行验证确认，进行审计监督，筑牢“第三道防线”；同时，对可能违规违纪、需要进一步核查的问题线索，移交纪检监督人员进行核查。同时，还形成了模型发现、疑点推送、原因分析、问题定位、确认关闭的闭环监督跟踪管理系统。

坚持案件查办与以案促改统筹谋划一体推进

包钢（集团）公司纪委纪检监察一室
李锦文　孙国强　曹　岩　周虹芳　陈晓宇

在“两个一百年”奋斗目标历史交汇的重要时期，党风廉政建设和反腐败工作取得的一系列成果来之不易。我们要始终坚持中国共产党的领导，正确理解“两个确立”的深刻历史意义，把“两个确立”真正转化为做到“两个维护”的思想自觉、政治自觉、行动自觉。不断探索推动新时代纪检监察工作高质量发展的新方法，坚持惩前毖后、治病救人的方针，更好地发挥监督保障执行、促进完善发展作用。

一、坚持案件查办与以案促改统筹谋划一体推进的重要性

《中国共产党纪律检查机关监督执纪工作规则》第一章第四条中提到“把思想政治工作贯穿监督执纪全过程，严管和厚爱结合，激励和约束并重，注重教育转化，促使党员自觉防止和纠正违纪行为，惩治极少数，教育大多数，实现政治效果、纪法效果和社会效果相统一”。其中“严管”是坚定不移全面从严治党，零容忍的决心不动摇，惩治腐败的力度不削弱，把“严”的主基调长期坚持下去；“厚爱”是准确把握和有效运用监督执纪“四种形态”，抓早抓小，防微杜渐，将苗头性、倾向性问题解决在萌芽状态，始终坚持惩前毖后、治病救人的方针。要切实做到严管与厚爱同向发力，就要坚持案件查办与以案促改统筹谋划一体推进。

从狭义的角度理解“惩前毖后、治病救人”，在监督执纪工作中，坚持严肃认真高效完成案件查办工作体现的是“严管”；坚持早提醒、早告诫、早纠正，真正做到咬耳扯袖、红脸出汗体现的是“厚爱”。从广义的角度理解“惩前毖后、治病救人”，就要运用唯物辩证法来分析、理解，这涉及在具体监督执纪工作中要把握好严和宽的关系、惩和防的关系、统和分的关系等。只有真正实现查处一案、警示一片、治理一域，才算切实完成“惩前毖后、治病救人”的工作要求。

但是，如何以点带面，用身边案例规范权力使用，体现执纪执法的严肃性；怎样由小见大，以身边事教育身边人，突出警示教育的预防性。这就需要依靠案件查办与以案促改统筹谋划一体推进来实现。

二、实现坚持案件查办与以案促改统筹谋划一体推进的方法

案件查办与以案促改工作其实是同一篇文章的前后两个部分，从案件查办之初进行布局谋篇，可以让文章前后相互支撑、相互促进，更加丰富饱满。实现案件查办与以案促改

统筹协调一体推进就要从严和宽、惩和防、统和分这三个关系上入手。

（一）把握好严和宽的关系

站在中国共产党两个一百年历史交汇的特殊时期必须坚持全面从严治党的总方针，坚持党要管党，关键是把握好“严”的主基调，坚持高压态势不松懈，持续增强不敢腐的震慑、不断扎牢不能腐的笼子、牢固树立不想腐的自觉。但是不能搞“一刀切”，要针对不同的案件综合分析起因、动机、造成的影响等多种情况，实现政治效果、纪法效果和社会效果相统一，增强党内政治生活的政治性、时代性、原则性和战斗性。要坚持以事实为依据，以纪法为准绳，秉持“惩前毖后，治病救人”的工作方针，坚持严管与厚爱结合、约束与激励并重，认真落实“三个区分开来”，探索深化运用“四种形态”新形势，做到严的有标准，宽的有尺度，刚柔并济，宽严相济。

（二）把握好惩和防的关系

不敢腐、不能腐、不想腐一体推进的战略目标，体现的正是坚决高压态势惩治腐败问题与抓早抓小有效预防教育的辩证统一关系。没有严肃、严厉、严格的惩治，预防就没有效果，不注重教育引导、预防为先，惩治就会深陷泥沼，无穷无尽。保持反腐败力量高压不减、尺度不松的基础上，用好纪检监察建议书、谈话诫勉等手段，推动相关单位深化主体责任的落实，形成案件查处有效果，相关单位有整改，行为风气有改变的贯通力量，真正实现以案促改、以案促治、以案促建的目标。

（三）把握好统和分的关系

统和分的关系是确保各级纪检监察机关、职能部门间通力协作、高效工作的关键。把握好“统”，就必须构建职责清晰、衔接有序、运转高效的监督体系和统筹衔接机制。把握好“分”，就要充分挖掘审计、巡察、财务、法务等职能部门的监督力量，从不同角度、不同专业领域开展监督。在统筹机制协调下各部门实现力量互补、信息互通、资源共享，将分散的监督力量整合成统一协调的大监督体系，将涓涓细流汇聚成滔滔江河。

三、探索坚持案件查办与以案促改统筹谋划一体推进的措施

按照上述工作理念，包钢（集团）公司纪委纪检监察一室系统整理、综合分析问题线索来源、诉求、具体程度等因素，最终选取举报问题频发、多发的相关单位所涉及有关问题为试点，探索案件查办与以案促改统筹协调一体推进的方式方法。

（一）综合分析问题线索

问题线索处置是监督执纪的基础环节，“坚持实事求是原则，精准有效运用监督执纪‘四种形态’，综合考虑政治效果、纪法效果、社会效果”是《中国共产党纪律检查机关监督执纪工作规则》对纪检监察工作的要求。通过对20余件问题线索内容进行交叉对比、整理，深入分析反映问题的严重程度，被反映人以往问题线索等因素，按照反映问题具体程度、反映频次等条件，统筹考虑准确处理好“树木”与“森林”的关系，区分不同情况提炼归纳出15大类，65个问题。经集体研究并报相关领导审批后对不同类别的问题分

别提出两种处置意见，即对其中22项问题所涉及的6人采取函询的方式进行处置；对剩余43个问题采取初步核实的方式进行处置。

在收到问题线索后按时限规定提出处置意见体现的是纪检监察机关有案必查、有腐必惩的决心和态度，分类对不同问题提出不同处置意见是精准运用监督执纪“四种形态”的体现。对一般性、不具体的问题进行函询，目的是让党员本着对党忠诚老实的态度讲清问题，给予被反映人向组织如实说明澄清的机会。对反映的具体问题进行初步核实，是确保党的肌体健康的必要方式，是践行“事实清楚、证据确凿、定性准确、处理恰当、手续完备、程序合法”的必经之路，只有经过严肃细致的初步核实才能为后期是否进入立案审查调查提供强有力的支撑，维护监督执纪的严肃性和准确性。确定处置方式后，核查组分成不同的工作小组按照不同的方向进行核实，最后汇总核实结果，整合全部事实后共同讨论最终的处理意见。

（二）严肃查处违纪问题

在进行问题调查核实的过程中，坚持以事实为依据，通过调取相关书证掌握客观事实，以客观事实为基础，从多个角度开展谈话，通过询问的方式深入了解问题发生的主观原因，确保言词证据与客观书证互相印证，证据链完整充分，经得起审理把关、历史检验、群众质疑。同时，通过与相关人员的沟通交流深入刻画被核查人的思想行为画像，挖掘相关单位同一领域下存在的深层次问题，为后期进行全面的政治生态评估进一步积累材料、明确方向。

函询后，经过集体讨论研究并报相关领导审批后对相关单位6人所涉22项问题予以采信了结。经过严肃的调查取证工作，发现43个初步核实问题中32个问题失实，11个问题属实。从案件情节、涉案人员认错悔错态度等实际出发，以纪法为准绳，优先考虑第一种形态和第二种形态的运用，经纪委相关会议集体讨论研究并报相关领导审批后，依据《中国共产党纪律检查机关监督执纪工作规则》对11个问题涉及的7人进行立案审查，追究党纪责任。另有1名涉案人员所涉情节较轻，同时案件查办过程中能积极配合组织调查，主动说明问题、承认错误，决定委托该单位党委对其进行批评教育并作出书面检查。

结合该单位暴露出的问题，以及相关人员说明问题、承认错误的态度等因素，对相关单位下达纪律检查建议书1份，明确指出相关单位党委在管党治党、管企治企、落实全面从严治党主体责任等方面存在的4个问题，提出4条纪律检查建议。

（三）深化以案促改工作

完成案件查办，只是万里长征走完了一半的路。通过案件查处，督促相关单位党委全面落实主体责任，纪委监督责任，确保今后不再发生类似问题，确保该单位政治生态持续向好发展，才能体现出案件查办的深刻效果。在查办案件的同时，核查组深入该单位基层部门、车间调研，与职工和举报人谈心谈话，挖掘相关单位举报频发、多发的原因，分析该单位党委在管党治党、党风廉政建设、走好群众路线等方面存在的根本问题，结合实际要求相关单位做好整改，按纪律检查建议书提出的问题，制定切实可行的整改方案，定期报送整改进度。

为进一步深化整改成效，切实加强该单位关键岗位和有业务处置权的党员干部廉洁从业意识，要求该单位召开以案促改警示教育大会，会上对案件进行通报并播放时长40分钟的专题警示教育片，通过真实的案例不断撼动与会人员的心弦，实现心中警钟长鸣的效果，该单位党委以及核查组要求与会人员始终坚定理想信念，依规依纪依法办事，严守“十要十不”工作守则，共同努力营造风清气正的良好政治生态；要求相关单位组织召开民主生活会，核查组工作人员参会并要求参加民主生活会的党员领导干部以制度、纪法为标准找差距，提出切实可行的改进措施，对其他人存在的不正之风严肃指出，发挥咬耳扯袖、红脸出汗作用，真正做到有问题早发现、早提出、早解决；要求相关单位更加重视对党员干部和普通职工的教育引导和业务、纪法知识培训，确保扣好人生的“第一粒扣子”，坚定理想信念不动摇，切实为相关单位的发展提供更加强大的驱动力。用严肃的案件查办工作和细致的以案促改要求，让相关单位意识到本单位确实存在问题，不整改是不行的，单位层面要完善制度、加强管理，人员层面必须要改变作风、转变态度，上下一心、齐心协力构建造良好的政治生态。

四、探索坚持案件查办与以案促改统筹谋划一体推进的成效

在试点过程中，通过严肃的案件查办过程让相关单位感受到了纪法的威严，明晰了纪律红线和规矩底线。通过认真细致地提出以案促改工作要求，督促相关单位切实承担起管党治党主体责任，切实维护好职工群众的利益、扎实做好群众工作、走好群众路线，营造持续向好的政治生态。真正实现了案件查办与以案促改工作同频共振，由惩治“极少数”向管住“大多数”转变，有效遏制了举报频发、多发的问题，切实做到纪律规矩严起来，鲜明导向树起来，干部劲头鼓起来的效果。

坚持案件查办与以案促改统筹谋划一体推进，坚持“案”是基础，“促”是关键，“改”是目的的工作方针，在一定范围内能放大监督执纪力量，收获更好的政治效果、纪法效果、社会效果。更容易从细节上、根源上发现问题，从多角度、多层次分析原因，从各部门、各岗位整改落实。做到以点带面，一人犯病、全体预防，惩治结合，治标效果不断转化为治本成效，以更加高质量的党的建设工作促进相关单位生产经营各项工作高质量发展。

贯通运用“三落实、三突出、三建立、四强化”破解“一把手”和同级监督难题

河钢舞钢纪委　张华军　王世云　冯新玲

监督，是纪检监察机关的基本职责、第一职责。习近平总书记在十九届中央纪委第六次全会上强调：坚持抓住“关键少数”以上率下，要保持清醒头脑，永远吹冲锋号，牢记反腐败永远在路上，要坚持完善党和国家的监督制度，形成全面覆盖、常态长效的监督合力。河北省纪委第十届二次全会提出：全省纪检监察部门要紧盯“关键少数”，抓住治权关键，督促执行民主集中制，从动议、决策、执行和责任四个环节，加强对履职用权全过程监督。监督保障制度不折不扣执行，推动制度优势更好转化为治理效能。强化对权力运行的制约和监督，保证公权力不被滥用，是国家治理的关键环节之一，也是国有企业普遍需要解决的问题，如何对“一把手”的权力进行制约，如何解决“一把手”监督和同级监督难的问题是本文讨论的关键。

一、当前国企“一把手”监督和同级监督存在的问题和不足

决策“一言堂”、用人“一句话”、花钱“一支笔”、项目“一手抓”等，近年来，国有企业“一把手”违纪违法问题比较突出，从目前情况综合分析来看，形形色色的霸道行权，与“一把手”权力观扭曲、不愿自觉接受监督有直接关系，同时上级组织对“一把手”重选任、疏监管；班子成员碍于情面，不愿监督、不便监督；干部职工碍于权威，不敢监督、难以监督；监督机制不完善，不好监督，不利监督。造就了上级监督远、同级监督弱、下级监督难的局面。特别是国有企业，尽管制定了一系列监督管理措施，但是对“一把手”的监督仍然是以事后监督居多，缺乏及时性和有效性。究其原因，主要有以下两个方面。

（一）监督制度不完善弹性执行

为了加强对“一把手”的监督，我们党有针对性地制定了一系列加强党内监督的方针以及相应的规章制度。这些具有监督制约作用的法规和制度，为对“一把手”的监督提供了依据和保证。但在众多的法规和制度中，对领导干部的监督制度目前还不完善，还存在相对滞后和不配套的问题，表现在应急性、临时性的规定多，注重长效治本的规定少；正面规范行为的规定多，违反规定的处置追究措施少；一般性的规定多，具体可操作的程序规定少。“一把手”的权限设置，权力运作的程序规范，制度建设还存在许多不尽完善的地方。一些制度缺乏刚性，惩处弹性过大，造成有制度不执行或执行不到位等，为权力寻

租提供了可乘之机。

（二）监督认识意识有待提高

对同级监督有抵触情绪，认为同级监督是“找茬子”“管闲事”，跟自己过不去，影响班子团结，有的被监督者认为有规章制度约束，又有上级和群众的监督，要不要同级监督无所谓。对上级监督有惧怕心理，往往顾及上下级关系不好处理，惧怕上级给自己“穿小鞋”“扣帽子”，害怕“捅娄子”“碰钉子”往往睁一只眼闭一只眼，削弱或者放弃监督。领导班子成员认为监督是纪检监察机关的事，去监督是没事找事，部分领导班子成员深知自己监督与被监督双重身份，也存在“多一事不如少一事”“你好、我好、大家好”“万事留一线、日后好相见”的思想。“一把手”不能自觉接受监督，不能正确对待监督，习惯在“唯我独大”下开展工作，不能自觉置身党组织和群众监督之下。

二、破解国企“一把手”和同级监督难的主要对策和建议

如何有效破解对“一把手”监督和同级监督难题，答好新时代全面从严治党这一重大课题，我们认为，只有通过落实好三项制度，突出抓好三个监督重点，建立和完善三项制度，着力强化四个方面来破解“一把手”和领导班子监督难题。

（一）通过落实三项制度强化监督制约，为监督工作提供有力支撑

1. 落实好全面从严治党责任制度

强化党委领导班子主体责任、“一把手”第一责任人责任、领导班子其他成员“一岗双责”、纪委监督专责，形成齐抓共管合力。加强对履责情况监督检查，对下级“一把手”落实管党治党责任不到位、问题比较突出的及时约谈。健全落实责任考核制度，坚持分级考核，强化结果运用，更好促进领导干部履职尽责。

2. 落实好民主集中制

坚持科学民主决策，善于把民主和集中有机统一起来，即防止出现“一言堂”和“家长制”问题，又防止出现议而不决、决而不行问题。完善“三重一大”决策监督机制，开展执行民主集中制情况监督检查，引导领导干部严格遵守民主集中制的规矩，掌握民主集中制的方法。

3. 落实好集体领导制

坚持集体领导与分工责任相结合，不断完善党委会议事规则，严格按照规则和程序办事，重要事项提交党委会议讨论、集体研究决定，一旦做出决定，每个班子成员都要坚决贯彻执行。健全领导班子权力运行制约机制，合理分解，科学配置权力。

（二）通过突出三个监督重点做到秉要执本、纲举目张，为监督工作提供坚强保障

1. 突出自上而下，强化责任压实

推动各类监督向“一把手”聚焦，构建起以加强“一把手”监督为重点的党内监督体系。强调“一把手”带头重视监督，把责任传导给所有班子成员；要监督“一把手”，落实好“一把手”第一责任人责任；领导班子成员要加强对“一把手”监督，积极有效开展批评与自我批评，及时进行健康的思想斗争；全面掌握对“一把手”的综合评价和反

映。上级党组织和“一把手”要多了解下级“一把手”日常思想及问题反映。“一把手”要重视抓监督，加强对班子成员和下级“一把手”的监督，主动开展任职谈话、监督谈话、教育提醒、批评教育，特别是要把监督下级“一把手”情况作为每年述职的重点内容。

2. 突出由内而外，强化政治监督

做好政治监督“一报告、一分析、一画像”重要举措，即政治生态报告、领导班子监督情况分析、领导干部政治画像。制定《政治生态报告和“画像”评价制度》《政治生态监测评估和考核评价体系的实施办法》，探索精准画像方法，对领导班子及其成员政治意识强不强、履职担当硬不硬、清廉程度高不高、用人风气正不正、党内生活严不严、干群关系纯不纯、群众满意好不好等方面量身定做“政治体检单”，打好“政治疫苗”，进一步扎紧制度笼子，净化和维护良好政治生态。

3. 突出党内监督，贯通各类监督

健全集体领导制度，落实组织生活制度，坚持述职述廉制度，发挥近距离监督优势，提高发现和解决自身能力的问题；强化自上而下、一级抓一级，寓监督与领导之中，层层落实责任，健全重大事项请示报告制度，用好内部巡察、督促检查、分析研判、谈话提醒等手段，切实管好“责任田”；推进党内监督与组织监督、审计监督、财务监督、民主监督、群众监督、舆论监督等贯通协调、形成合力。

（三）通过建立健全三项制度优化权力结构与权力配置，为监督工作提供制度遵循

1. 建立健全选人用人机制

一要管到关键处。要重点监督并协助各级党组织“一把手”深化干部制度改革，建立健全选人用人机制，推动形成能者上、优者奖、庸者下、劣者汰的正确导向，坚决防止利用程序漏洞谋取小圈子或个人利益。二要管住关键事。要切实发挥监督作用，采取选人用人专项巡察、廉政审查等方法，对政治上有问题的一票否决，监督协助“一把手”，及时把“七个能力”突出的干部发现出来、任用起来。三要管在关键时。要立足“监督的再监督”职能定位，严格把关干部选拔任用“动议”“民主推荐”“考察”“讨论决定”等关键环节、关键时期。对跑官要官、拉票贿选、买官卖官、违规用人、说情打招呼等问题“零容忍”，发现一起严查一起，问责到人。

2. 建立健全权力制约机制

同级监督重在完善领导班子权力运行机制，科学界定“一把手”权力，建立健全决策权、执行权、监督权既相互制约又相互协调的权力结构和运行机制，降低“一把手”权力滥用的风险。开列“一把手”权力清单，明晰具体的权责范围，尤其是划分好“一把手”与班子其他成员之间的权责边界，实行“四个不直接分管”，要求“一把手”不再直接分管干部选用、重大决策、资金使用和项目安排等重点权力，由副职直接分管，逐步形成班子集体行使决策权、副职行使执行权、主要领导行使监督权的相互制约的工作机制，来加强权力制衡监督。坚持领导干部报告个人有关事项，插手干预重大事项记录处理制度。

3. 建立健全监督机制

一是突出重点内容，实施有针对性的监督。突出监督重点，着重抓好对“一把手”重大问题决策和人事权、财权和行政审批权的监督。二是落实“一岗双责”，强化层级监督。

要按照党风廉政建设责任制的要求，进一步强化上级领导机关、领导干部特别是“一把手”对下级“一把手”教育、监督和管理方面的责任。三是整合监督资源，强化“全方位”监督。建立由纪检监察与组织人事、审计、财务、法务等部门参加的监督工作联席会议制度，明确分工、落实责任。同时定期召开会议，互通情况，研究问题，落实对策。研究建立“八小时”之外监督机制。四是完善公开机制，强化社会监督。进一步完善党务、政务、财务、事务、司法等公开机制，强化群众和社会监督。五是创新监督方式方法，切实提升监督质效。创新推行“四不两直”监督检查方法，完善谈心谈话机制，创新开展日常廉政谈话“四个必谈”工作机制，抓深抓细抓实各项监督工作，确保监督效果。

（四）通过强化四个方面内容以严格问责倒逼责任落实，为监督工作提供可靠基础

1. 强化执纪问责，保持惩治腐败的高压态势

始终保持惩治腐败的强劲势头，加大对“一把手”违纪违法案件的查处和问责力度，对党的领导弱化、党的建设缺失、从严管党治党责任落实不到位、维护党的政治纪律和政治规矩失责、贯彻中央八项规定精神不力、选人用人问题突出、腐败问题严重的，严肃追究“一把手”的责任，以问责倒逼责任落到实处。

2. 强化监督合力，形成长效机制

一是坚持上下结合，激发监督活力。充分运用上级巡视巡察利剑作用，对下级“一把手”实施定期、不定期相结合的巡视巡察，突出发现和纠正存在的问题。二是坚持内外结合，形成监督合力。坚持党内监督与党外监督相结合，实行对“一把手”监督的常态化，充分发挥专门机关监督、舆论监督、群众监督作用，畅通监督渠道，形成强大的党内外监督合力。三是坚持惩防结合，提升监督效力。扎实开展廉政风险预警防控工作，查找各级“一把手”权力行使的风险点，规范权力运行程序，健全防控机制。四是校正监督坐标，找准监督抓手。对监督检查中发现的普遍性、倾向性问题，深化运用“两书两提示”，提醒履职尽责、强化监管，形成发现问题、纠正偏差的工作合力。五是做好执纪审查“后半篇”文章。深化“以案促改、以案促建、以案促治”功能，构建不敢腐、不能腐、不想腐的体制机制。

3. 强化制度约束，从源头上预防腐败问题发生

一是凡重大决策、重要干部任免、重大项目安排和大额资金使用等，坚决由党委进行表决。二是将党委研究讨论作为董事会、经理层决策重大问题的前置程序，切实遵守少数服从多数和“一把手”末位发言的原则。三是建立“一把手”轮岗交流制度。在保证干部队伍相对稳定的前提下，对在一个地方或一个领导岗位任职时间过长的“一把手”进行轮岗交流。四是健全任期经济责任审计制度。按照先审计、后上岗的要求，重点审计“一把手”在原工作单位各项生产经济技术指标完成情况、生产经营管理情况、个人经济收支情况以及遵守、招投标纪律、财经纪律情况等。五是改进和完善干部考察、年度考核等制度。不定期对“一把手”进行考察考核，增强监督工作的主动性和预见性。六是推行个人推荐干部署名制。执行党政正职个人推荐干部实名制，凡属单位党政正职以个人名义推荐干部的，必须以书面形式阐明理由并署名；按照“谁推荐，谁负责”的原则，实行选人用人失察失误责任追究制度，发现“带病”上岗和出现严重违纪违法问题的“一把手”时，严肃追究首推者和审核把关者的责任。

4. 强化学习教育，筑牢理想信念根基

理想信念是立党兴党之基，也是党员干部安身立命之本。“一把手”和领导班子成员在理论学习上要深入带头学、全面系统学、及时跟进学、深入思考学、联系实际学。在常学常新中加强理论修养，在真学真信中坚定理想信念，在学思践悟中牢记初心使命，在细照笃行中不断修炼自我，在知行合一中主动担当作为，保持对党的忠诚心、对人民群众的感恩心、对事业的进取心，对法纪的敬畏心，从思想上正本清源、固本培元，增强“不想腐”的自觉。

新时代国有企业“三不”一体推进的探索与实践

宝钢股份武钢有限纪委

习近平总书记在十九届中央纪委五次全会上强调，要坚定不移推进反腐败斗争，不断实现不敢腐、不能腐、不想腐一体推进战略目标。这既是新时代全面从严治党和反腐败斗争壮阔实践的经验总结，也是新时代纪检监察工作高质量发展的行动指南。国有企业是中国特色社会主义的重要物质基础和政治基础，是我们党执政兴国的重要支柱和依靠力量。武汉钢铁有限公司（以下简称武钢有限）作为国有骨干企业，在贯彻落实“三新一高”、服务“双碳”目标、推动制造业高质量发展等党中央重大决策部署中承担着重要政治责任。近年来，武钢有限纪委在上级纪委的指导下，深入学习习近平新时代中国特色社会主义思想，贯彻落实十九届中央纪委五次、六次全会精神，坚持“三不”一体推进，惩治震慑、制度约束、提高觉悟一体发力，不断推进党风廉政建设和反腐败斗争向纵深发展。

一、坚持“四责协同”，形成“三不”一体推进合力

建立落实党委主体责任、纪委监督责任、党委书记第一责任、班子成员“一岗双责”责任体系机制，统筹四大责任，协力推进“三不”建设。

一是明晰责任确定任务。两级党委年初组织召开党风廉政建设和反腐败工作大会，通报典型案例，部署年度工作。制订年度党风廉政建设和反腐败重点工作任务清单，明确责任领导、责任单位及完成时间，以责任清单和“责任制重点项目”为抓手，形成具体明确、环环相扣的责任链条。坚持每季度总结梳理党风廉政建设责任制项目完成情况，确保各项工作按进度推进。

二是强化工作领导。认真组织学习贯彻落实十九大、中纪委全会、上级党风廉政建设和反腐败工作会议等重要会议精神，将党风廉政建设和反腐败工作作为党委重点工作项目持续推进。坚持定期召开党委会、党风廉政建设领导小组会，专题研究党风廉政工作，每季召开党委书记会总结推进工作，研究审议重大问题。

三是推进责任落实。武钢有限领导班子定期听取联系点党支部工作专题汇报，检查联系点党风廉政建设工作推进落实情况，督促全面从严治党要求在基层落地生根。领导班子成员运用集体约谈、任前廉政谈话、年度绩效反馈谈话、调研座谈等方式，约谈直属单位党政负责人、机关部门负责人及业务处置权人员，推动“两个责任”和“一岗双责”有效落实。

四是建立评价机制。纪委制定党风廉政责任制考核评价办法、加强“一把手”监督和同级监督等制度，压紧压实党委、业务单位和职能部门责任。开展落实党风廉政建设责任

制检查，综合执纪审查、巡察、专项检查发现问题，每年对责任制落实情况进行考评，并纳入党组织和领导人员年度绩效评价。深化同级监督，每年对企业生产经营、敏感岗位等领域党风廉政建设情况进行分析，完成领导班子成员画像和领导班子政治生态报告。

二、保持正风肃纪高压态势，持续强化不敢腐的震慑

武钢有限纪委始终坚持“严”的主基调，牢固树立长期作战思想和坚决执纪理念，通过对违规违纪行为的及时查处，筑牢拒腐防变第一道防火墙。

一是严肃执纪问责。紧盯政策支持力度大、投资密集、资源集中的重点领域和环节，严肃查处工程建设、招投标、设备管理、闲废固资处置过程中的违规违纪行为；紧盯群众身边的“微腐败”问题和作风问题，严肃查处收受供应商礼品礼金、接受供应商宴请等违反中央八项规定精神的问题。始终坚持“一案双查”，既追究当事人直接责任，同时追究相关管理责任和领导责任。深化监督执纪“四种形态”，前移监督执纪关口，在抓早抓小上下功夫，近三年武钢有限纪委运用第一种形态和第二种形态合计占比87.7%。

二是强化纪律审查结果运用。针对纪律审查中发现的苗头性倾向性问题，下发纪律检查建议书、管理完善建议书，针对性提出整改建议和风险提示。每年年底开展纪律处分执行情况监督检查，确保处理情况在年度组织评价、绩效评价中有效应用。坚持对拟提拔重用和推优评先人员进行廉洁审查，体现对选人用人的有力监督。

三是发挥案件治本功能。坚持以案促改以案促治，实现查处一案、警示一片、治理一域的综合效应。如在查办某单位作业长在备件材料验收入库和库区日常管理违规违纪案件中，总结梳理出材料备件验收存在的六类易发多发不作为乱作为问题，推动设备系统在全公司开展专项整治，既治个性病症，又挖共性病根。

三、强化权力运行监督，持续扎牢不能腐的笼子

只有强化监督盯紧权力、以案促改规范权力、阳光公开晒出权力，才能不断压缩腐败现象的生存土壤、压减权力行使的任性空间。

一是做实政治监督。近年来，武钢有限纪委先后开展疫情防控、长江大保护、碳达峰碳中和、国企改革三年行动、卡脖子工程、扶贫攻坚、乡村振兴等整治监督，确保党中央重大决策部署和习近平总书记重要批示指示精神有力落实落地。2022年针对国内经济供应冲击、需求收缩、预期转弱的市场环境，结合企业实际开展稳增长政治监督，督促企业发展、安全生产、疫情防控措施落实，深入推进武钢有限忠实履行国有企业肩负的政治责任和经济责任。

二是做强专项监督。聚焦生产经营中心，围绕安全环保质量三大风险、核心业务流程以及重大改革发展项目，开展专项监督检查，着力堵塞漏洞、化解风险。2021年开展了供应商管理、合同规范管理、生产性辅材管理等专项监督检查40余项，督促完善管理制度15个，追回经济损失33.8万元。持之以恒纠“四风”树新风，坚决整治形式主义、官僚主义问题。2021年制定下发改进工作作风实施方案，推进40项整改措施，督促精简优化行政类制度150项、党建类制度20项、生产性记录台账33项。

三是做深巡察监督。充分发挥巡察利剑作用，提前一年完成对所属单位党委常规巡察的全覆盖，针对巡察发现全面从严治党体系能力不足、对标提升意识欠缺、管理者合规履

职风险较大等方面问题，持续开展专项整治。坚持发现问题与整改落实并重，做细做实"后半篇文章"，定期开展巡视巡察整改"回头看"，督促验证整改措施，确保整改落实到位。

四是深化廉洁风险防控。持续健全廉洁风险防控体系，坚持每年开展一次廉洁风险辨识，发动各级战线领导和重点领域业务管理人员积极参与风险辨识，形成动态的廉洁风险管控地图；不断加强防控知识教育宣贯，强化防控措施落实，优化完善管理制度和业务流程。推进设备、制造、运输、财务等信息化系统建设，实行公开化、透明化管理，高风险数量逐年递减，年均交流敏感岗位人员 100 余人。

四、筑牢思想堤坝，持续增强不想腐的自觉

武钢有限纪委每年编制党风廉政教育实施计划，大力开展党员理想信念、党章党纪党规、日常管理提醒、节日风险提示、职工法制意识、岗位风险预防、典型案例警示、廉洁文化示范等 8 个教育模块，引导党员干部从"他律"逐步走向"自律"，实现"不想"的升华。

一是开展"红线底线"教育。党委书记每年代表公司领导班子在党风廉政大会上作廉洁承诺。全体领导人员每年签订廉洁承诺书。纪委书记每季与新提拔重用领导人员进行廉洁集体谈话，要求扣好"第一粒扣子"。以"廉洁从业、规范用权"为主题，组织全体领导人员参观湖北省党风廉政教育基地。利用会议、微信、短信、谈话提醒等形式，大力宣贯《中国宝武廉洁从业八条禁令》《员工廉洁从业规定》、重点领域负面行为清单等制度规定。强化关键时间节点教育，坚持重大节日前向管理者和敏感岗位人员发送廉洁提醒短信。

二是开展案例警示教育。每年初召开党风廉政建设大会，通报党纪政纪处分情况，剖析典型案例。开展全员纪法警示教育，督促各单位党委组织学习党纪处分条例、员工奖惩办法等党纪党规和公司有关管理制度，全员签字确认，确保黄赌毒、醉驾等行政处罚类党政纪处理规定传递到每一名职工。开发法纪知识学习测试 App，每年开展全员法纪应知应会知识测试，知识测试"全员参考、人人过关"。不定期编发各级纪委查处的违规违纪典型案例，用身边事教育身边人。

三是加强廉洁文化建设。坚持开展廉洁文化月"七个一"系列教育活动，弘扬廉洁文化、传播清风正气。组织开展优秀廉洁文化作品巡展，2021 年共征集书法、漫画、小视频等各种形式廉洁文化作品 55 件，4 件作品在湖北省获奖，5 件作品在宝钢股份获奖，武钢有限同时获评最佳组织奖。开展廉洁单位创建活动，推荐 3 家单位申报创建湖北省清廉国企示范点。经常性组织廉洁文化进家庭活动，邀请家属子女共同构筑廉洁屏障、共创廉洁幸福之家。

五、坚持创新发展，不断探索"三不"一体推进的思路方法

一体推进"三不"要注重继承发扬与改革创新相结合，近年来，武钢有限纪委在上级纪委的指导下，立足实际，积极探索一体推进"三不"的新思路、新方法、新载体。

一是大力开展区域协同监督。统筹监督资源，按照上级纪委建设大监督体系的要求，建立华中地区 5 家单位协同监督机制，定期开展学习研讨，每季度召开学习研讨会，交流

协同监督心得；根据5家单位廉洁风险管控重点，制定协同监督项目并实行项目化管理；组织开展交叉检查，选派纪检人员、专业技术人员相互参与专项监督检查项目。实施区域协同监督，既增强了各单位的交流互动，也为监督工作注入了新的活力、带来了新的思路，提高了监督效率。

二是积极探索大数据监督。充分发挥数据“金矿”、系统管控“哨兵”作用，积极推进实施大数据监督。利用现有线上业务平台和数据资源，推进信息数据集中、业务操作上线，协同相关业务部门通过立项调研、数据摸底，系统开发、功能试运行，武钢有限汽运物资出厂业务风险提示系统和外购废钢质量检测系统相继上线运行并取得阶段性成效，业务领域可能存在的合规风险、侵权风险和效率风险得到有效防范，实现事后执纪到事前监督的转变。

三是持续提升纪检体系能力。深化纪检体制改革，成立4个纪检监督组对直属16家基层党委进行监督。建立纪检监督组与驻在单位党委定期就党风廉政建设专题协商机制，每季度首月纪检监督组与驻在单位班子成员面对面做好重要情况通报、风险警示和工作提示，交流需要解决的问题。通过专题协商，充分发挥纪检监督组与驻在单位党委协同作用，确保思想统一、步调一致。充分发挥纪检监督组靠近基层、靠近一线作用，聚焦驻在单位薄弱环节深入开展专项监督检查，精准发现问题，提出改善建议，助力管理提升。

深化党内监督与各类监督贯通融合一体发力提升治理效能

——酒钢集团公司纪委开展“大监督”工作的探索与实践

酒钢集团公司纪委　谢政晨

一、课题背景

监督是治理的重要方面，是权力正确运行的根本保证。党章规定了纪检监察组织的职责定位，其中监督是基本职责、第一职责。党的十九大对健全党和国家监督体系作出了战略部署，党的十九届四中全会将“坚持和完善党和国家监督体系，强化对权力运行的制约和监督”作出了顶层设计和制度安排。这为国有企业纪检监察组织在新形势下做好监督工作指明了方向、提供了遵循。当前，国有企业正处在改革创新、高质量发展的关键时期，纪检监察组织面对监督事项众多，专业力量薄弱，发现问题质量不高等现实问题，如何以党内监督为主导，有效整合其他各类监督资源，实现监督信息共享，发挥监督效能，推进全面从严治党向纵深发展，保障企业健康可持续发展，这已成为一个不可回避的问题。

酒钢集团公司纪委以习近平新时代中国特色社会主义思想为指导，深入学习贯彻党的十九大和十九届历次全会精神，全面落实中纪委各项决策部署，深刻把握国家所需、干部所能、群众所盼、未来所向，坚持把政治监督、日常监督贯穿于企业生产经营、改革发展的各方面各环节，率先在省属企业中构建起党委领导，纪检监察牵头，党委巡察监督、财务监督、审计监督、法务监督等监督主体贯通融合的“大监督”体系，通过近两年的探索实践和经验总结，“大监督”工作体系扎实推进、有效运行，为企业推进全面从严治党、实现高质量发展作出了积极贡献。

二、开展“大监督”工作重要性和必要性

（一）是忠诚拥护“两个确立”、坚定做到“两个维护”的必然要求

国有企业是中国特色社会主义的重要物质基础和政治基础，是我们党执政兴国的重要支柱和依靠力量，国有企业的第一属性是政治属性，必须把加强党的政治建设，维护党中央权威和集中统一领导作为首要任务，自觉增强“四个意识”、坚定“四个自信”、做到“两个维护”，始终在思想上、政治上、行动上同以习近平同志为核心的党中央保持高度一致。

（二）是推进全面从严治党向纵深发展的题中之义

坚持党的领导、加强党的建设，是国有企业的“根”和“魂”，习近平总书记“两个一以贯之”要求，为国有企业发展指明了方向，党的十八大以来，虽然反腐败斗争取得压倒性胜利并全面巩固，但是腐败存量还未清底，增量仍有发生，反腐败斗争形势依然严峻复杂，必须始终保持“赶考”的清醒和对“腐蚀”的警觉，把“严”的主基调长期坚持下去。

（三）是落实“三新一高”要求实现高质量发展的现实选择

党的十九届五中全会对立足新发展阶段、贯彻新发展理念、构建新发展格局，推进高质量发展作出了部署安排，新形势新任务新要求下，如何用新发展理念化解风险挑战、解决内部发展不平衡、推动国有企业改革有效实施，国有企业要自觉同党中央精神对标对表，突出政治监督，强化日常监督，抓好专项监督，以强有力的监督推动党中央决策部署落实落地，确保高质量发展目标实现。

（四）是变革监督方式放大监督效应的迫切需要

“服务、监督、指导、考评”是酒钢集团公司赋予职能部门的职责，由于认知上存在偏差，有的部门认为监督是纪检监察部门一家的事，遇到监督工作就往纪检监察部门推，有的部门存在“不敢监督、不愿监督、不会监督”的问题，往往造成监督职责缺位、力量分散、效率低下，没有形成监督合力、发挥监督效能。因此迫切需要党委统一领导，优化整合各类监督资源和力量，构建“大监督”工作体系，各司其职、各负其责，共同推进监督工作高质量发展。

三、“大监督”工作的探索与实践

（一）党委高度重视，构建“大监督”体系的“四梁八柱”

在探索实践过程中，酒钢集团公司党委站位推进全面从严治党和完善企业治理体系治理能力的政治高度，紧密结合生产经营、改革发展实际和防止发生系统性风险的要求，2020年制定出台了集团公司党委督查联席会议机制，该机制从工作原则、工作机构、主要职责、工作规则等4个方面明确了督查联席会议的具体运行方式，对财务、审计、法务、巡察、工会等8个部门所要开展的监督内容进行了细化完善，各部门形成了监督重点突出、任务明确、措施可行的月度、季度、年度监督工作计划，压实靠实了监督责任，进一步解决了“大监督”工作体系中各部门“怎么监督”“监督什么”“监督成效”的问题，党委统一领导，纪委牵头主抓，部门配合联动的“大监督”工作体制机制初步形成，为各部门从各司其职、各负其责有序开展监督工作指明了方向、铺平了道路、提供了保障。

（二）突出监督专责，聚焦全面从严治党强化政治监督

在“大监督”体系运行中，酒钢集团公司纪委牢牢把握纪检监察工作的政治属性，坚持全面从严治党首先要从政治上看的要求，深刻把握好“惩防治”的关系，突出抓早抓小

抓预防，督促各级党组织、各部门认真落实“第一议题”制度，自觉在决策、部署工作时严格与党中央精神对标对表，制定全面从严治党主体责任实施细则、责任清单，紧盯“三新一高”“强工业、强科技”行动、延链补链强链、碳达峰碳中和、国企改革等重点任务开展精准政治监督，探索实行上级纪委同下级党委班子成员集体谈话、上一级纪委书记定期与下一级党委书记谈话及述责述廉评议等机制，定期向集团公司党委通报纪委在日常监督中发现的普遍性问题或者突出问题，提出工作建议，督促党委定期专题研究全面从严治党、党风廉政建设和反腐败工作，深入开展新提拔和平职转任重要岗位党员干部“五份廉洁礼物”和廉洁清风进万家活动，深入整治利用权力违规决策、利用影响力违规办事等问题，不断筑牢廉洁“防火墙”，教育引导各级管理人员在干事创业中养成不逾规不逾纪的良好行为习惯。形成落实责任党委不松手、书记不甩手、班子成员不缩手、纪委监督不放手，上下贯通、齐抓共管的局面。

（三）破解监督难题，加强“一把手”和领导班子监督

始终坚持靶向思维、对症下药，各监督主体紧盯领导班子特别是“一把手”这个关键少数，认真落实《关于加强对“一把手”和领导班子监督的实施方案》要求，扭住“责任落实”这个牛鼻子，把践行“两个维护”情况、落实责任制情况、行使公权力情况等8个方面作为重点监督内容，紧盯党内政治生活开展、民主集中制落实、“三重一大”事项研究决策、一把手末位表态制度落实、上级反馈问题整改落实、重点工作贯彻落实等重要事项，通过约谈提醒、诫勉谈话、责令纠正、下发整改建议书等方式，推动各级党组织、纪检监察等部门落实6项监督责任、9项监督措施，充分调动各方监督的积极性主动性，形成全方位、多层次、全覆盖、无死角的“一把手”和领导班子监督体系，让“一把手”和领导班子这个“关键少数”时刻感受到用权受监督，切实提升监督质量和效果。

（四）坚持问题导向，紧盯权力运行情况开展监督

健全党委决策制度和运行机制体系，先后出台《党委会议事规则》《集团公司重大事项决策管理实施细则》《授权放权事项工作流程指引》等制度，明确党委会研究决策事项31项、党委会前置研究讨论重大经营管理事项68项，厘清党组织与其他治理主体权责边界，督促集团公司职能部门对固定资产投资、股权投资、资产处置、风险防控等重大事项做出可视化指引和清单，坚持“议”必有方案、“论”必有程序，集团公司纪委加强各部门各单位行权用权“监督的再监督”，防止行权用权突破制度规定约束，不断推进决策过程合规性、决策程序规范性、决策执行有效性，确保重大决策部署不落空、不走样、不偏向。同时，紧盯权力运行监督制约，建立嵌入式合规审核机制，及时发布财务领域、招投标管理领域、境外投资管理领域、资源管理领域、合同管理领域、工程建设领域等红线底线清单14个，明确各类风险控制点400余个，制定风险防控措施800余条，加强各级管理技术人员依法用权、合规决策监督审核，切实把权力关进制度的笼子。

（五）强化沟通会商，扎实做好监督“后半篇文章”

充分发挥“大监督”工作体系优势，集团公司纪委每季度牵头组织召开督查联席会议，主动沟通协调、共享监督信息，充分发挥纪检监督、巡察监督、财务监督、审计监督

定期沟通会商作用，不定期召集有关部门或单位列席会议，解决各部门在履行监督职责中单打独斗或不愿监督、不敢监督、不会监督问题，如针对“十四五”期间集团公司重点建设项目多、投资大、领域广等情况，连续下发《工程建设项目全程监督方案》《加强工程建设项目监督防范廉洁风险专项工作方案》等方案，对集团公司98个重点工程建设项目按照分层分级原则进行全程监督、精准监督、跟进监督，向4个重点投资项目派驻了巡察专员开展驻点监督，组织项目建设方、参建方和职能部门主要负责人召开重点工程项目专题工作推进会，开展项目廉洁警示教育，落实项目党风廉政建设“三签制”，着力推进堵漏洞、补短板、强弱项工作，实现系统施治、标本兼治的目标，有效防范廉洁风险。通过定期沟通会商、分析研判这种方式，“大监督”体系各部门真正对集团公司全局监督、部门监督有了更加清醒的认识和判断，做到了底子清、数据明、情况准，为更好实现以督促改、以督促建、以督促治目标提供了方法和路径，有力促进监督这个“后半篇文章”逐步硬起来、实起来。

（六）廉洁文化领航，营造风清气正干事创业环境

酒钢集团公司纪委以理想信念强基固本，以先进文化启智润心，坚持惩治震慑、制度约束、提高觉悟一体发力，把加强廉洁文化建设作为一体推进不敢腐、不能腐、不想腐的基础性工程抓紧抓实抓好，制定下发《加强新时代廉洁文化建设的实施方案》，着力推动廉洁文化进机关、进支部、进班组、进项目、进培训、进家庭，努力打造政治生态清明、干事风气清朗、权力运行清廉、干部队伍清正的“廉洁酒钢”，着力推动廉洁文化融入现代企业治理体系、融入企业愿景使命和价值理念、融入企业合规管理和员工行为规范，形成以“六进四清三融入”为主体架构的新时代酒钢廉洁文化体系。为更好落实“三个区分开来”要求，鼓励广大干部职工创新创造、担当作为，制定出台《中层干部不担当不作为组织处理办法》《关于开展“四学四比四提升”深化作风建设的实施方案》《关于开展“转作风、强担当、促落实”行动的实施意见》和《鼓励改革创新干事创业容错纠错实施办法（试行）》《尽职合规免责事项清单》等政策性文件，科学把握容错纠错精神，划清失误与失职、敢为与乱为、负责与懈怠、为公与徇私界限，持续释放旗帜鲜明地支持改革者、鼓励创新者、宽容失误者、保护干事者、惩戒不为乱为者的强烈信号，推动形成鼓励改革创新干事创业浓厚氛围。

四、“大监督”工作的经验启示

（一）推进“大监督”工作，必须坚持党的全面领导

东西南北中，党政军民学。党是领导一切的，纪检监察部门和各个部门都是管党治党的重要力量，虽然监督方式有所不同，但是监督目标始终一致，就是要把坚持党的领导、加强党的建设贯穿于生产经营改革发展的方方面面，以高质量监督工作促进企业高质量发展。

（二）推进“大监督”工作，必须提升监督思想认识

监督是治理的内在要素，在治理体系和治理能力中居于重要地位。监督不仅仅是纪检

监察部门的事，各级党组织各部门都肩负着监督责任，党员领导干部要落实“一岗双责”，把监督工作与业务工作同安排、同部署、同落实、同检查、同考核，确保监督责任、监督措施落实到位。

（三）推进“大监督”工作，必须把政治监督放在首位

全面从严治党首先要从政治上看，党中央决策部署到哪里，政治监督就要跟进到哪里，纪检监察部门要把党中央决策部署和职能职责定位结合起来，自觉紧扣企业发展大局和中心任务，强化政治监督，做实日常监督，确保上级决策部署不落空、不偏向、不走样。

（四）推进“大监督”工作，必须聚焦权力运行开展监督

信任不能代替监督，没有监督的权力必然导致腐败。各级党组织要教育引导党员干部树立正确的权力观，坚持做到有权必有责、用权受监督、违法必追究的原则，严格落实党员干部重大事项报告制度，把监督要求体现到管理决策、保障执行、风险防控、流程改进等各环节，不断健全完善规章制度体系，始终让权力在阳光下运行，形成用制度管权管人管事局面。

（五）推进“大监督”工作，必须突出重点抓住关键形成合力

准确把握新时代监督工作的特点规律，始终把教育引导工作做在前面，围绕重点人、重点事、重点岗位、重点环节监督，系统集成、精准发力，坚持严管厚爱结合、激励约束并举，推动党内监督与各类监督贯通融合，深化运用“四种形态”，发挥查处一案、警示一片、治理一域功效，切实把监督质效更好转化为企业治理效能。

五、结束语

十九届中央纪委六次全会提出“坚持以党内监督为主导，做实专责监督、贯通各类监督”的要求，作为国有企业，酒钢集团公司纪委将忠诚履行职责使命，把监督融入企业治理体系，推动落实主体责任和监督专责，进一步强化与“大监督”体系内其他各类监督力量沟通协作，着力在推进全面从严治党上再发力，着力在贯彻落实上级决策部署上再发力，着力在推进生产经营改革发展任务上再发力，着力在深化党风廉政建设一体推进“三不”上再发力，着力在加强作风建设营造干事创业环境上再发力，更加注重监督工作的实践总结，进一步推动“大监督”体系更加成熟定型，更好将监督质效转化为企业治理效能，奋力实现“主业突出、治理规范、管理科学、和谐发展”的现代化企业集团建设目标。

宁钢“涌淬廉心”廉洁文化创新保障企业高质量发展

杭钢集团宁波钢铁有限公司 王荣斌 琚 华

一、创新建立“涌淬廉心”廉洁文化品牌，顺应新时代廉洁文化建设要求，保障宁钢高质量发展

宁钢纪委紧紧围绕企业高质量发展，自觉运用党的百年奋斗历史经验，从革命文化、社会主义先进文化、中华优秀传统文化中汲取营养，结合钢铁产业特质，提炼出宁钢特色的廉洁文化品牌——涌淬廉心，其中，涌：云奔潮涌、勇立潮头，寓意宁钢人不负韶华、敢为人先的优良作风；淬：千锤百炼、淬火成钢，寓意宁钢人锲而不舍、精益求精的卓越品质；廉：海纳百川、清正廉明，寓意宁钢人虚怀若谷、廉洁自律的政治本色；心：矢志不移、一心向党，寓意宁钢人不忘初心、牢记使命的理想信念。

（一）政治监督勇担当

习近平总书记深刻指出：“一个干部只有把世界观、人生观、价值观的总开关拧紧了，把思想觉悟、精神境界提高了，才能从不敢腐到不想腐。”坚持以习近平新时代中国特色社会主义思想为指导，夯实“第一议题”监督，深化党史学习教育，巩固拓展党史学习教育成果，深学笃用、学思践悟，增强“四个意识”，坚定“四个自信”，把忠诚拥护“两个确立”和忠实践行“两个维护”作为首要政治纪律。坚持公司重点工作部署到哪里，监督检查就跟进到哪里，结合绿色生态攻坚、对标一流、重点工程、疫情防控等，开展专项监督，推动监督工作与企业中心工作深度融合。

（二）廉洁文化全覆盖

习近平总书记强调，党员、干部要“依靠文化自信坚定理想信念”“不断提升人文素养和精神境界，去庸俗、远低俗、不媚俗，做到修身慎行、怀德自重、清廉自守，永葆共产党人政治本色”。宁钢坚持用廉洁文化促进廉洁防控“四个全覆盖”：

一是充分融合各单位工作特点，“涌淬廉心”廉洁文化建设工作延伸至生产一线，全面融入“钢打铁铸”的生产经营，廉洁文化为增强企业凝聚力和向心力，为宁钢特色的廉洁“生产力”提供了强大的精神动力，实现清廉单元点创建到基层党总支全覆盖。

二是积极开展全员廉洁风险大排查，从“岗位职权（职责）、业务流程和制度机制”三大方面进行廉洁风险排查，按照“全、准、实”三个方面要求进行查漏补缺，共排查出

廉洁风险点：3910个（其中：高风险：516个，中风险：692个，低风险：2702个）；表现形式：4264类；防范措施：5049个，专题召开排查分析会议，对排查过程中存在的问题针对性进行讲评，实现风险防控到人员全覆盖。

三是组织全员进行八小时外廉政问题综合治理工作，对照是否存在经商办企业或兼职、家庭经济窘迫、恶习（酗酒、吸毒、赌博等）或违背公序良俗、违法犯罪等情况深入排查，共排查出115人次重点监督跟踪对象，为推进思想转化，采取教育帮助相结合，对相关人员都进行针对性谈话教育，实现人员监督管理到时间全覆盖。

四是坚持厂内员工和厂外供应商管理监督“两手抓”，强化源头管理，完善供应商廉洁协议，增加公司人员受到“四种形态”处理时，对应的“行贿人”应受到经济考核内容和禁入条款，真正做实行贿受贿一起查，斩断“围猎”利益链，实现亲清政商关系到方位全覆盖。

（三）六廉并举齐发力

习近平总书记指出：“要深入剖析严重违纪违法干部的典型案例，发挥警示、震慑、教育作用。”宁钢巩固党史学习教育成果，发挥党性教育和政德教化功能，深入推进六廉载体（读书思廉、网络宣廉、谈话促廉、党课送廉、制度管廉、案例警廉）齐发力，推进清廉文化建设的规范化、可持续运行。持续发挥“一刊（宁钢党风廉政建设季刊）、一角（宁钢内网廉洁广角）、一平台（宁钢‘涌淬廉心’微信公众号平台）”廉洁文化阵地的宣教作用，“以点带面”带动廉洁文化向基层延伸，不断提高廉洁文化影响度、拓宽廉洁文化受众面，让“不想腐”的观念深入人心。深化出差人员廉政谈话教育并形成体系，强调实效，打造具有宁钢特色的廉政教育平台。

（四）数据淬廉强治理

习近平总书记强调：“要全面贯彻网络强国战略，把数字技术广泛应用于政府管理服务，推动政府数字化、智能化运行，为推进国家治理体系和治理能力现代化提供有力支撑。”宁钢纪委将“业务+数据+监督”嵌入工作流程，逐步实现全过程数字化监管及预警。充分利用ERP综合信息平台，加强ERP大数据监督运用，不断强化对业务流程和环节的全过程监督。进一步推进可视化数据终端在线监督。坚持专业管理与业务的深度融合，充分发挥专责与专业监督合力，深入推进五位一体大监督体系，严格过程管理，加强源头管控，推行岗位三色“廉洁码”（廉洁高风险赋红码、中风险赋黄码、低风险赋绿码），消除可能存在的任何风险和漏洞，强化经营风险防控，提升治理效能。

二、创新推进“涌淬廉心”廉洁文化品牌，践行宁钢特色廉洁文化理念，擦亮宁钢廉洁文化品牌

在创新推进“涌淬廉心”廉洁文化品牌建设的过程中，也遇到了一些难题：全面提升广大职工群众廉洁文化主体意识还需进一步加强；推动廉洁文化精神成果“物化”到实践中还需进一步优化。针对上述的问题，宁钢纪委积极调整优化，在原有建设框架的基础上以“三新”（新思路、新思维、创新管理）推进“四全”，擦亮廉洁文化品牌。

（一）全方位推动，做实清廉单元点

各级基层组织进一步加大廉洁文化的宣传广度和深度，让“涌淬廉心”的廉洁文化植入员工的思想，充分融合所属单位工作特点，逐步推进清廉单元点创建，将党建和党风廉政建设工作延伸至生产一线，将“涌淬廉心”融入“钢打铁铸”的生产经营中。深入贯彻落实习近平总书记关于加强对“一把手”和领导班子监督的重要论述精神，牢固树立“领导职责中包含监督职责”理念，加强对“一把手”和领导班子监督五张责任清单，持续推动全面从严治党“四责协同”机制，落实落细、见行见效。紧紧围绕公司中心工作，一改过去一张党风廉政建设目标管理责任书签到底的模式，根据不同单位特点，签订差异化党风廉政建设目标管理责任书，强化责任意识，把党风廉政建设要求融入具体业务工作中，形成了全面从严治党整体合力。

（二）全过程提升，紧抓清廉业务线

在当前加速数字化改革进程中，继续有序推进数字化监督进程，将“业务+数据+监督”嵌入工作流程，逐步实现全过程数字化监管及预警，进一步推进“体系化运营”和“标准化管理”，为公司各领域和各专业重点工作的规范化、科学化、合理化运行提供有力保障。

（三）全覆盖打造，拓宽清廉体系面

努力将清廉文化建设和一体推进“三不”的重要内容有机结合，坚持高位推动，守正创新、融合发展。将参观警示教育基地、廉政文化基地和清廉家风建设有机融合，推进清廉文化建设的规范化、可持续运行。通过员工自查、分管领导审核、组织审查，进一步提升广大干部职工廉洁风险意识、防范意识、廉洁意识。探索开展清廉家风建设，通过发放家庭助廉倡议书、召开家风建设座谈会等活动，引导家属当好贤内助、廉内助，不断强化拒腐意识，共筑家庭反腐防线。

（四）全流程监管，健全清廉纪检网

以基层组织纪检委员、纪检员为基础，在生产一线配备兼职纪检督导员，切实将纪检“探头”挺进基层一线，将“清廉”贯穿到各板块各公司，将监督渗透落实到权力运行各环节。

三、创新运用“涌淬廉心”廉洁文化品牌，强化“本土”廉洁文化体系，保障宁钢转型发展实效

宁钢纪委积极推动“涌淬廉心”廉洁文化“进厂部、进作业区、进班组”，与本单位生产经营、转型升级等中心工作紧密结合、有机融入，渗透到本单位安全、环保、生产、经营、管理等各个环节，为宁钢 2021 年度生产经营取得新突破，营业收入创历史新高，起到坚实的保障作用。

通过“涌淬廉心”廉洁文化品牌创新建设，成为浙江省国资委省属企业清廉国企标杆点，“涌淬廉心”廉洁文化品牌得到高度好评，并在省属企业中得到推广。坚持专责监督

与业务深度融合，“涌淬廉心”廉洁文化嵌入采购业务，充分运用数字化监督实时预警，开展采购管理专项监督，督促优化单一来源采购清单化，使单一来源采购金额同比下降4亿余元。

积极推动“涌淬廉心”廉洁文化“进厂部、进作业区、进班组”，廉政警示教育达3118人次，使反腐倡廉深入人心广见行动。实施“来访业务人员登记廉政提醒”“出差人员事先廉政谈话”“供应商接洽廉政监控”“敏感岗位人员家属廉政助力”等措施规范业务活动和廉洁风险防控，共排查出廉洁风险点3961个，115人次重点监督跟踪对象，抓早抓小、及时发现解决苗头性问题，建立起多层次、全方位的廉政预防机制，提升纪检监督工作规范化、制度化、科学化水平。

总之，宁钢“涌淬廉心”廉洁文化通过各党总支（直属党支部）、各厂部坚持不懈的努力，积极探索和把握廉洁文化建设的规律和方向，将廉洁文化理念渗透到生产一线，结合本单位工作实际，不断创新廉洁文化，促进“涌淬廉心”廉洁文化建设和其他各项工作健康协调发展，促使廉洁文化推动宁钢生产经营高质量发展。

国有企业廉洁风险防控体系建设的探索与实践

山钢集团山东钢铁股份有限公司纪委　秦立彬　卢建刚　胡晓燕

国有企业是中国特色社会主义的重要物质基础和政治基础，也是我们党执政兴国的重要支柱和依靠力量。党的十八大以来，中央查处了一大批国有企业腐败案件，仅 2022 年以来，中国人寿党委书记王滨、中储粮原党组成员徐宝义、中国联通原党组副书记李国华等央企高管先后被纪律审查和监察调查。近年来山钢集团在产品销售、招标采购等领域也相继出现了一些典型腐败案件，这些案件的发生给企业政治生态产生了严重影响，给企业利益造成了重大损失。

习近平总书记指出，要加强国有企业党风廉政建设和反腐败工作，把纪律和规矩挺在前面，持之以恒落实中央八项规定精神，抓好巡视发现问题的整改，严肃查处侵吞国有资产、利益输送等问题。廉洁风险防控是党风廉政建设工作中的重要环节，本文结合企业实际，以权属公司为原型，系统总结了廉洁风险防控的典型做法，分析了存在的不足，对下一步工作提出了改进方向。

一、坚持总体设计、分步推进，把廉洁风险防控体系建设融入公司治理体系

山钢集团坚持以党的十九届历次全会精神为指导，以制约和监督权力运行为核心，以加强制度建设为重点，以现代信息技术为支撑，加强重点领域、重要岗位、关键环节权力运行的监督管理，形成预防和惩治相结合、自律与他律相结合、组织监督与职工群众监督相结合的廉洁风险防控体系，构建一体推进不敢腐、不能腐、不想腐体制机制，从源头上防范违规违纪违法问题的发生。

在推进廉洁风险防控体系建设中，遵循实事求是、点面结合、制度引领、问题导向的原则，立足企业特点和工作实际，坚持抓全面覆盖与抓“关键少数”相结合，更加聚焦重点领域、重要岗位、关键环节，通过加强制度执行的监督，真正实现用制度管权、按制度办事、靠制度管人，坚持在实践中不断优化提升，在公司治理中发挥廉洁护航优势。

二、廉洁风险防控体系建设的典型做法

山钢股份作为山钢集团权属上市公司，秉承“做到极致、走向前列”的发展理念，始终坚持以全面从严治党为政治引领，在实践中逐步摸索出了“1433”（一体推进“三不”、建立四项机制、构建三大体系、实施三项保障）廉洁风险防控体系建设的典型做法，在涵养风清气正政治生态中发挥了重要作用。

（一）坚持一体推进“不敢腐、不能腐、不想腐”，把“严”的主基调贯穿始终

党的十九届六中全会审议通过的《中共中央关于党的百年奋斗重大成就和历史经验的决议》指出，“党坚持不敢腐、不能腐、不想腐一体推进，惩治震慑、制度约束、提高觉悟一体发力”，从理论与实践、部署与策略、目标与要求结合上对新时代反腐败斗争作出科学总结。公司各级党组织和纪检机构坚持边学习、边工作、边调研、边总结，围绕“三不”一体推进涉及的监督、惩治、制度、教育等课题进行实践探索，坚定不移深化全面从严治党。

1. 坚持严字当头、勇于斗争，紧盯政治问题和经济问题相互交织的腐败案件

重点查找政治上的“两面人”，严肃查处靠企吃企、设租寻租、官商勾结、以权谋私等腐败问题。近年来公司积极配合司法机关查办营销、招标等领域领导人员严重违纪违法案件，先后有多人被移送司法机关，在公司内外形成了有力震慑。

2. 突出政治监督，分类制定监督清单，推动政治监督具体化、常态化

做实日常监督，探索加强对一把手监督和同级监督的有效办法，健全日常监督制度体系，针对监督检查、审查调查、巡视巡察等发现的问题和薄弱环节，规范开展诫勉谈话、作风督导、整改监督等工作。做好审查调查“后半篇文章”，开展营销领域突出问题专项治理，累计修订完善管理制度 88 项、规范工作流程 23 项，廉洁风险防控的制度笼子越扎越牢。

3. 常态化开展警示教育，用身边事教育身边人，深化以案释法

充分利用山东省廉政教育馆等资源实现中层以上党员干部廉洁教育常态化。深化以案促教，将《正风反腐就在身边》等警示教育视频资料纳入公司党委理论学习中心组集体学习计划，组织各基层党组织深入学习《钢材销售领域 6 起严重违法案件通报》等典型案例通报，党员干部纪律意识不断增强。

（二）运用全面风险管理基本原理建立廉洁风险防控四项机制

1. 建立廉洁风险点辨识评估机制

公司积极将廉洁风险防控融入全面风险管理体系，每年度由风险主管部门牵头开展一次风险辨识评估。作为全面风险管理的重要组成部分，廉洁风险点排查工作主要围绕党员领导干部岗位职责，关注权力运行过程中可能产生的廉洁风险及表现形式。重点对“三重一大”事项决策、招标管理、财务管理、物资采购等业务进行廉洁风险点排查，并根据可能产生的后果设置风险等级。深入分析、研究廉洁风险点产生的原因，有针对性地提出防控措施，做到任务明确、责任到人，着力形成以岗位为点、以流程为线、以制度为面的廉洁风险防控机制。

2. 建立廉洁风险防控动态监控机制

公司各级纪检机构紧盯容易发生腐败问题的重点领域、重点岗位、重点环节和重点对象，强化对高、中等级廉洁风险的精准防控。修订《违规违纪违法问题实名举报管理办法》，对实名举报处理程序、权利义务、奖励政策等作出具体规定，着力激活“沉默的大多数”，让职工群众成为无所不在的监督力量。广泛调动职工群众参与监督的积极性，出台《特约监督员工作办法》，组建特约监督员队伍，延伸监督触角，发挥探头作用。紧盯

春节、中秋等重点时段和关键节点，随机组建专项监督检查小组，采取“四不两直”方式直插工程建设、物资进厂等高风险岗位开展监督检查，实现了重点岗位廉洁风险动态监控。

3. 建立廉洁风险防控预警处置机制

精准运用监督执纪“四种形态”，对苗头性、倾向性问题，综合运用约谈提醒、诫勉谈话、责令检查、组织处理等方式分级分类处理；对涉及的违纪违法问题，及时移送有管理权限的纪检和司法机关审查调查处理。关注容易滋生腐败的重点领域和权力运行关键环节，紧盯关系职工群众切身利益、影响公司改革发展大局的违规违纪行为并投入更多监督资源，贴近基层一线职工群众听取意见建议，高效处理来信来访，站在“以人民为中心”的立场及时化解职工群众反映的问题和矛盾，实现“早发现、早处理、早见效”。

4. 建立廉洁风险防控检查评估机制

按照层级管理的原则，把集中检查和日常检查、全面自查与重点抽查结合起来，重点对责任落实是否到位、动态监控是否实施、制度执行是否有效、风险预警是否及时、检查评估是否科学等情况进行督查检查，发现问题并及时督促整改。完善党风廉政建设责任制实施细则，将廉洁风险防控工作开展情况作为各级党组织书记、纪检机构负责人的重要业绩考核指标，推动廉洁风险防控工作落实落地。

（三）在推进廉洁风险防控工作中建立并完善四大体系

1. 健全和完善制度体系

树立“廉洁上出风险，制度上找原因”的理念，对日常监督检查、内部巡察发现的管理漏洞和流程缺陷，以及制度机制存在的不适应、不协调、不衔接、不一致等问题，督促业务部门进一步优化制度流程设计，以务实管用为原则立“明规矩”、破“潜规则”，坚决防止留“暗门”、开“天窗”。坚持“谁制定、谁监管”，强化业务部门的职能监督作用。着力加强“监督的再监督”，对不及时制定制度、制度制定不科学、违反破坏制度、制度执行监督不力等突出问题，严肃追责问责，确保制度立得住、行得通、管得了。

2. 构建适应企业发展的廉洁风险防控组织体系

完善各级纪检机构设置和人员配置，将纪委专责监督延伸到基层生产单元，加强与内部巡察监督的有机融合，建立了多层次、交叉立体的廉洁风险防控组织体系。充分发挥专责监督优势，积极协助党委优化顶层设计，准确把握、科学厘清党委主体责任和纪委监督责任，建立落实全面从严治党党委主体责任和纪委监督责任清单，把党风廉政建设责任制与其他重点工作同部署、同落实、同检查、同考核。编印配发《监督执纪“四种形态”指导手册》，协助落实《党委运用监督执纪“第一种形态”工作细则》。严格执行基层单位党委书记向上一级纪委述责述廉，开展党风廉政建设责任制落实情况年度检查，对考核排名后单位党组织书记进行约谈，对党组织履行全面从严治党职责不力的责令作出检查，进一步压实了管党治党责任。

3. 推动建立“三位一体”大监督体系

着力构建党内监督、行政监督、群众监督“三位一体”的大监督体系。以内部巡察为“中枢”，创新实施上下联动巡察工作模式。明确专责监督部门、职能管理部门的监督职责，建立了“专兼协同、信息互通、线索归口、递进问责”工作机制。坚持系统集成、同题导向，推动党内监督、行政监督、群众监督贯通发力，推动大监督体系建设融入公司治理。制定《贯彻落实山钢党委“关于加强‘一把手’和领导班子监督若干措施”分工方案》，“一把手”和领导班子监督开始破题。加强信息互通，畅通监督渠道，发挥党风廉政监督员作用，对职工群众反映的难点痛点堵点问题从严从快查。公司各级纪委围绕大宗原燃料验收、废旧物资管控、备件采购验收、物流运输等环节开展各类监督稽查 460 余次，对廉洁风险高的重点环节建立了高频次、全覆盖的监督模式。

（四）围绕廉洁风险防控工作完善三项保障

1. 以信息化赋能智慧监督

以打造新形势下“智慧监督”为目标，积极运用“执纪监督+大数据+互联网”思维，将钢铁业务流程逐步从线下转移至线上，通过信息化平台整合各类监督资源，对部分关键岗位和重要流程节点实施动态监控，实现廉洁风险防控关口前移。全面整合招标采购业务，积极对接省管国资系统集采平台，实现招标业务全流程管理，全力打造钢铁行业阳光采购标杆。从原料采购入厂到产品销售实现了 ERP 全覆盖，让权力在阳光下运行，有效降低了岗位廉洁风险。

2. 厚植钢铁特色的廉洁文化

把党史学习教育贯穿执纪监督全过程，在回望历史中砥砺初心使命，推动廉洁文化入脑入心。开展“学党史、守清廉”专题主题党日活动，重温廉洁从业制度，强化党性锻炼和纪律教育。建立廉洁示范点制度，积极引导各单位进一步发挥廉洁示范点作用，将廉洁从业理念根植于思想、落实于行动，示范点创建在公司蔚然成风。各级纪委发挥主阵地、主渠道作用，《廉洁莱钢》《清风护航》《廉洁月刊》《廉心桥》等一批主题鲜明、题材新颖的廉洁文化窗口广受关注，赠廉书、讲廉课、写家书、宣廉誓等廉洁教育活动亮点纷呈，通过廉洁文化的培育，推动了廉洁意识在党员干部中入脑入心，为廉洁风险防控植入了思想根基。

3. 健全考核评价体系

积极践行“双重领导”组织模式，坚持上级纪委对下级纪委的业务指导和监督管理，认真落实“两个为主”制度要求，建立并落实纪检工作考核办法和实施细则，将廉洁风险防控各环节纳入年度监督考核的范围，作为党委落实全面从严治党主体责任清单的主要内容，督促各级党委履行党风廉政建设责任。公司采取定期自查与阶段性检查相结合、动态考核与综合评估相结合方式，对各项措施的落实情况进行考核评估。建立责任追究制度，对工作进展缓慢、效果不明显的督促限时解决；对搞形式、走过场、敷衍应付的通报批评并坚决纠正；对弄虚作假、欺上瞒下的严肃查处；对因工作不力，造成违纪违法案件发生的，严肃追究有关人员的责任。通过不断总结经验、完善机制、调整风险内容和应对措施，推动廉洁风险防控体系更加完善。

三、廉洁风险防控存在问题不足和改进方向

从近年来内部违纪违法案件来看，在落实党风廉政建设责任方面还存在力度不够、效果不明显等问题，廉洁风险防控工作还存在一些弱项和不足，主要表现在：一是廉洁教育还缺乏实效性、灵活性和针对性，重点不够突出，没有真正发挥出理论指导实践的作用；

二是查找风险点能力弱，廉洁风险具有隐蔽性、复杂性和多变性，有的在风险点查找和归类时难以把握全局，找准、找全、找实还存在不足之处；三是对辨识出的廉洁风险重视不够，深入分析并制定应对措施不及时，有时还存在侥幸心理，认为不会发生，违背了廉洁风险防控工作的初衷；四是制度的执行还不到位，有的对廉洁风险防控的制度性文件的执行缺乏有效监督，在执行过程中搞变通甚至不执行，问责处理宽松软，造成制度“刚性”不足、“弹性”有余，影响了防控效果。

针对以上存在的问题和不足，可以从以下几个方面改进廉洁风险防控工作。一是落实责任，把推进廉洁风险防控长效机制建设，作为落实全面从严治党政治责任的重要内容，通过分层分级落实责任，确保廉洁风险防控工作不断取得新成效；二是突出重点，坚持以党员领导干部为重点，特别是“一把手”，以规范和制约权力为核心，科学配置权力，加强制度建设，切实做到用制度规范权力运行；三是加强监控，针对容易发生腐败问题的重点领域、重点岗位、重点环节和重点对象，不断优化防控内容和措施，实施精准防控；四是强化督查，按照层级管理的原则，建立科学的督查制度，督促把廉洁风险防控各项工作落到实处，抓早抓小，及时处理。

四、结束语

深入开展廉洁风险防控是加强反腐倡廉建设的一项基础工作，必须主动适应新形势、新任务，坚持抓常、抓细、抓长，着力形成廉洁风险防控工作新常态。公司积极探索廉洁风险防控新途径，紧紧围绕全面从严治党新要求扎实推进构建特色廉洁风险防控体系，促进党员干部知敬畏、存戒惧、守底线。注重把廉洁风险防控深度融入公司治理之中，通过不断完善工作流程，优化防控措施，规范权力运行，初步构建了覆盖全面、权责相宜、责任明确的廉洁风险防控体系，为企业健康发展提供了坚强保障。

构建“三个四”大监督大防控体系的实践与思考

山东钢铁集团财务有限公司　王　勇　董保树　刘爱华　沈桂权

金融是国家重要的核心竞争力，党中央高度重视防控金融风险、保障金融安全。党的十九大要求：“健全金融监管体系，守住不发生系统性金融风险的底线”。防控廉洁风险既是守住金融风险底线的应有之义，也是关键环节。山钢财务公司作为非银行金融机构，立足公司实际，坚持“五心”理念，着力构建“三个四”大监督大防控体系，一体推进不敢腐、不能腐、不想腐格局，取得了良好成效，在促进经营管理持续向好的同时，未发生违规违纪问题。

一、构建“三个四”大监督大防控体系的背景

财务公司作为类银行金融机构，处于企业集团内部，业务一般局限于集团范围内，以往银保监会、人民银行等监管机构普遍认为财务公司风险不易外溢，风险相比其他金融机构要小。但是随着全球政治经济形势的复杂变化，新冠疫情影响，经济下行，集团生态圈企业经营难度加大，有些资金问题向财务公司转移，造成存在风险的机构越来越多，目前全国近 260 家财务公司中 10 余家被列为高风险机构。监管部门的认识也发生了 180 度的大转变，认为财务公司是最容易出现风险的机构之一，要求从各个方面化解风险，确保金融稳定。廉洁风险作为因金融业务衍生出的风险，必须强化防控，山钢财务公司注重从源头预防，着力构筑大监督大防控体系，切实消除风险隐患。

二、“三个四”大监督大防控体系的构建与实施

财务公司立足金融机构特点，紧密结合自身实际，探索推进以“四位一体”组织架构、“四个维度”运行体系、综合运用“四种形态”为主要内容的“三个四”大监督大防控体系（见图 1），一体推进努力形成不敢腐、不能腐、不想腐格局，确保廉洁风险可防可控。

（一）构筑“四个维度”运行体系

1. 健全完善制度体系

公司高度重视制度的根本性作用，加强制度建设，构建“不敢腐”的高压线。针对公司各类业务，建立起 200 余项工作制度，针对廉政建设，制定《党风廉政建设责任制实施办法》《党风廉政建设责任制责任追究实施细则》《领导干部作风建设规定》等系列制度规定，形成体系，做到有规可依。同时，针对公司经营管理，在制度建设中严把合规关、

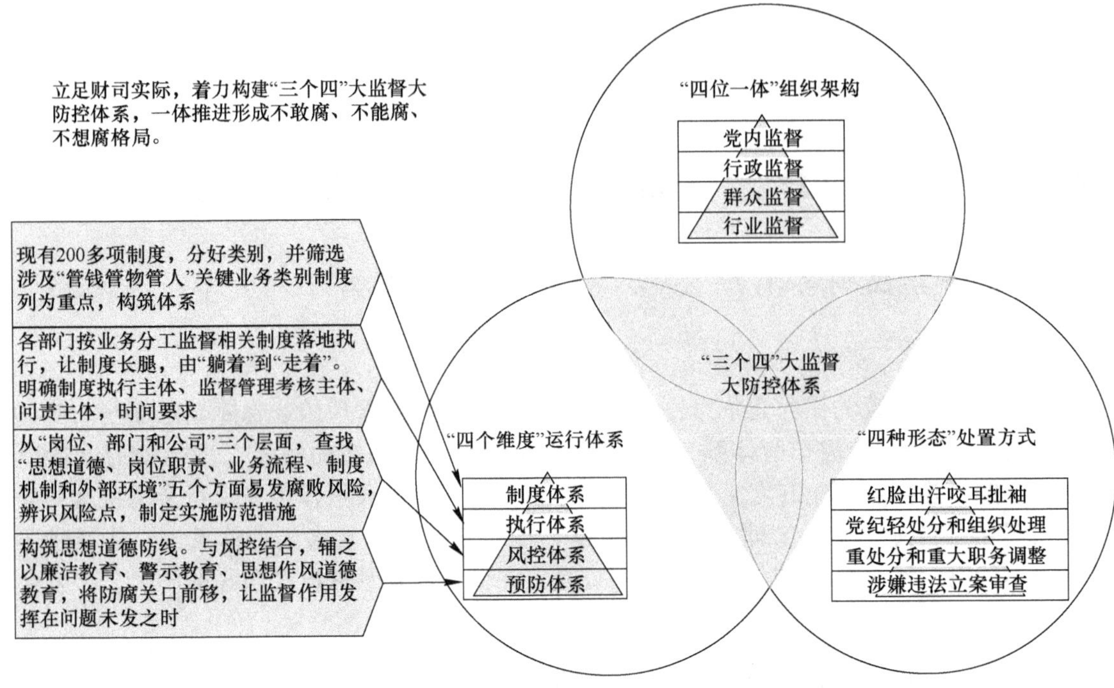

图 1 “三个四”大监督大防控体系

廉洁关。修订完善并严格执行《工作人员轻微违规违纪积分处理办法》和《工作人员违规失职行为处理办法》，将日常容易发生的 429 项轻微违规和 208 项违规失职事项，规定不同的计分分值，与工资挂钩，员工全年计分满 24 分下岗培训，从制度上规范行为。

2. 健全完善预防体系

构筑思想道德防线。与风控结合，辅之以廉洁教育、警示教育、思想作风道德教育，将防腐关口前移，让监督作用发挥在问题未发之时。

不断强化廉洁教育。强调教育的治本作用，做好源头反腐，强化“不想腐”的自觉。定期对干部职工进行全面、系统的培训和教育，进一步强化全员合规经营理念。通过以案说法、案例警示、观看教育视频、廉洁党课等多种方式方法，常念“紧箍咒”，筑牢干部员工廉洁从业思想防线。积极运用“互联网+教育”新媒体模式，通过公众号、微信群等载体，及时学习、收听收看廉政资讯、政策法规、工作动态、典型案例等内容，让党员干部员工明纪律、知敬畏、守底线。

引导干部职工作为金融行业的一员，在天天与资金打交道的情况下，抵制各种贪念和诱惑，不断增强自律意识，树立正确的世界观、人生观和价值观，公私分明、不贪不占，遵纪守法、尽职尽责。在思想上勤于自警，始终保持头脑的清醒；在工作上常于自律，始终保持勤勉廉洁；在生活上注意自重，始终保持慎独慎微；在作风上经常自励，始终保持求真务实。在业务工作中，积极践行“合规先行，风险为本，稳健经营”的理念，主动适应“强监管、严问责”的监管形势和金融新常态，把职业操守及廉洁从业相关要求作为重要内容，强化学习，积极参加培训交流，不断提升自身的合规意识和防控风险的能力水平，真正做到“打铁必须自身硬”。

持续深化廉洁文化建设。紧密结合金融机构风险管理与合规运营，倡树风险合规文化，把“干事、干净、担当”作为对干部员工的基本要求和价值导向，积极营造崇廉拒腐的廉洁文化氛围。

3. 健全完善风控体系

坚持风控从源头抓起。把好廉洁从业“入口关”和廉洁审查“出口关”。坚持德才兼备、以德为先的选人用人理念，将品行良好的同志选拔到财务公司和金融岗位上来。新员工一入职，就组织学廉、诺廉、践廉活动，让员工扣好入职“第一粒扣子”。干部选拔任用中，确认廉洁档案，了解掌握干部职工对其廉洁评价，全方位开展拟提拔人员的廉洁画像，严防带病提拔。干部履新前，进行廉洁谈话，进行廉洁承诺。员工调整岗位前，组织审核其廉洁从业情况，对问题员工实行“一票否决”，同时做好相应处理，防止“问题毒瘤”扩散。定期组织德廉知识测试，以考廉促学廉、以学廉促懂廉、以懂廉促守廉。

坚持问题导向，健全廉洁风险防控机制。认真分析近年来出现的各类廉洁风险问题，围绕权力集中、资金密集、资源富集部门和岗位组织开展风险排查和辨识。从“岗位、部门和公司”三个层面，查找“思想道德、岗位职责、业务流程、制度机制和外部环境”五个方面易发腐败的风险，辨识风险点，制定实施防范措施。协调建立审计、风险、综合等部门沟通机制，及时发现和化解重大风险，构筑覆盖全员、全方位、权力运行全过程的廉洁风险防控机制。

4. 健全完善执行体系

坚持责任到人，做到履职尽责。公司党总支每年组织领导班子成员及部门主要负责人签订年度主体责任目标责任书和“一岗双责”责任书，把廉洁从业作为一项重要指标，督促责任主体抓好责任落实。各部门按业务分工监督相关制度落地执行，让制度长腿，由“躺着”到“走着”。明确制度执行主体、监督管理考核主体、问责主体，时间要求。实行纪检、风险、审计、巡察联动机制，牵头组织并认真查摆风险源点，深入分析风险产生的原因，制定行之有效的整改措施，督促相关部门严格整改落实，确保整改到位。

（二）构筑“四位一体”监督架构

将党内监督、行政监督与民主监督有机融合，构建起党内、行政、群众、外部等监督资源共享、相互协作的“四位一体”大监督体系，对事前、事中、事后实行全过程监督，严防廉洁和经营风险发生。

1. 深入开展党内监督

建立书记接待日和书记信箱，定期接受群众来信来访，及时了解全公司廉洁自律情况，有针对性做好廉洁提醒等工作。通过领导干部联系点，经常性联系所在支部和部门，掌握党风廉政建设第一手信息。发展纪检监察职能，定期不定期开展明察暗访，尤其针对重点节假日，配合上级纪检部门联合做好纪检监察工作。

紧密结合巡视巡察推进廉政建设。积极配合上级做好巡视巡察工作，自主组织开展内部巡察，真正把问题查清楚、弄明白。把巡视巡察整改作为重大的政治任务，严肃认真做好巡察工作“后半篇文章”，确保各项整改措施落实到位。针对违规经营、超标准招待、报销、发放奖励等事项，明确责任人、责任单位、完成时限，扎实推进整改，确保取得实效。强化建章立制，做到靠制度管人、靠制度管事，形成整改的长效机制，更好防范经营风险和廉洁风险。

2. 深入开展行政监督

公司内部设置前、中、后台，在业务办理中做到相互监督，相互制约，在任何环节发现问题，流程都会中止，防止风险流转至下一环节。制定实施《内部控制与风险管理手册》，风险管理部牵头，通过明确岗位职责、业务流程及禁止行为，对每个业务环节进行全面流程梳理诊断，加强重点环节、重点岗位等关键风险点的防控，发现潜在风险，提出应对策略。各部门根据业务开展情况分别制定《岗位职责合规手册》和《业务流程合规手册》。严格执行内控落实方案“4+X”，弥补管理漏洞，强化合规管理，推动公司依法合规经营和持续健康发展。审计稽核部每年制定内审计划，按轮次对每个部门开展审计稽核，近年内每年提出审计整改建议 30 余项，并督促问题整改落实。公司监事认真履职尽责，积极参加公司相关会议，全面掌握公司运营情况，提出监督整改建议，促进问题整改。监事会每年对公司董事、监事、高管层成员履职情况进行评价，指出问题不足，促进整改提升。

3. 深入开展群众监督

公司重点针对党员领导干部和重点岗位人员，强化廉洁防控。抓住关键节点，盯住重大资金安排、重大工程项目，设置监督举报电话和邮箱，防范“灰色通道”利益输送。盯住重点节假日，提前组织廉洁提醒，节日期间组织监督检查，公开监督举报邮箱和信箱，将违规违纪行为消除在萌芽状态。

4. 积极借助外部监督

监管部门持续加大监管力度，实施强监管、硬约束，对违规机构和责任人实施“双罚”，严肃问责。公司充分借助行业监督，积极配合监管部门做好风险隐患排查，配合做好现场检查，对于监管部门查出的问题积极认领，深入分析原因，制定整改措施，切实抓好整改。对于监管机构廉洁从业方面的监管，高度重视，做出廉洁承诺，积极参加相关会议和培训，主动落实廉洁方面的部署和要求，强化监督执纪问责，有效防控廉洁风险。充分利用公司与集团其他成员单位和社会金融机构联系面广的优势，加强廉洁方面信息的沟通和交流，超前做好预判、分析和防范工作，防止廉洁风险扩散蔓延。

（三）构筑“四种形态”处置方式

积极运用“四种形态”，强化监督执纪问责。对轻微违规行为，坚持以批评教育和约谈函询为主，做到红脸出汗咬耳扯袖。辅之以积分处理，落实《工作人员轻微违规违纪积分处理办法》，对轻微违规人员进行轻处理，该办法实施以来累计为数十人次积分，处罚 1 万余元，规范了员工行为，起到了良好的引导约束作用。对违规失职行为进行党纪轻处分和组织处理，同时运用《工作人员违规失职行为处理办法》进行相应处罚。对重大违规人员进行党纪重处分、重大职务调整。对严重违纪涉嫌违法立案审查的，及时移交纪检部门深挖细究、严肃执纪问责，充分发挥利剑作用，形成强大震慑。

三、大监督大防控体系建设取得的良好成效

公司通过“三个四”大监督大防控体系的构建和实施，有效促进了问题的查摆和改进，防范了廉洁风险和管理漏洞，推进了企业经营管理各项工作，营造了风清气正劲足干

事创业的良好氛围，有效助力了公司持续健康高质量发展。2021 年公司经营绩效持续提升。截至 12 月末，资产总额达到 188.41 亿元，比年初增加 32.39 亿元，增幅 20.76%；所有者权益 39.38 亿元，比年初增加 1.11 亿元，增幅 2.90%。各项存款余额 148.05 亿元，较年初增加 31.08 亿元，增幅 26.56%。各项信贷资产余额 125.76 亿元，较年初增加 19.82 亿元，增幅 18.71%。全年累计实现营业收入 5.57 亿元，利润总额 3.74 亿元，账面净利润 3.42 亿元，比上年增加 0.64 亿元，完成集团公司考核目标的 117.87%。2022 年公司经营管理继续保持良好态势，主要业务指标持续向好，公司无违规违纪问题发生。各项监管指标符合规定，实现“三无两安全”目标。公司先后荣获全国钢铁行业五四红旗团支部、济南市金融机构统计业务竞赛团体二等奖、集团公司审计工作、新闻宣传工作、信息工作先进单位等荣誉，继续保持省属企业文明单位称号，众多个人荣获集团及以上荣誉。

四、大监督大防控体系建设的认识和体会

（1）开展大监督大防控体系建设，必须要有坚强的领导。领导重视是做好工作的前提，单位领导必须亲自管、亲自抓才能使工作落到实处。

（2）开展大监督大防控体系建设，工作机制是关键。要紧密结合单位实际，制定行之有效的机制办法，才能起到事半功倍的效果。

（3）开展大监督大防控体系建设，齐抓共管是手段。大监督大防控体系是一个系统工程，需要党政工团齐抓共管，发挥各方面的积极性和能动性，才能达到预期的效果。

（4）开展大监督大防控体系建设，纪律监督是保证。廉洁问题和廉洁风险具有隐蔽性，必须强化监督检查，深入查摆整改问题不足和风险隐患，做到防患于未然。

（5）开展大监督大防控体系建设，必须围绕并服务于发展大局。体系建设不是为了构建而构建，要紧紧围绕企业改革发展大局，以促进企业高质量发展为目标和检验标准开展工作。

（6）开展大监督大防控体系建设，必须保持定力韧劲。体系建设及作用的充分发挥非一朝一夕之功，必须坚持驰而不息，久久为功，做到常态化、长效化。

总之，大监督大防控体系是一个系统工程，下一步，财务公司将进一步完善制度体系，通过加强学习教育、健全制度机制、强化风险防控与合规运营、加大监督检查等方方面面的工作，倡树廉洁风尚、营造廉洁氛围，进而熔铸廉洁文化，促进干部员工廉洁意识逐步向自觉转化，为净化公司廉洁生态，促进以融助产，提升服务实体经济质效作出新的更大的贡献。

国有企业纪检监察队伍建设“五大驱动组合模式”的探索与应用

河钢集团矿业有限公司 马晓春 李文彬 刘 斌 崔 鹏 王 琳

习近平总书记在十九届中央纪委六次全会上指出，纪检监察队伍必须以更高的标准、更严的纪律要求自己，锤炼过硬的思想作风、能力素质，以党性立身做事，刚正不阿、秉公执纪、谨慎用权，不断提高自身免疫力，主动接受党内和社会各方面的监督，始终做党和人民的忠诚卫士。这一要求既具备现实性和针对性，又有深刻的思想性和理论性，为锻造新时期纪检监察干部队伍提供了方向指南。做强做优做大国有企业是重大时代命题，“十四五”新发展形势下国有企业面临更为严峻复杂的内外环境，更加需要高质量的纪检监察工作保驾护航。要想充分发挥监督保障执行、促进完善发展作用，加强纪检监察干部队伍建设，铸剑砺锋锻造纪检监察铁军就成了首要课题。

一、纪检监察干部队伍现状

随着国有企业对党风廉政建设和反腐败工作的不断深入，近年来，对纪检监察工作的开展、职能作用的发挥、机构设置、人员选配等方面的支持力度的持续加大，河钢集团矿业有限公司（以下简称：河钢矿业）就近几年纪检监察干部队伍的组建及发展情况进行调研，总结提炼出纪检监察干部队伍逐渐呈现的新特点。

（一）机构设置不断完善

河钢矿业纪律检查委员会于2016年12月换届选举产生，公司层面设置纪检监察机构1个，近年来逐步完善内部机构，增设纪委办公室、案件审理室、案件监督管理室、纪检监察室、行政监察室、巡察办公室，2021年11月设立派驻纪检监督室；设立党委（总支）的二级子分公司纪检监察机构17个。河钢矿业纪律检查委员会现有委员7名，其中书记1名，副书记1名；全公司纪检监察干部由42人增加到98人。

（二）年龄结构相对合理

受工作内容的严肃性和政治性影响，国有企业纪检监察干部年龄普遍偏大（见图1）。经过近几年的调整，目前河钢矿业98名纪检监察干部平均年龄42.4岁，其中平均年龄以下的57人，占比58.2%；纪委机关干部平均年龄36.2岁，二级子分公司纪检干部平均年龄42.9岁。

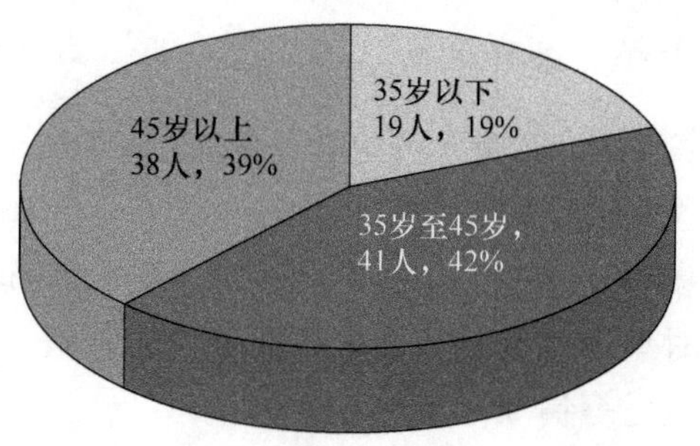

图 1 河钢矿业纪检监察干部年龄分布

（三）学历水平相对较高

经统计，河钢矿业纪检监察干部具有大专及以上学历的占比高达 98%，具有中高级职称的干部占比达 74%；其中机关纪检监察干部具有大专以上学历的占比 100%，具有硕士研究生学历的占比 22%，见表 1。

表 1 河钢矿业纪检监察干部学历分布

学历	硕士研究生	大学本科	大专	中专	合计
人数	12 人	74 人	10 人	2 人	98 人

（四）履职意识不断增强

随着纪检监察工作规范性不断提高，国企纪检监察工作与生产经营中心任务、重点工作的融合越来越深入，国企纪检监察干部的履责履职意识逐步加强。河钢矿业按年度集中对 17 个子分公司纪委（党总支）落实党风廉政建设监督责任进行量化考核（见表 2）并进行成绩排名和末位约谈。2019—2021 年，二级子分公司纪委考核结果明显见好，纪检监察干部围绕生产经营中心工作主动作为，将事前教育、事中监督作为工作重心，充分发挥监督保障执行、促进完善发展作用，在履职尽责、助力中心工作等方面得到了干部职工的认可。

表 2 2019—2021 年纪委落实党风廉政建设监督责任量化考核情况表

年份	95 分以上占比	90~95 分占比	90 分以下占比
2019	67.9%	30.1%	2%
2020	71.1%	27.6%	1.3%
2021	73.4%	25.3%	1.3%

二、纪检监察干部队伍存在的问题及原因分析

对河钢矿业纪委开展的基层调研、献计献策活动等收集的有关纪检监察干部队伍建设存在的问题及原因进行汇总分析，发现主要存在以下特点。

（一）基层纪检监察干部有兼职现象

河钢矿业现有专职纪检干部 27 人，占纪检干部总数的 27.6%，其中基层专职纪检干部 14 人，仅占总数的 14.3%。近年来，基层在推行扁平化管理时仅注重职能整合，忽视了国有企业对党风廉政建设和反腐败工作的重视程度、纪检工作难度和工作量等因素的变化，基层纪检干部往往同时承担着行政、党宣工团等工作任务，普遍存在因非专职导致干纪检工作的精力、时间不充足等情况。

（二）纪检干部轮岗交流存在局限性

一方面，受纪检监察工作性质的严肃性、保密性等因素的影响，纪检监察干部与其他部门干部间的交流轮岗相对受限，有较少机会学习企业生产经营的某项具体业务。另一方面，河钢矿业子分公司分布在河北省唐山市、秦皇岛市、承德市、保定市、邢台市等多个地区，点多、线长、面广，同级单位间的纪检干部交流轮岗相对受限，有较少机会实现纪检监察系统内的岗位交流。

（三）纪检干部的知识技能亟待提升

党的十八大以来，以习近平同志为核心的党中央把制度治党、依规治党作为全面从严治党的重要内容统筹谋划和部署，《中华人民共和国宪法》再次修订、《中华人民共和国监察法》《中华人民共和国民法典》和《中国共产党纪律检查委员会工作条例》等陆续颁布执行。国有企业的纪检监察机关作为企业的执纪机构，纪检干部在党纪国法和企业制度的掌握运用、纪法衔接等方面将面临更为繁重的学习和再学习任务。

（四）部分纪检干部工作有畏难心态

通过网络调查、纸质问卷、谈心谈话等形式发现，国有企业纪检监察干部开展监督执纪工作内容时，存在的畏难心态，主要集中在监督执纪工作能否得到领导支持、是否影响同级团结、是否过度干预业务发展等方面，究其深层原因是思想认识不够深刻。

三、纪检监察干部队伍建设“五大驱动组合模式”实践

近年来，河钢矿业纪检监察系统紧紧围绕增强“四个意识”，坚定“四个自信”，做到“两个维护”，抓住“纪检监察工作高质量发展年”“守正创新年”等契机，对国有企业纪检监察队伍自身建设工作开展体系化的探索研究，从加强思想政治引领、深挖机制体制优势、增强能力培训提升、健全纪检监察考核体系、提升信息化工作水平等五个方面开展的工作、活动入手，边实践、边调研、边检验、边总结，探索并构建了纪检监察干部队伍自身建设的“五大驱动组合模式”（见图 2），为锻造政治过硬、本领高强的纪检监察铁军提供全方位、系统化的机制保障，提高了纪检监察工作质效，促进了河钢矿业全面从严治党严格依法治企监督体系的完善，提升了持之以恒正风肃纪，持续提升不敢腐、不能腐、不想腐一体推进综合效能。

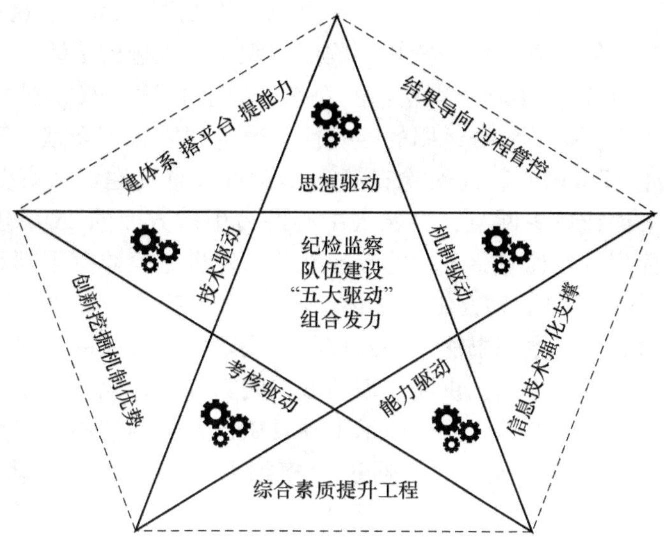

图 2 河钢矿业纪检监察干部队伍建设“五大驱动组合模式”

（一）思想驱动发力，坚决筑牢政治根基

以纪检监察工作“守正创新年”总体思路为指引，河钢矿业纪委坚持把学习贯彻习近平新时代中国特色社会主义思想摆在首位，始终对照“政治过硬、本领高强”的要求，强化理论武装，加强理论学习研究，突出政治引领，强化政治担当，在全公司纪检监察系统开展“守正创新纪检先行 铸剑砺锋锻造尖兵”主题系列活动（见图 3），极力打造“年度有主线、月月有主题”的综合素质提升工程，活化形式、创新载体，组织纪检监察干部积极参与各项活动，不断强化思想驱动力，引导纪检监察干部正确认识职责责任，筑牢思想根基。

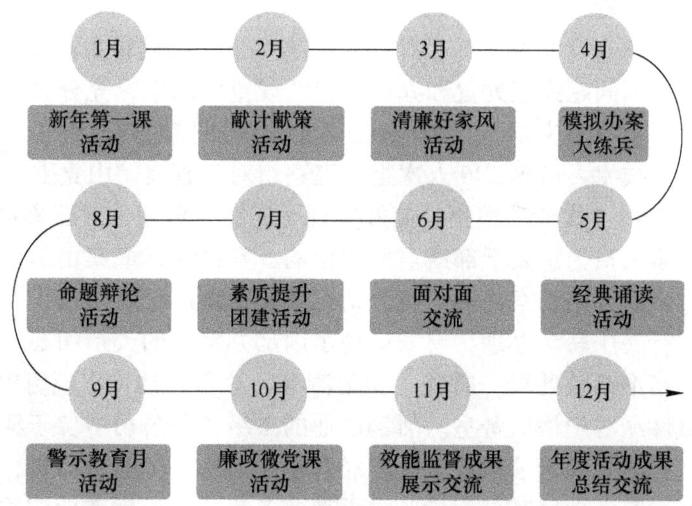

图 3 河钢矿业纪检监察系统“守正创新纪检先行 铸剑砺锋锻造尖兵”主题系列活动

通过“新年第一课”活动，组织学习了十九届中央纪委六次全会精神、《中国共产党纪律检查委员会工作条例》等内容，依托小程序组织180人进行了线上测试，其中测试成绩合格率（90分及以上）达100%、优秀率（95分以上）达86%，提高了纪检监察干部对政策法规的掌握水平，提升纪法运用的准确性。通过“守正创新献一策”活动，共征集79条意见建议，结合日常调研、巡察检查等工作对每条意见建议认真分析研判，充分吸纳并安排专人进行书面或口头回复，将融入中心助力生产方面的25条建议提交公司专业部室进行研判，全面提升纪检监察干部的政治站位，促进纪检监察干部融入中心生产。通过“清廉好家风”作品征集活动，组织全体纪检监察干部围绕主题创作文字类的家规家训、家书家信、赠言寄语，主题书法、绘画作品，展现精彩瞬间的单幅或系列组图摄影作品，漫画、海报等平面设计作品，讲述、表演或快闪类视频作品，剪纸、雕刻、刺绣等手工实物等六大类艺术作品185件，充分展示了独具矿山特色的清廉好家风，弘扬了新时代家庭廉洁观，筑牢家庭反腐倡廉理念。通过“模拟办案练兵赛”活动，以“贴近实战、突出实用”为原则，组织全体纪检监察干部进行案例评析专题学习研讨，从信访举报受理到案件审理进行了全流程学习；同时，由公司纪委组织17个基层单位的全体纪检干部，结组完成5个命题式办案流程的模拟演练，通过实战查找纪检干部在办案工作方面存在的不足，注重总结提升与评价改进，不断规范办案程序，提升纪检干部执纪能力和办案质量，达到“人人懂规则，家家能办案”的实战效果。

（二）机制驱动发力，充分发挥体制优势

第十九届中央纪委三次全会要求，创新纪检监察体制机制，切实把制度优势转化为治理效能。深入推进国有企业纪检监察体制改革，既是解决国有企业管党治党突出问题的有效举措，也是强化上级纪委对下级纪委领导的理论创新和实践创新。国有企业深化纪检监察体制改革，对企业纪检监察机构的队伍建设提出了更高要求，进一步加快了机构设置和人员配备优化的步伐。河钢矿业纪委不断探索完善机制建设，挖掘机制体制优势向纪检监察干部队伍建设成效的转化。

一是深化“集中联合交叉办案”工作模式。为突出执纪监督主业主责，提高监督检查工作质量和效率，提高问题线索处置和办案执纪的规范化水平，充分叠加巡察监督和纪检监督的作用，做好“后半篇文章”。在开展公司党委一届任期内巡察工作期间，先后抽调纪检监察干部、专业技术人员等206人次组成巡察组对各直属矿山党委（总支）和机关党委开展15次常规巡察、4次专项巡察，高效实现了巡察全覆盖。对巡察移交或其他渠道发现的问题线索，涉案人员为重要干部或重要岗位的，案件线索或案由跨单位的，查处阻力大，依靠自身力量难以办结的案件等，由公司纪委统筹协调纪检监察干部和必要的专业人员组成核查组，进行集中联合办理，有效避免了内部办案时的人情纠葛，提升了巡察移交和各类问题线索的精准高效处置，通过“积案清零”攻坚行动，实现历史积案全部清零。

二是设立区域性派驻纪检监督室。河钢矿业的二级子分公司中位于河北滦州市司家营地区的共有9家，且涉及多家公司重点生产经营单位。为下沉监督力量，盘活基层纪检监察力量，全面提升司家营地区基层纪检监察干部业务素质，河钢矿业纪委于2021年11月在司家营地区探索设立了集团首个区域性派驻纪检监督室，将公司监督“触角”延伸至基层一线，工作流程图如图4所示。

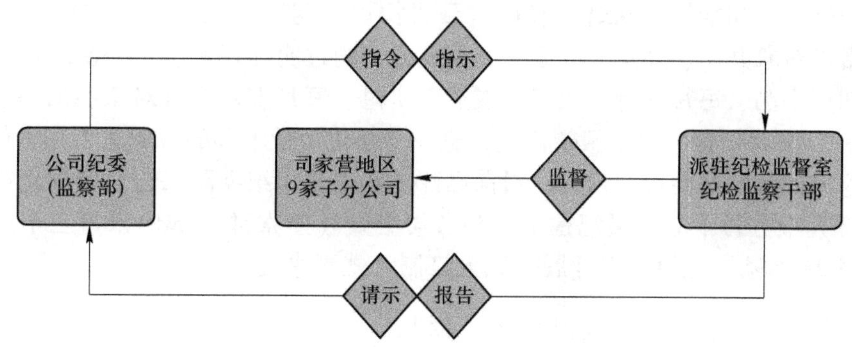

图4 河钢矿业司家营地区派驻纪检监察干部工作流程图

组建派驻监督队伍，明确派驻纪检监督室受公司纪委直管的工作机制，公司纪委对派驻人员实现“三个百分之百”集中管理机制（业务、编制、考核），明确派驻人员的10项工作职责。派驻纪检监督室成立以来，一体调配力量，在重要节期作风监督检查、专项活动中推行“室与单位”“单位与单位”之间纪检干部“大轮岗”进一步深化“交流培养挂职锻炼”工作模式；一体推进任务，建立重点事项每周一报机制，围绕公司生产经营中心任务和职工群众关切的重点问题开展分析研判，靠前监督及时发现问题；一体查办案件，建立“查、改、治”一体推进机制；一体共享资源，推动经验方法、资料资源和各项成果等方面的资源共享，切实激发了司家营地区纪检监察干部的活力，提高了队伍的战斗力。

（三）能力驱动发力，素质水平全面提升

立足新发展阶段，国有企业纪检监察干部面对新形势、新任务，必须不断加快理论知识更新、加强实践锻炼，使专业素养和工作能力满足纪检监察工作需要。近年来，河钢矿业纪委以“建体系、搭平台”为指导，全方位提升纪检监察干部业务素质和工作能力。

一是完善培训提升体系。确立“夯基础、补短板、促提升”培训思路，制定纪检监察干部学习教育培训制度，加大“种子教员”培养力度，组建纪检监察系统培训师资库、建立动态更新电子书库和在线测试题库。每月开展一次“砺剑讲堂”，进行命题式业务授课，现场提问、现场解答，互促互进。每半年开展一次“砺剑论坛”，开展素质提升团建活动，发布成果、交流经验，每月由一名纪检监察干部推荐一篇纪检监察工作方面的好文章，针对本单位在纪检监察工作方面存在的不足提出改进措施，广泛征求意见和建议，形成统一解决方案，实现一个单位一个问题一起解决总体效果。围绕讲好一个案例、解决一类问题、形成一套方法，开设“案例评析”课堂，挑选有代表性的案例，利用工作群开展讨论，以案促训。邀请兄弟单位、政府纪委工作人员进行专题授课。

二是搭建包点帮带平台。建立纪检监察干部包片联点机制，深化“室、区、矿”联动，人员轮训，深入调查研究，实现业务素质的显著提升，每个单位每两个月开展1次基层走访调研；每年至少形成1篇调研报告；每年至少为职工群众办实事5件。启动“师徒联动·取长补短铸利剑”活动，特别对入职2年以下和新调整岗位1年以下的具有发展潜力的干部为重点帮带对象，选定公司纪委机关各室、派驻机构的负责人和业务骨干为帮带

干部，由帮带干部和帮带对象结对签订《帮带协议》，按照“缺什么、补什么”的原则，全面提升帮带对象办文、办案、办会、办事能力，通过明确每月组织一次理论学习、每月开展一次知识小测、每月进行一次案例或业务研讨、每月带领帮带对象参加一项工作实践的“四个一”活动内容，建立帮带机制，进一步强化帮带干部的履职能力和责任担当，督促帮带对象完成各阶段性帮学目标；目前已建立涵盖公司纪委副书记对基层纪委书记、纪委（监察部）业务骨干对基层纪检干部和公司纪委（监察部）部内帮带三个层面的 9 个学习组，对 28 名基层纪检干部开展“私人订制”式帮带提升。

（四）考核驱动发力，全面激发履职担当

彼得·德鲁克的目标管理理论将“制定衡量目标的标准”作为实施目标管理的重要内容，并且指出在目标管理的具体实施过程中，起决定性的工作是确定合适的组织整体目标以及正确确定下属人员的工作目标，并进行考核管控。以结果为导向，以过程管理为重点，河钢矿业纪委依托纪检监察系统考核机制和线上考核系统，构建了以“日常重点工作完成情况考核”“月度纪检监察工作绩效考核”“年度纪检监察工作综合考核”为支撑的纪检监察系统考核体系。

一是广泛开展民主测评和群众监督。河钢矿业纪委通过干部述责述廉、民主测评、谈心谈话、问卷调研等多种形式，全方位获取并综合评定纪检监察干部推动重点工作情况、工作效率、工作状态。通过群众监督，不断提升纪检监察干部自我约束强度，公正规范履职，坚持“严”字当头、“实”字托底，牢固树立法治意识、程序意识、证据意识、作风意识，维护纪检监察干部良好形象。

二是通过线上月度工作考核强化过程管控。细化年度纪检监察工作要点，对纪检监察干部每月推动落实纪检监察重点工作和重大活动、参与支持纪检监察系统重大活动的积极性和成果、各项纪检监察工作联查检查结果、日常工作作风等实际情况进行考核。充分发挥线上考核系统的便利性，打破河钢矿业各子分公司地域条件对开展考核的限制，组织纪检监察干部按月将工作相关资料在系统内上传，一方面培养纪检监察干部工作归档的习惯，另一方面对纪检监察干部工作完成情况进行各子分公司之间的横向对比和个人工作的历时纵向比较，对纪检监察干部开展工作的进行针对性指导。

三是重视考核结果的反馈和运用，激励担当作为。河钢矿业纪委通过月度工作例会进行考核结果的通报，对月度考核连续三个月末位的纪检监察干部进行工作约谈，并结合“砺剑讲堂”每月开展工作讲评。通过个别谈话、工作通报、会议讲评等方式，实事求是地向纪检监察干部反馈考核结果，肯定成绩、指出不足，督促整改，传导压力、激发动力。同时，月度、年度的考核结果会作为子分公司纪检监察工作负责人任职、奖惩的重要参考依据，还与子分公司评先挂钩，并作为评选先进集体的重要参考依据。通过对考核结果分析研判，发现纪检监察干部存在的不足，及时设置培训内容，促使综合能力的提升。

（五）技术驱动发力，提高队伍信息化水平

《中央纪委国家监委信息化工作规划（2018—2022 年）》的印发实施，为纪检监察信息化工作提供了根本遵循。河钢矿业纪委根据纪检监察干部对监督执纪问责数据动态管理、案件监督管理、电子档案线上调阅等信息化功能需求，通过系统开发、制度建立等方

式，借助技术升级提升纪检监察干部工作信息化水平。

一是开发“案件监督管理系统”。以“案件监督管理系统”为平台夯实纪检监察基础信息管理，并在实现建立独立服务器的基础上，将“监督执纪问责工作统计表”“纪检监察干部基本信息登记表”做入系统平台，向各子分公司纪委开设二级账户，按照案管人员、办案人员、领导查阅三种不同权限开展流程培训，实现联网数据填报、更新工作，形成一个系统、三大数据（案管数据、监督执纪问责数据、纪检监察干部数据）一体化管理，达到数据上下贯通、信息实时监控。铺设“室、区、矿”高效衔接主干道。在案件监督管理室协调下，各区域、各矿山对“看不全、抓不准、不及时”的问题第一时间与公司纪委联系，就案情特点、线索细节进行研判，根据办案能力，轻缓急重精准移送，打通“末梢神经”，及时化解瓶颈问题。

二是提高电子档案信息化管理水平。明确专人负责统筹管理上级文件资料、二级子分公司报送的资料以及开展的监督检查、专题活动、受理的信访举报件、问题线索办理等资料，第一时间进行登记、传阅、处理、督办、归档，建立电子和书面台账，提高档案调阅效率。另外，形成党委一届任期内巡察专项工作档案 48 册；动态更新干部廉政档案资料库，将建档范围扩大至关键岗位人员，建立关键岗位人员廉政档案 350 份；动态更新纪检监察工作相关法律法规、工作条例和企业内部规章制度汇编；建立电子书库、案件案例评析教案资料库等。对文件、资料、照片、规章制度等，按照涉密类和非涉密类以及长期和定期等标准，进行分类整理，逐步形成电子档案，确保档案资料完整、安全、保密、利用高效，为纪检监察干部开展工作提供了有力支持。

宝武资源“365”纪检工作体系的探索与实践

宝武资源纪委

一、纪检工作存在的问题及面临的挑战

宝武资源纪委在集团公司纪委、公司党委的双重领导下，深入学习贯彻习近平新时代中国特色社会主义思想和党的十九大精神，不断提高政治判断力、政治领悟力、政治执行力，“两个维护”的政治自觉日益增强，坚持“严”的主基调不动摇，一体推进不敢腐、不能腐、不想腐，惩治震慑、制度约束、提高觉悟一体发力，助力公司高质量发展的纪律保障作用持续发挥，纪检工作取得了一定成效。对照党史学习教育“学党史、悟思想、办实事、开新局”的要求，立足宝武资源“打造世界一流的矿产资源供应商”愿景，聚焦新阶段纪检工作规范化、法治化、正规化建设要求，公司纪委工作还存在不少问题短板需要弥补、风险挑战需要克服。

一是整合融合过程中，地域范围延伸、管理半径加大、管控模式多元，纪委落实专责监督职责不够主动到位，大监督体系有待进一步完善。

二是随着公司快速发展成集“资源开发、矿山运营、矿产加工、贸易交易和物流配送”五位一体的矿产资源供应链公司，监督执纪问责与新业态存在不适应、不同步，违反中央八项规定精神、“违规经商办企业”现象还时有发生，部分单位仍存在“只抓业务不抓党风，只管发展不治腐败”，阻碍了公司高质量发展。

三是对照中国宝武集团纪委要求和公司“一总部、四板块、区域化、多基地”运营管控模式，专职纪检监督人员配备不足，不同发展阶段、不同区域的纪检工作专业化、规范化水平还存在不平衡、不充分的问题。

为巩固拓展党史学习教育成果，持续推动党史学习教育常态化、长效化，根据十九届中央纪委六次全会精神和宝武集团党委党史学习教育总结会议要求，宝武资源党委坚持以习近平新时代中国特色社会主义思想为指导，学史明理、学史增信、学史崇德、学史力行，自觉履行全面从严治党主体责任，坚持严的主基调不动摇。各级纪检组织积极落实党史学习教育大调研成果，聚焦“监督保障执行、促进完善发展”作用发挥，公司纪委书记及各级纪检干部深入武钢资源、马钢矿业、八钢矿业、梅山矿业等基层矿山调研，了解纪检工作取得的成效、存在的痛点、难点和困惑。通过党史学习教育，把学党史、悟思想、办实事、开新局贯穿始终，围绕宝武资源“积极打造世界一流的矿产资源供应商”愿景和“二次创业”契机，形成了宝武资源“365”纪检工作体系。

二、“365”纪检工作体系指导思想

以习近平新时代中国特色社会主义思想为指导，全面贯彻落实十九届中央纪委六次全会精神，深入学习贯彻《中国共产党纪律检查委员会工作条例》《关于加强新时代廉洁文化建设的意见》，增强“四个意识”、坚定“四个自信”、做到“两个维护”，聚焦“国之大者”，坚持严的主基调不动摇，坚持不懈把全面从严治党向纵深推进。持续深化不敢腐、不能腐、不想腐一体推进，惩治震慑、制度约束、提高觉悟一体发力，使正风肃纪反腐与公司“二次创业”发展相适应，持续提升党员干部自我净化、自我完善、自我革新、自我提高能力，为宝武资源高质量发展营造良好的政治生态和发展环境。

三、“365”纪检工作体系工作目标

构建一体推进不敢腐、不能腐、不想腐体制机制。一体推进不敢腐、不能腐、不想腐，不仅是反腐败斗争的基本方针，也是新时代全面从严治党的重要方略，必须统筹联动，增强总体效果。

(1) 坚持无禁区、全覆盖、零容忍，坚持重遏制、强高压、长震慑，以精准监督加大重点领域和关键环节反腐力度，以严肃执纪督促党员干部廉洁自律，以精准问责推动履职尽责，持续强化不敢腐的震慑。

(2) 坚持将惩治腐败与深化改革、促进治理贯通起来，深入查找制度和体制机制存在的问题，推动补齐制度短板、堵塞监管漏洞、规范权力运行，切实扎牢不能腐的笼子。

(3) 坚持教育党员、干部坚定理想信念宗旨，提高党性觉悟，提升道德修养，涵养廉洁文化，筑牢思想上拒腐防变的堤坝，不断增强不想腐的自觉。

四、“365”纪检工作体系工作思路

(1) 抓住敏感点：严格执行“三重一大”事项党委会前置研究程序，充分发挥党委把方向、管大局、促落实的作用。紧盯权力集中、资金密集、资源富集、资产聚集等重点部门、敏感岗位和“敏感点”；紧盯投资决策、物资采购、招标投标、财务管理、选人用人、境外经营等重点领域的关键人员，让权力在阳光下运行，把权力关进制度的笼子。

(2) 盯住“一把手”：严格执行《中国宝武党委贯彻落实<中共中央关于加强对“一把手”和领导班子监督的意见>的实施意见》，紧盯“一把手”和重要部门、关键岗位的党政负责人和领导班子成员，推动上级“一把手”抓好下级“一把手”和领导班子成员，努力使“一把手”自觉依规依纪依法经营。

(3) 管住关键人：监督领导班子成员履行“一岗双责”，突出“关键少数”，以有效监督把“关键少数”管住用好。运用好批评和自我批评武器，增强主动监督、相互监督的自觉。通过同级监督掌握班子成员政治、思想、工作、生活等方面的情况，对班子成员开展廉政“画像”。

(4) 严惩违纪者：切实维护各项党内法规，有规必依、执规必严、违规必究，保证党内法规得到有效执行，促进依规治党。锲而不舍落实中央八项规定精神，大力弘扬党的光荣传统和优良作风，驰而不息纠治“四风”树新风，坚决纠正损害群众利益的不正之风，持续助力提升公司员工“三有”指数。

（5）激励清廉者：清廉是高质量发展的需要，是和谐社会的需要，也是党员干部必须修炼的基本功。要严格把好干部选拔任用廉政意见回复关，从政治生态源头做好净化工作。加大党风廉政建设和反腐败工作考核、结果运用的力度，激励党员干部清廉有为，实干担当，持续释放出为担当者担当、为负责者负责、为干事者撑腰的强烈信号。

五、“365”纪检工作体系工作举措

建立并不断完善“党风廉政教育机制、廉洁风险防控机制、大监督工作机制、执纪审查工作机制、责任落实追究机制、纪检队伍建设机制”六项工作机制。

（一）完善党风廉政教育机制，解决源头预防

（1）学习常态化：通过党委理论学习中心组学习、“三会一课”、党风廉政建设和反腐败工作会议等方式多渠道多形式学习习近平总书记系列重要讲话和指示批示精神，抓好党史、新中国史、改革开放史、社会主义发展史的学习，通过自学和集中学习《中国共产党党章》和党内法规，不断提高全体党员特别是党员领导干部的政治判断力、政治领悟力、政治执行力，提高纪律意识和规矩意识。

（2）教育清单化：开展廉政教育，加强全面从严治党、党风廉政建设和反腐败工作的形势任务以及家风家教等宣传教育，推进廉洁文化建设，营造崇廉拒腐氛围。党委书记上廉政党课，领导班子成员履行“一岗双责”，对党员领导干部和新提拔干部廉洁谈话、新入职大学生开展廉洁知识宣贯，引导干部树立正确世界观、人生观、价值观，促进干部克己奉公、以俭修身。

（3）案例公开化：对执纪审查、巡察监督、日常监督发现的问题或典型案例进行公开通报，通过干部大会、党建工作例会、“资源 view”、《形势任务教育专刊》等形式点人点事，以案明纪、警钟长鸣，不断提高党员干部自我净化能力。

（二）健全廉洁风险防控机制，规范权力运行

（1）全面梳理廉洁风险点：推动专业部门开展岗位自查、流程排查，梳理权力运行廉洁风险点；查找制度机制廉洁风险点、现行制度是否符合法律法规及相关规定，“三重一大”决策制度是否得到有效执行；查找思想道德建设廉洁风险点；查找廉洁教育是否有盲区、盲点，是否与岗位职责紧密结合；排摸外部环境廉洁风险点，客户、供应商以及其他利益关联单位的诚信守法意识和廉洁情况；推动动态调整敏感岗位名单，促进不相容岗位的分离。

（2）动态完善廉洁风险点：推动通过“互联网+”等科技化、信息化手段动态跟踪、分析廉洁风险点。结合公司授权体系定期开展统计分析，科学确定风险等级，完善廉洁风险信息库。加强对境外廉洁风险的远程动态监控、违规预警和风险提示。通过集中采购、销售、智慧矿山建设等方式消除或钝化廉洁风险点。

（3）优化廉洁风险防控举措：针对廉洁风险等级，依据制度规定、廉洁从业要求制定切实可行的防控措施，并实行分级管理。围绕业务流程及岗位职责，完善业务处置权的行使条件，规范管理者和有业务处置权的用权行为。深化阳光选人用人、阳光用工管理、阳光管理薪酬、阳光履职待遇业务支出、阳光采购销售、阳光工程建设等“六阳光”建设。

严格执行倾向性问题报告、中国宝武《关于领导人员和管理者违规插手干预重大事项的记录报告办法》等制度，并通过任前谈话、岗前培训等方式对敏感岗位人员开展廉洁从业教育，抓早抓小。对违纪违规人员按规定进行查处，以惩促防。

（三）构建大监督工作机制，形成监督合力

（1）完善大监督体系，形成监督合力：以中国宝武《关于实行党风廉政建设责任制的规定》为基础，建立纪检监督、财务审计、组织人事、法务风控等全覆盖的大监督体系，通过专业职能检查和联合监督检查等方式形成监督合力，季度召开大监督联席会实现监督信息共享，实现管理横向到边，提高监督质效，提升管理水平。

（2）上下联动、区域协同：持续深入推进与直属纪委和基层纪检队伍组成联合监督检查团队、联合巡察工作组、联合查信办案工作组，开展协同监督、交叉监督，形成纪检专业合力，提升纪检质效。

（四）规范执纪审查工作机制，推动管理提升

（1）规范执纪办案，健全完善长效工作机制：纪委书记定期研究信访件，开展集体研判；定期研究案件，全面全过程跟踪案件查办进展情况。纪检干部重点破解执纪审查本领恐慌的问题，持续学深学透纪检制度文件。借助中国宝武“纪检监察案管信息系统”向各级纪检组织推动执纪办案、日常监督标准化、规范化，加强服务和指导，每月严格按照时间节点要求确保信息的完整准确。严守执纪审查安全底线，不断提升执纪办案的规范化、专业化水平，通过“智慧+监督”实现办案流程可控。

（2）精准运用“四种形态”，科学执纪问责：坚持把纪律和规矩挺在前面，综合运用“四种形态”，对苗头性、倾向性问题坚持抓早抓小、防微杜渐。建立健全案件质量评查制度和案件质量责任制，严格落实“一为主两报告”“一案双查”制度，严把案件质量关，全力打造“铁案工程”。

（3）做实办案“后半篇文章”，促进以案促治：建立“一案五必须”制度，查结典型案件必须通报、必须查摆剖析、必须警示教育、必须整改建制、必须回访督促，实现查处一案、警示一片、治理一方的效果。

（五）落地落实责任追究机制，强化责任担当

（1）明确责任分工：强化“四责协同”，明确责任清单，通过党风廉政责任制领导小组会议等方式推动责任落地落实。各专业职能部门按照同源管理推动本管理领域监督检查发现问题的解决，借助“大监督工作机制”形成闭环管理。

（2）坚持“四不放过”：针对信访核查和监督检查中发现的问题坚持原因不查清楚不放过、直接责任者不处理不放过、管理责任领导责任不追究不放过、不“举一反三”不放过，持续加强典型问题和典型案例的震慑和警示作用。

（3）严格评价考核：根据《二级单位党委党建工作责任制考核评价方案》《二级单位党委书记抓基层党建工作述职评议考核工作方案》《党风廉政建设责任制考核评价办法》严格落实对各级党组织的考核评价，严肃查处违规违纪违法行为、党员领导干部不履职或不正确履职行为。严把廉政意见回复关。根据《2022 年直属党组织纪委书记考核评价基

本方案》强化各级纪委书记专责监督的履职尽责和考核评价。

（六）深化纪检队伍建设机制，打造专业队伍

（1）配强纪检队伍，发挥专业作用：聚焦监督专责，持续深入推进“转职能、转方式、转作风”，切实发挥监督保障执行、促进完善发展作用。选优配强高素质纪检干部队伍，重点增强专职纪检干部。与人力资源部（党委组织部）协同，建立纪检干部后备人才库并动态调整，把纪检重要岗位作为培养、锻炼、使用干部的重要平台。

（2）强化全员培训，提升专业素质：通过集中和自学《中国共产党党章》《中国共产党纪律检查委员会工作条例》等党内法规和法律制度、参加集团纪委和巡视办组织的专业培训，分级分类开展全员培训，每年完成专职纪检干部培训全覆盖。

（3）开展联合实战，打造纪检铁军：通过集团纪委“一总部多基地”区域监督执纪小组工作机制联合查信办案、巡视巡察上下联动、联合监督检查等形式，“以干带训”提升实战经验和能力。通过与集团内优秀兄弟单位和其他央企开展对标找差，持续强化纪检干部的规范化法治化正规化建设，打造高素质的纪检铁军。

公司纪委将以习近平新时代中国特色社会主义思想为指导，在宝武集团纪委和公司党委的坚强领导下，持续巩固拓展党史学习教育成果，更加坚定自觉牢记初心使命、开创发展新局，牢记“国之大者”，进一步践行资源报国的使命、责任、担当，全面压实管党治党“两个责任”，持续推进党风廉政建设和反腐败工作走深走实，围绕中心工作不断完善“365”纪检工作体系，积极打造宝武资源纪检工作特色品牌，并一贯到底，确保落地生根，使全面从严治党不断向基层延伸，为公司高质量发展营造风清气正的政治生态。

“监督赋能的‘济钢高速体系’”探索与实践

济钢集团有限公司　刘永军　孟庆钢　孙　超　王法国　王　颖

习近平总书记在2016年10月10日全国国有企业党的建设工作会议指出：要坚持有利于国有资产保值增值、有利于提高国有经济竞争力、有利于放大国有资本功能的方针，推动国有企业深化改革、提高经营管理水平，加强国有企业资产监管，坚定不移把国有企业做强做优做大。

企业发展要保持坚定的政治方向，必须以落实“两个维护”为基础，以系统思维推动党建工作和业务工作深度融合，培育出新的动能。国有企业改革发展中仍存在党建和业务“两张皮”问题，一是监督弱化、监督缺位或者不到位，导致发生腐败问题，或者出现管理漏洞、经营风险、效益漏洞，造成不良政治和社会影响、重大经济损失；二是存在形式主义、官僚主义问题，一管就死、一放就松，甚至造成监督与发展割裂、对立现象，难以形成健康持续的发展格局。监督与发展相融合是国有企业面临的普遍性课题，破解这一问题是国有企业党组织的重大任务，是各级纪检组织的政治责任。

通过“监督赋能的‘济钢高速体系’”建设，维护和促进新旧动能建设，使济钢实现从停产到重生，到逐渐强起来。大力推进“监督赋能的‘济钢高速体系’”探索与实践，坚持严明党的纪律规矩，认真落实“两个责任”，执行“一岗双责”，将监督执纪问责融入企业生产、经营、管理、改革、发展、安全、稳定的全过程，不断将“济钢高速体系”工作引向深入，清弊除障、赋能护航济钢驶入稳健发展的快车道。济钢产能调整以来，从2017年停产前营业收入192亿元递增至2021年的377.7亿元、利润总额2699万元增长到4.3亿元，体量基本恢复停产前的水平，职工收入连续三年以8%速度增长，一年一大步，兑现了“三年再造一个新济钢”的庄严承诺，闯出了一条城市钢厂转型发展的光明之路，如图1所示。

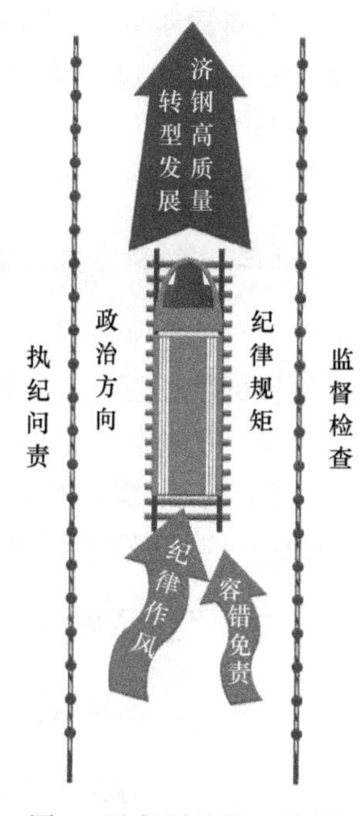

图1　监督赋能的“济钢高速体系”

一、“监督赋能的‘济钢高速体系’”主要创新点

（一）创新监督体系，实现监督赋能，打造济钢高速发展的新动力

构建“监督赋能的‘济钢高速体系’”是以济钢高质量转型发展为目标，以政治监

督、纪律规矩作为正确前进的导轨导向；以执纪问责、监督检查为维护发展前进的护栏；以纪律作风建设为正推力，以容错免责为托底保障，发挥监督约束力、督促力、纠正力、推动力，实现监督赋能，通过赋能形成高质量转型发展新动力。

建立"监督赋能的'济钢高速体系'"，旨在有效解决监督与发展相割裂的问题，避免一管就死、一放就松，堵塞管理漏洞、经营风险、效益漏洞，维护促进转型发展力度提高、质效明显、价值突出、效果显著，清弊除障、赋能护航加速济钢集团实现高质量转型发展。

（二）创新监督机制，实现监督价值，形成济钢高速发展的新动能

一是建立并运行"多维度立体发力的巡察整改'去根'治理"机制，通过有效措施系统整治，促进了党建工作的加强与进步、促进了企业管理水平的提高、促进了转型发展工作的有力推进；二是完善纪律检查建议机制，做到"每案必提"，实现"发出一份建议、完善一套制度、解决一类问题"的监督效果；三是构建"多维度、一体化"监督新格局，整合纪检监察、审计、法律、财务等管理资源，聚焦政治风险、廉洁风险和管理风险防控，全面识别风险点，增强监督意识、培养监督能力、有效防控风险、力促问题整改、提高管理水平；四是建立并逐步完善"1+N"派驻监督工作机制，监督下基层到岗位，常态化的过程监督促进了管党治党责任落实，"贴身"监督更加有效；五是建立"12573"容错免责，鼓励担当作为，实施"查容同步""两反馈一说明""党员干部澄清保护实施办法"等创新机制，为转型发展营造干事创业积极氛围。

（三）创新方式方法，实现廉洁质效，培育济钢高速发展的新风尚

一是实施"逢提必考"，严把选人用人廉洁关，培养干部严格遵守党规党纪和企业规章制度的主动性、自觉性，打造建设全新济钢的廉洁队伍；二是构建形成"四纵四横"网格化廉洁从业教育体系，"每周一题、每月一课、每季一学"为内容的"廉洁济钢三个一"活动，不断加强党员干部对党规党纪的学习教育；三是坚持"每月一会、每会一训、每训一考"，提高纪检干部素质能力，让纪检干部能监督、会监督，提升监督力量。

二、"监督赋能的'济钢高速体系'"中的探索与实践

（一）治病纠错强身健体，汇聚转型发展的澎湃新动力

创新方式方法，提升巡察监督效能。一是提高巡察质量，以"回头看+再查找"方法实施巡察监督，保障重大决策部署落地落实，实施以巡促治，引领基层治理，共接受上级党委巡察 3 次、内部组织巡察 3 轮，实现了巡察全覆盖；二是加大巡察资源，总部机关 11 个管理部门联动，巡察阵容最强、力度最大、机构最全，实现职能监督全覆盖；三是拓展深度精度，紧盯重点事、重点问题，明确 137 项具体巡察事项，探索采用了"巡察组+协调组"机制，把好巡察工作"质量关"。以问题"去根"为目标，整改各类问题 900 余项。通过巡察，有效促进了党建工作的加强与进步、促进了企业管理水平的提高、促进了转型发展工作的有力推进。

（二）建立"去根治理"新模式，强化济钢"三基"管理

创新实施"多维度立体发力的巡察整改'去根'治理"新机制。多维度立体发力的"去根"治理机制是"去根"这一企业管理理念的探索和实践，以"去根"思维、"去根"方法、"去根"目标来解决转型发展道路上的障碍问题，发挥纪检监督工作清弊除障的有效作用。"多维度"是指从多个层面分析问题产生的原因，从发展的角度找出整改问题的方法和措施；"立体化"是指企业各级领导和部门协调推进，形成上下贯通、协同联动，全面提升推进力度；"去根"是指标本兼治、正本清源，根除问题、不再重复发生；"治理"是指以"去根"为目标的长效机制。该治理新机制重在把握问题的源发性、关联性和系统性，充分发挥各种监督资源优势，从基本基础整顿和治理，横向对比查找滋生问题的内外部联系和共同点，采取有效措施系统整治，积极协调组织"面-线-点"的整改，对巡察反馈的439个问题和各单位整改制定的729条措施，逐项逐条审核把关，验证整改措施的全面性、符合性、有效性，共提出审核修改意见216条，由各基层单位及时对照补充完善，提高整改落实的针对性。扫除生产经营上的弊端障碍、冲破前进道路上的艰难险阻，培育出高质量转型发展的澎湃动力。

（三）执纪筑牢钢规铁纪，净化管理秩序

严肃执纪问责，增强执纪的维护力。坚持违纪必查、失责必问、执纪从严，产能调整四年来，受理信访举报和问题线索155件次，共查办案件46起，党纪处分45人，政纪处分14人，组织处理80人，追缴违法违纪款项、收缴各类违规违纪款合计118.31万元，查结率、执行率均为100%，零申诉。认真履行监督执纪"四种形态"，依规依纪落实处理，延伸教育警示他人，积极督促责任单位整改，堵塞漏洞，规范管理。

强化以案促改，提升案件查办"附加值"。以监督促进治理，对产能调整以来的案件情况进行分析，从8个角度分析案件发生的规律，发现监督机制、制度建设、教育管理等方面存在的问题，提出改进工作的建议和措施，推动"三不"机制的建设。完善纪律检查建议机制，做到"每案必提"纪律检查建议，形成研判问题、分析成因、推进整改、成效评价、监督问责的工作闭环，定期对整改情况开展"回头看"，实现监督效果最大化。通过严格、规范的执纪问责，释放了执纪越来越严的强烈信号，严明了党的纪律，维护了企业管理秩序。

（四）主动担当强化监督，服务改革转型发展大局

深化"重点+专项"监督检查，服务转型发展大局。一是对混改工作重点监督。对混改相关企业进行现场调研，针对混合所有制改革过程中的重点事项、关键环节和存在的重要风险，起草制定了相关规定，提出了"十项严禁"的"混改禁律"纪律要求，监督混改工作依规依纪依法顺利推进。二是紧盯库存盘点问题专项监督。通过走访相关人员、调取有关车辆行车轨迹和相关出入库、结算资料，进行深入细致的监督检查。三是开展资产核销工作。组建经营管理问题核查问责工作机制，组织各部门协同发力，起草制定经营管理问题核查问责有关规定，调取有关文件材料，推动资产核销有序推进。四是对"四项资金"工作进行监督，协同财务部对压缩"四项资金"占用工作进行分析，反复逐项核对

有关数据，逐项分析有关情况，逐项检视有关工作，推动完成了上级下达的压减“四项资金”目标任务。

（五）构建监督新格局，着力创造监督价值

整合纪检管理资源，提升监督质效。创新监督思维、整合监督力量、改变监督模式，整合纪检监察、审计、法律、财务等管理资源，济钢监督体系聚焦政治风险、廉洁风险和管理风险防控，按照监督“到岗、到点、到人”要求全面识别风险点，32 个部门和单位共识别确定风险点 2441 个，制定防控措施 3145 条，各履行管理职责的岗位实施《岗位准则》229 项。编制防控方案，发布《监督管理体系手册》《管理程序》文件，建立起分层到位、责任明确、措施可行、结构统一的监督管理体系。监督体系的建立与运行不断增强监督意识、培养监督能力、有效防控风险、提高了管理水平，为实现全年任务目标提供保障。

（六）试点纪检派驻管理，“贴身”监督更加有效

监督下基层到岗位，提升常态化过程监督。为适应新形势下全面从严治党和纪检工作新任务新要求，持续推进党风廉政建设和纪检监督责任落实，对 5 家二级单位纪检组织实行派驻管理。通过发挥“派”的权威和“驻”的优势，增强基层党组织和派驻机构履行“两个责任”的自觉性，确保各责任主体主动作为、强化落实、同向发力。派驻制实施以来，探索建立并逐步完善“1+N”派驻监督制度体系和工作机制，共开展监督检查 116 次，完成问题线索处置 10 件，协办案件 11 起，对 1 名党员干部实施澄清保护，提出改进建议 40 项并跟踪完成整改，追回违规所得 25 万余元。监督下基层到岗位，常态化的过程监督促进了管党治党责任落实。

（七）实施“逢提必考”，深耕细作廉洁管理

厚植廉洁根基，严把干部选拔“廉洁关”。将廉洁关口前置于教育培养之中、动议考察之前，严把入党、任用、提拔三个廉洁关，创新领导人员选拔任用流程，对每名拟选拔为管理 5 级至 8 级领导人员进行廉洁测试，逢提必测，以测促学，以测促廉。测试内容主要包括党规党纪、廉洁制度、企业规定等，补测不合格不予研究任职。至今已有 220 余名党员干部通过廉洁测试走上各级领导岗位，让“不想腐”的自觉根植在破土出苗之前。防线前移，持续加强廉洁管理、廉洁监督、廉洁审核，全面、真实、准确地健全完善廉洁档案，实现日常监督动态化，切实把队伍建强、让干部过硬，打造建设全新济钢的廉洁队伍。

（八）强化廉洁管理，为转型发展培育浓厚廉洁文化

构建形成“四纵四横”网格化廉洁从业教育体系。以主题宣教活动、部署学习任务、组织知识测试、实施廉洁谈话为四条教育纵线，以报纸、电视、党风廉政建设网页、微信群为四条媒体横线，多措并举、多线并用，经常性组织党员干部、关键岗位人员观看案例警示教育专题片，组织到省廉政教育馆等地接受教育，以案明纪警钟长鸣；坚持每年开展一个廉洁主题教育活动，采用专题党课、书画作品展等形式，营造了浓厚的“倡廉 说廉

话廉"廉洁文化氛围；搭建廉洁教育平台，"每周一题、每月一课、每季一学"为内容的"廉洁济钢三个一"活动，被上级纪委命名为党风廉政建设宣教品牌。

坚持抓基本打基础强基层，产能调整后执行"纪委书记月工作例会、纪检监察季度工作例会、党委定期听取纪检监察工作专题汇报会"制度，提高了工作的制度化、规范化水平。坚持"每月一会、每会一训、每训一考"，纪检干部敢监督、能监督、敢执纪、会办案能力逐步提升。

（九）建立澄清保护机制，激励干事创业

建立"五步澄清工作法"，鼓励担当作为。研究制定《党员干部澄清保护实施办法（试行）》，对党员干部被错告、诬告或者举报人反映问题不实，造成不良影响的，按程序予以澄清，并在一定范围内公开说明，形成提出、审批、澄清、跟踪、归档"五步澄清工作法"，至今对已查明的3起不实举报问题及时进行了澄清，不断引导党员干部大胆工作、敢于担当、勇于创新，为建设全新济钢保驾护航。

（十）实施"两反馈一说明"，维护清风正气

建立"两反馈一说明"制度，卸下思想包袱、优化干事环境。失实举报对涉及党员干部的情绪会造成消极负面影响，一定程度上影响了工作，有的甚至给企业重点工作造成了干扰，影响了干事创业环境。建立实施"两反馈一说明"制度，对经谈话函询或初步核实，发现问题反映不实或没有证据证明存在问题的，将组织采信结果或初核结果既反馈给被反映人，又反馈所在单位党组织书记、纪委书记，体现组织对干部的信任，为实干者担当；督促被反映的党员干部在民主生活会上对有关问题作出说明，既说明被反映的问题，又说明组织的明确结论，既发挥党组织的监督作用，又给被反映人公开说明问题的机会，起到激励教育的作用，更好地实现了监督"力度""温度"的有机结合，体现了组织对党员干部的严管和厚爱，激发了干事创业的动力和活力，推动企业建设风清气正的政治生态，为企业发展提供了有力保障。

（十一）建立"12573"容错机制，鼓励担当作为

落实"三个区分开来"，结合济钢转型发展实际，服务于济钢转型发展大局，创造性地发挥监督作用，着力构建1个措施具体、程序严密、责任明晰、易于操作的容错纠错体系，执行《实施办法》《管理清单》2个文件，规范5个工作程序，明确7个方面31项容错免责适用具体情形，为干事者担当、为创业者撑腰、为创新者鼓劲，形成富有济钢特色的"12573"容错免责工作机制，努力营造干事创业积极氛围，"狮子型"干部队伍在济钢攻坚克难、创新发展中初露锋芒。

三、取得的效果及未来展望

"监督赋能的'济钢高速体系'"和机制的建立，使监督更有制衡力、惩治更有威慑力、干事创业更有动力和活力，助推济钢沿着高质量转型发展的轨道奔腾前进、二次腾飞。以监督作为赋能手段的"济钢高速体系"，是打造符合党的政治要求、适应时代潮流、破解企业发展瓶颈的新体系，清弊除障与赋能护航的高度融合，形成廉洁激发内生动力、

监督促进改革发展的全新监督赋能模式，为动力变革高效推进和高质量转型发展稳步向前提供了坚强有力的纪律保证和监督促进，形成了国有企业新旧动能转换的济钢作法、济钢经验，构建起了具有济钢特色的监督品牌。

当前，全国去产能、调结构、稳增长的步伐更加有力，产能调整后的济钢高速健康发展证明，“监督赋能的‘济钢高速体系’”是监督工作在国有企业改革发展中清弊除障、赋能护航的创新模式，具有现实的实践经验和发展的应用潜力，具备较强的推广应用价值。

以纪检监察高质量助推国企改革发展高质量

安钢集团公司纪委

实践证明，只有做好国企纪检监察工作，不断融入企业治理体系，把党要管党、全面从严治党落到实处，才能更好推动国有企业健康发展。近年来，安钢集团纪委紧紧围绕集团公司改革发展大局，坚定不移推进纪检监察工作的高质量发展放到企业改革发展的大盘子中去，从理念思路、体制机制、方式方法、能力作风等方面，全面对标高质量发展新要求，主动适应加强和完善公司治理需要，坚守政治监督定位，做实做细日常监督，加大办案力度增强办案实效，持续推动以案促改，充分发挥“监督保障执行、促进完善发展”作用，以高质量的履职尽责，督促推动和服务保障企业高质量发展。

一、高质量开展纪检监察工作的重要性

高质量发展是做好党和国家各项工作的根本要求，也是新时代纪检监察工作的目标任务和实践要求。当前，国有企业处于深化改革、现代企业转型升级的关键时期，迫切需要营造一个风清气正、干事创业的良好环境，高质量开展纪检监察工作意义重大、影响深远。

（一）高质量开展纪检监察是完善企业治理体系的根本保证

党的十九届四中全会把监督工作和反腐败工作纳入国家制度和治理体系，为新时代纪检监察工作高质量发展打开了新视野、部署了新任务、提出了新要求。国有企业作为国民经济的重要组成，是完善国家治理体系的重要战场。在国有企业高质量开展纪检监察工作对于完善企业治理体系和保障企业有效运行有着重要意义。近年来，安钢集团纪委立足职能职责，准确把握纪检监察工作与企业治理体系建设的内在逻辑关系，自觉把各项工作融入企业治理体系和治理能力现代化建设之中，充分发挥监督保障执行、促进完善发展作用，不断督促制度执行，保障各项决策部署贯彻落实，持续发现问题、提出建议，推动整改、深化改革，促进制度规定日益健全、不断发展，促进治理能力不断提升。

（二）高质量开展纪检监察工作是反腐败斗争的现实需要

从党的十八大到目前，反腐败斗争经历了以治标为主、为治本赢得时间，腐败与反腐败呈胶着状态，压倒性态势已经形成并巩固发展，全面夺取反腐败斗争压倒性胜利等几个阶段，在这期间，纪检监察机关付出了极大辛苦，作出了不可磨灭的贡献。现阶段，虽然取得了压倒性胜利，但还没有取得彻底胜利，形势依然严峻复杂，加快形成完善的党内法规体系，健全保证宪法全面实施的体制机制，深化纪检监察体制改革，强化对权力运行的

制约和监督，构建“三不”一体推进的体制机制，实现新时代纪检监察工作规范化、法治化，实现高质量发展是持续深化反腐败工作的必然要求，也是当务之急。近年来，随着集团公司纵深推进“两个从严”，集团公司党委惩治腐败的力度越来越大，集团公司纪委查办案件的效果也越来越突出。特别是 2021 年以来，查办案件呈现新的局面，办案力度加大，惩处力度加强，对震慑违规违纪行为、规范企业管理、促进形成风清气正的政治生态起到了积极推动作用。

（三）高质量开展纪检监察是企业实现高质量发展的根本保障

企业实现高质量发展，需要一个稳定和谐有序的环境。违规违纪违法行为无疑会败坏党和企业的形象，会损害职工群众的切身利益，会失去职工群众对企业的信任，进而影响企业的稳定和生产经营工作的正常开展。纪检监察部门是职工群众反映实际情况和问题的重要窗口，通过职工群众反映情况和问题的内容可以让企业管理层及时准确地了解基层工作者的真实需求，从而也能够避免企业职工因自己的诉求无法得到有效解决而去闹访、越级上访等突发性事件的发生，实现职工队伍的建设和稳定。对于违反党的纪律、损害企业利益、损害群众利益的问题严查严办，始终保持执纪审查高压态势，有效预防因违法违纪行为给企业造成巨大的经济损失，切实维护职工和企业的经济利益，为企业生产经营活动的健康发展扫除障碍，保障企业的经营管理工作有条不紊地开展。近年来，安钢集团公司纪委融入生产经营大局，认真落实监督责任，持续保持大监督工作格局，体现制度体系优势，协同法律、审计、组织人事、财务等系统开展多方式监督，对企业转型升级、高质量发展的关键领域、关键环节、易发多发和群众反映强烈的突出问题及关键岗位、关键人员的监督检查，加强制度的执行力度，及时堵塞漏洞，从而进一步提高企业的管理水平。

二、主要做法和初步成效

安钢集团纪委始终聚焦主业主责不偏移，坚持以政治监督为统领，充分发挥职能优势，持续在日常监督、压实责任、正风肃纪和构建体制机制等多维度同向发力、同时用力、同时努力实现纪检监察高质量，为企业改革高质量发展营造良好的政治生态。

（一）推动“具体化”，让政治监督更加有力

坚持把政治监督作为首要职责，融入日常、抓在经常，保障促进安钢“十四五”开好局起好步。一是推动上级精神落地。以服务保障现代化钢铁强企建设为目标，制定政治监督 24 条重点事项清单，完善 21 项具体举措，推动政治监督具体化制度化。在疫情防控、防汛救灾、灾后重建中，两级纪检监察机构靠前监督、一线督导，践行初心使命，展现担当作为，有力确保了党中央决策部署落地见效。二是推动安钢措施落地。围绕“一中心、四基地、多产业”发展布局涉及的重点工作，开展督导检查，加强中层岗位竞聘、工程项目结算过程监督，督导进度、跟踪效果，推动党委决策部署落实落地。三是推动巡视整改、国企改革任务落地。督促巡视反馈问题的持续整改，督促经济责任审计问题的整改，适时开展专项督导，下发督导推动通知书，确保整改工作有序推进、按时完成。围绕国企改革任务落实开展监督，扎实推进违规经营投资责任追究制度建设，有力保障了各项决策部署的落实。

（二）实现“三化”，建立了清晰的责任体系

积极探索建立“清单化分解、项目化推动、动态化考核”的责任体系，推动管党治企责任层层压实。一是建立清单明责。构建安钢全面从严治党责任体系，建立了党委主体责任、党委书记第一责任人、班子成员“一岗双责”、纪委监督责任、纪委书记监督第一责任人“五责清单”，推动“五责”贯通联动、协同发力。制定党风廉政建设责任目标，逐级分解任务，强化各级党组织主体责任、纪检监察机构监督责任、班子成员“一岗双责”。二是项目推进履责。制定《纪检监察工作年度实施意见》，强化集团纪委内设科室职能，针对宣传教育、日常监督、执纪问责等工作重点，逐一制定工作计划、推进清单，建立领办机制，逐项明确责任人和完成时限，打造目标明确、内容具体、责任到位的“项目工程”。三是强化考核评责。修订党风廉政建设考核细则，开展纪委书记述责述廉评议，约谈从严管党治企责任履行不力党组织负责人，围绕“两个责任”落实、问题线索处置、“四风”纠治和以案促改等内容，对二级单位开展监督检查，强化主责意识，倒逼责任落实。

（三）扎实“基本功”，做实做细做好日常监督

坚持把监督融入生产经营和改革发展全过程，强化精准监督，着眼提升企业综合治理效能。一是聚焦“关键少数”，完善监督机制。全面落实分层分级谈话要求，2021 年建立两级领导班子廉政谈话制度，加强对“一把手”和领导班子的监督，集团班子成员开展廉政谈话 22 次、涉及 1100 多人次。组织新提拔中层管理人员参观河南廉政文化教育中心，进行廉政集体谈话，增强党性观念和廉洁从业意识。建立廉政档案，实施动态管理，完成二级管理人员廉政档案 263 份、三级管理人员实现全覆盖。二是聚焦“关键环节”，开展重点监督。紧盯权力集中、资金密集、资源富集的关键点，深入质检、采购、招标等关键部门，查暴露问题整改，查风险源点管控，以有力监督促有效监管。紧跟公司党委阶段性决策部署，聚焦“4+1”新版经营管控制度执行，2021 年对 6 家子分公司进行督查，发现问题 48 项，问责处理 46 人（次），有力维护了制度权威。三是聚焦“关键时点”，强化提醒监督。从强化廉洁从业和纪律规矩意识入手，每逢节假日开展公款吃喝、公车私用、收受礼金礼品名贵特产等问题的提醒查纠；利用职代会、干部大会、党建例会等，教育党员干部廉洁自律、清廉过节。

（四）打出“组合拳”，不断提升正风肃纪实效

精准发力纠风惩腐，狠抓领导干部违反中央八项规定精神问题，狠抓损害企业和职工利益问题，企业经营环境持续净化优化。一是强化作风建设。组织两级班子成员签订《党风廉政建设责任书》《廉洁从业承诺书》，促进党员干部守牢底线、履职尽责。开展落实中央八项规定精神监督检查“过一遍”工作，在二级单位自查的基础上，深入各单位督促问题整改，发现解决各类问题 15 项。驰而不息纠治“四风”，严查不作为慢作为乱作为问题，持续营造干事、干净的氛围。二是强化惩处力度。把查办案件作为最有力的监督，严格执行“三个必追责”，紧盯损害企业和职工利益问题，加大查纠力度，2021 年调查处置了 8 家与安钢职工有关联公司参与企业经营问题，问责处理 10 人（次）；核查了六冶公司

与股份公司合同纠纷案相关责任人，批评教育 15 人（次），稳步推动了已投用未结转工程专项整治；重点查办了违规接受供应商吃请、违规虚列培训费套取资金、内外勾结盗取安钢厂区物资、质检人员擅自换样为供应商谋利等多起损害安钢利益的案件，营造了良好政治生态。2021 年，共收到信访举报 52 件，综合运用“四种形态”处理 137 人（次）。立案审查 24 起，给予党政纪处分 63 人（次），向司法、监察机关移交案件 3 起。三是强化精准问责。制定《关于规范批评教育处理方式的暂行规定》，明确适用对象、处理方式、适用原则、适用情形、实施程序，为精准运用“四种形态”，推进批评教育、组织处理与党政纪处分三者有机衔接提供遵循，2021 年批评教育帮助和处理 81 人（次）。

（五）坚持“常态化”，充分彰显以案促改综合效能

坚持一体推进“三不”机制，把查办案件与整改问题、教育警示、促进治理联动起来，系统施治、同向发力，推动“三不”效应叠加，不断释放综合效能。一手抓常态推进。制定《关于进一步深化以案促改工作方案》，明确管理职责和实施办法，形成“七步工作法”，初步建立起规范化运作机制。靶向整治典型案例暴露的问题，有针对性地提出意见建议，2021 年下发以案促改通知书、纪检监察建议书 28 份，指出问题 91 项，整改建议 130 条，堵塞了管理漏洞，补齐了制度短板，促进了合规经营。一手抓以案促教。组织集团班子学习《十九大以来部分违纪违法党员领导干部忏悔录》，组织各级党员干部学习内部典型案例 15 起，以案明纪、以案释德。开展廉洁故事微视频评比和“学党史、明党纪”知识竞赛，征集优秀红色家书、廉洁书画作品，编发学习简报、廉政专刊，深入宣传传统文化和革命文化，持续开展正反面典型教育，让风清气正的廉洁文化深入人心。

（六）强调“自身硬”，坚定扛起自身建设重要责任

坚持打铁必须自身硬，以忠诚立德、以能力立身、以担当立行，着力锻造忠诚干净担当的纪检铁军。一方面注重能力建设。严格落实第一议题和集体学习制度，跟进学习习近平总书记重要讲话精神和中央新部署新要求，跟进学习监察法实施条例、纪委工作条例和内部经营管控制度，增强纪检队伍政治素质、履职能力。深化全员培训，举办纪检监察业务培训班，特邀省纪委、驻国资委纪检组专家授课，选派人员参加外部培训、以案代训，强化执纪办案安全学习，提升全员政策策略、纪法规定、专业知识水平。另一方面狠抓忠诚担当作为。注重纪律作风建设，教育引导纪检监察人员严守政治纪律、政治规矩，严格按程序办事、按制度办事，决不能以案谋私、以案谋利、办人情案。教育引导纪检监察人员牢固树立真抓实干、较真碰硬的责任担当，敢于攻坚克难，勇于直面矛盾，始终做到知责于心、担责于身、履责于行。

三、做到“三个必须”，持续推动纪检监察高质量

（一）推进纪检监察高质量必须贯通协同“两个责任”

党委主体责任与纪委监督责任是管党治党的两个重要方面，相互贯通、辩证统一。没有党委坚强领导，纪检监察难以发挥作用，更谈不上高质量；没有纪检监察强有力的工作，党委主体责任也很难落实到位。国有企业纪检监察机构一方面必须增强政治担当，认

真履行协助职责，强化对下级党组织的监督，另一方面必须深入落实“三个为主”，加强对下级纪委的领导，增强下级纪委专责监督的独立性权威性，使“两个责任”得到全面落实。

（二）推进纪检监察高质量必须围绕企业中心任务

提高企业效益、增强企业竞争实力、实现国有资产保值增值，是企业纪检监察机构一切工作的出发点和落脚点。改革越深化，越要更加紧密地围绕中心，强化对权力集中、资金密集、资源富集、资产聚集的重点部门和单位的监督，突出“三重一大”决策、工程招投标、改制重组等重点环节的监督，始终保持对影响改革推进、侵吞国有资产、利益输送等典型问题的监督力度，履行好促进国有资产保值增值的政治责任，为做强做优做大国有企业提供坚强纪律保证。

（三）推进纪检监察高质量必须不断强化自我监督

纪检监察机构自身建设有力，日常工作才有底气，才能为高质量开展工作提供内在支撑。在推进纪检监察高质量的同时，要拒绝自我腐朽，严防“灯下黑”，就必须加强纪检监察机构的自我监督，做到日常监督与干部监督工作同步部署、力量同步配备、机制同步完善。完善内设机构权责清单，健全问题线索管理、审查调查、处分处置、问责追究等环节的流程，确保权力在制度框架内运行。

构建党委领导下的“大监督”工作体系的探索和实践

宝地资产纪委

党的十九大着眼全面从严治党、提高党的执政能力和领导水平，作出健全党和国家监督体系的战略部署。党的十九届四中全会将“坚持和完善党和国家监督体系”列为重要内容进行专门部署，提出“构建党统一指挥、全面覆盖、权威高效的监督体系”，在党和国家各项监督制度中，党内监督是最根本的、第一位的，只有坚持以党内监督为主导，才能推动各类监督有机贯通、相互协调。在中国宝武纪委指导下，宝地资产纪委深入学习贯彻习近平新时代中国特色社会主义思想，坚守监督基本职责、第一职责，积极探索实践，推动构建公司党委领导下的“大监督”工作体系，着力提升监督效能，以有形有效的监督为公司高质量发展提供坚强政治保障。

一、构建“大监督”工作体系的重要意义

（一）推动新时代全面从严治党的根本要求

习近平总书记强调，坚持党的领导、加强党的建设，是我国国有企业的光荣传统，是国有企业的“根”和“魂”，是我国国有企业的独特优势。面对新时代新要求，深化全面从严治党的战略方针，国有企业没有特殊、没有例外。构建“大监督”工作体系，就是从企业体制机制上创新，从构建体系上入手、从增强合力上发力，坚持问题导向，保持战略定力，加强党的领导和完善公司治理有机统一，引导全面从严治党、从严治企互为促进，实现党内监督与企业治理监督深度融合，是推动新时代全面从严治党的根本要求。

（二）推动企业高质量发展的有力保障

立足“三新一高”，宝地资产聚焦“成为全国第一的产业空间构建者和服务商”的愿景而全力进发，任务十分艰巨，势必需要风清气正的政治生态，规范健康的经营环境，为公司高质量发展保驾护航。构建“大监督”工作体系就是建设全面覆盖的监督体系，突出政治监督、强化日常监督、贯通各类监督，以有形有效、全覆盖的监督推动依法合规经营、权力有效运行，坚守纪律红线、坚持廉洁从业，为公司高质量发展提供政治保障。

（三）提升企业内部监督效能的有效途径

随着国企改革三年行动的不断深化，宝地资产致力于“聚焦产业空间、开拓全国布点

新格局”的快速发展趋势，企业内部存在监督范围广、监督事项多、监督力量比较分散等情况，监督体系势必需要紧随“一总部多基地”的经营模式作出适应性变革，整合监督资源、凝聚监督合力，构建统筹协调、有机统一的“大监督”工作体系，持续提升监督效能。

二、制约企业内部监督效能的主要问题分析

宝地资产纪委结合近年监督工作开展的实际情况，全面梳理、调研分析、归纳总结，发现并着力于解决整体统筹不足、横向沟通不畅、纵向监督不深、追责问责不力等问题。调研分析主要存在问题如下。

（一）监督力量协同不够

公司内部各个监督主体分属于不同的部门，监督计划独立制定、监督方式各不相同，监督资源整合不够、监督力量较为分散，难以形成统筹协调、集中实施的监督合力，往往容易造成监督割裂，监督效能低下的问题。

（二）监督范围交叉重复

随着全面从严治党、从严治企的不断深化，公司内外部巡察监督、纪检监督、审计监督、职能监督等日益拓展，容易造成某些重点领域和部门监督过于密集、交叉重叠，难以形成贯通融合、有序衔接的监督格局，既增加被监督单位负担，也造成监督资源浪费，更容易出现某些监督盲区。

（三）监督履职能力不足

随着公司的快速融合整合，各级党组织的履职能力参差不齐，监督责任未能层层压实、监督工作未能一贯到底，同时存在兼职纪检人员占比较高的情况，不想、不会、不敢监督的问题还是比较突出，监督发现问题的能力明显乏力，以致于违规违纪的问题仍有发生。

（四）监督成果运用不充分

各部门自主监督、“单打独斗”发现的问题，往往以自查自纠简单了事，其他部门无法得知，从而导致类似问题仍会重复发生。监督成果未能得到及时充分的运用，难以形成系统治理、标本兼治的监督效应，无法做深做实问题整改的“后半篇文章”，导致追责问责不力、警醒震慑治理作用发挥不强。

（五）监督路径方式传统单一

随着企业信息化的快速发展，准确及时有效的信息来源显得尤为重要，在实际监督工作中缺乏有效的信息沟通、互联互通、信息共享，加之监督部门智能化手段的不足，面临错综复杂的信息和数据，以传统的监督方式和手段会显得力不从心，犹如“大海捞针”无从下手，从而导致监督效能大打折扣。

三、推动构建“大监督”工作体系的探索实践

针对调研分析主要存在的问题，宝地资产纪委积极探索，推动完善监督体系，贯穿于公司经营改革发展的中心工作，更好地融入公司治理体系与治理能力的提升，探索实践形成了党委领导下的“大监督”工作体系。

（一）加强顶层设计，构建监督格局

宝地资产纪委坚持“党委领导、统筹协调、集中实施、有序衔接、成果共享”的工作思路，建立“计划任务共定、工作任务共担、重大问题共诊、信息通报共享、效果验证共认”的基本原则，聚焦公司经营改革发展的中心工作做好顶层设计，构建公司“大监督”格局。一是推动建立《公司党委领导下的“大监督”工作体系的实施办法》，明确指导思想、工作职责、工作方式、工作机制等关键要素，为“大监督”有效运行提供制度遵循；二是成立公司监督工作领导体制，推动公司党委巡察、纪检、审计等职能统筹协同，推动专业职能部门履行监督职责，融合监督力量、监督资源、监督信息，为“大监督”有效运行提供体制保障；三是推动完善《违规经营投资责任追究实施办法》等公司治理相关制度体系，加强党内监督与企业治理监督制度有效衔接，聚焦公司主责主业，梳理汇编构建监督制度体系，并坚持从制度、流程、标准、授权等方面推动廉洁风险辨识和防控，为“大监督”有效运行提供制度体系保障。

（二）统筹年度计划，凝聚监督合力

宝地资产纪委坚持“党委全面监督、纪委专责监督、党的工作部门及专业管理部门职能监督、党的基层组织日常监督”的原则，聚焦党中央重大决策部署契合公司生产经营和改革发展工作的实际，统筹协调公司层面、职能层面、直属党组织层面三个层面，系统全面、分层分类推动制定《公司年度大监督实施计划》。同步，多措并举整合监督资源、凝聚监督合力。一是推动党委巡察、纪检、审计等职能的整体运作，并坚持在党委领导下横向联动其他专业职能，打通监督职能边界、提升任务协同合作，凝聚监督合力；二是通过“以干带训”“上借下挂”提升纪检干部综合素质能力，采取“区域联动、专兼协同”等机制增强监督力量，发挥监督协同效应；三是推动建立公司监督人才库，由经验丰富的成熟干部、后备青年干部、见习干部及其他专业技术人员组成，结合年度监督项目实施情况，形成“以老带新”“项目实践”的人才梯队培养机制，促进青年干部在监督中磨炼和成长，增强公司监督“智库”建设的软实力。

（三）搭建沟通平台，强化推进机制

宝地资产纪委推动建立“三个平台”的协调沟通、定期推进机制，促进信息互联互通、成果交互共享。一是监督工作领导小组平台。成立监督工作领导小组，由公司党委书记担任组长、纪委书记担任副组长、各相关职能部门负责人为组员的监督工作领导小组，与党委巡察工作领导小组合署运作，统一安排公司年度监督计划和实施项目。定期召开监督工作会议，学习贯彻、研究部署上级强化监督有关要求和指示批示精神，专题听取监督项目实施进度、监督成果输出、监督成果运用及典型问题案例分析等情况，综合研判各单

位政治生态，提出进一步加强执纪问责和问题整改的工作要求。二是纪检负责人工作例会平台。每季度召开公司纪检负责人工作例会，各直属党组织纪检负责人参会，学习贯彻上级有关精神要求，分批次汇报监督项目实施进展、成果输出、案例分析等情况，总结监督工作开展的有效举措、经验做法等，揭示主要存在的问题，研讨具体工作，部署下阶段重点工作。同步通过纪委书记、纪检干部深入现场调研督导、主动约谈、监督约谈、现场指导服务等机制，加强信息沟通与专业指导。三是职能部门会商工作平台。建立职能会商沟通机制，充分运用内部监督会商工作平台，监督前与各职能部门就监督重点方向进行综合分析，监督中与职能部门就发现问题进行研判定性，监督后与职能部门就被监督单位整改措施进行会商确诊，注重“集体整改、一体整改”和长效机制，通过会商加强信息互联互通，压实职能责任，实施职能监督的再监督。

（四）注重成果运用、推动标本兼治

宝地资产纪委坚持“以案为鉴、以案明纪、以案促治”的联动机制，强化监督成果运用，推动标本兼治，形成长效机制。一是加大案件警示震慑效应，坚持“一案双查”，对履责不力、整改不力等问题，特别是违反中央八项规定精神，及重点领域、关键环节重复性问题频发的行为，坚决问责、坚决查处，做到失责必问，问责必严，倒逼责任担当和履职到位。同步在年度警示教育大会，指名道姓、点人点事，严格问责情况通报，起到问责一人、教育一片、治理一域的警醒作用。二是强化问题风险提示，每季度对核查过程中发现的问题进行系统分析，梳理提炼需相关单位、同类行业重点关注的风险和现象，编发典型案例警示与预防教育材料，通报各单位予以重点预警提示和警示教育。三是实施监督检查建议，针对监督检查过程中发现的问题，深入分析问题产生的根源，下发纪律检查建议书、管理完善建议书，推动各单位举一反三完善业务流程和制度规范，并坚持从思想意识、主观行为和职能责任作用发挥上分析和查找问题背后的管理和责任问题，推进标本兼治建立长效机制。

（五）丰富监督方式，拓展线索来源

宝地资产纪委在公司新一轮战略迭代升级规划牵引下，围绕“智慧赋能、绿色低碳”的转型发展方向，创新监督方式，丰富拓展问题线索来源。一是依托公司“四网融合”信息化系统，嵌入式开发“智慧监督”模块。坚守主责主业，紧盯招商运营、工程建设等重点领域，聚焦招商计划、招商过程、招商效果、设计变更等关键环节，通过数据梳理汇总、分类统计、比对分析等方式全方位收集获取监督数据，抓早抓小防范苗头性、倾向性问题的发生和演化。二是贯通巡察监督、纪检监督、审计监督、职能监督等信息资源，构建“大监督”工作体系“问题库”信息化管理系统，将监督发现问题及时导入“问题库”，定期对问题清单分析研判，深化拓展问题线索来源。三是打通问题线索移送渠道，特别注重巡察、审计等违规违纪、违规经营方面问题线索，强化分析研判、开展现场初核，深度挖掘问题线索背后的管理失责、履职不力等问题，持续拓展问题线索来源。

（六）深化四责协同，提升治理能力

宝地资产纪委协助公司党委强化党风廉政责任制规定，契合年度“大监督”实施项目

深化“四责协同”体系，推动监督融入公司治理体系和治理能力的提升。一是协助党委建立《贯彻落实<中共中央关于加强对“一把手”和领导班子监督的意见>的实施方案》，明确职责任务和措施要求，细化“一把手”监督、同级领导班子监督、下级领导班子监督具体措施，推进“一把手”监督约谈等具体措施的落实。二是按照公司党风廉政建设工作要点和阶段性重点工作安排，结合领导班子分工以及年度党政重点工作，将公司年度“大监督”项目纳入领导班子成员党风廉政建设重点工作跟踪项目，压实“四责协同”各方责任、传导责任压力。三是建立健全问题集中梳理机制，每年针对监督发现问题，定期向领导班子成员反馈“问题清单”履责提示，专题听取责任落实情况汇报，切实推动领导班子成员履职尽责，推动分管领域加强廉洁风险辨识防控。

四、探索实践取得初步成效

宝地资产纪委通过加强顶层设计、构建监督格局，统筹年度计划、凝聚监督合力，搭建沟通平台、强化推进机制，注重成果运用、推动标本兼治，丰富监督方式、拓展线索来源，深化四责协同、提升治理能力等措施举措的落实，为“大监督”工作体系健全体制机制、构建实施路径方法、提升监督综合效应。2021 年，在公司党委的领导下，统筹年度计划、凝聚监督合力，充分发挥“四责协同、三道防线”的“大监督”综合效应，贯通融合巡察、审计、纪检、职能等监督合力，形成公司层面监督项目 55 项，突出政治监督、强化日常监督；做深做实合同管理、设计变更、修配改结算等专业职能监督，形成职能层面监督治理项目 12 项，推动廉洁风险防控、治理体系完善；有效推动招商运营、合同规范、采购服务等业务监督，形成直属党组织层面监督项目 39 项，完善监督基础、规范有效运行，全年共计 106 项监督项目的有效实施，以有形有效的全覆盖监督，为公司高质量发展提供了坚强政治保障。

五、结束语

一年多来，宝地资产纪委探索实践、深化推进党委领导下的“大监督”工作体系，有效地将各方监督力量凝聚在一起，打出“组合拳”，形成有效的监督合力，探索出了一条新形势下企业加强监督的有效途径。新时代新征程，推进党委领导下的“大监督”工作体系，必须要充分认识新时代国有企业发展的新形势、新任务、新挑战，准确把握新时代国有企业治理的新理念、新定位、新动向，不断丰富和完善大监督的新思路、新方法、新举措，把监督发现问题与推动工作落实结合起来，用监督推动改革、促进发展，用发展创新监督、强化监督，促进党内监督与公司治理监督的深度融合、互促互进，提升监督效能、发挥治理效应，以高质量监督促进企业高质量发展。

关于促进各类监督协调贯通，不断增强监督治理效能的实践与探索

柳钢集团纪委　文和贵　何　俊　古曦婷　韦创昱　李　俊

习近平总书记在十九届中央纪委五次全会上指出，要健全党和国家监督体系，以党内监督为主导，不断完善权力监督制度和执纪执法体系，各种监督协调贯通，形成常态长效的监督合力。要充分发挥监督在基层治理中的作用，推动监督落地，让群众参与到监督中来。监督，是纪检监察机关的基本职责。柳钢集团提出"十四五"期内要挺进世界500强，集团纪检监察机构必须进一步提高政治站位，扛牢政治责任，做实监督专责，充分发挥监督保障执行、促进完善发展作用，为护航集团高质量发展不懈努力。

一、各类监督协调贯通的重要性和必要性

注重党的自我监督是马克思主义政党的政治品质。我们党自成立以来，就不断探索完善以党内监督为主的监督体系，有效规范和监督权力运行，消除影响党的先进性纯洁性因素。在革命、建设、改革各个历史时期，我们党栉风沐雨、历经坎坷，不断修正错误、走向胜利，强有力的监督在其中发挥了重要作用。

党的十八大以来，以习近平同志为核心的党中央，以彻底的自我革命精神，坚定不移推进全面从严治党，持之以恒正风肃纪反腐，把制约监督权力作为永葆党的肌体健康的重要保障，以党内监督带动促进其他监督，健全党和国家监督体系，不断增强党自我净化、自我完善、自我革新、自我提高能力，党在新时代新征程中焕发出更加强大的生机活力。

党的执政地位决定了党内监督在党和国家监督体系中是最基本的、第一位的。《中国共产党党内监督条例》第九条规定，"建立健全党中央统一领导，党委（党组）全面监督，纪律检查机关专责监督，党的工作部门职能监督，党的基层组织日常监督，党员民主监督的党内监督体系"。党内监督是全党的任务，党委负主体责任，书记是第一责任人，党委班子其他成员在职责范围内履行监督职责，任何党组织和党员都不能置身事外。

习近平总书记指出，"党内监督在党和国家各种监督形式中是最根本的、第一位的，但如果不同有关国家机关监督、民主党派监督、群众监督、舆论监督等结合起来，就不能形成监督合力。"增强党自我净化能力，关键是发挥党内监督主导作用，实现党的自我监督与其他各类监督相结合，同向发力、形成合力。

纪检监察机关作为党内监督专责机关，必须充分发挥职能作用，主动担当作为，适应坚持和完善党和国家监督体系要求，推进纪律监督、监察监督、派驻监督、巡视巡察监督统筹衔接，积极推进纪检监察监督同民主监督、行政监督、群众监督、舆论监督、审计监

督等有效衔接。推动纪检监察监督与其他监督有机贯通、相互协调，有利于整合监督资源、形成监督合力，对于增强监督的广泛性、协同性、有效性，构建党统一指挥、全面覆盖、权威高效的监督体系具有重要意义，有利于通过构建科学、严密、有效的监督网，确保权力始终在正确的轨道上运行。一方面，在整个监督体系中，纪委监督是党内专责监督，居于主干地位，理应更好发挥纪委监督的统领、督促等作用，在党委统一领导下，建立纪委与其他监督职能部门日常沟通联系机制，健全信息沟通、线索移送、措施配合、成果共享等工作机制，健全党内监督与其他监督的有效衔接制度。同时，不断完善纪委对其他监督的“再监督”制度，在监督推动其他监督有效发挥效能的同时，更加注重监督推动其他单位职能监督的贯通。

二、柳钢推动各类监督协调贯通的做法成效

近年来，柳钢集团纪委深入学习贯彻习近平总书记关于全面从严治党的重要指示精神，认真落实中央纪委党风廉政建设和反腐败工作部署要求，履职尽责、担当作为，始终坚持把监督挺在前面，注重推动各类监督协调贯通，

（一）坚持挺纪在前，强化纪律监督

党的纪律是全党必须遵守的行为准则。党章规定，党的各级纪律检查委员会是党内监督专责机关，主要任务是维护党的章程和其他党内法规，检查党的路线、方针、政策和决议的执行情况，协助党的委员会推进全面从严治党、加强党风廉政建设和组织反腐败工作。柳钢集团纪委始终坚持把纪律规矩挺在前面，持续抓好纪律建设、推动纪律执行，构建集团纪委、二级单位纪委、支部纪检委员、党风政风厂风监督员四级监督网络，围绕企业管理、项目建设、安全生产等重点工作及关键领域强化监督，及时对检查发现问题及群众反映问题线索进行调查，突出惩处“靠钢吃钢”、吃里扒外失职失责等问题。仅 2021 年，柳钢集团纪委共查处党员干部违纪违法案件 19 件，给予党内警告处分 4 人、党内严重警告处分 4 人、开除党籍 7 人、行政记大过 2 人、行政撤职 2 人，行政留用察看 1 人，解除劳动合同 1 人；追缴违纪款 117.6 万元；通报违规操办婚宴典型案例 1 起。通过惩处腐败，形成了强烈震慑，党员干部纪律规矩意识逐步增强。

（二）推动监督覆盖，强化监察监督

我们党自成立以来就注重党内监督，党的十八大以来更是得到了有效加强，形成了一整套完整的监督制度，监督对象覆盖到了所有党员。但是，对于部分非党员来说，还存在一定的监督“空白”。因此，2018 年 3 月 20 日，国家颁布实施《中华人民共和国监察法》，实现了国家监察对所有行使公权力的公职人员的监督全覆盖。柳钢集团纪委监察部深入学习贯彻《中华人民共和国监察法》，充分发挥自治区监委驻柳钢监察专员办公室职能，积极按照自治区监委统一部署，不断深化监察体制改革，强化对集团所有关键岗位人员的监督，聚焦集团中心工作开展专项检查。2020 年，组织对项目监理单位履职情况开展专项检查，就发现的项目监管不到位等问题下发监察建议书 2 份责令整改，14 家监理公司上报整改措施 100 多条。组织对广西钢铁、中金公司各领域开展综合检查，梳理汇总 74 项问题，督促 11 个责任部门抓好整改。针对项目建设领域安全事故高发频发问题，联合

安监室开展为期近2个月的不间断安全责任履职督查并形成常态化检查机制，对防钢系列安全事故进行调查，下发监察建议书5份，立案查处3名领导干部，协调督促公安机关对1名吃拿卡要、索贿受贿的监理公司项目总监进行审查调查并予以刑事拘留。组织集团领导班子成员带队深入40个单位开展专项检查，党风政风厂风监督员明察暗访219次，督促整改问题1200多项，较好地推动了安全生产责任落实。

（三）发挥探头作用，强化派驻监督

结合企业发展实际，设立集团公司纪委驻广西钢铁纪检监察组、玉林中金纪检监察组、十一冶纪检监察组，实现对外围单位监督全覆盖，促进驻在单位党风廉政建设，推动项目建设和生产经营高质量发展。今年以来，驻十一冶纪检监察组针对驻在单位农民工用工密集等特点，督促做好农民工工资清欠工作，圆满实现农民工工资“双清零”。驻中金公司纪检监察组针对项目建设中存在的进度缓慢、安全形势严峻等问题，开展调查检查，督促各级部门和领导干部认真履职、担当作为，推动项目建设安全高效；强化第三方公司监督，持续关注第三方公司动态，及时掌握镍铁冶炼项目推进情况以及相关人员工作状态。驻广西钢铁纪检监察组强化对驻在单位班子议事决策、党风廉政建设等方面开展监督，紧盯权力运行各环节，对有关问题提出建议；关注关键问题，在安全生产、结算转固、治安保卫、疫情防护等重点工作做实做细日常监督，强化监督执纪问责力度，持之以恒正风肃纪。

（四）凸出利剑作用，强化巡察监督

政治巡察，也是党内监督有效手段，是管党治党、从严治党重要支撑。柳钢集团党委高度重视巡察工作，成立巡察工作领导小组及领导小组办公室，制定《广西柳州钢铁集团有限公司党委巡察工作实施办法（试行）》，配备专职人员，不断推动巡察工作向基层延伸。按照一届任期巡察全覆盖目标，2017年以来，集团党委组织开展了7轮常规巡察，共巡察二级单位党组织38个，发现在党的领导、党的建设和全面从严治党等方面存在问题615个，提出巡察整改建议190条。在开展好常规巡察的基础上，结合企业实际组织开展安全责任落实、规范经营投资专项巡察，以及安全专项巡察“回头看”，发现问题328个，巡察监督作用进一步凸显。

（五）推动资源共享，增强监督合力

加强与审计法务、党工、财务、安监、武装保卫工会等监督部门的沟通协调，实现信息资源共享。成立党员干部职工违纪违规问题线索协调工作领导小组，集团纪委书记每年组织召开专题研判会10余次，及时对有关问题线索开展调查，构成立案的立案进行查处。制定审计发现问题线索移交纪检监察机关处置制度，拓宽线索来源渠道，严格按收、批、办、结程序做好信访处理工作，逐件分析评估，建立台账，销号管理。2017年以来，审计法务等部门向集团纪检监察机构移交问题线索近10件，集团纪委及时进行了处置，监督合力显著增强。

三、推动各类监督协调贯通的问题不足

（一）思想认识不到位

一是部分党员干部认为监督工作主要在纪检监察部门，是纪检监察和审计部门的事情，与己无关或关系不大，所以对监督工作“不上心”；二是部分党员干部认为监督工作是额外负担，既然监督是专业部门的事情，就该由专业部门和专门人员去管去做，不是自己的分内之事，因此对推进监督协调贯通工作“不热心”；三是部分党员干部认为，监督就要负责任、找问题，就会得罪人，本着“多种花少栽刺”的心理，少数职能部门和干部干脆“多一事不如少一事”，敷衍塞责，缺乏担当。

（二）部门履责不到位

正是由于少数部门和干部对于监督工作思想认识上的缺位，造成在具体工作中“不上心”“不热心”“不用心”，表现在实际工作中就是“不想监督”“不愿监督”“被动监督”，履职履责不到位。对自身履责要求不高，把监督工作当做“附带”工作，投入精力不够、思考不够、工作方法不够、监督能力欠缺也是少数职能部门监督履职不到位的重要原因。极个别被监督对象对监督工作认识的误解，认为监督是“找事”“添麻烦”，是跟自己“过不去”；消极对待监督甚至抵制监督，也是造成一些部门和干部“不愿监督”“不敢监督”的原因之一。

（三）监督重点不突出

主要表现在：一是对年度和阶段协同监督工作缺乏系统、深入的研究和计划，监督重点不明确、找不准或重心偏移；二是协同监督工作没有很好聚焦企业中心工作、关键领域、重要事项、薄弱环节和“出血点”“发热点”，监督停留在浅层表面和日常的、无关紧要的小事上面；三是少数部门和干部在协同监督中怕担当、怕“惹事儿”，选择性监督，绕着弯监督，只选择容易的、浮在面上的、不得罪人的事项进行监督，回避重点、难点、热点、风险点，致使监督重点不突出，甚至流于形式。

（四）监督力度不够大

纪检监察部门组织协调力度不够，职能部门监督作用发挥参差不齐，监督与企业管理深度融合也还做得不够，各职能部门“大协同”意识还不强，主动协作、协同不够到位，部门间沟通协作还不够顺畅。从工作推进来看，监督协同工作能够做到常态化开展，但对一些事项的监督不深入不到位，没有持续跟踪、闭环管理，有些只有监督，对整改检查指导不够，督办不力，考核问责较少较轻，协调贯通效果不强。

四、促进各类监督协调贯通增强治理效能

（一）加强“四项监督”情况通报和沟通协商

一是建立情况通报机制。信访、党风政风监督、案件监督管理等部门定期向监督检查

部门、派驻机构通报有关信访举报、落实中央八项规定精神、案件查办分析等情况，为开展日常监督提供参考。巡察前，纪委向巡察机构全面介绍被巡察单位政治生态、信访举报、领导干部问题线索等情况，共同商议确定需要重点了解的人员、事项。

二是建立沟通协商机制。对重要问题线索集体研判会商，精准交办督办，加强各监督主体的协同配合，对在发现问题、深挖线索中遇到困难的，及时协调其他监督力量定向支持，确保重要问题线索应发现尽发现。巡察中，健全完善重要问题研判、重要政策适用咨询机制，巡察组可就有关问题听取纪委的意见。

（二）强化成果运用和整改监督

一是加强成果运用。监督检查部门要积极为审查调查部门提供案件研判信息，审查调查部门要在案件结束后及时向监督检查部门提供案件剖析报告。审查调查部门将重点领域案件查处中发现的普遍性、系统性突出问题及时移交，由党风政风监督部门适时牵头开展专项治理，对专项治理中新发现涉嫌严重违纪违法问题线索，也要及时移交审查调查部门查处。巡察前，巡察组要及时将巡察情况报告、专题报告、问题线索报告等移交纪委，纪委按照职责分工进行移交和分办，充分转化运用。

二是建立整改监督机制。监督检查部门、派驻机构要督促指导被巡察单位制定整改方案，加强整改监督，巡察机构要建立巡察成果运用管理台账，加强对整改工作的统筹协调、跟踪督促。组建由监督检查部门、派驻机构、巡察机构等参加的问题整改评估工作小组，统一对纪检监察建议、巡察反馈意见整改落实、突出问题专项治理等情况开展评估。

（三）完善监督力量统筹调配机制

一是建立纪检监察系统人才库。按照工作经历、专业特长等分类标识，完善纪检监察人才库建设，在开展专项监督、案件查办、政治巡察时，加强上下联动，统一调度使用。

二是建立派驻机构工作机制。认真落实派驻机构管理实施办法，指导单位纪检监察机构协同推进监督检查等工作，常态化开展业务交流和工作协作。

三是建立监督力量统筹衔接机制。加强内部统筹衔接“四项监督”的研究谋划、督促指导，健全党委与纪委及派驻机构定期沟通意见、联动开展监督等工作机制，加强派驻机构与内设纪检机构、巡察机构等监督力量协作，推进“四项监督”与财务、审计等职能部门的信息互通。

（四）以信息化手段提升统筹衔接水平

以信息化作为推进“四项监督”统筹协调的手段，加强大数据运用，打造一体化监督平台，要求各监督主体细化所提供信息清单和所需信息清单，汇聚整合信访室提供的信访情况、监督检查室提供的谈话函询情况、审查调查室提供的立案情况、审理室提供的审理报告和处分决定等监督信息资源，建好干部廉政档案，注重与巡察业务平台的数据对接，打通纪委机关部门与派驻机构、巡视巡察机构之间的信息壁垒，为精准发现问题提供信息保障。

论反腐败与企业发展的正相关关系

——山钢股份营销总公司反腐助推发展的实践与探索

山钢集团山钢股份营销总公司纪委　吕富强　吴修伟

十八大以来，我党以勇于自我革命的鲜明品格，纵深推进全面从严治党，党风廉政建设和反腐败斗争取得巨大成绩，有效净化了我国政治生态，党风政风社会风气为之一新，大得党心、大得民心。但是，受局部气候和长期惯性作用影响，一些市场经济条件下的国企人员思想上、政治上和作风行动上依旧僵化固化，心持错误论调观点开展经济工作，政治上的偏离导致精神上的懈怠、思想上的堕落、用权上的腐败，不仅个人身陷囹圄，给国家、企业造成了不可估量的损失及政治生态的严重破坏。随着国有企业反腐势头兴起，少数人（特别是体制内的部分群体）受到强烈震撼同时，面对越来越严的信号表现出别样“焦虑”，认为“腐败问题涉及面广，一直查下去打击面过大，影响企业发展活力，应当点到为止”“反腐制约了经营灵活性，是在开市场化改革的‘历史倒车’，应当适可而止”。种种论点表明“腐败矛盾论”“反腐过头论”在国企内部仍有市场，重大理论认识得不到纠正、重大思想问题得不到解决，国有企业高压反腐态势将难以持续、斗争成果就难以巩固。

山东钢铁集团公司（以下简称山钢集团）是山东省内最大的钢铁企业，世界500强。山钢股份营销总公司作为山钢主业版块中的核心，把着国内产品销售、大宗原燃料采购两大关口，从职能定位看，先天决定了人才集中、权力集中、资源集中、资金集中等特性。营销总公司于2016年由多个中心、部门合并组建，长期处在改革探索、内部整合、结构调整和再探索、再整合、再调整的不稳定状态，内部纪律涣散、基础薄弱、管理松软，“冲关、破网、伸手、越线”问题时有发生，对应2016—2019年腐败峰值，可以清晰感受到腐败问题与政治生态存在正向对冲关系，与反腐工作的扎实程度同样存在此消彼长的矛盾转化关系。特别是对全面从严治党和反腐败斗争认识不深、措施落地不实、推进力度不强，20余家驻外公司单打独斗、各自为战；品种销售部门权力设租、权力寻租；管理部门职责交叉、权责不明，极大制约了企业改革发展进程，严重侵蚀企业健康肌体。2020年，随着集团公司监察体制改革的有序推进，全面从严治党的抓手更加牢靠，反腐败斗争以更加剧烈的强度和前所未有的力度纵深推进，两年时间13名腐败分子相继落网，一大批潜藏多年的顽症痼疾得到根除，有效净化了政治生态。在此作用影响下，企业管党治党能力迅速提升，积极因素不断叠加释放，多项经营质效创历史同期最好水平，2020年较2019年行业对标提效十几亿元，2021年较2020年行业对标提效再增数亿元，销售价格稳步超越行业均价基础上；2022年一季度继续保持赶超态势，营销创效能力持续提升，行动的主动赢得了形势的主动，为营销改革乃至山钢主业改革争取了宝贵的时间和广域空间。

实践是检验真理的唯一标准，强势逆转的现实表明，围剿链条式腐败，铲除蔓延温床不仅没有影响企业生存发展，反而为企业注入了强大的生机活力，彻底推翻了“腐败润滑经济”的谬论，有力印证了习近平总书记“反腐并不会影响经济发展，反而有利于经济发展持续健康。”的重要论断。

一、持续深入推进反腐败斗争是有效净化政治生态的坚强保障

有观点指出：“良好的政治生态是国有企业核心竞争力。”企业出现问题多由政治生态的败坏开始。一旦政治生态出现问题，就会从上到下快速呈病毒状蔓延传播，使得企业系统内消极因素成为导向，污染党员干部、职工群众工作生活环境，最终导致整个政治生态系统崩塌，进而影响企业改革发展。观察业绩突出的企业，无论是内部管理、班子建设、生产经营等都会呈现出积极向好一面，但最主要的是有一个好的政治生态。良好的政治生态可以内聚人心、形成合力、外树形象，党的思想引领优势、组织优势、监督优势有效转化为改革优势、生产经营优势和市场竞争优势，工作事业将会呈现新气象。营销总公司在近两年反腐治乱的重拳之下，强力发挥综合效应，把重塑政治生态、组织形态、作风形象作为不断深化反腐败斗争的重要目标，主动出击、矫枉过正，以临战姿态，按照“战时纪律”深刻开展“破”与“立”的自我革命，下大气力扭转被动局面，自我净化、自我完善的内部循环机制有序重构，并在发展过程中不断战胜、消解、转化内部消极因素，党员干部严以用权成为内生自觉，全员依规行权成为行为习惯，由乱到治，由治而兴的良性发展势头稳固形成，干事创业活力竞相迸发。

二、持续深入推进反腐败斗争是国有资产保值增值的根本保障

国有企业由党而建、跟党创业、为党奋斗，政治属性决定了国有企业必须姓党为民；社会属性决定了国有企业生产资料归全体人民所有，是社会主义公有制的重要体现。国有资产保值增值是国有企业首要的职责，也是衡量国企工作优劣的关键，同样关系国计民生、关系党的执政根基。因此企业改革发展必须建立在国资保值的基础之上，维护国有资产安全，反腐败工作不仅重要，并且迫切，是筑牢安全堤坝的根本前提。

（一）打破“权力场”——反腐败斗争为国有资产安全提供强力支撑

国有企业领导干部手掌权柄，其职业操守、廉洁素养直接关系企业的前途命运。如果一个国企的领导干部不讲政治、不守规矩、不能担当，则是企业之殇，其“不作为”或“乱作为”，必将导致一个企业发展举步维艰、进退维谷、步入歧途，进而严重损害国家和人民的利益。营销总公司在销售策略方面由于存在地域差价，不法经销商利用产品运输便利条件和政策监管漏洞与个别驻外销售公司表里为奸，将享有地域补贴本该销往外地的产品就地销售，从中谋取差价、骗取运补，长此以往，在当地便有了“甩货”俗称，时间跨度数年之久。原营销总公司总经理刘某长期占据关键核心岗位，选人用人以权谋私，一些关键岗位沦为企业“出血点”，致使“甩货”问题长期难以得到治理，业务领域乱象丛生，劣币驱逐良币的“市场逆淘汰”日渐乘势。外部与不法商人暗通款曲，甘愿充当“代言人”，面对规范市场秩序的激烈呼声和群众反映的大量问题线索遮瑕护短，抵触内部监督甚至为纪检部门依法调查层层设阻，为本在生死边缘挣扎的钢企持续“放血”，大量

国有资产流失，加剧了资产结构劣化，转型升级严重受阻。2020 年在纪检监察机关的强力介入下，上级党委果断将刘某调离重要岗位，2021 年 3 月 2 日依纪依法对其立案审查调查。新一届领导班子到任后，充分吸取教训，高举全面从严治党大旗，从严肃纪律规矩抓起，把党的集中统一领导贯穿公司治理全过程，全面规范党委会议事制度，认真落实“一岗双责”，严格执行领导班子集体决策议事流程和“领导干部有关事项报告制度”，自觉接受监督、主动开展监督，支持专责监督，班子自身建设明显增强；注重发挥基层党组织战斗堡垒作用，把党支部考核结果纳入目标责任制，绩效连挂，发生廉洁问题既考核个人，也考核团队，一并处罚单位负责人，责任环环相扣、压力层层递增、措施件件落地；用人导向是最大的导向，用好一名干部，就是树立一面旗帜。对此，公司党委重点突出领导干部和关键岗位监督，全面规范用人评价、干部考绩，一批既能抵制歪风邪气又能破除歪风邪气，既能管好自己也能管好别人，既能做好示范又能带好队伍的后备人才提前选任关键岗位培养历练，对履责不力、管抓不严的 2 名领导干部及时调离重要岗位。在多重积极因素协同作用下，全员搏击市场能力、自我造血能力、破局解困能力明显增强，面对严峻市场形势和内外“双重压力”，2021 年吨材销售利润较行业大幅进步，吨材价格与行业对标显著优化，产品库存指标逐月下降，库存等多项阻碍利润指标创历史新低。

（二）铲除“围猎圈”——反腐败斗争为国有资产安全提供稳固防线

型钢是山钢股份的拳头产品，行业口碑好、市场占有率高，不仅具有品种主导优势，同样具备品牌溢价优势。由于市场前沿信息滞后，缺乏科学的产品价值判断和透明公开的流程约束，产品利润和有限资源沦为腐败分子攫取个人私利的工具，贪腐背后是几倍、几十倍，甚至上百倍的资产损失。原营销总公司型钢部经理李某曾在纪检、政工部门工作多年，转行从事销售业务后，凭借灵活的头脑和刻苦的钻研，很快成长为业务骨干并被提拔到型钢销售部门领导岗位。在职期间，“围猎者”纷纷向其发起攻势，巨大利益诱惑面前李某逐渐背弃职业操守、丧失纪法底线，利用手中的权力和体制机制漏洞投机钻营，长期封闭市场信息、主导产品定价、把持销售渠道，通过定向配置资源、锁价让利、优先排产、操弄价格等手段谋取个人私利，甚至公开叫价公然索贿。2021 年 5 月 7 日，李某被依法留置，受到了党纪国法的严惩。案件调查期间，营销总公司针对流程制度、权力分配、管理模式等方面存在的制约因素，以拔营夺寨的攻坚精神，挂图作战、对表推进，先后优化价格制定、资源分配、排产发货、开户准入等 26 个环节，把制度定向、集体决策、网上审批、阳光运作等要素植入权力集中领域、风险聚集部位，建立形成以合同规范为基础的流程审批机制、以销售计划为指导的订单保障机制、以资金为保障的接单机制、以结构增效为目标的订单优化机制、以整单交付为导向的生产保障机制，决策科学有据、管理有的放矢、问责掷地有声的业务流程全闭环管理体系初步建成，不仅规范了权力边界，矫正了市场秩序，并且有序激发了市场活力、企业活力和员工活力，让企业成功摆脱畸形市场关系，顺利回归依靠产品质量、服务质量、创新质量的内生长效发展道路。2021 年主要业绩指标跑赢大盘，结构增效、对标协同均实现历史新高。

（三）斩断“利益链”——反腐败斗争为国有资产安全提供强大保障

带有经营属性的国有资产管理模式是国有企业有别于其他机关、机构的本质特征，其资本的特殊性决定了利益输送的风险明显高于其他机构行业。看似正常的市场行为，一旦出现内外勾连，极易形成各种隐形利益团体，利益链条打通，势必造成国有资产大量流失，不仅侵蚀国家利益、扰乱市场秩序，而且严重威胁企业生存环境，其隐蔽性、危害程度远远大于其他腐败行为。营销总公司下属某驻外公司执行董事、经理庄某在职期间靠钢吃钢、靠企吃企，与好友、特定关系人合伙开办多家影子公司、寄生公司，以三方贸易为掩护，绕开重重监管，长期对外拆借巨额资金，并通过低售高采、虚列仓储运输费，大肆贪污经营资金、收受利益团体其他人员贿赂，违纪方式层出不穷、作案手段花样翻新。2022 年 2 月 14 日，庄某被审查调查。针对前期调查掌握情况和巡察发现问题，营销总公司以扎牢篱笆、铲除滋生腐败土壤为目标，加强人员交流力度，建立全员廉洁档案、个人事项申报制度。对数千家贸易公司、终端用户开展全面筛查，修订战略用户、重点用户和价值用户名录，严格实施用户分级管理、属地管理；制定出台《客户关系管理办法》，建立用户廉洁共建协议制度，签署廉洁共建协议，对销售往来中存在不廉行为的 6 家客户终止业务合作，责令 3 家违约企业作出廉洁承诺；制定下发《区域销售公司销售业务管理办法》，进一步强化业务流程管控，全面取消“垫资托盘业务”，明令禁止与贸易公司开展“第三方采购”，特殊业务提级审批，多类流程漏洞有效堵塞，利益输送的风险链条渐次打破，产品销售价格稳步攀升。今年以来，克服疫情等多重不利影响，合同交付率完成计划目标 102. 7%，增效超年度目标 9. 5 元/吨，增效总额数亿元，6 大品种板块销售计划完成率均超 100%。销售指标的提升强力带动整体效益向好，营销头雁激发群雁活力的矩阵效应不断彰显。

三、持续深入推进反腐败斗争是国企改革的基础保障

国有企业改革不是一个单纯的经济问题，更是一个重大的政治问题。没有正确的政治引导不可能实现正确的改革方向，没有强大的纪律保障更不可能达到预期的改革目标。诸多政治因素中，腐败问题无疑是最大的改革障碍、更深层次的改革矛盾。反腐败工作既是国企改革的强力抓手也是国企改革的重要内容。

（一）反腐败工作的纠偏功能助力把握改革方向

改革本身是一个不断探索实践的过程，各种要素复杂交织，各种利益盘根错节，势必涉及稳定与发展、当下与长远、局部与整体的关系调整。只有一以贯之地推进反腐败工作，才能切断歪路、邪路，矫正改革发展的路径选择，让企业摆脱非正常因素干扰，倒逼改革回归本位。同时，反腐败工作的深度体检作用为改革提供宝贵的问题资源、经验教训，节约改革成本、缩短改革路径。山钢集团营销改革过程中，公司党委坚决扛起全面从严治党、依法从严治企政治责任，把铲除腐败土壤、修补政治生态、化解矛盾风险等多重目标融入改革内容，全力构建“11456”工作思路，在党政班子指挥督促和示范引领下，各部门“第一责任”引领保障发展“第一要务”意识显著增强，政治优势、反腐成效持续向企业创新优势、发展成效深度转化，一系列体制化改革措施稳步落地。

一是强化人员交流、打破利益藩篱。2021 年以来内部轮岗交流占比总员额 44%，人员交流制度化、常态化，有效打破利益固化局面。

二是拆分业务风险，收紧聚合铁拳。明确“三主一支”营销体制，将品种部销售和用

户服务职能剥离划转至区域销售公司，业务流程环节与品种部分工协作、各有侧重，不仅形成相互监督、相互制约格局，一并推进了公司治理现代化水平。

三是压缩业务层级，减少风险源点。将原有数十家驻外销售公司优化整合为6家区域销售公司，品种部销售人员一并向区域销售公司充实，产品直面市场、信息直连市场、营销对接市场的格局初步形成，营销能力大幅提升的同时，有效减少被监督单元，监督管理更加聚焦、问题发现更加精准。

（二）反腐败工作的惩治功能助力扫清改革障碍

营造安全稳定的改革环境是企业改革动力持续输出、改革措施有效落地的重要基础。营销总公司一系列腐败问题的发生，政治生态遭遇前所未有的破坏，改革进程一度停滞不前。企业发展迫切需要改革，形势牵引催动改革，在完成总体设计安排，任务分解落实的关键阶段，反腐败工作的“拆弹排雷”、惩治震慑任务更加艰巨，既是必须打赢的攻坚战，也是绝地反击的生存战，不仅需要深挖腐败蛀虫，更要扫清改革障碍。对此，营销总公司党委按照“两手抓、两手硬”的斗争策略，在系统推进改革的同时，把大监督体系建设作为营销党委的首要工程和必须抓好“生命线”工程，以知耻后勇的政治觉悟和重新整装再出发的奋斗姿态，围绕“释放监督活力、强塑营销铁军”主题，本着“标准从高、部署从严、规划从细、落实从实、推进从快”要求，把全面从严治党和依法从严治企全面融入架构，全力探索构建大纵深、全覆盖“四位一体”监督体系，党内监督的政治影响力、行政监督的管理渗透力、群众监督的基层号召力和社会监督的外部制衡力协同起效，直击积弊沉疴，倒逼责任落实。明确各管理部门和管理人员的权责边界，把监督纳入管理，将管理植入监督，按照“监管同责”“管治同向”原则，充分聚焦对管理的再管理、对监督的再监督，抓住销售、采购两大重点板块，紧盯资源分配、价格制定、政策优惠、结算管理、资金管理和客户管理六大关键环节，配套出台《动态考核办法》《廉洁风险管理机制意见》《八小时以外监督管理暂行办法》等一揽子制度保障措施，推进制度防线、收紧管理红线，通过严格内部考核排名、监督绩效连挂等问责措施，精准运用监督执纪“第一种形态”处理问责40人，以“硬核”管治力形成卓越监督力，实现高效生产力。保持与腐败问题“水火不容”的斗争决心，坚持问题线索主动查、表象根源一起查，查案体检双向推进，果断查处多起违反中央八项规定精神、违规开展营销业务案件，并顺线追踪初步查实一批违纪违法案件线索。2021年以来，移交上级纪委提级审查案件3起，撤销相关单位和个人的荣誉称号15项，利用第三种形态对6名违纪违法人员给予开除党籍处分，留党察看处分1人、撤销党内职务1人，利用第二种形态处理违纪违规人员4名，收缴违纪款项近7万元。面对强大政治攻势，20人主动向组织说明问题，2人向纪检部门主动投案。

（三）反腐败工作的体系功能助力巩固改革成果

不敢腐、不能腐、不想腐，是一个动态发展的有机整体，既相互区别、相互独立，又彼此联系、环环相扣。就反腐败策略而言，由难到易，不想腐是上策、不能腐是中策、不敢腐是下策；就关系而言，不想腐是目标、不能腐是基础、不敢腐是保障；就顺序而言，事前在于防范、事中在于监督、事后在于惩治。营销总公司在一系列腐败案件取得重大突破，以案促改纵深推进良好态势下，“不敢不能”得到有效巩固和加强，“不想”的思想建设体系扎实布局、稳步推开。

一是以“五个一”廉洁教育体系为依托，根植廉洁基因。把“廉洁营销”建设纳入营销工作全局，把强塑“忠诚、攻坚、学习、服务、廉洁”五型营销铁军作为队伍建设目标，紧贴营销队伍实际，系统规划建立以“每周一题、每月一例、每季一测试、半年一反思、每年一共享”的廉洁教育体系，通过内部短信平台、“廉心桥”微信公众号、信息交流平台等硬件创新措施，搭建形成上下贯通、广域连接的廉洁教育承托载体，累计组织课程 65 次（每周一题 52 期、每月一例 13 期），配合开展学习讨论、反思共享，全员挺纪在前的红线意识和对“围猎腐蚀”的警觉意识不断提升。

二是以廉洁文化阵地建设为平台，塑造廉洁氛围。重点在廉洁教育渗透力方面下足功夫，先后设立廉洁影像播放站 7 处、廉洁辩证法系列版图 24 个，制作摆放“廉洁自律铭”提示桌签，开展廉洁家书展评，征集廉洁文化作品，规划筹建廉洁文化长廊。制定出台廉洁宣誓制度，各类大型活动、重要会议、新人入职等庄重场合廉洁宣誓成为常态。把廉洁要素、把家庭家教家风作为全面从严治党的重要抓手，组织开展廉洁营销“三进家门”活动，注重发挥家庭助廉和家庭监督的强效补充作用，初步探索开启一系列以“家庭助廉守护平安”为目标的新方法、新措施，打通单位与家庭、组织与家属之间沟通桥梁，鼓励家属筑牢廉洁围墙，围猎空间进一步压缩。

三是以强化纪律作风整顿为载体，提升廉洁效能。从规范全员行为举止、统一着装标识入手，先后组织开展“正风、肃纪、塑形象”纪律作风整顿、“学习反思求突破”思想大讨论、“以案示警、以案促改”警示教育、“钢铁作风”锤炼等专题活动，督促开展合同管理、余材招标、招待费管理等专项整治，从严从重惩处有令不行、顶风违纪问题，先后下发各类问题通报 37 次，下达处罚令、批评书 32 份，问责 115 人次，考核总金额 47 万余元。

四、持续深入推进反腐败斗争是国有企业有效践行历史使命的重要保障

国有企业是中国特色社会主义的重要物质基础和政治基础，是我们党执政兴国的重要支柱和依靠力量。企业强则国家强，习近平总书记“六个力量”的重要定位和“三个有利于”的基本要求，清晰阐述了国有企业跟党奋斗、为国担当、为民造福的历史责任与时代担当，进一步指明了新时代国有企业的赶考之路。在守业中创业、在守业中兴业是国有企业改革发展的内在规律也是必然要求，驰而不息深入推进反腐败斗争既是守业所求，也是创业所需，更是兴业所依，是国有企业生存发展的历史命题。当前，正是山钢集团营销改革爬坡过坎、滚石上山的关键时期，迫切需要稳固的政治生态和良好的发展环境。但客观来看，党风廉政建设和反腐败斗争成果依然是初步的、阶段性的，“深层次问题还没有完全破解，病原体还没有根除”，面对营销领域基础羸弱的短板和错综复杂的局面，稍有松懈，腐败问题就会故态复萌、卷土重来。

（一）坚持常抓是根本

坚持以党的建设为统领，充分发挥党委“把方向、管大局、保落实”优势，明确重点任务，及时跟踪问效，督促落实管党治党“两个责任”，始终保持战略定力，全心全意谋改革、破难题、闯难关，确保改革发展始终沿着正确的方向前进。把“五个一”廉洁从业

教育体系作为日常活动内容紧紧抓在手上，在教育形式的多样性、教育方式的灵活性、教育内容的丰富性方面狠下功夫，通过网络平台，借助信息手段，持之以恒、久久为功地坚持推进，引导广大干部职工不断增强在是非面前的辨别能力、在诱惑面前的自控能力、在底线面前的自省能力。以正向塑造“廉洁营销铁军”为目标，创新构建具有营销特色、符合营销实践、具备心灵感召的廉洁文化体系。按照“文化上墙、文化上网、文化上桌”总体规划，持续广泛开展廉洁文化作品征集、廉洁主题活动，梯次建设廉洁文化长廊、警示教育阵地、廉洁文化“标签”，不断形成巩固沁润人心、打动人心的营销廉洁“坐标”。唱响主旋律，凝聚正能量，深度挖掘廉洁故事，推广廉洁典型，大力宣传营销政治生态重塑和以严提质、以廉增效的“暖新闻”，通过积极正面引导，全力展现知耻后勇、砥砺前行的营销新亮点、新形象、新作风、新成就，切实增强广大营销人员的职业归属感、荣誉感、责任感、使命感。以开展廉洁营销“三进家门”活动为契机，将廉洁教育、廉洁监督、廉洁文化向“八小时以外”扩展、向工作岗位延伸，鼓励家属当好贤内助、廉内助、监督员，共同营造平安健康、清廉和谐氛围。

（二）坚持严抓是前提

全面落实全面从严治党系列部署，时刻保持严抓、严管、严治、严防态势，按照省纪委监委《关于进一步强化营销领域廉洁风险防控的纪检监察建议》，深入持久开展以案促改、以案促建，充分用好案件资源，变教训为财富，不断巩固推进专项整治成果，以点带面持续完善制度、优化流程、防控风险。把“四位一体”大监督体系建设和廉洁风险管理体系全面融入营销系统设计，进一步树牢“监督是管理应有之义”和“监管同责”理念，突出对管理的再监督责任要求，压紧压实管理部门和管理人员监督责任，对监督不主动、成效不明显的管理部门负责人进行约谈，约谈不见效的，依据“重要制度不落实坚决调离岗位”要求坚决问责。立足“抓早抓小、抓苗头倾向”，坚持关口前移，做实做强廉洁风险防控体系，把前置发现、前置预防、超前处置作为体系建设的着力点和落脚点，最大限度防控队伍管理风险，最大限度减少“非战斗减员”。充分聚焦“关键少数”，切实增强各级班子凝聚力、战斗力、执行力和领导力建设，大力营造捆起手脚做人，放开手脚做事的“从严氛围”。

（三）坚持狠抓是关键

按照“有责必追、失责必问、问责必严”要求，持续深化“监督问责”各项措施，加强对重要领域、重点岗位、关键环监督，牢固树立“得罪人就是保护人”的理念，切实运用好监督执纪“四种形态”，让广大干部职工知敬畏、存戒惧、守底线，习惯在受监督和约束的环境中工作生活。充分发挥政治引导作用，把内部奖惩机制与组织处理措施融会贯通，赋予“第一种形态”“微带电”功能，让咬耳扯袖、警示提醒有触感、有痛感，使第一道防线看得见、摸得着，有温度、有力度。坚持铁规管人、铁面无私、铁石心肠，高悬纪律法律利剑，架起带电高压线，从严从重查处不收手不收敛和顶风违纪人员，对发现新问题、新线索，特别是以案促改典型案例同类问题，揪住不放、一查到底，该移交的移交、该严惩的加重，让违纪违法行为付出更大成本，根治“热手谬误”和“心存侥幸”。

构建“3+2”大监督体系　保障企业高质量发展

——山东钢铁股份有限公司莱芜分公司纪委深化大监督体系建设的实践与探索

山钢集团山东钢铁股份有限公司莱芜分公司
赵智珠　周光军　焦卫东　刘　扬

监督，是党章赋予的使命和责任。第十九届中央纪委六次全会再次对监督工作作出了“聚焦‘国之大者’推动政治监督具体化常态化”的新的战略任务。在全会公报中“监督”一词高频出现，建立以党内监督为主导，做实专责监督、贯通各类监督的大监督体系，是强化惩防体系建设、深入推进全面从严治党在向基层延伸的重要举措，对促进企业规范化管理、提升企业运营水平具有深远意义。如何整合现有监督资源，推进监督嵌入企业管理全过程，使监督治理不断促进企业管理职能发挥应有的作用，是当前国有企业亟须深入研究的重要课题。

一、当前“3+2”大监督体系建设的基本情况

近年来，山东钢铁股份有限公司莱芜分公司（以下简称公司）党委认真落实山钢集团党委关于加强大监督体系建设的工作部署，坚持系统性思考、全局性谋划、整体性推进，形成了“1+5+X+86”的总体工作思路：“1”是建立一个体系，建立“党内监督、行政监督、群众监督+社会监督、舆论监督”的“3+2”大监督体系；“5”是建立五项监督管理机制，建立监督机制、信息互通机制、处理机制、问责机制、考核评价机制；“X”是综合运用多种监督方式，包括会议监督、督查督办、任前事项报告、“一报告两评议”、离任检查、问题核查、备案管理、开标过程监督、巡察、专项巡察、专项检查、听取工作汇报、调查研究、问题线索处置、建立廉洁档案、政治生态分析研判、主动约谈、谈话函询、参加民主生活会、述责述廉、党风廉政意见回复、提出检查建议、抓好巡察整改等；“86”是落实好重点监督事项，全面落实公司党委梳理的86项重点监督事项清单，把大监督体系建设融入企业生产经营管理各环节，是莱芜分公司“大监督”体系建立和落地的纲领性指导，各项工作既相互独立，又融会贯通，形成整体的“大监督”工作框架，推动大监督从有形覆盖向有效覆盖迈进。

二、构建“3+2”大监督格局，推动监督从有形覆盖向有效覆盖迈进

大监督体系建设是顺应企业改革发展的必然要求，是深入推进党风廉政建设和反腐败斗争的重要路径，也是建立健全惩治和预防腐败体系、推动实现“不能腐”的现实需要。

公司党委在深化监督制度建设的基础上，建立“3+2”监督体系，推动各类监督有机贯通、相互协调，推动了监督从有形覆盖向有效覆盖迈进。

（一）坚持以党内监督为统领，积极构建党统一指挥、全面覆盖、权威高效的监督体系

党内监督是全面从严治党的重要保障。习近平总书记指出，党要管党，全面从严治党。“管”和“治”都包含监督。公司党委以“管”和“治”作为主导，建制度、抓教育、强作风，健全和完善党委全面监督、纪委专责监督、党的工作部门职能监督、党的基层组织日常监督、党员民主监督的党内监督体系，通过监督制度建设、纪律作风整治、巡察和整改、党委书记和纪委书记述责述廉、廉洁谈话、登记廉洁档案、重要事项报告等多种方式，围绕落实全面从严治党主体责任、严明党的政治纪律和政治规矩、落实中央八项规定精神、上级党委决策部署等情况开展监督检查，使党内监督不留死角、没有空白，做到监督常在、形成常态，不断增强党内监督实效。

（二）贯通多种监督方式协同发力，推动监督全覆盖

在强化党内监督基础上，积极推进行政监督、群众监督、舆论监督和社会监督的贯通融合、协同发力。

一是压紧行政监督责任。各监督主体按照“谁主管、谁立制、谁负责、谁监督”和“突出重点、聚焦关键、增强针对性”的要求，明确重点监督事项、监督方式、监督频次、监督责任人，每月对监督发现问题、整改措施和处置情况进行梳理上报，各级监督责任进一步压实，有效预防问题发生。如：今年以来，公司在安全生产方面监督发现问题 700 余项，下达通报 3 份，考核问责 4 个单位、60 余人次，经济考核 66 万余元。

二是畅通群众监督渠道。“廉政建设示范点”是公司近年来倾心打造的品牌，三年多来从最初的廉洁文化建设、纪律教育逐步拓展到监督管理、风险防控、堵塞漏洞上来。目前公司共有 113 个示范点、10841 名干部职工（占职工总数 70. 33%）、3253 名党员（占在职党员总数 50. 62%）参与，涵盖了机动设备、原燃料把关、储运发货等风险较高的部门和岗位。自 2020 年以来，公司“廉政建设示范点”及创建单位通过开展创建工作，累计为公司避免和挽回经济损失 1. 152 亿元。同时，通过厂务公开、发挥职工代表作用、完善企业民主管理制度等措施，为发挥职工群众监督作用搭建平台，畅通渠道。建立公司、厂两级 206 人的党风廉政监督员队伍，印发职责告知卡，建立信息直报制度，在群众监督的工作实践上迈出了有力一步。

三是加强舆论监督和社会监督。利用微信群、各类 APP 平台、职工快线、职工代表民主恳谈会等载体，准确把握新形势下职工群众关注的热点焦点问题和新变化新趋势。先后围绕职工就餐、门禁改造、浴室管理、车辆进出厂管理等方面，深入分析研判，持续跟进整改，积极发挥舆论监督效力；在大宗原燃料进出场 40 处关键位置，发布《原燃料监督举报公示》，公示监督举报电话和邮箱，畅通监督举报渠道；坚持把科技手段运用作为提升监督实效的关键，炼钢厂开发“五位一体”“数智监督”平台，实现了监督“零距离”“全透明”。

（三）打造特色监督制度体系，保障监督实效

公司开展山钢集团“1318”监督制度体系全员大学习，筑牢监督制度体系理论基础。推行“日汇报、月通报、半年推进、年度评价”制度，定期组织召开大监督体系建设推进会，集中研究解决问题，协调各部门之间进行监督对接和联动，推动各监督主体在“精、准、实”上下功夫。编发《大监督体系建设工作月报》，展示典型经验，通报监督情况，激励先进、鞭策后进，不断提升监督治理效能。实施二级单位党组织书记、纪委书记述职述责述廉制度，推动责任落实；建立《廉洁从业档案管理办法》，优化完善管理8级以上人员廉洁档案，并实施动态管理，监督常在；制定《党员干部选拔任用德廉知识测试实施办法》，强化选人用人监督。针对权力集中、资源密集部门、岗位和领域，结合监督检查暴露出的制度和管理漏洞，健全制度体系，加强风险防控，形成较为完善的监督制度体系。

（四）深化监督体制机制创新，努力提升监督治理效能

公司坚持把深挖细查管理漏洞作为打击腐败的突破口，严肃查处侵害企业利益和违规违纪行为。自2019年四季度以来，公司把原燃料质量监督管理作为生产经营的重要一环，深化监督体制机制创新，在纪委/巡察办机构下成立监督稽查室，围绕进厂废钢、合金、储运外发、进口备件、循环水处理、进出厂物资、进厂外购焦、检化验等各环节流程开展专业监督稽查，实现了由点到面的全覆盖监督。公司纪委/巡察办以维护企业根本利益为出发点，全天候、全覆盖开展监督稽查，2020年以来，通过强力推进监督稽查，采购和把关部门责任意识明显增强，先后修订完善管理制度63项，有效堵塞了管理漏洞。各责任单位累计为公司避免和挽回经济损失1086.16万元，把关效益2.59亿元。

三、存在问题和原因分析

大监督体系建设是深入贯彻落实党的十九大精神的具体实践，是新时代国有企业全面深化改革的重要探索，更是监督体制机制改革的具体路径，但是目前仍然存在一定的问题和不足。一是从公司纪委在企业内部查处的典型案例来看，企业监督和治理体系还不健全，监督覆盖面还存在盲点和漏洞。二是各类监督主体专业“壁垒”效应明显，在协同发力上的作用发挥不够充分，力量较为分散，甚至部分领域的监督环节出现脱节、缺位。三是监督在我们还要持续深化、推动完善系统集成、协同高效的监督体系，进一步强化“协同监督、科学监督、高效监督，推动各类监督有机贯通、相互协调”的部署，坚持党内监督与内控机制相统一，切实把监督优势转化为治理效能。

四、经验和启示

（一）必须坚持党的统一领导，全面加强监督资源的再整合

党政军民学，东西南北中，党是领导一切的。公司纪委要把政治监督作为首要职责，把“两个维护”作为根本政治任务，坚持党委对大监督体系建设的统一领导，充分发挥“3+2”监督体系的最大合力，找准工作切入点，促进多种监督力量协同发力，有效融入

生产、经营、安全、管理等工作各个环节，走出符合企业实际、体现公司特色的监督体系创新之路，积极构建“党委推动、各方联动”工作格局，为企业高质量发展创造良好干事创业环境。

（二）强化制度建设，完善制度体系

以推动集团公司“1318”监督制度体系落实为重点，对现有制度进行系统梳理，做好废改立工作，制定符合公司实际、务实管用的落实性制度。加强对制度执行情况的监督检查，突出重点环节与关键领域制度运行情况的监督检查，强化制度对权力运行的制约监督作用，把制度优势转化为治理效能。

（三）积极探索实践大数据在大监督体系中的应用

探索建立权力运行可查询、可追溯的反馈机制，积极推广数智平台建设经验，以新旧动能转换为契机，加大对科技监督的创新实践。探索建立大数据监督平台，通过大数据监督的实时监控，数据分析对比，实现“技术+监督”的融会贯通，促进监督工作提质增效。

（四）必须强化纪检队伍建设，不断提升专责监督水平

要强化纪律约束力和制度执行力，推动监督体系运行全面加强，监督执纪问责深入落实，管党治企长效机制有效运行。公司纪委要进一步落实“三转”要求，努力推动“五个转变”：一是推动纪检机构从泛化监督向专责监督转变；二是从查处少数向管住大多数转变；三是从查处违规违纪问题向加强日常监督转变；四是从单纯纪律惩治向综合运用“四种形态”转变；五是从大而化之向抓紧抓实上转变。

聚焦“关键少数”，切实加强对“一把手”和领导班子的监督

湖南钢铁集团纪委　蒋小衡　王承宇　舒国辉

近年来，湖南钢铁集团（以下简称集团）纪委认真贯彻落实《中共中央关于加强对“一把手”和领导班子监督的意见》和湖南省纪委监委出台《全省纪检监察机关加强“一把手”监督“十必严”》要求，把对“一把手”和领导班子的监督摆在管党治党突出位置，充分发挥专责机关作用，切实增强监督实效，不断强化对权力运行制约和监督，通过抓好“关键少数”带动“绝大多数”，一以贯之全面从严治党，巩固风清气正的政治生态。

一、把政治监督摆在首位，督促各级“一把手”和领导班子履行好管党治党政治责任

（一）强化政治建设

集团党委坚持以习近平新时代中国特色社会主义思想为指导，把学习贯彻习近平总书记考察湖南重要讲话和关于湖南工作的重要指示批示精神作为党委理论学习中心组学习的第一要务，在学懂弄通做实上狠下功夫，以实际行动捍卫“两个确立”、树牢“四个意识”、坚定“四个自信”、做到“两个维护”。2021 年召开党委理论学习中心组学习 19 次，“第一议题”学习 51 次，坚持用党的最新理论成果武装头脑、指导实践、推动工作。胸怀“国之大者”，把贯彻新发展理念摆在集团高质量发展首位，坚守省委“三高四新”战略定位和使命任务，不断增强践行“两个维护”的思想自觉、政治自觉和行动自觉。

（二）推动落实党委主体责任、书记第一责任人职责

督促集团“一把手”严格执行《党委（党组）落实全面从严治党主体责任规定》，协调推动集团党委定期分析、研究、部署全面从严治党工作，全年研究全面从严治党有关事项 15 项。通过谈心谈话、述责述廉等方式，督促领导班子其他成员履行好“一岗双责”，抓好分管范围内全面从严治党各项工作。“一把手”带头严守政治纪律和政治规矩，带头贯彻中央八项规定及其实施细则精神，带头履行领导班子作出的“九严九不”承诺，严守“十条履职红线”。

（三）贯彻执行民主集中制，规范“一把手”用权行为

严格执行集团公司党委会议事规则，班子决策坚持民主集中制，落实“三重一大”集体决策、“一把手”末位表态等制度，坚决杜绝“家长制”“一言堂”现象。集体决定的事项严格执行到底，确保执行不走样，维护集体决策的严肃性。2021 年召开集团公司党委会 57 次，前置研究事项 300 余项。

（四）认真落实组织生活制度，严肃党内政治生活

高质量召开集团党委领导班子党史学习教育、巡视整改专题民主生活会，“一把手”带头开展批评和自我批评，班子成员之间相互开展批评有辣度、有准度，杜绝走形式、走过场。坚持谈心谈话制度，“一把手”与集团公司领导班子成员分别谈话，做到真诚谈心，交流用心，聚力凝心，合谋发展。“一把手”带头落实“三会一课”，以普通党员身份参加所在支部专题组织生活会和“主题党日”活动。

二、紧盯重点领域和关键环节，督促各级“一把手”和领导班子规范行使权力

（一）进一步筑牢反腐倡廉“防火墙”

对高中层管理人员履职从业行为划红线、设禁区，制定新十条“红线”。从政治层面，划定“严禁拒不执行上级决策部署，搞变通、打折扣”等 2 条；从权力约束层面，划定“严禁违规插手干预工程项目、金融活动、物资采购及贸易、招投标重要事项”等 4 条；从个人廉洁自律层面，划定“严禁本人的亲属及其他特定关系人在集团公司范围内通过‘提篮子’‘打牌子’等方式从事营利性活动”等 2 条；从作风建设层面，划定“严禁设立‘小金库’、滥发津补贴、违规收送红包礼金”等 2 条。

（二）针对招投标、物资采购、工程建设等重要领域开展专项监督

督促各级“一把手”和领导班子严格执行《国有企业领导人员廉洁从业若干规定》，在高中层管理人员中集中开展领导干部利用职权插手干预工程建设、金融活动、废钢采购及贸易等“三项”问题专项整治。紧盯招投标等环节，2021 年查处招投标问题 8 起，对 18 家供应商终止投标资格，扣缴投标保证金 38 万元；查处大宗原材料质量异常问题 138 起，对 10 家不诚信供应商纳入“黑名单”。

（三）驰而不息纠治“四风”问题

严格落实《领导班子成员作风建设“九严九不”规定》，从基层调研、公务用车管理使用、办公用房配备等九个方面提出明确要求，切实加强领导班子作风建设。紧盯公款吃喝等“四风”问题重点纠治，对近三年接待费用自查自纠，针对问题抓好整改、完善制度、规范管理。持续整治形式主义官僚主义，实施“六减一推进”措施，集团各类会议减少 50%，内部发文减少 30%。

三、抓好巡视反馈问题整改，督促各级“一把手”和领导班子落实整改主体责任

全力配合省委第四巡视组对集团公司开展常规巡视，高质量完成协调联络、下沉调研、线索核查等各项工作。集团党委召开巡视整改专题党委会，研究制定《巡视反馈问题整改工作方案》，成立巡视整改专项工作组，出台巡视反馈问题整改方案及问题清单、责任清单、措施清单，将27类51个问题全部落实到具体责任单位、责任人，并明确整改措施、整改时限，每项工作、每项任务责任到岗到人，挂图作战、快速推进。集团“一把手”认真落实整改第一责任人责任，主动认领牵头或参与整改的问题，按照整改方案和时限要求，坚持压实责任抓整改、强化合力抓整改、标本兼治抓整改的思路，上下联动，合力推进，严格控制整改时限，确保按期全部销号。集团纪委切实履行省委巡视反馈问题整改监督责任，针对省委巡视反馈的问题、省委书记点人点事的问题，督促党委专题研究11次，对巡视移交的问题建立台账，靠前监督，立行立改，完成一个，销号一个，巡视整改工作取得明显成效。集团党委组织开展第四轮巡察，坚持政治巡察定位，聚焦“一把手”政治表现、履职状态、廉洁自律、生活情况，组建3个巡察组，对3家基层党组织开展政治和管理巡察，发现问题76个，提出巡察建议43条，针对违规违纪问题给予1人降级处分，清退违规款12.7万元，完善制度30余项。

四、推进制度化法治化规范化建设，督促各级“一把手”和领导班子用制度管人管事管权

一是健全完善集团公司廉洁从业制度规定。制定完善党风廉政建设相关制度30余项，根据省委巡视反馈意见，重新修订十条履职“红线”制度，加强对“一把手”和领导班子的监督，定期公开公示、开展专项监督，建立党风廉政建设定期报告制度。

二是健全完善优化各项规章制度和业务流程。不断完善企业决策和党委前置研究机制，落实党的领导融入公司治理清单，企业决策事项清单、党委前置研究重大经营管理事项清单、企业“三重一大”决策制度实施意见等制度，班子成员分工合作，各司其职，着力将权力关进制度的“笼子”，系统提升企业治理能力和治理效率。

三是稳步推进集团公司法治建设。严格落实上级文件要求，通过开设普法专栏、发布典型案例、“快递”新法新规，推进企业法治建设。建立合法合规性审查和重大法律风险评估成为公司决策审议涉法议题的前置程序机制，涉法议题上会前均通过法审把关，揭示法律风险、提出应对措施，保障公司重大经营管理决策事项合法合规。

四是严把选人用人关。完善集团公司党委管理干部电子廉洁档案建设，对集团公司领导班子成员进行精准“廉政画像”，动态更新，推动对“一把手”的日常监督关口前移。把政治建设摆在首位，对拟任“一把手”人员和现任“一把手”职务调整所出具的廉政意见回复，坚持集体研究，从严把关。坚持“综合考核、尾数淘汰”考核机制，打破“论资排辈”“铁交椅”。

湖南钢铁集团纪委高度重视对“一把手”和领导班子的监督，将继续把“一把手”权力运行作为监督重点，通过强化政治监督，做实日常监督，督促各级“一把手”和领导班子履行好管党治党责任，推动“一把手”监督工作走深走实。一是结合集团公司实际，

从长远和根本的角度进一步健全完善“一把手”和领导班子成员权力运行制约监督机制，切实把权力关进制度的笼子。二是通过调研、督促、指导、检查等方式，强化对集团公司下属单位“一把手”和领导班子成员的监督，着力破解上级监督太远、同级监督太软的难题。三是对下属单位落实全面从严治党主体责任情况进行监督检查，以强有力的监督促使“一把手”和领导班子成员正确行使权力，推动第一责任人切实履行职责，对不担当、不作为的，依规依纪追究责任。四是以廉洁家风建设为重点，探索开展“一把手”和领导班子成员家风建设、纪律教育，打造和树立一批“贤内助”典型，加强正面宣传教育和引导，筑牢权力规范运行的堤坝。五是严格开展监督执纪问责，对反映“一把手”和领导班子成员的问题线索优先办理、优先处置，对违规违纪行为坚决从严查处，形成震慑和警示。

强化系统思维　掌握科学方法
引领和推动太钢纪检工作高质量发展

中国宝武太钢集团纪委

系统观念、系统思维是马克思主义唯物辩证法的基本要求，也是科学的思想方法和工作方法。以系统观念、系统思维来思考、谋划、推进纪检工作，就是要从整体上认识和把握纪检各项工作的本质特征、内在联系和发展规律，增强工作的前瞻性、全面性、战略性。习近平总书记指出“实践出真知，实践长真才”，我们不仅要深刻领悟其中蕴含的道理，更要深入总结、归纳、提升实践经验，把握内在规律要求，把运用系统思维推动实践创新贯穿到各项工作中，全力推进纪检工作高质量发展。

近年来，太钢纪委在实践中坚持一体思维，边学习、边调研、边工作、边总结，不断探索纪检工作高质量发展的新举措、新路径，凝聚起“三个坚持”思想合力，强化“四个聚焦”实践做法，引领正风肃纪反腐不断开创新局面。

一、推动纪检工作实现高质量发展，必须强化系统观念、系统思维，加强工作的前瞻性思考

领导干部要提高战略思维、历史思维、辩证思维、创新思维、法治思维、底线思维能力，善于从纷繁复杂的矛盾中把握规律，不断积累经验、增长才干。推动新时代纪检工作高质量发展是一项复杂的系统工程，必须深入探寻其中蕴含的普遍规律和阶段性特点，不断增强工作的预见性、主动性、创造性。太钢纪委从大格局上入手，站在全局性谋划、战略性布局、整体性推进的高度，明确了“三个坚持”的目标定位。

一是坚持政治引领、精准定位，不断提高“政治三力”，增强履职尽责的政治自觉。纪检机关是政治机关，纪检工作是政治工作。要坚持学懂弄通做实习近平新时代中国特色社会主义思想，深入学习贯彻党的十九届六中全会精神，不断提高政治判断力、政治领悟力、政治执行力。要立足公司党的建设和生产经营、改革发展的实际，将党中央关于全面从严治党、加强党风廉政建设和反腐败工作的部署要求，落实到工作中、体现在行动上，增强履职尽责的政治自觉。

二是坚持围绕中心、服务大局，突出问题导向，做到哪里有问题、监督执纪就到哪里。坚持党的领导，加强党的建设，是国有企业的“根”和“魂”。要深刻学习领会习近平总书记在全国国有企业党的建设工作会议上重要讲话的精神要义，围绕公司生产经营和改革发展大局，围绕重点领域关键环节权力运行，坚持问题导向，做到哪里有问题，巡视巡察就到哪里、监督检查就到哪里、执纪问责就到哪里。

三是坚持全面从严、一严到底，发扬斗争精神，紧盯“微权力”，严惩“微腐败”，严肃查处各类违规违纪行为。“严”是我们党的政治基因，是党始终拥有强大战斗力的重要保障。要深刻理解和认识党风廉政建设和反腐败工作依然严峻复杂的形势，增强忧患意识，保持战略定力，做到态度不变、决心不减、尺度不松，坚决查处靠企吃企、设租寻租、关联交易、优亲厚友、滥用职权、内外勾结、贪污侵占等“蝇贪蚁腐”行为，持续推动全面从严治党向基层延伸。

二、推动纪检工作实现高质量发展，必须掌握科学方法、提升实践经验，聚焦监督体系建设

高质量发展是具体的、实践的。太钢纪委在健全企业监督体系中积极担当、主动作为，立足准确把握新时代企业纪检工作的主要特点和基本规律，不断在实践与总结中寻求突破，建立起“四个聚焦”全覆盖监督体系，充分发挥了监督保障执行、促进完善发展作用。

一是聚焦“关键少数”、贯通多种监督。在监督全覆盖背景下，重点做到管好关键人、管到关键处、管住关键事、管在关键时，促进各级领导人员正确履职、廉洁用权，发挥好头雁的示范引领作用。强化政治监督，认真梳理习近平总书记、党中央和中国宝武、公司党委作出的指示批示、部署要求，将其分解成具体的工作任务，细化为具体的落实举措，列出完成的具体时限和责任人，推进政治监督常态化、具体化、清单化；强化党委巡察，深入总结首轮巡察做法经验，查找差距不足、补齐短板弱项，修订完善现有巡察制度，编制了《巡察工作参考手册》，充实完善巡察人才库，推动巡察工作高质量发展；狠抓巡视巡察整改落实，建立巡视巡察上下联动、分管领导参加反馈会制度，建立前期建账对账、中期查账督责、后期交账销账的整改促进机制、评估机制，探索“1+3+N”巡察整改指导督促机制，实现盯人盯事盯整改。建立政治生态评价体系，通过到基层单位走访调研、谈话了解、查阅资料、民意测评、参加民主生活会、列席“三重一大”会议、建立廉洁档案活页夹等工作，对基层单位政治生态作出评估，对其领导班子开展动态精准“画像”，做到对政治生态心中有数；巩固作风建设成果，每逢重要节点，通过下发通知、廉洁教育、设置提示牌、签订承诺书、开展廉洁共建活动等早打招呼早提醒，运用突击检查、明察暗访、专项检查、交叉互检等方式开展监督检查，督促党员干部绷紧“纪律弦”，养成自觉遵规守纪的良好习惯。

二是聚焦重点领域、促进廉洁用权。针对影响制约公司生产经营和改革发展的系统性问题、深层次问题，丰富监督内容，创新监督方式，不断增强监督的穿透性。持续开展靠企吃企专项整治，并适时开展‘回头看’，优化了企业营商环境；持续开展群众身边不正之风专项整治，通过对职工群众反映强烈问题的集中整治，监督推动“我为群众办实事”落实落地，解决好职工群众“急难愁盼”问题，保障了中国宝武和公司党委决定的政策真正惠及职工群众；持续开展重点领域关键环节专项监督，构建专项监督操作体系，指导基层单位将专项监督工作深度融入生产经营，完善流程制度、规范权力运行、防范廉洁风险，使得专项监督工作有序、高质运行；推进智慧监督专项工程建设，依托标准财务、人力资源、营销采购、工程项目、财务服务、内部审计等信息系统，分析查找涉嫌违规违纪违法的问题线索，充分运用智能平台、智慧制造，深入推进专项“廉洁工程”建设，促进

了本质化廉洁。

三是聚焦正风肃纪、深化“三不机制”。针对依然严峻复杂的党风廉政建设和反腐败工作形势，切实增强“三不机制”一体推进的政治自觉、思想自觉、行动自觉，做到强化执纪问责促进“不敢腐”，抓好整改促进“不能腐”，净化党内政治生态促进“不想腐”。保持惩处高压，持续夯实“后墙”。始终坚持“严”的主基调，在惩治这个“后墙”和底线上一步都不退、一寸都不让。严肃查办了直管干部在亲属违规经商办企业中违反廉洁纪律、个别管理者违反规章制度、不正确履职等问题，精准运用四种形态，收到了挺纪在前、执纪必严的效果。完善制度建设，持续织密“笼子”。加强制度建设，做好制度“立、改、废、转”，运用纪律检查建议等方式，推动了分离改制单位安全工作监管、矿山废钢销售处置环节等方面制度体系的完善，堵塞了管理漏洞、完善了公司治理。加强教育引导，持续筑牢“堤坝”。弘扬新时代李双良精神，倡导爱岗敬业、廉洁从业理念，通过组织观看警示教育片，及时通报曝光，加强纪律教育和警示教育，在各类宣传媒体上加大太钢纪检工作宣传，编发《不锈之风》纪检监督电子报，组织开展廉洁知识讲座、廉洁作品征集等活动，打好宣教组合拳，营造廉洁从业浓厚氛围。

四是聚焦队伍建设、提升能力素质。坚持用习近平新时代中国特色社会主义思想统一思想、武装头脑、指导实践、推动工作，旗帜鲜明讲政治，不断提高政治判断力、政治领悟力、政治执行力，带头践行“两个维护”，做到忠诚干净担当。在政治上激励，立足长远盘活纪检干部资源，持续加大对纪检干部的培养选拔力度，通过政治上的引导激励，激发纪检干部队伍想干事、能干事、会干事的精神活力；在组织上保障，新设立纪检监督部、党委巡察办，与公司纪委合署办公，工作优势互补的成效逐步显现。加强工作指导，多次召开党委会议，研究部署党风廉政建设工作，定期听取纪检工作汇报、重要案情报告、专项工作推进情况报告等，及时作出指导，协调解决工作中遇到的问题与困难。

总之，做好企业纪检工作是艰巨复杂的系统工程，推动新时代企业纪检工作高质量发展，必须注重统筹推进，增强工作系统性、整体性和协同性；必须科学谋划、统筹安排，在互联互通中乘势借力、在整合力量中推进实施；必须进一步增强系统观念、系统思维，更好地发挥监督保障执行，促进完善发挥作用，不断开创全面从严治党、党风廉政建设和反腐败工作新局面。

化廉于心　践廉于行
为一体推进“三不”提供内生动力

——新钢集团公司厚植廉洁文化的路径选择和实践探索

新钢纪委　皮芳芳

厚植廉洁文化，是新时代廉洁文化建设的重要内容，是增强党员干部拒腐防变能力的重要举措，是一体推进“不敢腐、不能腐、不想腐”的基础性工程。新钢集团公司认真贯彻落实《关于加强新时代廉洁文化建设的意见》，积极探索厚植廉洁文化的路径，化廉于心，践廉于行，发挥廉洁教育基础作用，着力提高廉洁文化建设的针对性和实效性，推动廉洁文化建设实起来、强起来，为推进国有钢铁企业全面从严治党向纵深发展提供重要支撑。

一、新时代国有钢铁企业廉洁文化建设存在的问题和原因分析

十九大以来，全面从严治党取得了历史性、开创性成就，反腐败斗争取得了压倒性胜利并全面巩固。但进入新时代，反腐败斗争形势依然严峻复杂，在惩治高压态势下，贪腐的手段花样翻新，方式更加隐蔽，新型腐败、隐性腐败层出不穷。从近年来国有钢铁企业查处的腐败案件来看，呈现出一些新的特征，表现出隐蔽性、期权性、复杂性。在营销、招标、采购、工程建设、财务、投资等领域腐败问题突出；新的“影子公司”“期权腐败”、交易型受贿等新型腐败、隐性腐败不断出现；风腐一体、借贷收息、委托理财等隐性腐败手段不断升级。这些腐败行为隐蔽性强，查处难度大，给企业加强廉洁文化建设提出了新的课题，对反腐败工作提出了新的挑战。

国有钢铁企业廉洁文化建设存在以下问题。一是认识不足、思想站位不高。有的党员干部不能从政治上观察问题、分析问题，从全面从严治党全局来思考、谋划、推进工作的意识和能力有待提高。有的认为廉洁文化建设是领导的事，是纪检干部的事，与己无关。二是廉洁教育与工作实际脱节。开展廉洁教育内容不够聚焦，缺乏针对性，“拿来主义”严重，照搬照抄，被动接受教育，与本单位实际情况脱节，群众参与的广泛性不高。三是廉洁文化建设缺乏系统性。与修复净化本单位的政治生态结合不紧，廉洁文化建设失偏，文化载体缺失，作用发挥不明显，实践缺乏计划性和系统性。四是廉洁文化建设推动不力，发展不平衡。有的单位说起来重要，做起来次要，写在纸上，挂在墙上，出了问题才想起来。办法不多，力度不够，主要靠自觉自律，短期内不容易出成绩，效果不好衡量，下的力气小。

以下对国有钢铁企业廉洁文化建设存在问题的原因进行分析。一是有的党员干部没有

站在勇于自我革命的政治高度来认识廉洁教育的极端重要性，没有从一体推进“三不”、全面从严治党的战略考量来看待廉洁文化建设的重要性，而是孤立、局限、封闭地从本单位、本部门的角度看问题，只盯着自己的“一亩三分地”，视野打不开、思路比较狭窄。二是开展廉洁教育工作没有与时俱进，教育针对性不强，主动引导不够，没有根据新时代发生腐败问题的隐性特征、关键岗位人员的廉洁风险点来开展廉洁教育，对实际工作的引领作用发挥还有较大的拓展空间。三是加强廉洁文化建设的工作机制有缺陷，一些案发单位把“三不”作为三个阶段或环节割裂开来，没有完全把廉洁教育嵌放一体推进“三不”中，贯通运用“四种形态”没有做到政治效果、纪法效果和社会效果相统一，在提升治理效能，净化政治生态上还有差距。四是一些单位创新意识不强，方式方法不多，教育形式单一，眼光短视，执行不力，基层教育有盲区，在增强廉洁教育精准性上下功夫不足。

二、新时代国有钢铁企业厚植廉洁文化的重要性和紧迫性

（一）厚植廉洁文化是国有钢铁企业落实全面从严治党新形势的必然要求

反对腐败、建设廉洁政治是我们党一贯坚持的鲜明政治立场，也是党自我革命必须长期抓好的重大政治任务。全面从严治党，既要靠治标，猛药去疴，重典治乱，也要靠治本、正心修身，涵养文化，守住为政之本。虽然新时代国有钢铁企业反腐败工作的严峻形势有所缓解，但新型权力滥用，不正当交易等腐败行为也逐渐显现，增加了反腐败工作的难度，给反腐倡廉工作增加了新的挑战。营靠风清气正、干事创业的发展环境，还需要久久为功的廉洁教育，需要不断厚植廉洁文化。

（二）厚植廉洁文化是营造国有企业风清气正政治生态的有效手段

廉洁文化是一种精神文化，厚植廉洁文化，可以培育有营养的文化土壤，清除文化土壤中的杂质，保持清廉本色，涵养清廉的党风。建设风清气正的政治生态，最有效的手段就是用中华优秀传统文化涵养克己奉公、清廉自守的精神境界，用社会主义先进文化培育为政清廉、秉公用权的文化土壤，用积极健康党内政治文化为引领，营造风清气正的政治生态。

（三）厚植廉洁文化是增强党员干部拒腐防变能力的重要举措

支撑一个党员干部清正廉洁的基石是坚定的理想信念和党性觉悟。厚植廉洁文化就是要教育党员干部牢记清廉是福、贪欲是祸的道理，守住拒腐防变防线。最紧要的是守住内心，从小事小节上守起，正心明道、怀德自重，勤弹“思想尘”、多思“贪欲害”、常破“心中贼”，以内心无妄思保证外无妄动，守住政治关、权力关、交往关、生活关、亲情关，保持拒腐蚀、永不沾的政治本色。

三、新钢集团公司厚植廉洁文化的路径选择和实践探索

新钢集团公司坚持化廉于心，践廉于行，强化路径选择，厚植廉洁文化，以先进理念为先导，在培育具有新钢特色的廉洁文化体系，着力打造廉洁文化品牌方面，进行了有益的探索。

（一）坚持用理想信念强基固本，以积极健康党内政治文化为引领，从思想上提高党性觉悟，为一体推进“不敢腐、不能腐、不想腐”提供内生动力

理想信念是立党兴党之基，也是党员干部安身立命之本。党员干部有了坚定理想信念，才能经得住各种考验，走得稳、走得远。理想信念不坚定，精神上就会“缺钙”，就会得“软骨病”，关键时刻就会私心杂念丛生，甚至临阵脱逃。当今世界百年未有之大变局加速演变，在这个关键时期，风险越大、挑战越多、任务越重，党员干部越要筑牢理想信念根基，始终做到对党忠诚，在困难面前不低头，艰险面前不退缩，重任面前不懈怠。新钢集团公司以积极健康党内政治文化为引领，通过组织理论学习、思想淬炼、政治历练、实践锻炼和专业训练，教育引导党员干部坚守初心、牢记使命，树立共产主义远大理想和中国特色社会主义共同理想，从思想上固本清源。

新时代厚植廉洁文化，要求党员干部首先要树立正确的理想信念，这是共产党人的政治灵魂，是共产党人经受住任何考验的精神支柱。理想信念坚定不坚定，关键看是否做到对党忠诚。对党忠诚首先是对党中央忠诚，要切实增强“四个意识”、坚定“四个自信”、做到“两个维护”，在思想上政治上行动上同以习近平同志为核心的党中央保持高度一致，严格遵守政治纪律和政治规矩，确保党的路线方针政策和党中央的决策部署得到贯彻落实。

信仰信念是最好的防腐剂，是打不垮的钢铁长城。在一体推进“不敢腐、不能腐、不想腐”的过程中，最关键的是要解决“不想”的问题。只有扭住“不想”这个根本，才能在实践中增强主动觉察、辨识、剔除文化土壤中杂质的素质和能力，才能搞高拒腐防变能力。思想上高了党性觉悟，以党性立身做事，让我们党倡导的理想信念、价值理念、优良传统深入党员干部思想和心灵，转化为廉洁自律的内在动力，才能从不敢腐到不想腐，增强不想腐的自觉。

（二）坚持传承革命文化的廉洁基因，赓续红色血脉，淬炼克己奉公、清廉自守、严于律己的高尚品格，推动廉洁文化建设有形有效

革命文化是我们党带领中国人民在伟大的革命实践中创造的文化形态和精神财富。新钢集团公司地处江西革命老区，中国共产党在江西的伟大革命实践，留下了数量众多的红色遗址、遗迹，涌现出大批英雄人物、时代楷模、革命烈士，形成了门类齐全、内容丰富的红色资源体系和廉洁基因。新钢集团公司充分利用好这些红色优质资源，每年七一前夕，分批组织党员干部到井冈山等红色基地，通过开办培训班、讲廉洁故事、朗诵红色家书等形式接受革命传统教育，让红色的种子植入灵魂，廉洁的基因融入血脉。同时，注重提炼革命文化所蕴含的廉洁理念，充分运用好革命博物馆、纪念馆、党史馆等红色资源，把红色资源利用好，把红色传统发扬好，把廉洁基因传承好，永葆共产党人清正廉洁政治本色。公司广大党员干部从党的百年奋斗历程中汲取力量，坚持用英烈楷模无私奉献的崇高品德激励自己，做到严以律己、一身正气，不计较个人得失，不贪图安逸享受，把榜样力量转化为艰苦奋斗、不懈奋斗的生动实践，推动了廉洁文化建设有形有效。

（三）坚持严肃精准问责，强化“不敢腐”的震慑，做到示范引领、警钟长鸣，释放出全面从严治党永远在路上的强烈信号

新钢集团公司汇聚廉洁元素，整合资源，积极探索深化廉洁文化建设贯通协同的有效

路径，坚持严的主基调，严肃精准问责，让“不敢腐”在“十面围城”的高压下形成长效震慑。

公司健全完善纪委、巡视巡察、审计、财务、组织、武保、法务、监事等监督主体在信息沟通、线索移交、成果分享等方面的协同机制。针对各类监督检查发现的问题，严肃查处违规违纪行为；持续加大“靠企吃企”、设租寻租、“影子股东”“影子公司”等问题查处力度，层层压实责任，推动整治工作向纵深发展；持续深化物资采购、工程建设、废旧物资处置等重点领域专项治理，针对重点业务、关键环节深入排查廉洁风险，理清权力边界、责任边界，并对照清单开展廉洁风险大排查，防范企业内部以权谋私、滥用职权、失职渎职、关联交易、违规招投标等风险问题；常态化排查党员领导干部及关键岗位人员亲属经商办企业信息，严肃查处违纪违法行为；同时加大与公安、地方纪委监委的协同合作，建立联动机制，压实监管责任，形成监督合力。2021 年共运用监督执纪“四种形态”处理人员达 314 人次，其中第一种形态 228 人次，占比 72.6%，第二种形态 63 人次，占比 20.1%，第三、第四种形态 23 人次，占比 7.3%，实现了良好的政治效果、纪法效果和社会效果相统一。

（四）坚持将廉洁文化融入企业治理之中，深化改革，推进“三极新钢”建设，以权力规范运行筑牢“不能腐”的堤坝

新钢集团公司把廉洁文化纳入全面从严治党、党风廉政建设和反腐败工作全局来谋划，融入企业治理之中。在围绕管理极简、规模极致、消耗极限的“三极新钢”建设中，特别注重将廉洁文化建设工作要求优先考量，系统谋划，统筹推进，着重在权力制约、制度建设上下功夫，铲除滋生腐败的土壤和条件，持续扎牢“不能腐”的笼子。

一是推进机构改革，厘清权力运行边界。按照业务集中、管理集中、人员集中的原则，大力推动“大部制”机构改革，将营销、采购、招标等重点业务进行整合，实现采购、营销、招标、管理“四统一”，做到管理极简而不“减”。特别是成立招标中心，按照“集中招标、管操分离、应招尽招、应上尽上”的要求，打造公司“大招标”模式，提高监督工作质效，以公开促公正，以透明保廉洁。

二是强化制度建设，规范权力运行机制。从公司纪委工作“三个没有”规定，到现在的“三不吃请”制度，公司制度建设的脉络始终与时俱进，清晰可见。特别是近两年，利用公司机构改革、职能调整的时机，对已有的制度进行了全面梳理，并结合新形势新任务的要求，重点针对各权力运行的“关节点”“薄弱点”“廉洁风险点”，进一步健全内部监控制度，制定完善了《客户管理办法》《公司经营单位与客户廉洁共建管理暂行办法》等，做到用制度管人管事，将“权力”关进制度笼子。按照分事行权、分岗设权、分级授权原则，完善了《“三重一大”决策规定》《党委议事规则》，更加明晰界定“关键少数”的责权利，推动权责透明，用权公开，建立了权力运行可查询、可追溯的反馈机制。

三是抓好从业管理，防控权力运行风险。权力本身是最大的腐蚀剂，腐败的本质是权力的滥用。一方面加强对“一把手”和领导班子成员的监督，强化对权力配置和运行的监督，压减权力设租寻租空间。另一方面，加大对权力集中、资源富集、资金密集等岗位人员交流力度；开展行政、党群干部交叉换岗，改变以往纪检干部兼任行政事务，“三转”不彻底、纪检主业聚焦不够的问题，推动了纪检干部专职化。此外，以经营业务为重点，

对离岗人员及领导干部等亲属、特定关系人在公司从事经营业务进行了强制性限定，规避了领导干部干涉经营业务的行为，构建了“亲清”企商关系，公司用户综合满意度由十八大前的 80%提升到当前的 98%以上。

（五）坚持打造“三有新钢”家园，做实大关怀，以良好政治生态涵养“不想腐”的自觉

在一体推进“不敢腐、不能腐、不想腐”的过程中，最关键的是要解决“不想腐”的问题。只有扭住“不想腐”这个根本，才能在实践中增强主动觉察、辨识的素质和能力，才能提高拒腐防变能力。新钢集团公司充分认识到，没有廉洁守法、诚实守信的企业环境，就没有良好的政治生态。公司提出建设有温度、有人文、有关怀的“三有家园”，全力推动大关怀机制，让职工群众从一个个具体问题的解决中切实感受到公平正义，持续巩固“不想腐”的功效。

一是充盈用人正气，夯实政治生态。公司党委坚持把选人用人作为政治生态建设的核心，积极探索公道正派的选人用人制度机制。抓好青年干部培养，强化“交流就是重用、轮岗就是提拔、培训就是奖励”的用人理念，组织公司优秀青年人才集中培训，坚定中青年干部理想信念教育，扣好廉洁从业的第一颗扣子。紧盯“关键少数”，突出抓好“一把手”选配，优化二级领导班子年龄、专业和能力结构。提高党群干部收入待遇，与行政干部实现同级同酬，从薪酬体制上打通障碍。公正执行干部任职年龄限定，对到龄干部实行退职离岗，做到岗变薪变。

二是推动共创共享，涵养政治生态。“民生就是企业最大的政治”在公司内形成共识，以“学党史 办实事”为抓手，公司领导班子着力回应职工群众关切和期盼，大力开展民生保障工程，让职工群众实实在在共享改革发展成果。从“八菜一汤”选餐制到酒店式浴室改造，从持续调高职工“五险二金”缴费基数到大幅提升退养职工工资，从人才公寓提升改造到提升厂区道路标准等一系列“为群众办实事”项目的落地，增强了广大职工作为新钢人的自豪，对企业的认同感明显增强。

三是加强廉洁教育，守护政治生态。公司始终把廉洁教育作为推动公司廉洁文化建设的一项基础性工作，将“廉洁从业观”作为企业文化建设的一部分纳入企业文化体系中，注重用良好的企业文化规范干部职工行为，创新教育形式，开展廉洁文化作品征集，积极推动厂史馆、廉洁文化教育馆的建设，精心打造以阵地建设为平台的廉洁文化载体。每年坚持开展“廉洁从业优秀职工”评选，大力弘扬风清气正的主旋律。用好身边“活教材”，组织庭审旁听活动，把庭审现场变为“警示课堂”，充分发挥“以案促改”警示教育作用。用身边的案例编印《以案说纪》系列丛书，作为职工学习的教材。公司还专门设立精神文明奖，对一年来遵守社会公德，遵纪守法的职工给予年度重奖，进一步筑牢“不想腐”的思想防线。

（六）坚持厚植廉洁家风，深入开展家庭助廉系列活动，发挥家庭与亲情的促廉防腐作用，涵养时代新风

领导干部的家风不是小事私事，而是领导干部作风的重要表现，从近年来查处的腐败问题看，家风败坏往往是领导干部走向严重违纪违法的重要原因。

新钢集团公司始终把家教家风建设融入全面从严治党工作的整体布局，不断创新方式方法，抓好纪律教育、家风教育，引导党员干部正确处理自律和他律、信任和监督、职权和特权、原则和感情的关系，筑牢拒腐防变的思想道德防线。通过给领导干部家属的一封信、签助廉承诺书、评选贤内助、开家庭式的廉政谈话会以及开展廉洁家访等系列活动，引导党员干部加强家风家教建设，助力涵养清风正气，筑牢家庭廉洁防线。同时，用好家规家训，涵养良好家风，教育引导党员干部尚俭戒奢、向上向善，培养修身齐家的美德。

四、新钢集团公司厚植企业廉洁文化的启示

启示一：加强新时代廉洁文化建设是一项重要政治任务，也是一项系统工程、长期工程，要健全完善廉洁文化建设统筹协调机制，坚持协同联动、形成合力、常抓不懈、久久为功，为推进全面从严治党向纵深发展提供重要支撑。

启示二：廉洁文化建设作为一体推进“三不”的基础性工程，要始终坚持惩治震慑、制度约束、提高觉悟一体发力，做到纠树并举、同步推进。保持高压态势和惩治力度，既是治标，又是治本，不能把廉洁文化建设同查办案件、惩治腐败作为阶段的划分，更不能割裂开来。

启示三：实现不敢腐、不能腐、不想腐一体推进战略目标，必须挖掘革命文化和传统文化中的廉洁因素，丰富廉洁文化，增强吸引力、感染力、穿透力，充分发挥廉洁文化教育教化、正心正行、成风成俗的作用。

启示四：廉洁文化建设要持续创新形式和载体，打造平台，打造特色，打造品牌，切实发挥廉洁文化春风化雨的作用，做到润物无声、入脑入心，不断彰显清廉之美、放大清廉之效，形成清廉之治。

启示五：加强家风建设是培养廉洁自律道德操守、营造清朗社风民风、推动全面从严治党的重要任务，必须强化家风教育，丰富方式载体，弘扬勤俭持家、严谨治家、德善立家等家风文化理念，教育引导党员干部以身作则，廉洁修身、廉洁齐家，以良好的家风建设幸福家庭，助推全社会风气向善向好。

对构建国有企业监督体系的探索与思考

中国钢研科技集团有限公司

雷建容　孙晓斌　王　蕾　吴　菡　刘　德

健全党和国家监督体系是党的十九大作出的重大战略部署，党的十九届四中全会将“坚持和完善党和国家监督体系，强化对权力运行的制约和监督”作出重大制度安排，十九届中央纪委六次全会进一步强调“坚持完善党和国家监督制度，形成全面覆盖、常态长效的监督合力。”国有企业是中国特色社会主义的重要物质基础和政治基础，监督工作是国有企业全面从严治党标本兼治的重要任务。新形势下，国有企业的各类监督主体要在各自监督职责范围内为企业的改革发展稳定、治理体系和治理能力现代化、党风廉政建设和反腐败工作提供监督保障。中国钢研科技集团有限公司（以下简称中国钢研）面对新时代发展要求，从战略全局高度积极构建国有企业监督体系，探索进一步增强监督合力的有效途径。

一、充分认识增强新时代国有企业监督合力的重要意义

（一）一以贯之坚定不移推进全面从严治党在国企落实落地的必然要求

坚持党的领导、加强党的建设是国有企业的“根”和“魂”，是我国国有企业的最独特优势、最显著特征。国有企业构建实施大监督体系，就是要切实将党的领导融入公司治理，使全面从严治党的要求落实到企业经营管理的全过程，实现对企业运行全方位、多角度、无盲区的监督。这是全面加强国有企业党的建设、深入推进国有企业党风廉政建设和反腐败工作的必然要求，也是中国钢研实现新的战略目标的重要基础和内在动力。

（二）深化国有企业改革、推进国有企业治理体系和治理能力现代化的迫切需要

构建和完善中国特色现代国有企业制度，增强国有经济活力、控制力、影响力和抗风险能力，实现国有资本的保值和增值，推进国有企业高质量发展，均须以强有力的监督作为重要保证。企业内部的监督作用要跟上全面深化国有企业改革整体步伐，以企业自身监督体系和监督能力的现代化主动适应和保障国有企业治理体系和治理能力现代化。这也是中国钢研实现管理转型升级、促进改革发展的现实需要。

（三）防范化解重大经营管理风险，促进企业高质量发展的坚强保障

建立有效长期的内控监督机制，持续跟踪改进内控风险管理，是企业完善内控体系的

重要环节。风险评估是否到位，预警机制是否有效，内控制制度是否执行，均需要及时有效的监督做保证。有效的监督可以促使权力规范运行，促使制度得到更好地贯彻落实，提高企业治理效能。这是中国钢研防范化解重大经营管理风险的重要保障，也是企业持续健康发展的长久之策。

（四）创新监督机制，增强监督合力，提升监督效能的有效途径

构建和形成国有企业监督合力，不仅是企业各监督主体力量“1+1=2”的简单相加，而是要达到“1+1>2”的能效放大。增强国有企业各监督主体间的监督合力作用，有效盘活企业各类监督资源，避免重复监督、多头监督、低效监督，有效降低企业对监督工作的人力、物力、财力、精力投入，这也是中国钢研推进企业管理提升、降本增效，实现高质量发展的客观需要。

二、国有企业监督体系的现状分析

中国钢研对当前国有企业以及集团公司监督体系现状进行了深入调研，认为存在以下主要问题。

（一）监督力量各成体系

从监督实践和监督效果来看，国有企业各监督主体的各自职责职能相对比较清晰，各监督力量的监督对象、监督手段、监督方式、监督重点、监督途径等自成体系、各有不同。目前，不少企业包括中国钢研各监督主体发挥监督作用的主要方式是自上而下地组织监督，纵向布局、一竿子到底，各自推进、各自负责。

（二）各类监督主体缺少协同机制

各部门相对独立开展工作，很容易出现交叉、重复、多头监督现象，这样既造成监督资源浪费，又可能形成监督盲区、给企业带来很大风险。从当前中国钢研个体及国有企业的总体情况看，企业内部多维联动、协同顺畅的监督网络发挥合力作用的机制需要进一步健全完善。

（三）监督力量薄弱，重管理、轻监督

国有企业的监督工作主要由纪检、审计、风险控制等职能部门承担，使监督作用发挥受限；监督内容偏重业务经营管理层面多，聚焦全面从严治党、全面从严治企方面还需加强，融入经营管理开展全面监督还比较薄弱；有的监督部门存在监督职责设定不清，主动监督意识不强，不能充分开展监督活动、负起监督责任等问题。中国钢研就存在相关监督部门之间联系松散等现象。

（四）监督体系欠缺顶层设计和制度安排

国有企业多缺乏监督管理顶层设计，未形成一套行之有效的监督管理体系，导致方向不明、目标不清，多凭惯例和能动性而为，无法全面高效地指导监督工作的开展。由于缺乏顶层设计，各项监督制度还未形成体系。中国钢研就存在有些制度执行不严，制度执行

刚性不足，削弱了制度的权威性和严肃性，没有形成应有的约束力和威慑力。

三、中国钢研完善监督体系的工作思路及具体实践

基于上述分析，中国钢研以习近平新时代中国特色社会主义思想为指导，持续健全完善集团监督体系。贯彻党中央关于加强国有企业监督管理工作相关精神，突出党内监督的主导作用和统领地位，注重抓纲带目、注重统筹衔接、注重延伸拓展，在“四个着力”上下功夫，由此探索建立与中国特色现代企业制度相适应的监督体系的具体路径。

（一）着力落实党委在构建企业监督合力的主体责任，探索建立党内监督与现代企业运营监督联动机制

1. 探索巡审融合工作思路

一是以监督协调联动为突破点，坚持融合导向，增强监督治理效能。强化巡视巡察监督综合平台作用，发挥内部审计监督的专业深入特点，有效破解有监督没力度、有力度不深入的监督难题。

二是以监督企业经济活动为切入点，坚持问题导向，提高监督质量。两种监督都要从业务看政治、从问题看责任，实事求是地把业务问题提升到全面从严治党的高度去分析研判。

三是以监督促进发展为落脚点，坚持目标导向，强化监督实效。审计的目的是促进健全内部控制，改善经营管理，提高经济效益，这与巡视“推动改革、促进发展”的落脚点是完全一致的。

2. 实践巡审联动“双剑合璧”

一是加强领导机制协同，保障联动过程统筹高效。坚持党委集中统一领导，重点在工作计划、工作组成员、监督检查时间及重点事项等进行统筹安排。

二是抓好组织人员协同，充分发挥组织保障作用。巡视组和审计组部分工作组人员可实行“双跨”。

三是做好启动进驻协同，确保准备工作扎实有效。巡视组和审计组一体进驻同步开展工作。

四是注重下沉调研协同，精准深入挖掘问题根源。调研前、调研中、调研后充分沟通。

五是强化成果运用协同，保证监督工作取得实效。聚焦问题线索，巡视组和审计组及时通报研判情况，确保对同一个问题的定性准确一致。巡视与审计的有效协调联动，减少了对基层企业监督检查频次，增强了监督力度，监督机制取得新突破。

（二）着力构建总揽全局、协调各方的大监督工作机制，共同推进全面从严治企落到实处

1. 各司其职协同配合

一是企业管理部牵头，着力解决基层与基础管理薄弱问题。做好抓基层、打基础、强根基工作。

二是法务部牵头，着力完善规章制度，积极推进依法治企。坚持用规章制度管人、管

权、管事，促进企业规范化运行。

三是党群工作部牵头，着力推进全面从严治党与企业科研生产经营实现紧密融合。做到真正以企业改革发展成果检验基层党组织工作成效。

四是集团办公室牵头，着力发挥职能部门在全面从严治企中的表率作用。立足职责定位，把抓好从严治企作为部门分内职责，切实扛起监督责任。

五是合规部牵头，着力做好违规经营投资责任追究工作体系建设。按照分级管理、分层负责的原则，加快构建责任追究制度体系。

六是信息化中心牵头，着力推进符合集团公司发展的信息化流程再造。逐步落实各专业系统建设，使监管全程留痕，倒查有据，责任到人，为精准监督提供强有力的数据支撑。

2. 加强考核压实责任

在明确责任基础上，以落实考核激发各监督主体履职积极性。将全面从严治企工作纳入日常监督、巡视巡察、审计监督重要内容，做好全面从严治企工作的协调推进和督导落实。人力资源、企业管理等部门将全面从严治企纳入年度经营管理考核及薪酬分配重要内容，强化对全面从严治企的激励和约束。

（三）着力落实好监督合力发挥作用的重点任务，把“一把手”和领导班子监督作为重中之重

1. 准确把握监督重点

着力破解“一把手”监督和同级监督难题是促进新时代监督工作高质量发展的实践要求，贯彻《中共中央关于加强对“一把手”和领导班子监督的意见》精神，制定具体落实举措。聚焦“一把手”第一责任、领导班子履行“一岗双责”精准发力，突出政治监督，紧盯责任和权力强化职能监督，探索日常监督的有效办法。以党内监督为主导，贯通各类监督，形成监督合力，增强监督实效。

2. 协同落实监督任务

一是把对“一把手”监督作为重中之重。开展对下级“一把手”的任职谈话、监督谈话，抓早抓小，防微杜渐。强化巡视监督，紧盯“一把手”履行第一责任人职责和廉洁自律情况。严格干部管理，在拟任人选把关、干部考核方面，对“一把手”实行更严格的管理制度。

二是强化同级领导班子相互监督。中国钢研党委建立了周例会制度，领导班子成员之间经常交换意见，发现问题坦诚向对方提出。纪委书记发现领导班子成员有苗头性、倾向性问题，及时进行提醒。

三是聚焦落实党委主体责任。党委切实把管理和监督下级党组织寓于实施领导的全过程，综合运用检查抽查、规范领导干部家属从业行为、强化选人用人组织把关、加强考核、督促问题整改等方式，做到措施管用、行之有效。

四是发挥纪委专责监督作用。中国钢研纪委建立了集团纪委与同级党委班子成员沟通办法，纪委每半年与党委“一把手”和班子成员沟通交流企业政治生态以及全面从严治党工作情况，推动领导班子成员切实履行“一岗双责”。

五是其他监督主体协同发力。中国钢研党委、纪委对党委办公室和人力资源部等党的

工作部门的职能监督规定了十余项监督措施，涵盖日常监督、选人用人、贯彻民主集中制、民主生活会督导等多个方面，防止出现党委主体责任悬空不落地的问题。

（四）着力提高企业监督队伍能力素质，为敢监督者撑腰，涵养监督正能量

1. 激发纪检队伍活力

以纪检监察体制改革为契机，探索实践二级纪委书记“三统一”管理，充分调动二级纪委书记履职尽责的政治自觉、思想自觉和行动自觉。

一是人员统一管理，二级纪委书记均为中国钢研党委管理干部，调整交流由集团党委统一研究，全部实行异企调配。

二是履职统一考核，由集团纪委为主，协同巡视巡察办、党群工作部、人力资源部等部门参与。结合各子企业生产经营规模、业务复杂程度、行业廉洁风险和纪检力量等因素差异，二级纪委书记实施分类管理。

三是薪酬统一核定，设立纪委书记薪酬包，分配比例依据考核结果，并与企业规模大小、党组织和党员数量、管理及工作难易程度等因素挂钩，体现多劳多得原则。“三统一”管理新机制，有效破解纪检干部选拔调配、交流轮岗难题，为履职提供有力保障。

2. 擦亮基层监督“探头”

中国钢研党委、纪委督促全面建立“三项责任清单”，充分发挥监督前哨作用，切实打通基层监督“末梢”。

一是建立基层党支部履行主体责任清单。党支部要强化责任担当，履行全面从严治党主体责任，协助公司党委构建一体推进“不敢腐、不能腐、不想腐”体制机制。

二是建立基层党支部书记履行第一责任人职责清单。党支部书记履行本单位全面从严治党第一责任人职责，管好班子、带好队伍、抓好落实，支持、指导和督促领导班子其他成员履职尽责，发现问题及时提醒纠正。

三是建立基层党支部纪检委员职责清单。强化对班子成员特别是“一把手”的监督，加强对重点领域、关键岗位人员行使权力的监督，发挥监督“探照灯”作用。

四、结语

经过探索和实践，中国钢研在健全完善和系统实施监督体系的过程中，企业监督合力显著提升，全面从严治党不断向纵深发展。构建国有企业大监督体系是国企改革发展中需要持续探索的一个重要课题，要牢牢把握加强党的领导是建立国有企业监督体系的核心要义，企业党委担负主体责任是建立国有企业监督体系的关键所在，形成有效监督合力是建立国有企业监督体系的必然要求，队伍专业化、手段多样化是建立国有企业监督体系的有力保障。结合国有企业纪检监察体制改革、国有企业深化改革的要求不断研究实践、总结完善，最终建立起适应企业需要、体现企业特色的监督管理体系。

参考文献

[1] 陈敏元，王春松．对构建国有企业“大监督”工作格局的探索与思考［J］．中小企业管理与科技（中旬刊），2019（2）：124-125.

[2] 徐庆．构建企业“大监督”管理机制［J］．石油化工管理干部学院学报，2018，20（3）：10-13.

[3] 刘汉永．关于国有企业构建“大监督”体系的思考［J］．当代石油石化，2017，25（12）：45-47.
[4] 王东．国企建立和完善“大监督”工作格局的思考［J］．企业改革与管理，2019（20）：217-218，224.
[5] 刘敏．国有企业大监督格局存在的缺陷及对策研究［J］．管理观察，2018（16）：43-44.
[6] 李慧．国有企业构建大监督体系探析［J］．金融经济，2018（4）：85-87.
[7] 经玉梅．浅议国有企业构建“大监督”体系［J］．新会计，2011（7）：20-21.
[8] 李斌．新时代构建国企大监督体系初探［J］．现代国企研究，2018（12）：213-214.

以“大监督”护航高质量发展落实落地

本钢集团有限公司纪委

国有企业的主要作用是通过企业运营实现国有资产的保值、增值。在企业生产经营中，涉及人、财、物、权的领域和专业繁多，对企业运营管理进行严格的监督与管理，不仅可以有效避免企业利益被侵害、员工利益被侵占，同时也是实现全面从严治党的必然要求。党的十九大报告指出，必须坚持党的领导地位，不断健全和完善党和国家的监督机制，从而推动全面从严治党工作顺利进行。习近平总书记在十九届中央纪委六次全会上强调，“要完善权力监督制度和执纪执法体系，使各项监督更加规范、更加有力、更加有效。”对国有企业而言，要加强对权力运行的制约和监督，让权力在阳光下运行，必须要有强有力的组织保证。只有不断健全各司其职、各负其责、协调运转、有效制衡的工作体系，保持齐抓共管的监督常态，才能实现监督的权威高效。面对如何建立行之有效的大监督体系，延伸整合更多的资源优势，寻找更好的监督方法，纪检监察机关作为监督专责机关，要深刻理解、准确把握职责定位，坚持系统思维、统筹理念，建立健全完善的员工全参与、领域全覆盖、过程全渗透、责任全落实、风险全防控的大监督体系，推进纪律监督、监察监督、派驻监督、巡察监督、审计监督、财会监督、群众监督和舆论监督等统筹衔接，不断提高监督针对性和有效性，督促各级单位（部门）凝心聚力抓落实，确保党中央决策部署和上级单位工作要求落地见效，推动企业高质量发展。

一、构建“大监督”体系的现实必要性

（一）构建“大监督”体系是落实全面从严治党的必然要求

党的十八大以来，以习近平同志为核心的党中央坚持无禁区、全覆盖、零容忍，坚持重遏制、强高压、长震慑，坚持有案必查、有腐必惩，以刮骨疗毒、壮士断腕的勇气，以猛药去疴、重典治乱的决心，解决了许多长期没有解决的顽瘴痼疾，管党治党宽松软状况得到根本扭转，反腐败斗争取得压倒性胜利并全面巩固。但从现实来看，仍有不少人在党的十八大乃至十九大之后仍然不收敛不收手，这说明腐败这个党长期执政的最大威胁仍然存在，反腐败斗争形式依然严峻复杂。新形势下，仅靠纪检部门开展专项监督工作已无法满足监督全覆盖的要求，必须构建组织合理、制度完善、运转顺畅、监管有效的“大监督”体系，在纪检监督的基础上，把巡察、审计、财务等监督全部纳入进来，发挥各自的专业优势，织细织密监督网络，做到全覆盖、无死角，从而使全面从严治党进一步落实落地。

（二）构建“大监督”体系是提升企业治理能力的治本之策

习近平总书记在全国国有企业党的建设工作会议上指出，国有企业要做到坚持党对国有企业的领导和建立现代企业制度“两个一以贯之”。国有企业要肩负起建设世界一流企业的重任，必须具备世界一流的治理能力和治理体系。“大监督”体系能够把纪律监督、审计监督、内控监督、民主监督等有机贯通起来，推动各类监督相互协调，从各个方向、各个层面，既从职能角度又从专业角度，调动各类监督资源、运用多维监督手段，压实职能部门监督职责，推动职能部门强化联动协同，聚焦生产经营重点领域、关键环节、关键人，扎实开展监督检查工作，围绕权力运行，盯住重点人、重点事、重点问题，发现企业存在的风险和不足，采取有针对性的措施，防范、化解、规避各类风险，全方位提升企业的治理能力和水平，从而提高企业的竞争力、控制力和抗风险能力，确保企业持续稳定健康发展。

（三）构建“大监督”体系是推动高质量发展的现实需求

发展是企业永恒的主题，但企业在经营管理过程中的战略风险、经营风险、财务风险和廉洁从业风险等各种风险随时存在，而企业的发展需要有一个健康稳定的内外部环境，因此必须建立好企业内部监督体系。传统的监督既不成体系也不够健全，重大风险防范化解能力有限，内部监督资源分散，监督乏力、监督缺位及重复监督等现象亟须解决。企业内部工作不协同、资源难整合、成果无法有效利用，不仅影响工作效率、增加管理成本，也给企业发展埋下了各种风险隐患。建立健全“大监督”体系能够最大限度地促进各类监督主体间的协同化效应，把党和国家的决策部署及工作要求贯穿于企业治理的全过程，把改革发展、经营管理中的重点难点作为大监督工作的着力点，不断增强企业可持续发展能力、综合盈利能力和市场竞争能力，有效实现企业治理目标，确保企业沿着正确方向高质量发展。

二、构建“大监督”体系的实践

（一）强化思想保障，提高“大监督”意识

构建“大监督”格局是一项系统工程，必须突出思想指引，把握工作原则，明确监督范围和监督重点内容，以顶层设计推动工作创新。经党委常委会议讨论通过，本钢集团印发了《本钢集团有限公司党委构建大监督体系的意见》，对总体目标、机构设置、监督内容、运行机制等方面内容进行了明确，旨在让全体员工从思想上树立“大监督”意识，明确“大监督”概念和“大监督”工作开展的重要性，充分认识到构建“大监督”格局是全面从严治党的必然要求，进而提升全员监督意识和责任感，营造全员监督的健康氛围。

（二）强化组织保障，明确“大监督”内容

1. 明确机构设置

本钢集团大监督体系日常组织协调机构设在本钢集团纪委（党政督查办、党委巡察办），在本钢集团党委的领导下，加强大监督体系建设，统筹协调推进监督工作。本钢集

团机关各部门设一名处级领导专责负责本部门日常监督工作，并做好与纪委（党政督查办、党委巡察办）工作的对接和沟通协调。

2. 明确主要职责

“大监督”体系日常组织机构主要负责落实上级有关加强和改进监督工作的精神和要求，协调推进大监督体系建设；围绕全面从严治党和经营管理有关情况，收集信息并向本钢集团党委定期报告；对本钢集团各部门履行“三重一大”决策监督职能，发挥监督的再监督作用；加强各监督主体间的沟通协调和对接联动，突出监督重点，提高监督效率等职责。

3. 明确监督内容

一是在强化政治监督方面，各监督主体要始终把本部门、本系统对党中央重大决策部署和习近平总书记重要指示批示精神落实情况，所承担的重要政策、重点任务推进情况，遵守国家法律法规和有关规定情况，作为政治监督的主要任务。

二是在强化出资人监督方面，董事会办公室作为出资人监督的主责部门，要健全完善派出子企业董事、监事队伍和董事会、经理层、监事会等议事决策制度，保障党的路线方针政策和本钢集团有关规定在子企业的贯彻落实，实现对决策环节和执行情况的有效监督。

三是强化业务监督。机关各职能部门既是业务执行部门，更是监督责任部门，以强化对权力运行制约和监督为重点，明确专业职能监督的内容、要素、对象、方式、周期，制定监督检查办法，加强对本系统的监督指导，实现以监督促进管理、用规范提升管理。

四是强化专责监督。纪委（党政督查办、党委巡察办）负责协调纪检监督、巡察监督、审计监督等监督力量，按照党章和其他党内法规、各领域工作制度体系，聚焦全面从严治党、权力规范运行和内部控制评价，发现违规违纪行为，强化责任追究和问责，形成有效震慑。

（三）强化机制保障，确保“大监督”成果

一是明确监督内容，建立责任清单。在制定规章制度时明确监督检查和责任追究有关事项，在专项检查和日常工作中发现有关问题，按照管理权限开展责任追究。

二是强化协同监督，增强监督合力。在本钢集团党委统一指挥下，根据需要可组织开展联合监督检查，发现管理问题，提出整改建议，督促整改。

三是建立报告制度，增强监督系统性。各监督主体每季度上报监督工作情况；年末上报将开展授权放权后的评估情况；遇有紧急重大情况和问题可以随时报告。纪委（党政督查办、党委巡察办）按照相关工作报告制度规定，定期向本钢集团党委报告工作。一方面总结阶段性工作，分析监督中的问题，研究加强和改进监督工作的措施和方法；另一方面，围绕现阶段内监督工作预判分析下阶段监督重点和任务，提出大监督工作建议，深化大监督成果运用。

四是加强考核评价，推动工作落实。各监督主体要制定完善专项考核细则，对子企业相关工作落实情况实施考核评价，提出考核意见，纳入本钢集团战略绩效考核评价体系。对本体系内发生重大问题造成较大损失或恶劣影响的、发现问题隐瞒不报或不及时组织整改处理的、内部监督没有发现问题但被上级监督、外部监督发现重大问题的，依据有关规定严肃追究有关责任。

三、联动监督的具体方法探析

随着党和国家监督体系不断健全，各领域各环节监督的关联性互动性明显增强，每一种监督都会对其他监督产生重要影响。构建“大监督”体系，不但要从宏观立场建立联动监督，更要从技术层面加强对联动方式方法进行深入整合。

（一）运用新兴技术，创新监督方法

党的十九大报告指出，要善于运用互联网技术和信息化手段开展工作。纪检监察机关和巡察、审计、财会等机关必须与时俱进，充分运用大数据、5G、区块链等新技术创新监督理念、方法的手段，提高监督信息化和科学化水平。一方面要善于借助大数据平台建设成果，打破数据壁垒，联通信息孤岛，实现各类监督贯通，形成监督合力；另一方面要充分依托大数据采集、分析、挖掘技术，将一些零散的人、财、物、事信息整合关联起来，更为直观高效地发现问题，实现主动监督、精准监督，提升监督质效。

（二）培育潜力人才，完善专业队伍

一是要提高业务能力。将审计、财会等领域业务知识纳入纪检监察人员的培训内容，纪检监察知识也要纳入审计、财会等专业人员的培训内容，通过共上“一堂课”等方式，提高个人素质，增强综合监督能力。

二是创新培养方式。通过到上级部门跟班学习、到下级部门挂职锻炼等方式，加大对优秀人员的培养锻炼力度，使其开阔视野、丰富阅历。

三是要通过选派人员到各监督主体岗位进行轮岗实习培训，实地参与其他监督工作等方式，增强融合理念，提高监督能力，进而打造高素质专业队伍。

（三）激发内生动力，提高监督质效

“大监督”体系能够把各项监督的特点、优势发挥出来，实现各展所长、优势互补，切实增强监督的针对性和有效性。纪检监察机关作为党内监督和国家监察专责机关，必须着力推进各项监督协调联动、系统集成，做到攥指成拳、相得益彰，要同各监督主体单位有效联动，将抓早抓小、抓常抓长、强化日常监督落到实处，把监督的探照灯放大并投射在重大决策制定过程的公正性、决策执行的程序性和制度机制运行的有效性等各方面，对苗头性问题、倾向性问题和制度性漏洞及时发现提醒，做到“止之于始萌，绝之于未形”。

四、结语

党的十九大以来，以习近平总书记为核心的党中央，坚持从全局和战略高度加强监督体系顶层设计，以党内监督带动其他监督，逐步推动了监督全覆盖。在大监督的时代背景下，各项监督必须有效破除协同不畅、联动不力等问题，实现信息互通、监督互动、成果互用，汇聚起监督合力，以高质量的监督推动各项事业高质量发展。

监督改革“一子落”　运营发展“满盘活”

——深化监督体系改革　护航高质量发展

山东钢铁集团日照有限公司纪委
曹庆良　任向兵　辛乐众　宿群翔

中共中央、国务院印发的《关于深化国有企业改革的指导意见》中明确提出：“坚持增强活力和强化监管相结合，这是深化国有企业改革必须把握的重要关系。增强活力是搞好国有企业的本质要求，加强监管是搞好国有企业的重要保障，要切实做到两者的有机统一。”

活力与监督恰如车辆的发动机和制动器，缺一不可。改革是山钢集团近 5 年来最鲜明的特征。山钢集团日照公司（以下简称公司）作为集团改革发展的先行区，近年来，通过持续深化监督机制体制改革，构建起目标一致、协调联动、优势互补、资源共享的多维度、一体化立体大监督格局，促使公司政治生态风清气正，党员干部清正廉洁，运营管理干净高效，利润指标全面跑赢大盘，汇聚起了护航高质量发展的强大合力。

一、提高站位，统筹发力，以治企兴企使命感扛起大监督政治责任

改革由问题倒逼而生，又在不断解决问题中得以深化。2020 年，集团公司半年工作会议专题部署深化监督体制机制改革，要求织密织牢监督制度体系，建立完善监督工作机制，进一步压实监督责任，纠偏定向、查漏补缺、消除顽疾、完善保障，构建具有山钢特色的大监督格局，不断优化政治生态和运营生态，推动集团公司高质量发展再上新台阶。

公司党委闻令而动，快速响应，高度重视，扎实推进，确定了学习领会、筹备启动、细化推进、提升见效“四步走”的工作推进步骤，确保了整体工作有序展开和落实。

（一）学习领会阶段

一是吃透精神，领会意图。通过党委会、中心组学习、周例会、政工例会、专题监督工作会等形式，学习、传达、领会、讨论、吃透大监督体系建设相关文件、制度、要求。

二是导入理念，凝聚共识。公司党委一手抓管理，一手抓监督，大力倡树“监督是管理的应有之义”“人人都是管理者，人人都是监督者”“阳光是最好的防腐剂，监督是最好的净化剂”“监督是关爱，被监督是幸福”等监督文化理念，把干部职工的思想共识凝聚到大监督体系创建的要求上来。

（二）筹备策划阶段

一是涵养文化，营造氛围。开展纪法教育活动，进一步增强干部职工的纪法意识、底线意识、红线意识；有效发挥各级党组织、工会组织的作用，深入推进民主管理、民主监督；在一线开展“清廉岗位”大讨论，提倡职工群众互相监督；与家属签署《廉洁承诺书》，提倡家庭成员互相监督；发放《廉洁公开信》，倡议相关方与干部职工互相监督；开展“廉洁示范点”争创，不断丰富监督文化。

二是专题研究，落实方案。把集团公司党委的顶层设计与公司基层实践紧密结合。以集团公司、股份公司关于大监督体系建设相关方案为依据，召开党委会专题研究日照公司大监督推进落实方案，成立工作领导小组，建立沟通协调制度，确定每季度一次的例会制度和专题调研工作制度。

（三）细化推进阶段

首先从机关部门切入。将重点放在破题“行政监督”上，公司16个管理部门作为监督主体，按照“谁主管、谁立制、谁监督”和“突出重点、聚焦关键”的要求，突出风险管控，盯紧重要环节和重点事项，制定75项重点监督事项清单。

其次从厂部级展开。压实各二级党委主体责任，直击基层管理风险点，推动督导各二级党委制定自己的“三位一体”重点事项监督清单共300余项，内容涵盖党内监督、行政监督、群众监督。

（四）深化提高阶段

一是建立四维评价模型。推进方案及重点事项监督清单确定后，党委会再次专题研究如何对各单位的开展情况进行评价与督导。建立“方案+清单”“改进+提升”“考核+追责”“有形+有效”四维评价模型。从组织机构、制度建设、运行机制、体系构建、监督过程、监督效果等方面量化评价标准。根据不同的职能，对机关部室和二级厂的评价细则也做了区分，使评价更实用、更贴合实际。

二是深入现场、跟进督导。坚持会前有调研，会中有点评，会后有督导。大监督体系推进工作小组每季度末对各单位大监督建设情况开展专题调研，深入沟通交流，进行督导服务，助力各单位大监督体系创建往深里走，往实里走。

三是推进会上“一针见血”。在每季度一次的大监督工作领导小组推进会议上，根据四维评价模型，对各单位的创建推进情况进行明确赋分，并进行情况通报，一针见血、指名道姓指出各单位在大监督体系推进工作中存在的问题。推进各单位认识再提高、措施更有力、整改更有效。

二、明确思路，聚焦重点，构建以“1234”为内容的监督管理模式

结合集团公司党风廉政建设“五期交织”（问题集中暴露期、不法分子侵入期、反腐斗争胶着期、立规立矩关键期、政治生态建设期）规律，公司积极探索以“1234”监督管理模式为特点的大监督体系创建工作，统筹兼顾，扎实推进，取得了初步成效。

“1234”，即构建一个大监督创建体系框架，实现管理与监督双轮驱动，通过三个视角抓监督，建立四维评价模型。

（一）构建“方案+清单”大监督创建体系框架

坚持以大监督顶层设计为引领，以“1318”监督制度体系为统领，制定日照公司创建方案和重点事项监督清单，优化制度供给，构建坚强防线，提升公司治理体系和治理能力。

（二）实现“管理+监督”双促进双驱动

实现业务管理与行政监督共同促进，双轮驱动。以有力的行政监督促进专业管理水平不断提升，以专业的管理促进行政监督做深做实。

（三）通过三个视角抓监督，常态化做实监督工作

一是通过业务抓监督，督在经常。2020 年公司内部巡察围绕绩效分配，选人用人制度，厂务公开制度执行情况开展了管理巡察，巡察发现问题共计 46 项。2021 年的专项巡察计划，采用“三不固定”的方式开展巡察。聚焦公司内部控制和风险防控，突出制度执行和流程规范，盯紧阳光购销、费用管理、物资管理、进出厂管理、质量把关、集团公司和股份公司重点关注事项等重点领域和关键环节，切实发挥“探照灯”“显微镜”作用。共发现问题 29 个，提出建议 13 个，移交废次材、废旧物资报废与处置等问题线索 4 个。透过业务看监督，在大监督体系中发挥好“中枢”“串联”作用，确保监督常在、形成常态。

二是通过问题抓监督，督在关键。以问题为导向，通过对收到的信访举报和问题线索进行分析研判，聚焦职工群众关切、公司生产经营关键领域和薄弱环节，开展如安全生产、绩效分配、徐工质量异议、设备事故、烧结箅条合同执行等方面的专项监督。行政监督聚焦又精准，在提升盈利创效水平中彰显了监督力量，在聚力推动攻坚突破中彰显了监督力量，在全力夺取疫情防控和生产经营双胜利中彰显了监督力量。

三是通过作风抓监督，督在成效。从公司到各厂，都围绕作风建设建立“严细实快”复命制度，跟进督办，并对久督不办等典型问题进行严肃考核与追责问责。如中厚板厂党委设立“曝光台”，对久拖不决问题进行通报曝光，对进展缓慢的焦炉煤气引进管道项目，采取日汇报、周调度、定期总结的方式进行专项监督，并对责任单位和责任人进行考核通报，历时 56 天，全部施工完毕。各二级单位党委通过开展大监督体系建设，与公司倡导的精益管理双管齐下，收到了相辅相成、相得益彰的良好效果。

四就是建立四维评价模型：“方案+清单”“改进+提升”“考核+追责”“有形+有效”。

四维评价模型是公司内部对各单位各部门大监督体系创建工作的检查评价方式。坚持管理职责与重点工作相结合、统筹部署与分类实施相结合、过程控制与结果运用相结合的原则，将检查评价落脚于“方案+清单”，评价完善大监督体系建设情况；“改进+提升”，评价问题整改及完善制度优化流程情况；“考核+追责”，评价责任落实到岗到人情况；“有形+有效”，评价精准发现问题与促进管理提升情况。

三、一体推进，真抓实干，以高质量发展实绩检验大监督体系成效

“党委重视、顶层设计、分步实施、稳妥推进、真抓实干、有形有效”是公司大监督

体系创建的实况写照。自实施大监督体系建设工作以来，公司上下监督意识不断增强，流程不断优化，制度不断完善，依规行权办事越来越规范，监督更有制衡力，干事创业更有活力和动力，政治生态和运营生态持续优化。

（一）党内监督进一步强化，政治生态进一步优化

紧紧围绕政治建设、思想建设、组织建设、作风建设、纪律建设、制度建设等事项实施监督。围绕落实党委"第一议题"学习制度情况开展监督检查，二级党委、78个党支部"第一议题"制度落实率从一季度的44.5%升至100%。围绕疫情防控、安全生产强化监督检查，对疫情信息上报不及时、不按要求报备外出职工行程的2个单位进行通报，对安全责任履职不到位的7名中层领导干部进行了约谈。党委组织部/人力资源部结合行政监督职能和选人用人、重点岗位轮岗、绩效分配三项重点监督事项，发现问题42项，坚持问题导向，形成了"以标准促规范、以检查促整改、以问责促落实"的工作思路，实现监督—反馈—整改—再监督的全过程监督闭环。

（二）行政监督进一步破题，监督效能进一步释放

坚持业务管理与行政监督双轮驱动，监督力度明显加大。清单式监督，更加突出了对重点领域、关键岗位的监督；切片式监督，更加突出了监督的"小、快、灵"。行政监督初步实现了由事后监督向事前、事中监督的位移，监督意识明显增强，制度流程不断优化，依规行权办事越来越规范，运营生态持续优化。2021年，各主责部门对照"清单"组织开展监督检查1631次，发现问题1142项，修订完善各类规章制度92项。二级党委围绕各自制定的共241项重点监督事项开展监督检查2656次，发现问题2912项，修订制度668项。2022年一季度，各单位围绕重点监督事项开展监督检查1602次，发现问题1385项，修订完善制度94项，落实考核125万元，创效986万元，组织处理6人，移交问题线索1件。大监督已然成为堵塞漏洞，促进管理的有力抓手，初步实现了管理与监督双驱动、双促进。

（三）群众监督手段不断丰富，民主监督渠道通畅

"监督是管理的应有之义"等监督文化理念逐步深入人心，坚决破除"知而不说，明哲保身，爱惜羽毛""不问不说，事不关己高高挂起""怕而不说，担心出头的椽子先烂"的狭隘的思想意识和麻痹的好人主义。民主监督、民主管理工作更加务实，灵活运用调研、谈话等方式，把监督触角向基层延伸。市场部积极开展"三问三省"群众性监督，共梳理问题147项，在制度完善、流程梳理、业务执行，落实公司和部门重点工作方面起到积极促进作用。中厚板厂开展广泛征求职工意见、合理化建议活动，通过召开恳谈会、职工座谈会、个别谈心、调查问卷、请专业科室诊断等方式，征求管理、安全、工作作风、奉献意识、廉洁自律等方面的意见。炼钢厂公布废钢、合金、设备、纪检4个举报电话，主动接受相关方和职工群众监督，对一起废钢造假的单位，进行了整车没收和罚款处理，发挥了群众监督的有力作用，维护了各方的合法权益。党委宣传部通过舆情监督，向公司纪委移交1件问题线索。职工参与监督的积极性、主动性增强，群众参与监督的方式更加多样，职工群众成为无所不在的监督力量。

四、启示

监督是兴企之需。通过近两年大监督体系建设的探索与实践，深化了监督体制机制改革护航高质量发展的认识。

（一）必须党委重视，做好顶层设计

从工作实践来看，只要各级党组织具体承担某项工作的主体责任，列入重要议事日程，认真部署、检查，做好顶层设计，效果和成绩就非常明显。各级党组织落实全面从严治党主体责任，就要自觉担负起全面领导监督工作的政治责任，要做到重要工作亲自部署、重点环节亲自协调、重要任务亲自督办，做构建大监督格局的领导者、执行者和推动者。

（二）必须抓住重点，推动走深做实

监督要实现“监督保障执行、促进完善发展”的作用，就要系统联动、全面覆盖，确保国有资产布局到哪里，监督工作就跟进到哪里。要抓住大监督要点，牢固树立“有管理就要要有监督”的理念，增强职能监督意识，按照“谁主管、谁立制、谁监督”的原则，突出问题导向，建立重点事项监督清单，加强监督检查，盯准不落实的事，盯紧不落实的人，以清晰的界面、严格的监督，把分管领域、分管业务工作抓细抓实、抓出成效，真正实现管理与监督“双轮驱动”。

（三）必须动真碰硬，发挥震慑效应

监督之所以被称为“硬菜”，是硬在“管用”上。监督就是要发现矛盾，而不是消化矛盾。要严格监督检查，及时发现解决一般性问题，着力发现解决深层次问题，严查问题背后的责任问题，发现问题深挖一层，真抓真管真严，敢抓敢管敢严，坚持“严”字当头、“早”字为本，主动发现问题、揭示矛盾，抓早抓小、动辄则咎，让监督“长牙”“带电”，做到有权必有责、有责要担当、用权受监督、失责必追究。

把好“六个关口” 推动基层党风廉政建设工作走深走实

山钢集团山东钢铁股份有限公司莱芜分公司
张 伟 张 波 刘元杰 孙 建

为深入贯彻落实习近平总书记一系列重要讲话精神、党中央和上级党委、纪委的各项决策部署，焦化厂围绕党风廉政建设和反腐败工作进行了深入探索和思考，以把好“政治观、思想观、权力观、责任观、监督关和作风关”六个关口作为根本着力点，系统策划和推动企业党风廉政建设和反腐败工作持续深入开展。

一、把好“政治关”，守住理想信念的“魂”，保持坚强的政治定力

焦化厂党委高度重视政治建设，坚决守住政治这个根本的“魂”，围绕党员干部坚定政治立场、增强政治定力、提升理念信念上做文章、下功夫，并形成了具有焦化特色的“三色课堂”（红色课堂、橙色课堂、绿色课堂）学习教育品牌。其中，“红色课堂”着重于政治学习及理想信念教育，并与党课、主题党日等组织生活有机结合。

焦化厂各级党组织按照“计划与时事相结合、学习与研讨相结合、问题与结果相结合、理论与应用相结合”的原则，持续强化党委理论学习中心组、支委集中学习、党员集体学习及党员干部自主学习等机制，系统制订学习计划，精心选取学习内容，中心组成员或支委成员轮流讲研，学员真学、真信、真懂、真用，并逐步完善、固化形成了“集体学习‘重点学’、党员干部‘自主学’、党员学习行动月‘充电学’、先进企业单位‘对标学’、先进人物事迹‘引领学’、重点时段事项‘警示学’、党课主题党日‘专题学’”的“七位一体”学习模式，促使广大党员干部自觉用习近平新时代中国特色社会主义思想来武装头脑，自觉用党规党纪来净化心灵、约束行为，讲政治、强信念、顾大局、勇担当，做到“心中有党、心中有民、心中有责、心中有戒”。

二、把好“思想关”，固植廉洁自律的“根”，坚定清正洁行的思想

思想是行动的先导，心中有所惧，行才有所止，抓党风廉政建设就必须固植廉洁自律思想的“根”，从思想上全面从严、从紧、从厉。焦化厂党委在强化“思想关”建设上，多措并举，营造崇廉、学廉、践廉的良好氛围。

（一）发挥好“橙色课堂”作用

焦化厂党委、各党支部充分利用“橙色课堂”等学习载体，持续开展党规党纪学习和

廉政警示教育，扎实推进“兴廉风、治歪风、树正气”主题教育活动。厂党委为党支部和党员购置《中国共产党党内法规汇编》《形式主义官僚主义典型案例剖析》《国有企业反腐警示录》等书籍，先后组织党员干部对《党章》《中国共产党纪律处分条例》《中国共产党问责条例》等党规党纪进行学习，对中央纪委国家监委第一批、第二批执纪执法指导性案例、以案促改典型案例，以及上级纪委下发的各项案件和问题通报等传达学习，组织观看《正风反腐就在身边》《贪与悔》《蜕变的人生》等反腐专题片，进一步筑牢廉洁从业思想根基和防线。

（二）抓好重点时段廉政教育

针对节假日、升学季等重点时段，强化教育和管理，严肃节日纪律。重大节日进行党员干部廉洁集体谈话，组织党员干部到廉政教育基地接受现场教育，打好“预防针”，箍好“紧箍咒”；升学季专门对子女升学的党员干部、班组长、关键岗位人员等有一定管理权限的人员进行廉洁谈话，签订“严禁违规操办升学宴活动承诺书”，坚决杜绝违规举办“升学宴”等违规违纪现象。

（三）丰富廉洁文化建设载体

线上线下齐发力，用好各类宣传阵地。广泛开展以廉洁为主题的书法、漫画、故事等征集评选活动，在“和焦化”微信公众号开设“廉韵焦化”专栏，刊发党风廉政知识、廉洁小文章、基层先进经验做法等内容。开展“身边事教育身边人”活动，以职工身边的廉洁典型人物和事迹，教育引导党员干部和职工增强纪律意识。各支部结合自身实际，建设廉洁文化通廊，营造富有特色的浓厚廉洁文化氛围。

（四）打造廉洁建设示范点阵地

以“廉洁建设示范点创建”为抓手，重点推进，标杆引领，打造廉洁教育阵地，实施“教育引廉、制度保廉、监督维廉、品牌促廉、环境育廉”等举措，组织开展示范点对标学习，经验交流，取长补短，互通有无，涌现出“阳光检验”“清风化产”“明镜备煤”等一大批廉洁建设示范品牌，带动引领作用和辐射效应得到充分发挥。

三、把好“权力关”，用好为党为民的“权”，心怀坦荡无私的胸襟

焦化厂党委高度重视对党员干部正确权力观的培养，并将制度建设作为把好“权力关”的根本抓手，努力培育一支“想干事、能干事、干好事、不出事”的党员干部队伍。

（一）培养党员干部正确权力观

加强对党员干部的学习教育，把权力观培养作为人生的必修课，教育引导党员干部正确看待权力，正确使用权力，将权力的重心放在党的事业、企业的利益、群众的福祉上，开诚心、布公道，胸怀坦荡，秉公用权，管好自己和身边人，净化朋友圈社交圈，坚决反对特权思想、特权现象，使广大党员干部习惯在受监督和约束的环境中工作生活。

（二）高度重视规章制度建设

习近平总书记指出：“制度的生命力在于执行。”因此，厂党委高度重视建章立制与落

地见效的同步到位，坚持一手抓制度完善，一手抓刚性执行，同向发力、形成合力，以“两手抓、两促进”来维护制度的严肃性，以完善的制度体系来规范、约束和监督党员干部的从业行为和权力行使。厂党委、纪委根据实际工作需要，实时做好规章制度的“废、改、立”工作，建立厂级规章制度有效文件清单，指导和督导各党支部、各车间建立健全相关的管理制度，并通过各种监督检查形式，落实制度学习贯彻、落实执行情况，以此加强对党员干部权力运行的制约和监督，把权力关进制度的笼子，让权力在阳光下运行。

四、把好“责任关”，扛起守土尽责的“旗”，树牢恪尽职守的担当

焦化厂党委将“明确责任、严格考核、严肃问责”作为党风廉政建设取得实质性突破的关键因素，坚持“谁主管，谁负责”的原则，将党风廉政建设责任逐级分解，层层压实，形成“点、线、面相结合”“层层有人抓，事事有人管”的立体责任网络。

（一）压实厂领导班子“一岗双责”

制定《全面从严治党主体责任清单》《落实党风廉政建设责任制党委主体责任和纪委监督责任实施办法》等文件，建立《厂领导班子成员履职纪实手册》，明确班子成员工作内容、时间节点、措施办法等，压实关键少数“一岗双责”责任。

（二）层层落实责任关口

组织党支部签订党风廉政建设两个责任书，各党支部与党员、重点岗位人员签订《廉洁从业责任书》《廉洁从业承诺书》等，将责任关口逐级下移、压实。

（三）推行廉政建设互保联保

以领导干部、党员和关键岗位人员为主，实行廉政建设互保联保，一对一结对子，对廉洁从业和八小时以外的行为做到相互经常提醒、相互监督，并承担违规违纪连带责任。

（四）强化廉政建设责任落实

制定党风廉政建设量化考评办法，设置考评标准，加强过程管控，每季度督导检查评分，年度评选表彰党风廉政建设先进单位，党员干部每季度向厂党委述职述廉，抓紧抓实，抓常抓长。充分运用好执纪监督“四种形态”，尤其是第一种形态，针对苗头性、倾向性的问题，开展经常性的提醒谈话，勤打“预防针”，增强“免疫力”。

（五）完善廉洁风险防控机制

实施“五防三控”等举措，持续完善以岗位为点、以流程为线、以制度为面的廉洁风险辨识防控机制，将管理流程风险作为风险防控的重中之重，全面深入开展廉洁风险源点辨识，使各层级的岗位职责、风险源点、防控措施全面化、显性化、实操化。

五、把好“监督关”，密织监督执纪的“网”，汇聚内外联动的合力

深入落实集团公司大监督体系建设的相关要求，持续推进“3+2”大监督体系建设，

建立厂内部的联动机制、统筹机制和衔接机制，推动各类监督有机贯通、相互协调，形成监督合力。

（一）明确监督重点，实施量化考评

以公司党委“1318”监督制度体系为指导，结合自身实际，制定焦化厂《大监督体系建设实施细则》，明确87项重点监督事项和监督要求，进一步细化监督主体责任。完善大监督体系量化考评机制，设置7大项考核项目和15项考核细则，进一步强化监督职责的落实。

（二）履行监督专责，提升监督效能

厂纪委充分履行“监督的再监督”职能，狠抓重点领域、关键环节、重要人员的监督管理。2021年至今，厂纪委牵头对化产品销售、备品备件、废旧物资、外委承包项目、违规经商涉商等其他重点环节，共组织开展专项的监督稽查15次，发现问题点、风险点或改进点70余项，均已完成整改，并对相关责任单位和责任人进行考核或问责。将原料煤把关作为所有监督工作的重中之重，从源头上把控质量风险、流程风险和廉洁风险等。2021年，仅原料煤一项就实现把关效益863.09万元。2022年，为更好地推动纪委监督责任的落实，厂纪委对照重点事项清单，制定本年度专项监督检查工作计划，共设置19项重点监督检查事项，各项监督事项有序开展。

（三）强化行政监督，抓实日常管控

厂各专业科室作为行政监督的主体，根据厂大监督体系重点监督事项清单确定的内容，落实好专业日常监督责任。坚持守土有责、守土负责、守土尽责，谁主管、谁立制、谁监督，管控好制度风险、合规风险，修订完善本专业制度规定，严格按规定频次、标准进行监督检查，每日厂晨会上对问题和考核情况进行通报，真正实现监督工作的动态管理、阳光管理和闭环管理。

（四）拓展监督渠道，延伸监督触角

充分发挥民主监督作用，将监督网络向基层一线、向外部延伸，着力加强党风廉政监督员队伍建设。各单位间监督员开展“换防式”交叉监督，抽调参与厂纪委的专项监督，厂纪委定期组织监督员工作会议，为监督员印制厂内监督检查证件，向相关方发放“廉洁共建监督卡”“党员廉政建设调查问卷”，召开相关方廉洁建设座谈会，开展“家庭助廉”“廉政建设互保联保”等活动，让群众身边的“微腐败”和“蝇贪”无处遁形，为整治侵害群众利益的不正之风和腐败问题提供保障。

（五）把握巡察契机，推进问题整改

将上级巡察问题反馈、整改作为提升工作水平的重要契机，着力整改党组织建设和各项管理中存在的深层次问题。聚焦重点领域和高风险业务，多次开展厂内部的巡察问题整改“回头看”，对整改效果和固化情况进行验证，推动问题整改“清仓见底”。

（六）监督执纪并举，用好“四种形态”

把监督执纪“四种形态”贯通于监督执纪问责全过程，重点落实好《党委运用监督执纪“第一种形态”工作细则（试行）》，对苗头性问题做到早提醒、早纠正，实现监督常态化、长效化。2021 年厂党委根据监督检查的情况，运用“第一种形态”针对 3 名党员干部管理方面的问题进行了问责，分别给予谈话提醒、责令检查等处理。

六、把好“作风关”，抓牢作风建设的“点”，铆足干事创业的劲头

焦化厂党委高度重视作风建设工作，从 2018 年开始率先实施“作风建设三年规划”，2021 年开展“作风建设攻坚年”行动，并形成了“知重负重，极致创 A；众擎易举、勇做标杆”的焦化“创 A”精神，2022 年焦化厂作风建设进入常态化、长效化管理阶段，一步一个脚印地推动作风建设工作扎实深入开展。

（一）实施“作风建设攻坚年”行动

结合公司“四整治、四提升”作风建设专项治理行动，立足焦化厂实际，开展“作风建设攻坚年”行动，明确四项工作重心，全力突破解决制约作风建设的瓶颈问题，全面攻克“慵懒散慢”等突出问题。组织全厂各车间、科室班子开展作风建设专题反思会，查摆问题，制定措施，督导结果。率先制定作风建设量化考评标准，彻底改变以往定性评价的方式，将作风建设结果充分体现在日常的管理、考核、绩效上，每季度一评分、一排名、一公示，年底评选作风建设先进单位。通过实施作风攻坚，“高”的意识、“严细实快”的工作作风已成为全厂全体干部职工的根本遵循。

（二）开展“管理整顿提升”专项行动

为进一步做实作风建设工作，厂党委组织开展了“管理整顿提升”专项行动，聚焦管理环节中发现的各类问题，确定“问题反思与整改、制度落实与执行、职责梳理与明确、专业管理与考核、问责与处理”五个大方面 11 个具体方面的工作内容，推动企业管理更深更实更细，为生产经营任务圆满完成提供了更为坚强的保障。

浅谈民营钢企强化廉政建设的方法与建议

江苏沙钢集团董事局纪检审计法务部　袁超玉

党的十九大以来，正风反腐态势强劲、激浊扬清势头持续，尤其是十九届中央纪委六次全会习近平总书记强调“坚持严的主基调不动摇，坚持不懈把全面从严治党向纵深推进”的要求，廉政建设工作仍会进一步加强。

目前，在世界疫情和百年变局交织下，国际形势深刻演变，不稳定性不确定性增加，世界经济深度衰退，各类风险交织发酵，特别是存在输入性通胀、大宗原辅料价格持续高位波动，低碳环保要求及成本压力持续增大，这些都对民营钢企经营管理、高质量发展提出了挑战，如何控制风险、把控机遇，打造廉洁担当干部队伍，营造风正气顺发展环境，是摆在民营钢企当前的一项重要课题。

一、民营钢企廉政建设现状与不足

钢铁企业一般是规模以上企业，民营钢企也多在此列，民营钢企实际控制人、职业经理人，站在新发展阶段，面对新发展格局，秉持新发展理念，积极追求高质量发展，已极为重视、支持企业廉政建设工作，但民营钢企廉政建设仍存在一些不足。

（一）基层干部廉政建设思想认识还不够到位

民营钢企下辖管理部门，基本以专业管理职能为目标，履行管理职责；下辖生产部门，以安全环保为基础、完成公司下达生产任务为目标，组织生产与管理；基层干部与上级部门签订的廉政建设责任状，与管理责任状或生产承包责任状相比，安全、环保、任务指标均为硬指标，指标实绩影响集体与个人年度分配；而廉政建设目标则为软指标，短期内较难衡量、形如虚无。因此在实际工作开展过程中，廉政建设管理被无意忽视，弱化了廉政建设管理的地位。基层干部对廉政建设重视不够，势必影响廉政建设工作的落实。

（二）业务环节廉政管理监督制约还不够到位

钢企多为规模以上企业，普遍存在生产规模大、原料成品大、业务金额大，业务流程长、执行过程长、办理周期长，涉及部门多、衔接环节多、专用物料多等特点，不相融岗位相互牵制与工作效率存在矛盾、监督人员无法掌握具体业务开展细节、业务标准执行监管少到位等因素存在，以及相关人员重事后查处轻事中、事前监督意识的存在，导致廉政建设监督制约管理还不够到位。

（三）民营钢企廉政建设管理体系还不够健全完善

从民营钢企目前现状整体看，廉政建设管理存在机构设置少全面、管理制度少系统、职责分工少详细、具体工作落实少到位、管理责任条款少清晰、考核指标设置不科学、考核标准执行不严格、责任追究程度把握不准确等情况，管理体系还不够健全完善，致使廉政建设管理力量不足、依据不足、工作不足，使廉政管理无法真正落到实处。

（四）舞弊腐败问题查处方法还不够多样齐全

民营钢企舞弊腐败问题多为弄虚作假、以次充好、以假充真、以少充多，以及围标、串标抬价和泄漏商业秘密及岗位腐败等。对于存在实物的舞弊问题，证据固定、问题查处在目前情况下相对较容易，而对于商业贿赂、岗位腐败、舞弊经营等问题，查处方法多为谈话询问，缺少其他核查方法与手段，问题查处、证据固定较为困难。

（五）问题责任人惩处的力度掌握还不够到位

民营钢企对职工、干部的评价多以价值创造、管理作用发挥等为主要衡量指标，相关人员履职过程难免会出现廉政方面的问题。问题责任人又未触及刑罚，公司内部惩处责任人时会考虑当事人技术水平、管理能力等，如果责任人惩处过重，则影响队伍稳定；存在一些人员腐败舞弊行为造成损失，而未承担刑责，腐败成本低、内部惩处轻，警示震慑作用不明显。

二、民营钢企廉政建设的重要性

（一）关乎企业发展合作

1. 廉政建设是企业发展合作的基础

一个单位、企业要长期发展、永续经营、深度合作，需靠实力赢空间、获信任，靠能力创双赢、同发展，靠智力谋利润、助进步，廉政建设则提升实力、能力、智力的基础；失信经营做一锤子的买卖，不能做大、不会做强，更谈不上深度合作。只有诚信经营，才能赢得业界认可、赢得合作单位认同，最终实现双方长期、深度合作，实现双方同发展、共进步。

2. 廉政建设是诚信经营履约的条件

诚信经营单位靠管理、技术严格履约、照章办事、获取利润，不需动歪脑筋、找旁通，自然也就不需要拉拢腐蚀；而失信经营单位，或因内部管理水平不高、技术能力不强，无法有效控制业务及质量或想获取高额利润，则会想歪方法、动歪脑筋，拉拢腐蚀合作单位人员，为失信经营、违约办事做准备、搞通融、找保护、藏猫腻，最终自断后路；所以廉政建设是诚信经营履约的条件。

3. 廉政建设是公平规范竞争的保证

企业经营须有客观、公正、阳光、透明、廉洁的环境，企业规范发展，需要业务双方共同维护，有的业务单位违反廉政建设规定，靠人情、找关系、探消息、打擦边球，获取项目业务；在业务开展过程再靠偷工减料、降低质量、不按规定搞变更等增加不法收益，严重扰乱公平规范竞争，弱化诚信经营单位的竞争力，影响合作单位业务正常开展，所以廉政建设是公平竞争的基本保证。

4. 廉政建设是维护双方形象的需要

廉政诚信经营是维护合作单位双方形象的需要。甲方人员如果存在吃拿卡要等不当行为，则会增加业务单位运营成本，影响业务开展，损害形象、破坏风气、败坏名誉；乙方人员在逢年过节期间向甲方业务人员请吃送礼，其中不乏有部分是逢年过节表示感谢的，也有部分是为打好关系谋求利益的，破坏合作氛围，并违反合作企业廉洁建设规定。如果要树立好形象，想要长远发展、长期合作，就要共同营造廉洁经营的氛围。

（二）关乎企业内部管理

1. 从时间纵向看，廉政建设关系企业生死

廉政建设问题会使企业费用增加、利润流失、效益下滑、竞争力弱化，会使企业入不敷出、持续亏损、发展停滞、资金断裂、企业倒闭。尤其在当前国际抗疫形势不容乐观、国际经济环境不确定性增加、全球经济恢复压力大，钢铁行业面临困难较多的情况下，腐败问题更会加速企业的死亡。

2. 从空间横向看，廉政建设关系社会风气

一个企业存在廉政建设问题，外部会影响相关单位对企业的认同感，引起相关方的非议，损害企业声誉；内部败坏企业风气，会使相关岗位产生设卡、索吃、收钱、比贪风气，并逐步恶化，最终扰乱企业经营管理。

3. 从日常管理看，廉政建设关系管理成本

廉政建设问题会使经营管理失去客观、公正、阳光、透明的环境，会影响风险管控、资源配置、企业前景、员工利益，会助长靠人情、找关系、拉业务不良之风，会产生以次充好、以差充优、以假充真、以少充多等不法行为，扰乱生产经营管理，增加企业管理难度、成本。

4. 从队伍建设看，廉政建设关系团队打造

影响优秀职工队伍的打造，舞弊、贪腐问题的存在，会使职工队伍失去向心力、凝聚力，会使业务骨干失去钻研业务、提升技能的动力，会使干部失去敢抓敢管的魄力；而一些触犯法律的人员，将被法办，其本人失去自由，公司人力资源受到损失，凡此种种，均会影响团队打造。

三、民营钢企廉政建设的方法与建议

（一）强化管理，提升廉政管理思想认识

公司组织与各下属单位党政一把手签订廉政责任状，明确各级党政领导一岗双责、一把手负总责、条线领导负直接责任的要求，对廉政建设预防管理工作齐抓共管，按一级抓一级、一级对一级负责原则，履行好廉政建设管理职责；逐步增加廉政建设参与集体、个人分配否决权重，督促各部门提升廉政建设重视程度；定期组织开展廉政建设管理培训，使廉政建设要求、重要性、必要性及腐败舞弊问题危害性深入各级管理者脑海，使廉政建设管理成为自觉行动；定期组织各单位负责人交流汇报廉政建设开展情况，通过交流，提

升整体廉政管理思想认识。

（二）多措并举，全面提升廉政监督管理

建立健全约谈机制，明确约谈责任人、被约谈岗位、约谈频次等标准，约谈责任人可为部门党政工领导，可分条线、区块划分被约谈岗位，确保做到廉洁从业注意事项日常提醒到位、重要岗位定期谈话、苗头倾向问题及时点评；推行清风监督员聘任制，内部聘任重点岗位调整人员、外部聘任业务常年稳定或缩减、被处理处罚较多的单位业务经办人员为公司清风监督员，强化廉政监督；关注重点岗位人员日常消费异常、工作状态反常、工作质量失常、工作节奏逆常、工作交流无常等情况，将有限的纪检力量瞄准靶心，力争问题查早查小，努力做到维护公司、个人利益不受损失，维护公司、个人形象不受损害。

（三）摸索创新，建立健全廉政管理体系

结合合规体系建设，识别廉政建设风险并评估，明确廉政建设管理重点；合理机构设置，配齐配合纪检管理力量；完善廉政管理制度，确保廉政建设有规可依；探索廉政监管机制，创新廉政建设监管手段；强化全员廉政教育，提升企业廉政文化氛围及全员廉政意识；强化民营钢企纪检人员培训，学习借鉴国家纪委监委成熟管理制度，结合企业实际加以完善，建立健全管理制度；根据管理体系，细化职责分工，尤其要明确基层管理单位在廉政建设预防管理方面的职责，最大限度发挥事前预防作用；各单位制订廉政建设管理具体工作计划，并实行工作项目落实销项制、季度工作开展总结报告制，确保工作落实；积极与薪酬管理部门沟通，明确管理责任条款、设置考核指标、拟订并执行考核标准、党政联动抓好责任追究。同时，深化钢企廉政管理交流，相互借鉴，系统完善行业廉政管理体系；搭建行业内部反舞弊平台，共享廉政问题线索、共享廉政问题办案经验、共同打击舞弊单位和个人。

（四）丰富手段，预防查处腐败舞弊问题

企业内部组织各业务岗位做好排查、自查、抽查与检查工作，通过自查自纠，堵塞管理漏洞，完善业务管理；推行廉政建设问题举报奖励制度，鼓励全员参与廉政监督；推行廉洁保证金制度，提升全员自律意识；推行技术防范，让腐败舞弊无机可乘。纪检条线要坚持做到监督人与事相结合、现场检查与数据分析相结合、风险预防与舞弊查处相结合、内部管理与外部延伸相结合，监督重点，确保廉政预防到位；认真腐败舞弊线索核查，规范取证，确保问题查处事实清楚、责任人受到教育；对于重大案件，借助公安力量进行查处，实现查处一案、警示一片、规范一方。

（五）严肃惩处，发挥纪检震慑警示作用

企业需细化腐败舞弊惩处标准，根据违纪违规问题的性质、损失额度的大小、责任人认错态度、问题影响程度等，全面细化、量化惩处标准；对于特殊情况，制度涵盖不全的特例，组织纪检、考核管理等相关人员进行讨论，参照相关条款，完善制订惩处标准；对腐败舞弊问题，严格执行惩处标准，推行立功奖励机制，积极发挥惩处震慑警示作用。

（六）积极反思，设置有效改进预防措施

企业查实廉洁从业方面存在的问题、相关人员违规行为，需深入分析产生的原因、深刻反思主观客观方面存在的问题，并针对原因、问题分别采取改进、预防措施。例如，属企业制度流程方面问题的，要修订完善制度流程；属个人行为的，要强化教育提升综合素质，要强化监督检查减少控制违规违纪机会等。

四、结语

民营钢企进一步强化廉政建设，创新实践，探索新思路、新方法，积极落实企业不敢腐、不能腐、不想腐体系建设，进一步提高廉政管理水平，进一步服务企业高质量发展，为民营钢企以优异成绩喜迎二十大胜利召开贡献力量。

创新企业内审工作方法的思考与探析

王莉华

党的十九大胜利召开后，习近平总书记主持召开中央审计委员会第一次会议强调：要落实党中央对审计工作的部署要求，加强全国审计工作统筹，优化审计资源配置，做到应审尽审、凡审必严、严肃问责，努力构建集中统一、全面覆盖、权威高效的审计监督体系，更好发挥审计在党和国家监督体系中的重要作用，立足企业实际开展高效的企业内审工作。笔者从以下几个方面做粗浅的探析。

一、开展内审工作重要意义及目标要求

（一）从实践看审计工作发挥的重要作用

在全面从严治党的总体要求下，依法履行内审职责，提高内审工作质量，努力构建覆盖全面、突出重点、务实有效的内审监督体系，使内审监督成为经营管理的重要手段，成为夯实管理基础和防范风险的重要保障。审计机关成立 30 多年来，在维护国家财政经济秩序、提高财政资金使用效益、促进廉政建设、保障经济社会健康发展等方面发挥了重要作用。特别是党的十八大以来，为促进党中央令行禁止、维护国家经济安全、推动全面深化改革、促进依法治国、推进廉政建设等作出了重要贡献。在党的十九大召开以后，新时代面临的新形势、新挑战，意味审计机关及审计人员肩负着新任务，必须始终坚持以习近平新时代中国特色社会主义思想为指导，全面贯彻党的十九大精神，坚持稳中求进工作总基调，坚持新发展理念，紧扣我国社会主要矛盾变化，紧紧围绕统筹推进“五位一体”总体布局和协调推进“四个全面”战略布局，依法全面履行审计监督职责，促进经济高质量发展，促进全面深化改革，促进权力规范运行，促进反腐倡廉。

（二）从目标要求看审计工作的效能

要确保审计工作效能，在此，笔者引入审计工作的“7 个 W”，即：为什么审计，为谁审计，谁来审，审计什么，怎么审，怎么评价审计主体，怎么使用审计成果？这是开展企业审计工作必须明确的。

内部审计是指对本单位及所属单位财政财务收支、经济活动、内部控制、风险管理实施独立、客观的监督、评价和建议，以促进单位完善治理、实现目标的活动，是一种独立、客观的确认和咨询活动。它通过运用系统、规范的方法，审查和评价组织的业务活动、内部控制和风险管理的适当性和有效性，以促进组织完善治理、增加价值和实现目标。

综上所述，企业内部审计是以企业经济活动为基础，拓展到以管理领域为主的一种审计活动，主要侧重点是经济活动的合法合规、目标达成、经营效率等方面，目的是评价和改善风险管理、控制和公司治理流程的有效性，帮助企业实现其目标，可以总结为查找问题、评价风险、改善管理、强化内控、实现目标共5个大的环节。

审计工作开展中，企业内审内容较多，根据企业内部开展的不同审计项目，在审计对象、委托主体等方面有所不同。因审计工作程序性强，纪律要求严，审计工作均按照规定的工作流程组织。笔者作为企业的一名纪检监察干部，是立足现有岗位监督执纪工作的基础上关于企业内部审计工作方法的实践运用的思考，其既是对国企开展内部审计工作的学习，也是坚持问题导向，立足于华云集团即将投入内部审计工作的新思考以及监督工作的实践，一次对监督执纪者的自我问卷测试。

二、关于对内部审计工作的现状思考

目前在企业内部开展的内部审计工作中，企业内审工作严格按照《中华人民共和国审计法》《中华人民共和国审计法实施条例》及《审计署关于内部审计工作的规定》（审计署第11号）。作为云南省国企，为强化内部审计监督工作，昆钢公司自2018年至今系统性下发了审计体系管理制度，这些具体的制度要求，都是国企开展企业内部审计的业务规范和操作指南。通过循序渐进开展企业内部审计，审计制度是在审计实践、总结、再实践、再总结中不断形成完善的。从山东省开展领导经济责任制审计在全国推广领导干部经济责任制审计在全国推广至今，通过审计取得较好的效果。目前，企业开展审计工作较为普遍开展的是领导干部离任审计，在昆钢公司，“逢离必审”已经形成“规定动作”。同时，干部的经济责任制审计已近形成的良好的震动效应，在问责等程序的配套启动，其审计结果的运用在广泛性、深入性、实效性上发挥较好作用。

在以上制度体系的总体框架下，对企业内审工作有如下思考。

（一）企业内部审计工作现状及问题分析

1. 期间性或阶段性审计，有计划的目标性但仍存在短效

从目前开展的内部审计工作来看，主要有经济责任审计、物资采购、资金管理、资产移交等为主题内容的专项审计以及工程审计，目前昆钢公司已经形成常态的“经责审计”从审计进驻被审计单位至出场，一般是2~3个月时间。在审计期间内完成工作，审计组人员按时撤出企业并按照程序组织后续工作。就该项审计计划完成后，被审计单位的工作暂告一段落。因存在部分企业管理者政治意识不强，政治站位不高或是“不作为”“慢作为”“乱作为”情况，因此在专项审计结束后在有的被审单位会形成“一次检查”“一阵风”的片面认识，审计整改后未形成从严治企，严于日常，严在经常的“严格规范”的长效性工作机制，审计效果随阶段性审计工作结束而终结。

2. “点位”式审计，有较强针对性仍存在盲点

目前审计工作中，主要是开展有关“人”“财”“物”的专项审计工作，主要是针对国企领导，包括国有和国有资本占控股地位或者主导地位的企业（含金融企业）的法定代表人，或不担任法定代表人，但实际行使相应职权的董事长、总经理、党委书记等企业主要领导人员。在贯彻执行经济法律法规、党和国家、关于昆钢公司等上级党组织经济工作

的方针政策和决策部署，促进企业经营发展情况，重大经济决策情况，财务收支情况，内部管理情况，本人遵守有关廉洁从业规定情况。按照审计的规范操作程序，企业内部审计聚焦点主要是审“关键少数”、审“关键环节”、审“关键风险领域”，而在企业中一些具有较大业务处置权的敏感岗位人员，如物资采购、招投标管理、资产租售等领域的管理人员，一些除了企业管理重点环节外及风险可见度较高的风险领域外的“隐形地带”，因长期处于管理者习惯性辨识为“低风险”的环境，随之被人为习惯列入监督检查或是审计的“盲点”区域，久而久之将变为滋生管理失控的“危险源点”。

3. 以书面材料等主要方式进行审计，有较强程序性但存在局限

审计人员根据审计方案实施审计，在审计过程中可以采用审核、观察、监盘、询问、函证、计算、分析性复核等方法获取审计证据。在企业内审实操中，审计机构进驻被审单位期间，大多采用审查书面材料为主，使用较多。在企业内审中通常采用审核和分析会计凭证、会计账簿和报会计报表的顺查法，采用先审查会计报表，以发现错弊和问题有针对性地审查和分析报表、账簿、凭证的稽查法及抽样法等。因为长期程序化操作，审计人员对固定的程序化操作指令性意识较强，在询问等通过分析的方式中，一般采取通过简易交流的方式开展，较少使用采用规范的程序性谈话程序组织审计，客观上存在审计中发现的问题存在浮于表面而未及表里，揭示问题而未触及问题实质，发现问题有表象性和局限性。

4. 审计人员按规审计，有较强业务性但存在审计人员综合素质参差不齐

在企业内部审计工作中，审计人员按照审计基本准则及内部审计人员职业道德规范开展工作。在审计中，审计工作要求客观性、重要性、谨慎性原则：一是要求审计人员在审计评价中必须根据审计查证或者认定的事实，依据相关标准，发表独立、客观、公正的审计评价意见；二是审计人员要能够抓住突出重点，应着重评价与履行经济责任有重要影响的经济事项；三是审计人员要持有稳健、谨慎的态度，审计评价应当与审计内容相统一，评价结论应有充分的审计证据支持。这些要求从审计人员的政治素养、业务素质以及专业“探察”分析发现问题的视角、能力提出比较高的要求。内部审计要求审计人员具备较高的管理知识水平但在实际审计工作中，因为审计人员的政治意识、思想认识、责任及业务水平不一，能力水平参差不齐，客观存在“轻审”“缺审”“漏审”“盲审”问题，企业内审工作未完全充分释放监督的标准效能。

（二）对存在问题的原因解析

以上问题的存在，对被审计单位而言，是有的党组织、企业存在全面从严治党仍停留在表面，全面从严治党时之于“宽”、时之于“松”、时之于“软”的现象仍然存在，在企业管理中存在有章不循，管理制度多严格执行少导致的管理效能层层衰减，政治学习、业务学习“表面化”“形式化”形成的“恶学”“少学”“浅学”导致的防松从严思想，粗放管理形成的管理责任未层层压实，监督缺位或监督失位形成的破规违纪，存在一些党组织或关键少数政治意识不强，软化、淡化作风建设，执行党规党纪及企业管理制度不严，企业管理重点停留在发现问题后再整改的“后置”管理，未按照企业既定的规划和目标管理开展有效的管理风险“前置”分析和管理过程风险有效控制。对企业审计机构而言，客观存在因企业内部程序工作法规性和程序性强，审计工作纪律严，审计工作质量要

求高，少部分内审人员缺乏强烈的责任意识、创新意识，以及深度探视发现问题的能力，工作中有内审工作“浅”“虚”“粗”“慢”的情况，与审计标准化管理“严”“实”“准”“快”仍有较大差距。

三、如何找准内审工作的切入点和着力点

笔者认为，企业内部审计工作旨在监督，必须以“从严务实”的态度坚持问题导向，以“察”“测”“审”“评”着力为被审计企业精准发现查找问题，“诊断病情”，从问题表象分析被审计单位的管理缺陷和问题根节，督促整改，提升管理，实现管理目标的“PDCA”审计闭环管理。

（一）维护国有资产安全，促进企业科学发展

不断加强对企业发挥资金效益、领导人员行使权力和履行责任的审计，通过对贯彻落实重大政策措施情况的审计，确保党和国家方针政策、公司重大决策部署和规章制度在企业贯彻执行。

（二）坚持问题导向，着力发现重点突出问题

企业日常运营和资本管理中存在的普遍性、倾向性、典型性问题，关注体制性障碍和制度性缺陷，促进企业深化改革，不断增强公司经济活力、控制力、影响力和抗风险能力，防范国有资产流失。

（三）规范决策行为，建立健全权责对等、运转协调、有效制衡的决策执行监督机制

规范党组织、董事会、经理层行权行为，促进健全权力制约和监督机制；通过全面监督企业财务收支的真实、合法和效益，促进经营管理制度建设；通过揭露重大违纪违法违规问题，促进廉政建设。

四、创新企业内审工作方法的探析

要认真贯彻落实中央审计委提出的“应审尽审、凡审必严、严肃问责”的总体要求，企业内审机构必须牢固树立“四个意识”，自觉在思想上、政治上、行动上与党中央保持高度一致，面对更为复杂的新经济形势，在审计工作中严查问题，精准分析判断，适时调整企业内部审计工作“视角”，拓宽审计视野，创新务实做好审计工作方法探析实践，在企业内部审计工作发挥监督功能，充分发挥企业内审工作的“显微镜”“放大镜”“透视镜”的作用，提升企业内审工作的效能，使企业内审工作“实用”“管用”。

（一）着力提升企业内部审计工作的“政治性”

必须把讲政治的要求贯穿于企业内部审计工作的全过程和各方面。从审计工作体系、制度“顶端建设”入手，提升企业内部审计工作的“政治地位”，加强对审计结果的“政治定性”，提升被审计企业的“政治认识”，审计中结合企业特点，压实层级管理责任，真正做到零盲点审计监督、零死角风险防控零容忍问责惩治，使企业内审工作“形”“神”“威”“震”同在。

（二）着力打破企业内部审计工作的“常规性”

一是加大企业内部审计频次。除了目前已开展成为常态化的领导干部“经济责任制审计”“领导干部离任审计”及“物资采购专项审计”等内审工外，加大年度审计工作频次和力度，形成日常审计与专项审计监督相结合，形成“企业内审”常态化、高频化。

二是综合统筹运用内部工作信息资源。目前，昆钢公司等国企设置的企业审计机构多为“监审风控部”，审计部门可按照有关规定多渠道掌握公司所属的企业日常管理存在的重大问题、信访集中问题等信息，通过内部信息做好摸底，提升内审工作的有效性和实用性，切实制定提升企业内控管理的内审方案及工作计划，有针对性地开展“诊病式”内部审计。

三是强化企业内审计实践的“创新融合”。可探索实践在企业党委巡察办开展的政治巡察后，根据巡察中发现的情况及线索进行问题分析定性，按存在问题由党委巡察办、纪委各司其职，对可以且符合审计范围的企业及时跟进专项审计，强化巡察、纪检、内部审计融合模式，形成“三种方式”合为“一种监督”力量的监督“3+1”模式，形成强大的监督合力。

（三）着力延伸企业内部审计工作的“渗透性”

延伸企业内审工作的渗透性，就是要提升企业内审工作的覆盖面，要拓展审计监督广度和深度，消除监督盲区。

一是加大对党中央、上级党组织的重大政策措施贯彻落实情况跟踪审计力度，加大对企业经济运行中各类风险隐患揭示力度，坚持以人民为中心的价值取向，加大对涉及民生资金使用等项目，如精准扶贫、安宁市创城项目、安全环保等民生领域的审计工作力度。

二是拓展审计范围的“重点多数”。除企业开展经责审计，企业内审集焦在国企法定代表人或总经理、党委书记等企业主要领导人员的“关键”少数外，要转换审计“视角”，结合企业内部发生的低职岗位违法犯罪案例，将审计向企业中具有重大或较大业务处置权的敏感岗位人员延伸，如物资计划员、物资（设备）采购员、财务、干部及人事任用建议岗位人员等“重点低职岗位风险”多数延伸，形成非领导干部的“公务人员”必须接受全覆盖“监督”的工作形态。

三是分析关注企业常规风险外的“隐形风险”开展专项审计。要强化企业管理中辨识度低的管理风险分析，如在企业“三项费用”“小金库”专项整治工作中，“缩小”审计点位，紧紧盯住“虚列开支”“违规开支”“隐形收入不入账”“账外资产”等小项目开展审计，通过查找问题后“放大”政治定性，查找企业在执行中央八项规定精神、财务管理、国有资产管理工作中存在的执纪不严、违规违纪行为和事实，以小见大，形成党纪党规的强有力的“震慑”，提升审计整改后效。

（四）实践提升企业内审工作手段的“多样性”

要在审计机构进驻企业审计期间，要多措并举开展企业内部审计。一是在查阅书面资料的基础上，审计人员可以实践严格按照工作程序有针对性、分层级和被审计单位相关人员开展谈话或函询工作，多维度分析问题，提出建议；二是要在上级审计部门及昆钢监审风控部的领导下加强对内部审计工作的指导和监督，调动企业内部审计和社会审计的力量，增强审计监督合力；三是要坚持科技强审，加强审计信息化建设在日常监督中的数据运用分析。

（五）全面打造企业内审人员的“复合性”

优化审计资源配置，必须高度重视注重内审人员队伍建设及内审人员综合素质提升，以审计精神立身，以创新规范立业，以自身建设立信，实施内审人员的分类管理和动态培养。

一是按照企业内审人员综合业务水平开展分类管理，按照审计人员 A、B、C、D 类别管理。A 类为综合业务素质优秀，应用于重点、难点、风险点或新启动的安全环保、风险投资的新审计领域的审计；B 类为综合业务素质较好，应用于企业经营活动、财务管理、领导经济责任制履行等常规管理活动的审计；C 类为综合业务素质一般，用于常规审计、小项目审计；D 类为企业内审“预备队”，可从昆钢公司下属的集团抽调有一定工作基础，政治素质过硬，具有潜力的审计人员组成“机动小组”，根据实际工作分别参与 A、B、C 类人员的审计项目，参与昆钢公司层面的内部审计实操。原则根据审计人员工作实绩进行“D-C-B-A”人员动态晋位升级管理及审计人员梯次培养、选拔，做到“聚才”“引才”“造才”。

二是注重实绩，优胜劣汰，动态调整。统筹管理使用审计人员，对在审计工作成绩较好的给予组织培养，交付重任。对不敢担当、不愿监督的进行组织调整，对失职失责的严肃问责。

三是对审计人员开展项目化管理。按照企业制定的审计工作方案及年度审计计划，结合要开展的审计项目进行，对审计项目实施项目负责制，即从该审计项目工作方案、工作计划、组织实施、督促整改直至审计全部程序高质量完成，形成审计工作“闭环”完成。通过项目化管理，提升审计人员综合素质。

四是 A、B、C、D 类审计人员定期参与“见习”不同内容的企业审计项目，在实践中锻炼成长。企业内部审计涉及较强业务性，除审计人员按照自身业务专长参与规定的常规审计项目外，需要定期轮换参与专业性以外的企业内审项目，以新的重点内审项目“压担子”，或以“见习”方式“拓思维”，如在开展环保、安全等非常规审计项目中历练，不断增强企业内审人员面对复杂形势，深度发现问题，统筹综合分析，提出解决对策的能力，在审计实践中补齐业务短板，不断增强审计人员业务知识的综合性，深化发现问题，解决问题的能力和水平。

五、结语

全面从严治党的责任越来越大，任务越来越重，依法全面履行审计监督职责，促进企业经济高质量发展，促进全面深化改革，促进权力规范运行，促进反腐倡廉，企业内审工作任重道远。“审为国家，计为人民!”企业审计机构及各级党组织要认真履行管党治党政治责任，努力建设信念坚定、业务精通、作风务实、清正廉洁的高素质专业化审计干部队伍。作为一名基层专职审计人员，必须提高政治站位，忠诚履职，强化职责担当，以“忠诚心”“公正心”“进取心”“严格心”强审计，强监督，以务实高效的企业内部审计工作推进全面从严治党向基层延伸，向纵深发展。

国有企业整治工程投资超计划的实践与运用

福建省三钢（集团）有限责任公司监察室
程凯群　黄云华　郑长龙　谢志华

近年来，上级多次巡视、检查指出，三钢工程建设管理主要存在的问题是项目投资超立项金额，其主要原因是各单位职责不清，项目前期准备不充分，工期设定不合理，工程管理内控制度不够完善或者有制度未执行，工程设备材料涨价，项目变更多且未按程序审批，施工单位违约未按合同考核等。上述问题可能导致部分工程承包单位利用业主单位“贪大求洋”“好大喜功”的心理，有意误导业主单位盲目扩大投资，随意变更工程设计，存在重大廉洁风险隐患。因此，作为纪检监察部门，亟须探寻有效措施，督促工程项目主管部门规范工程建设项目管理，提升投资管理水平。

一、实施背景

2016年以来，三钢有22个工程项目超立项金额，15名工程管理责任人员被问责追责。工程建设项目投资超计划是社会性的普遍问题，作为国有企业，接受的监督检查更多，暴露出的问题也就越多。因此，为了防范化解投资超计划风险，三钢集团监察室（以下简称监察室）有必要发挥监督促进作用，加强项目规范化管理的监督检查，督促工程项目主管部门完善项目全过程监管，推动工程项目部项目实施主体责任的落实，提高项目管理人员的责任意识。

二、主要措施

监察室牢牢把握监督首责，坚持标本兼治、综合治理、惩防并举、注重预防的总方针，以工程建设重点环节专项检查、下发监察建议、廉洁风险防控督查建议等为抓手，探索“三三三”工作机制（见图1），通过项目部负责，主管单位监管，监察室“再监督”的“三级管控模式”，筑牢事前预防、事中控制、事后评价考核“三道防线”，做到工程投资控制、制度创新、廉洁风险防控“三个结合”。

（一）督促管理单位转变观念，明确工程项目主管部门与工程项目部的职责，提高责任意识

项目超立项金额、变更先实施后审批等问题反映出在项目管理过程中各单位职责不清，压力传导不到位。为了明确工程项目的责任主体，避免出现问题后找不到具体责任人，监察室提醒相关单位要转变观念，提高责任意识，经工程项目主管部门与业主单位多

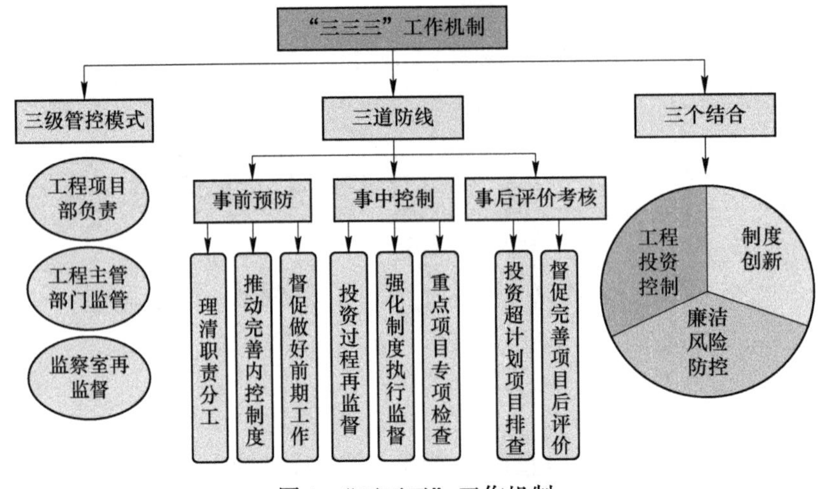

图1 “三三三”工作机制

次开会交流讨论，明确了项目主管部门和项目部的职责分工，具体如下。

工程项目主管部门代表公司管理和服务项目，负责集团公司内基建、技改和工业建（构）筑物维修工程项目的规划、评审、立项、报批、报建、计划、招标、跟踪、上报、考核和指导等管理及服务工作。对项目建设的合法合规性、管理体系的建立健全、流程的合理性、合同的履行、项目部及各参建单位的考核评价负责。

工程项目部是项目实施的主体责任单位，负责组织项目建设，包括工程项目内部申报、工艺方案选择、设备材料选型、招标技术文件编制、设计文件审查、组织实施、变更控制、投资分析、后评价等工作；对项目建设的工程质量、工程进度、工程投资、安全环保和投产投运、达产达标负总责，同时对项目主管部门负责。

项目所在单位为项目建设第一责任单位，项目出现超立项金额，项目业主单位要负主要责任。

（二）督促工程项目所在单位做好项目前期准备工作，科学设定项目工期

监察室始终坚持问题导向，不浮于表面，找准源点，精准发力。通过总结历史经验教训，发现工程投资超计划项目普遍存在前期工作不充分、概算缺漏项、工期紧等问题。工欲善其事，必先利其器。经过广泛征求相关部门意见，细化了工程项目前期准备需要完成的各项工作，目前已实施了以下整改举措。

一是提早启动重大项目的立项工作，增加总师办项目论证环节，做实做细项目前期准备工作。

二是参照国家工期定额标准设定合理建设工期，预防盲目压缩工期对工程投资造成不利影响。

三是制定工程项目投资估算费用详细划分模板，要求各个业主单位按照立项按模板申报投资估概算，避免估算缺漏项。

四是项目在立项时，范围要明确、边界要清晰，业主单位不得随意要求变更和搭车工程内容，项目所在单位除了提交立项申请报告外还需附项目所在单位内部讨论决策的会议记录。

五是项目在正式实施前，新增项目启动报告环节，根据项目最终建设方案以及当前市场人工、材料、机械价格，重新细化调整项目投资清单。

（三）推动工程项目主管部门不断完善工程管理制度，加强制度执行情况的检查与考核

项目投资超计划是一个系统性的问题，涉及工程建设的整个过程，不能“头痛医头，脚痛医脚”，而是要全方位的建立完善内部管控体系。经对工程建设管理制度进行全面梳理，监察室发现现有制度存在各方主体职责不清、项目动态跟踪不到位、材料价差调整规则不明确、项目评价与考核制度不完善等问题。监察室以下发廉洁风险防控督查建议为抓手，促进各相关单位强化责任担当，狠抓制度落实。项目主管部门按照监察室建议积极整改，已制定或完善了《三钢工程项目部管理办法》《技改项目动态跟踪管理措施及规定》《工程合同履行期间主要材料价格波动调整管理办法》《工程项目评价与考核办法》等，并且形成完整制度汇编发放给相关单位。

制度的生命力在于执行，三钢采取工程管理交流会的形式，宣贯工程管理相关制度、程序和要求，听取各业主单位的问题反馈和建议，以此打通制度落实结症，为制度执行提供坚强保障。

此外，监察室强化制度执行考核的监督检查，7 家业主单位因多次调整项目概算、结算价超合同价 10%等原因，受到经济责任制考核共计 0. 97 万元。从 2022 年开始，三钢还设立基建技改过程管理专项奖，把基建技改过程管理新增为专业管理考核的一部分，纳入各业主单位年度经济责任制考核方案之中，进一步加大了违规行为的惩处力度。

（四）建立项目投资全过程跟踪控制机制，分析投资偏离原因并及时纠偏

项目实施过程中的随意变更也是工程投资超计划问题发生的重要原因。为实现项目投资 PDCA 全过程闭环管理，经监察室与工程主管部门多次交流研讨，形成了项目部负责，主管单位监管，监察室“再监督”的三级管控模式，具体如下。

一是重大工程建设项目由项目部负责监督检查项目工程建设管理工作情况，对工程投资实行动态、有效的监督管理，对出现的较大偏离及时纠偏，并及时向公司领导和主管部门请示汇报。

二是推行项目联络员责任制度，赋予联络人相应的责权，对项目实行从立项、招标、施工、验收、后评价等全过程跟踪协调，促进工程参建单位高效衔接，确保工程按建设流程有序推进，避免遗漏脱节。

三是工程主管部门恢复技改科完善建制，配置 7 名专业管理人员，对工程项目投资进度定期跟踪检查，每月形成《技改项目实施情况汇总表》在三钢技改工作群中通报。

四是在项目主管部门监管的基础上，监察室对近三年来公司重点工程项目的立项、合同签订、调整概算等情况进行“再监督”，及时掌握项目超概情况，发现问题以《工程项目管理情况跟踪督查反馈表》的方式向有关部门及时反馈，督促整改。

（五）督促加强工程履约管理，严格按规定扣减违约金

为了确保各项举措真正落地，不断完善管理，形成长效机制。监察室与项目主管部门

分工合作，形成监督合力，由项目主管部门对工程招投标、进场物资验收、变更审批、工程结算等进行专项检查，监察室在项目主管部门监督检查的基础上进行“再监督”。

2021 年，监察室会同有关部门下发了《关于严肃开标评标纪律的通知》《关于开展工程物资“以次充好”问题专项检查的通知》等，对工程建设重点环节开展专项检查，查处了工程围标串标 4 项，不予退还 9 家围标串标单位投标保证金共 18 万元；查处采光板冒牌、质量不达标等工程物资以次充好问题，扣减承包单位违约金共 256.92 万元；查处施工单位结算高估冒算问题，考核施工单位违约金共 3.68 万元。

除了对外追偿索赔，监察室还向存在管理问题的项目主管部门或者业主单位下发廉洁风险防控督查建议 7 份，监察建议 1 份，对公司 10 名工程管理责任人员进行提醒谈话处理，29 名责任人员受到经济责任制考核 1.06 万元，如图 2 所示。

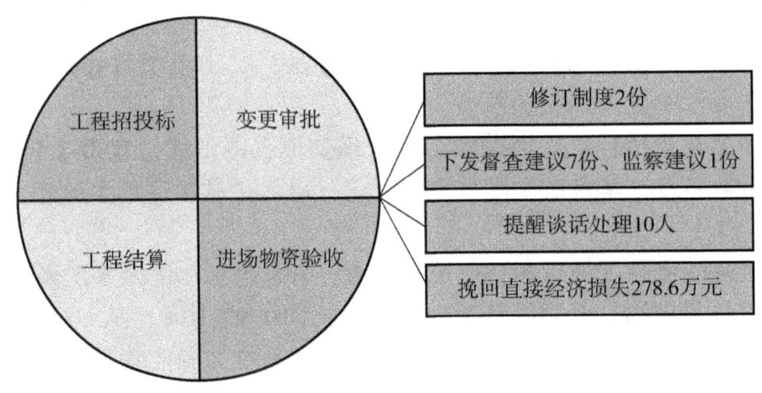

图 2　工程建设重点环节专项检查情况

（六）完善工程项目评价与考核，为后续同类项目提供造价指标参考

为做好工程项目超概情况的摸排，严格落实项目的评价与考核，同时为后续同类项目提供造价指标参考。监察室通过下发廉洁风险防控督查建议书的方式，督促相关工程项目主管部门重新修订了《工程项目评价与考核办法》，并要求各相关单位及时补齐 2020 年之前完工的工程项目评价与考核资料，现已完成 21 个项目的评价与考核，没有发现投资超计划 10%以上项目，投资超计划项目的超出率平均仅 1.72%。同时，监察室还对 2020 年至今投资估算在 400 万元以上的在建工程项目进行排查，仅 4 个项目投资超计划，超出率均在 5%以内。

三、实施效果

监察室以工程建设项目投资超计划问题为导向，努力创新，督促业务部门完善管理，取得了以下成效。

（一）明晰职责，提高意识

三钢集团上下已统一项目投资超计划问题的认识，明确了工程建设各方主体的责任，并且通过细化考核标准，将压力传导至工程管理的基层末梢，切实提高了工程管理人员的责任意识。

（二）建章立制，完善管理

三钢集团制定下发了《工程项目部管理办法》《技改项目动态跟踪管理措施及规定》等6项制度，修订完善了《工程项目评价与考核办法》《工程项目立项和实施管理办法》等12项制度，现已形成完整的管理制度汇编，完善了工程项目事前预防、事中控制和事后评价考核的管控体系，进一步提高了三钢工程管理水平。

（三）惩处违约，挽回损失

监察室通过开展工程招投标、进场物资验收、变更审批、工程结算等专项检查，查处了一批工程围标串标，工程物资以次充好、结算高估冒算等典型问题，严格按照招标文件及合同约定扣减投标单位、承包单位违约金共计310.71万元。

（四）群策群力，控制投资

经过监察室以及相关部门一年多的努力，工程项目大幅超立项金额的态势已经得到彻底扭转。经排查，近两年来完工或在建的项目中，没有发现投资超计划10%以上的项目，工程投资控制工作已步入正轨。工程投资超计划整治实施效果如图3所示。

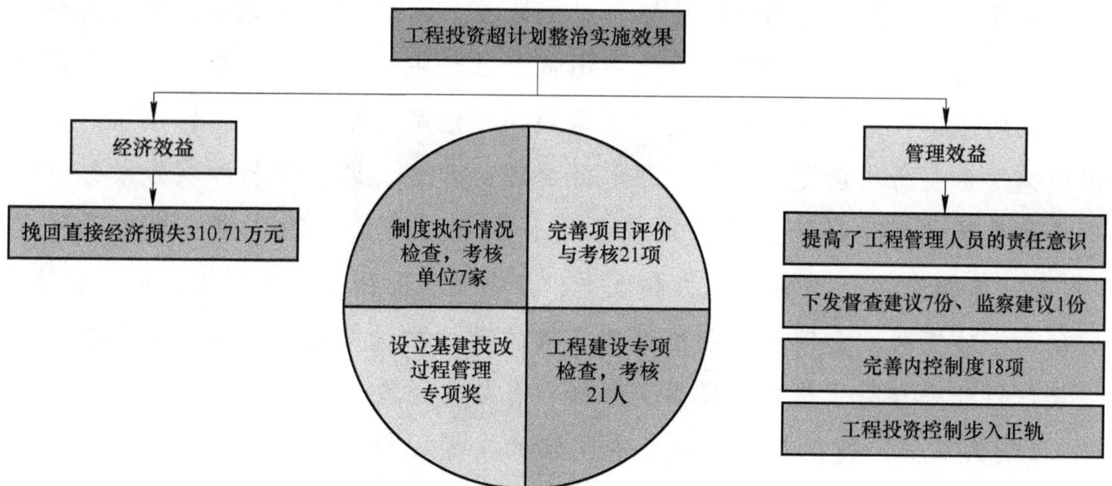

图3 工程投资超计划整治实施效果

编后记

为展示新时代钢铁企业纪检监察工作理论研究与工作实践的最新成果，以学习贯彻习近平新时代中国特色社会主义思想，深入研究纪检理论，总结工作实践成果的实际行动，向中国共产党第二十次全国代表大会献礼，中国钢铁工业协会纪委、全国钢铁企业纪检监察工作研究会策划汇编了全国钢铁企业纪检监察系统庆祝党的二十大胜利召开优秀论文选编——《钢铁卫士》。

《钢铁卫士》是在全国钢铁企业纪检监察工作研究会第十八次年会征集的107篇论文中，经各会员单位纪委评审，全国钢铁企业纪检监察工作研究会负责人会议审议，报中国钢铁工业协会纪委批准，评选出的60篇优秀论文选编。

这些优秀论文以习近平新时代中国特色社会主义思想为指导，贯彻全面从严治党战略方针，落实一体推进“不敢腐、不能腐、不想腐”工作要求，紧扣推动钢铁企业高质量发展目标，深入开展理论研究、调查分析和实践总结，集中展示了钢铁企业纪检监察系统最新理论创新、实践创新成果，集中展现了“提高一体推进‘三不腐’能力和水平，为钢铁企业高质量发展提供坚强保障”的生动有效实践，为钢铁企业推进党风廉政建设和反腐败工作高质量发展，促进钢铁行业安全高质量发展提供了新鲜、有益的经验。

《钢铁卫士》的出版，得到了中国宝武宝钢股份的大力支持，得到了中国钢铁工业协会各会员单位的积极响应，得到了编委会成员的大力支持与帮助，大家付出了辛勤劳动，在此一并表示衷心感谢。

由于时间和能力所限，论文集中存在的疏漏和不足之处，敬请读者批评指正。

编委会

2022年10月